21世纪经济管理精品教材·旅游管理系列

饭店管理概论

邹益民　刘婷　王亮　编著

清华大学出版社
北京

内容简介

本书围绕“社会形象良好、经济效益卓著、员工感觉美好”的基本目标，遵循“连锁经营把企业做大、品牌经营把企业做强、以人为本把企业做长”的基本思想，主要从总体上阐述如何使饭店企业稳健高效发展的基本管理问题。全书分为8章：第一章饭店管理对象认知；第二章饭店有效管理解析；第三章饭店战略管理纲要；第四章饭店集团管理实务；第五章饭店品牌经营体系；第六章饭店人本管理系统；第七章饭店危机管理机制；第八章饭店管理绩效评价。

本书可作为高等院校及高职院校旅游管理与饭店管理专业的教材，也可作为饭店企业管理培训的教材与饭店企业中高层管理者的参考读物。

图书在版编目（CIP）数据

饭店管理概论/邹益民，刘婷，王亮编著. --北京：清华大学出版社，2016（2019.1重印）
（21世纪经济管理精品教材·旅游管理系列）
ISBN 978-7-302-44040-6

Ⅰ. ①饭…　Ⅱ. ①邹…　②刘…　③王…　Ⅲ. ①饭店－企业管理－高等学校－教材　Ⅳ. ①F719.2

中国版本图书馆CIP数据核字(2016)第127823号

责任编辑：左玉冰
封面设计：汉风唐韵
责任校对：宋玉莲
责任印制：李红英

出版发行：清华大学出版社
网　　址：http://www.tup.com.cn，http://www.wqbook.com
地　　址：北京清华大学学研大厦A座　**邮　　编**：100084
社 总 机：010-62770175　**邮　　购**：010-62786544
投稿与读者服务：010-62776969，c-service@tup.tsinghua.edu.cn
质量反馈：010-62772015，zhiliang@tup.tsinghua.edu.cn
课件下载：http://www.tup.com.cn,010-62770175-4506
印 装 者：清华大学印刷厂
经　　销：全国新华书店
开　　本：185mm×260mm　**印　　张**：16.5　**字　　数**：377千字
版　　次：2016年7月第1版　**印　　次**：2019年1月第2次印刷
定　　价：39.00元

产品编号：063152-01

前言

《国务院关于加快发展现代职业教育的决定》提出：要引导普通本科高等学校转型发展。采取试点推动、示范引领等方式，引导一批普通本科高等学校向应用技术类型高等学校转型，重点举办本科职业教育。这就意味着普通高校旅游管理与饭店管理专业原来的培养模式与教学体系需要及时调整，以适应转型发展的需要。而教材是课堂教学的基础，所以，编写适应应用性本科教学特点与要求的教材就显得非常必要。正是在此背景下，笔者编写了这本《饭店管理概论》教材。该书可作为高等院校及高职院校旅游管理与饭店管理专业的教材，也可以作为饭店企业管理培训的教材与饭店企业中高层管理者的参考读物。

一、课程定位

教材是为课程教学服务的，所以首先必须明确课程的定位。在旅游管理、饭店管理专业的课程体系中，"饭店管理概论"一般作为专业基础课，它必须处理好与管理类专业和旅游管理、饭店管理专业其他课程的关系。管理类专业一般会开设"管理学""市场营销""人力资源管理""财务管理"等课程，所以有关这些管理的基本原理与基本方法，在"饭店管理概论"课程教学时，原则上应该简洁，重点在于在饭店这个特定对象中的具体应用。另外，旅游管理、饭店管理专业，一般还会开设"饭店房务管理""饭店餐饮管理""饭店设备管理"等专业课程，所以，"饭店管理概论"课程不应涉及这些具体业务的管理。笔者认为，"饭店管理概论"是从整体上来分析研究饭店的运营管理与持续发展。

二、教材定位

根据30多年从事旅游与饭店管理教学的经历，笔者感到，教材不是研究专著，而是引导教师、学生思考、分析、解决问题的指南，应该为教师教学和学生学习留有足够的空间。所以，教材应以学生的应知应会为基本依据，以基本观点、基本思路、基本体系为主体。教材不一定追求对于某个问题的深入研究，不一定需要文献综述，但一定要能帮助教师与学生掌握基本问题、基本思路，把握饭店管理发展的基本方向，并能在训练学生的思维方式与提升学生思维能力方面起到良好的促进作用。

三、体系结构

对于教材来说，体系结构至关重要，必须主线清晰，观点明确，层次清楚，逻辑严密。笔者在编写本书的过程中，基本思路是：依据概论课程的基本要求，根据饭店管理整体性、复杂性、多变性等基本特征，围绕"社会形象良好、经济效益卓著、员工感觉美好"的基本目标，遵循"连锁经营把企业做大、品牌经营把企业做强、以人为本把企业做长"的基本思想，主要从总体上阐述如何使饭店企业稳健高效发展的基本管理问题。第一章是关于饭店管理对象的分析研究，为后面各章奠定基础。第二章是饭店管理基本问题的分析研究，并据此提出有效管理的思想与方法。第三章是饭店战略管理的分析研究，这是关系到饭店发展方向的基本管理问题。第四章是饭店集团管理的分析研究，这是关系到饭店如何做大的基本管理问题。第五章是饭店品牌经营问题的分析研究，这是关系到饭店如何做强的基本管理问题。第六章是饭店人本管理问题分析研究，这是关系到饭店如何做长的基本管理问题。第七章是饭店危机管理问题分析研究，这是任何饭店都无法回避的基本管理问题。第八章是饭店管理绩效评价问题的分析研究，这是检验饭店管理是否有效的基本管理问题。

四、本书特点

总的来说，本书力求体现"目标导向，学思结合，学以致用"的基本思想，并在以下三个方面有所创造，有所进步。

(1) 体系创新。目前，国内市场上"饭店管理概论"教材版本众多，各有特色，但以这样的体系结构编排则是笔者首创。该体系力求体现目标导向，主线清晰，层次清楚，结构严谨，符合"饭店管理概论"课程教学要求的基本思想。既可避免与其他课程内容的重复与冲突，又能把握饭店整体管理必须关注的基本问题。当然，是否科学合理，有待各位同行的认证与实践的检验。

(2) 内容务实。在编写过程中，注重吸收先进理论与方法，注重总结与传播先进经验。尽量采用国际、国内最新研究成果作为理论依据，介绍先进的管理方法；同时，注重国内外饭店管理先进经验的总结，通过典型案例的形式，帮助学生进一步理解掌握饭店管理的精髓。

(3) 突出应用。在编写过程中，注重学思结合、融会贯通、学以致用。在教师"教"的过程中，既要传授基本专业知识，更要传道、解惑，培养学生分析与解决实际问题的能力。学生在"学"的过程中，必须学而思之，思而做之，要知其然，更要知其所以然，且懂得如何运用，并通过多种环节的实践，温故而知新，进一步掌握所学知识与技能。所以，在每章开始就明确提出了学习目标，各章最后安排了一定数量的思考题、练习题和案例分析题，以便帮助学生复习掌握各章内容，并启发学生进一步思考和研究。

五、编写分工

本书由浙江大学饭店管理研究所所长邹益民教授、云南红河学院刘婷老师与浙江大学王亮博士共同编写，邹益民负责教材体系的设计、编写提纲的制定及全书的充实完善与统稿。各章的编写分工如下：邹益民负责第一、二、三、八章的编写；王亮负责第四章的编写；王亮、邹益民负责第五章的编写；刘婷负责第六、七章的编写。

六、感谢期望

在本书的编写过程中，引用了众多学者的观点与思想，虽然尽可能地作了标注，但疏忽遗漏之处在所难免，敬请广大读者批评指正。同时，还采用了一些企业的成功经验，清华大学出版社的左玉冰编辑也给予了真诚的指导与帮助，提出了许多建设性的修改建议。在此，一并致谢！

饭店管理理论构成复杂，涉及学科众多，可谓博大精深，而且饭店管理实践日新月异。所以，本书仅仅是一种初步的探索，还有诸多缺陷和遗憾，衷心希望各位专家和读者提出宝贵意见并与我们分享您的理论和经验。

编　者

目录

第一章

饭店管理对象认知

学习目标

通过本章的学习，你应该：

1. 理解饭店的基本含义，认识饭店的基本特征及对管理的影响；
2. 理解饭店经营业态的基本含义，了解饭店分类的基本方法；
3. 掌握饭店的基本类型，了解饭店经营的基本要素，掌握饭店的基本盈利方式；
4. 掌握饭店等级评定的意义、标准与方法。

引例

建盛饭店的管理为什么会陷入困境[1]

建盛集团公司是一家民营企业，主业是建筑与制造业，有11家分厂和子公司。建盛饭店是该集团公司所属企业，按四星级标准建造，有客房425套，餐位1 200个，大小会议室12个，并拥有KTV包厢、桑拿中心等娱乐设施。

集团公司高层领导认为，饭店作为集团公司下属企业，应该实行人、财、物统一管理。为此，总经理应该由集团公司高层领导兼任，饭店的职能管理部门的经理应该由集团公司相应职能部门派出，以体现集团公司的管理意志，并保证集团各项规章制度的执行。所以，集团公司的一名副总裁兼任了饭店总经理，同时集团公司从本地区另一家饭店招聘了一位常务副总经理，主持日常的经营管理工作。该饭店职能管理部门的经理从集团公司有关部门调入，经营部门的经理主要从其他饭店招聘。

该饭店的管理体制是：饭店的管理目标由公司制定，饭店人事部和财务部受集团公司人事部、财务部和饭店双重领导，重要的管理决策由集团公司负责，饭店管理机制与制度基本沿用集团公司原有范式。开业前，饭店从新华书店买了几本饭店管理制度和服务规范方面的图书，同时根据集团公司的有关制度，稍加修改，作为本饭店的制度和规范。

开业以后，饭店的经营管理决策时有失误，饭店上下之间、部门之间的矛盾众多，扯皮现象严重，尤其是职能部门和经营部门的矛盾更为突出：经营部门埋怨职能部门不了解饭店特点，官僚作风，不为一线着想；职能部门则认为经营部门做事无计划，不守规矩。同时，各项制度规范由于不符合该饭店的实际，在实施过程中碰到了诸多难以执行的情况。

---

① 该案例由邹益民根据管理咨询经历撰写，仅供课堂教学之用。未经允许，本案例的所有部分都不能以任何方式与手段擅自复制或传播。案例中饭店名称作了虚拟处理，如有雷同，纯属巧合。

结果，该饭店一线服务人员及经营部门的管理者流失严重，服务质量极不稳定，经济效益不甚理想，饭店管理陷入了困境。

建盛饭店的管理之所以会陷入困境，原因固然是多方面的，但是集团公司高层领导不了解饭店业务特点而作出的组织安排及不懂饭店管理特点的总经理及职能管理人员的外行管理行为，不能不说是一个主要原因。所谓管理，就是管理者根据特定组织的环境与条件，运用计划、组织、领导、控制等职能，以实现组织预定目标的过程。不同的组织有不同的特性，不同的企业类型有不同的特征。饭店企业要正常运营，并取得理想的管理效益，首先必须充分认知自身的管理对象——饭店。

第一节　饭店基本特征认知

在中国，饭店称谓多样，有的叫宾馆，有的称酒店，有的叫大厦，有的称度假村，有的叫山庄，有的则称旅馆，但其本质上并无两样。根据《大不列颠百科全书》的定义，饭店就是指在商业性的基础上向公众提供住宿，也往往提供膳食的建筑物。笔者认为这只是饭店的一个表象定义。从深层次角度讲，饭店是凭借各种硬件设施，向顾客提供食宿等服务，为顾客创造愉悦经历，从而获得相应效益的社会经济组织。[①] 饭店作为企业，与其他类型的企业一样，是一个独立的营利性经济组织，具有对外关系上的法人地位、经济上的独立性、经营上的自主性、组织上的完整性等基本特征。但是，作为以顾客为中心的高接触性服务企业，具有与工业、商业企业不同的特点。

一、饭店产品特征

饭店的产品是服务，它表现为一个多个环节和要素组成的过程，并不最终形成一个具体的物质产品，具有无形性的特征，即顾客购买饭店产品时得到的只是一定时空内对饭店服务或设备设施的使用权，顾客购买并消费饭店产品只能得到一种主观感受和体验，这是饭店产品的本质特征，以下四个特征均由此而生。

（一）综合性

综合性即饭店产品构成复杂，影响因素众多，而且每一个环节都有若干内容和影响因素，各种内容和因素又相互联系、互相制约。对于一家有规模、中高端的饭店来说，主要提供住宿、饮食、康乐、会议等产品，其产品品质高低，既取决于环境、设备、用品、产品等硬件因素，又取决于服务态度、服务方式、服务效率、服务技巧等软件因素。只要有一个环节或细节出现差错，就会导致顾客的不满，所谓“100－1＝0”就是这个道理。

所以，饭店要提高服务品质，必须树立系统观念，实行全员、全过程和全方位的控制，注意抓好每一个服务环节，注重每一个服务细节，力求使每一次服务都能达到标准。

（二）同一性

同一性就是饭店产品的生产与消费是同时或几乎是同时进行的，难以让饭店留出一

---

① 关于事物的界定，可以从不同的角度，给出不同的定义。本书后面各章中对某些概念的定义，一是直接运用主流观点；二是在借鉴他人观点、结合自己理解及管理实践基础上作出。

段时间来检验提供给顾客的服务是否合格，即“现做现卖”。所以，服务品质的高低，往往是一锤定音，无法回炉重做。这种特性就使饭店产品具有较高的质量风险。

由此可见，饭店要提高服务品质，就必须树立预防为主、事前控制的思想，防患于未然，注重服务现场的控制，抓好动态管理，力求把各种不合格的服务消灭在萌芽状态。

（三）差异性

差异性是指同一家饭店所提供的产品存在着质量水平差异，并具有不稳定性。这主要因为：一方面，饭店产品是由人提供的，不同员工的态度、知识、能力、情绪等各有不同，即使同一员工也是处于动态变化的，由此导致服务的差异性；另一方面，顾客兴趣、性格和心情等自身特点，以及顾客的自身素质，也直接影响饭店产品的最终效果。

由此可见，饭店要提高服务品质，一方面必须坚持顾客至上的基本理念，注意研究并引导顾客的需求，掌握顾客的心理，并提供针对性的服务，以创造顾客的美好体验；另一方面必须注重员工的塑造、组织和激励，以提高员工的素质，并使其达到最佳的组合和积极性的最大发挥，从而为保证服务品质的稳定奠定良好的基础。

（四）体验性

体验性即饭店产品提供给顾客的是一种经历，一种生活方式。在体验经济时代，人们消费不仅仅是为了满足基本生理需要，而且还希望得到精神层面的满足，希望能够给其带来全新的过程体验。顾客来到饭店，一方面是来住宿、吃饭，满足人的生理需要；另一方面是为了获得一种美好的住宿、用餐的经历，满足人的精神需要。如果说顾客生理需求的满足主要来自服务的功能价值，那么顾客精神愉悦的需求满足则主要来自服务的体验价值。

由此可见，饭店要想提高服务的顾客价值，就必须注重为顾客创造一种难忘而美好的个性体验。为此，饭店必须特别注重服务体验的两个关键词：感觉与记忆。所谓感觉，就是顾客在接受饭店产品时的一种心理感受与认知；所谓记忆，就是顾客在享受服务后留在头脑中的印象。只有饭店产品具有独特的美好感觉与记忆，才有可能创造一次消费，多次享受的使用价值。

二、饭店营销特征

由于饭店产品的上述特征，必然使饭店营销具有以下特征。

（一）主观性

主观性即顾客在购买、消费和评价饭店产品时的主观因素，具有重要影响甚至决定作用。饭店提供的产品是以无形服务为主体的组合，顾客在首次购买饭店产品之前无法具体接触或明确感受它们，顾客购买饭店产品具有较大的风险性；同时，尽管饭店产品具有一定的客观标准，但是顾客对品质的评价往往带有很大的主观性，不同的顾客对同一服务品质的评价有时差异甚大，即使同一位顾客对同一服务在不同的时间也会有不同的评价。这就给饭店推销活动带来了难度，不能像其他实物产品的推销那样，可以借助产品的有形展示来达到“让事实说话”，从而迅速吸引顾客购买。

由此可见，饭店的营销活动，就应巧妙地提供各种有形证据来吸引顾客，让顾客眼见为实。这些有形证据包括设施设备、人员形象、环境布置、广告宣传等顾客可以直接感受的一切视觉要素。同时，饭店必须特别关注顾客的消费心理。在此，丹尼尔·卡尼曼(Daniel Kahneman)与阿莫斯·特沃斯基(Amos Tversky)的前景理论就值得我们学习借鉴。前景理论认为：人们的行为存在以下规律：一是确定效应，即处于收益状态时，多数人是风险的厌恶者；二是反射效应，即处于损失状态时，多数人是风险喜好者；三是损失规避，多数人对损失比对收益更敏感；四是参照依赖，多数人对得失的判断往往由参照点决定，即人们在做决策时，并不是去计算一个物品的真正价值，而是用某种比较容易评价的线索来判断。[①] 这就是说，人们在心里无意识地把财富划归不同的账户进行管理，不同的心理账户有不同的记账方式和心理运算规则。由此告诉我们，饭店在营销过程中，必须注意给顾客创造良好的第一印象，同时巧妙采用各种促销策略，并注重引导顾客消费。

（二）易逝性

易逝性即饭店产品生产能力的局限性与产品价值的不可储存性。首先，饭店出售的是客房与餐位在一定时间的使用权，而饭店的客房、餐位数量在一定时间内是有限的。其次，饭店产品是边生产边消费，不可能对产品进行储存，也不能运输。也就是说，某一饭店资源，如果不能在当天变为产品提供给顾客，那么其价值就此消失。

由此可见，饭店营销不宜轻易采用薄利多销的策略，而必须注重收益管理，使饭店设施的利用率与饭店产品的价格达到一个最佳的结合点。

（三）敏感性

敏感性即饭店需求在很大程度上是一种派生需求，对外部条件具有很强的依赖性。主要有：一是社会政治因素，即国家的政策、社会秩序、外交关系等；二是文化因素，即社会习俗、舆论导向、消费观念等；三是经济因素，即商品经济的发展程度、国民经济的发展水平和人们的消费能力等；四是旅游目的物，即旅游资源的吸引力及季节性等。上述四个因素是变化的，而它们的变化将直接影响饭店的业务经营，所以饭店业务经营活动必然具有较大的波动性。

由此可见，饭店营销活动要卓有成效，一方面必须对客观环境保持高度敏感，并对环境变化做出快速反应，以减少饭店经营的风险；另一方面必须掌握顾客的消费行为，不仅要注重满足顾客的需求，更要注重善于引导和创造顾客需求，通过开发各种特色产品，策划各种促销活动，激发顾客的消费行为。

三、饭店财务特征

（一）资产专用

资产专用即饭店一经建成营业，其功能一般难以改变，尤其是具有较大规模的高档饭店，更是如此。因为饭店作为提供住宿和其他服务的商业性的建筑设施与机构，要满足现代消费者的需要，必须具有相对充裕的空间及与饭店类型相匹配的功能、设施与设备，需要饭店建设投入较大的资金，以保证这些固定资产的形成。因此，饭店必须特别注重项目立项阶段的可行性研究，并注重饭店的概念设计与扩充设计，以免投资决策失误和设计与

① 孙惟微. 赌客信条——你不可不知的行为经济学[M]. 北京：电子工业出版社，2010.

建设的先天不足。

（二）劳动密集

饭店是以手工劳动为基础的企业，饭店服务的基本特点又是人对人、面对面，属于高接触性服务业。所以，要保证饭店业务的正常运行并保持必要的品质，就必须有足够的人力资源作保证，由此使饭店成为一种劳动密集型的服务企业。因此，加强饭店人力资本的投资管理与合理控制人工成本，就成为饭店财务管理的重中之重。

（三）多重回报

作为窗口性服务企业的饭店，尤其是高端饭店，除了正常的财务回报外，还具有其他直接与间接的效益。主要回报有：一是理想的现金流；二是物业的增值；三是良好的形象带来的间接效益。所以，对于饭店投资与经营效益的评估，应注重从多个维度考量。

第二节　饭店经营业态分析

业态一词来源于日本，是典型的日语汉字词汇，大约出现在20世纪60年代。饭店经营业态就是饭店企业为满足不同消费需求，按照一定的战略目标，有选择地运用服务设施、地理位置、档次规模、服务方式、价格政策、销售方式等经营手段，提供销售和服务的服务形态。分析饭店经营业态，关键必须对以下三个问题有比较深刻的认识。

一、基本类型划分

类型即由各特殊的事物或现象抽出来的共通点。对饭店进行分类，既有利于顾客选择，也有利于饭店自身的营销与同行业的比较。根据不同分类方式，可将饭店分为不同的类型。

（一）按接待对象分类

对于饭店经营者与消费者来说，最基本的是根据饭店主要接待对象及相应的服务模式加以分类。据此，可以将饭店分为以下几种类型。

1. 商务饭店

商务饭店是以接待商务顾客为主的饭店。商务顾客是指以从事商务或公务活动为目的而进行旅行的旅游者，一般具有“三高”消费特点，即高要求、高房价、高回头率。该类饭店的经营与地区经济发展水平的关系非常紧密，可以说是社会经济发展水平的晴雨表。

商务饭店的地理位置一般是交通便利，临近商务密集区，便于顾客参加各种商务活动；设施设备、服务项目以及员工服务能力应根据商务顾客的消费需求特征加以配置与集成。

2. 长住饭店

长住饭店是以接待住宿期较长的、在当地短期工作或度假的顾客或者家庭为主的饭店。长住型饭店的建筑布局与公寓相似又有区别，客房多采用家庭式布局，以套房为主，配备适合顾客长住的家具和电器设备，通常有厨房设备供顾客自理饮食。这类饭店一般只提供住宿等基本服务，但服务讲究家庭式气氛，特点是亲切、周到、针对性强。饭店设施与管理组织及方式较其他类型饭店简单。

3. 度假饭店

度假饭店是以接待休闲、游乐、度假、疗养顾客为主的饭店，疗养型饭店亦属此类。此类饭店必须具有必要的休闲度假要素，多位于海滨、山区、温泉、景区等地，开辟各种康乐项目，如滑雪、骑马、狩猎、垂钓、划船、潜水、冲浪、高尔夫球、网球等活动来吸引顾客。该类饭店的顾客往往具有重复消费的特征，所以判断该类饭店经营成功的主要标志是常客比例的高低。

近年来，在许多饭店业发达的国家已出现度假型与会议型相结合的饭店，即所谓"会议度假两不误"度假饭店。随着社会的进步与人民生活水平的提高，该类饭店的市场空间将不断增大。

4. 会议饭店

会议饭店是以主要接待各种会议团体为主的饭店，通常设在大都市和政治、经济中心，或交通方便的游览胜地。会议饭店除应配备相应的住宿和餐饮设施以外，还要求饭店设置足够数量、多种规格的会议厅或大的多功能厅及相应的会议设备，接待国际会议的饭店还需配置同声传译装置。此外，会议饭店一般配备会议专业管理人才来帮助会议组织者协调和组织会议各项事务。

5. 汽车饭店

汽车饭店(旅馆)是以接待驾车旅行者为主的饭店，常见于欧美国家公路干线上。早期此类饭店设施简单，规模较小，有相当一部分仅有客房而无餐厅、酒吧。现在，有的汽车饭店不仅设施方面大有改善，且趋向豪华，多数可提供现代化的综合服务。

6. 青年旅馆

青年旅馆主要是为青年学生或"背包旅行者"提供住宿和自助式食品的饭店。其主要设施为上下铺的高低床，楼层有公共洗手间和浴室，另外有少量的付费洗衣机及炉具。虽然公共设施条件简陋，但因其收费低，所以深受旅行青年学生及"背包旅游者"的欢迎。

当然，随着饭店需求市场的细分化，饭店类型也将不断细化，呈现出更多的饭店形态。比如我国许多地区迅速发展的民宿，就值得关注。

（二）按计价方式分类

在国际饭店业的发展史上，根据饭店不同的计价方式，可以分为以下几种。

1. 欧式计价饭店

欧式计价饭店即饭店的客房价格仅仅是房租，不含食品、饮料等其他费用。

2. 美式计价饭店

美式计价饭店即饭店的客房价格包括房租以及一日三餐的费用。目前，尚有一些地处僻远的度假型饭店仍属此类。

3. 修正美式计价饭店

修正美式计价饭店即饭店的客房价格包括房租和早餐以及一顿正餐(午餐或晚餐)的费用，以便顾客有较大的自由来安排白天的活动。

4. 欧陆式计价饭店

欧陆式计价饭店即饭店房价包括房租及一份简单的欧陆式早餐即咖啡、面包和果汁。

目前，在中国的有限服务饭店中，大都采用这种计价方式，只不过一般是提供简易的自助早餐。

5. 百慕大计价饭店

百慕大计价饭店即饭店的房价包括房租及美式早餐的费用。目前，中国的饭店大都采用此计价方式，只不过提供的是自助早餐，不同档次的饭店，自助早餐的品种与质量有较大差异。

（三）按其他标准分类

1. 根据规模大小

根据国际惯例，饭店规模一般以拥有客房数量加以确定。目前，饭店业界对规模大小划分尚没有统一标准。其中有一个比较通行的划分标准是把300间以下定为小型饭店，300～500间为中型饭店，500间以上为大型饭店。

2. 根据所在位置

根据具体地点，饭店可分为城市饭店、景区饭店、乡村饭店、机场饭店、车站码头饭店等类型。

3. 根据营业时间

根据营业时间，饭店又有全年性营业及季节性营业饭店之分。

4. 根据所有制形式

根据所有制形式，饭店可分为全民（国有）饭店、集体所有制饭店、民营饭店、合资饭店、外资饭店、个体饭店（私有饭店）。

5. 根据管理模式

根据管理模式，可分为自主管理饭店、委托管理饭店和特许经营饭店等。

二、经营要素分析

经营要素就是指饭店投入业务经营过程中的各种资源。任何企业的业务经营都须先投入一定种类和数量的资源，才能最终生产和经营一定的产品和服务。因此，经营要素是饭店进行正常业务经营活动必不可少的客观条件和物质基础。不同的经营要素组合，既决定了饭店的不同业态，也直接关系到饭店的经营效益。

（一）自然区位要素

自然区位即饭店所处的位置，以及该位置所处的社会、经济、自然的环境或背景。按照区位的层次，可分为三个层面：第一，宏观位置，即饭店所处的城市或地区，是一类城市，还是二类城市？是旅游城市，还是工业城市？是沿海城市，还是内陆城市？第二，中观位置，即饭店在该城市里处在什么区域位置，进一步说就是饭店所在的社区。第三，微观位置，即饭店的地理位置，即处于城区、郊区、景区、工业区还是乡村。

不同的区位，意味着不同的经济发展水平、不同的土地价格、不同的客源距离及不同的吸引程度。所以，饭店建在什么地区、什么位置，不仅意味着不同的饭店投资，而且决定了饭店的类型、档次、规模及设施与服务项目的设置，同时将直接关系到日后饭店的经营与服务品质。

（二）设施资源要素

设施资源要素主要表现为饭店的接待能力。饭店设施资源差异，主要涉及以下三个基本要素。

1. 饭店类型

饭店类型多种多样，不同类型的饭店，其设施功能不尽相同，主要接待对象也有差异。饭店类型对于饭店经营影响甚重，但饭店类型无所谓优劣，关键在于是否匹配。其基本要求有三：一是与周边环境的匹配；二是与目标客源市场消费倾向与消费水平的匹配；三是与内部设施、功能的匹配。此外，饭店类型确定要注意与本地区现有饭店结构的协调，力求做到扬长避短、填平补齐，协调发展。

2. 饭店规模

饭店规模主要表现为饭店建筑面积、客房数量、餐位数以及其他设施设备的规模。饭店规模大小，直接反映饭店接待能力的大小。

饭店规模对于饭店的经营与发展关系甚重，尤其是高星级饭店。第一，饭店规模是否适中，直接关系到接待能力的形成效率，即设施与人员的效能是否达到最佳的问题，比如规模过小，就可能导致设施与人员配置过程中的“麻雀虽小、五脏俱全”的低效能问题。第二，饭店规模是否适中，直接关系到饭店日后的正常运营，如规模过大，就可能导致设施设备和人员的闲置；而规模过小，就可能造成设施设备、人员的超负荷运转等情况的发生。

饭店规模的确定，除了应考察饭店所在地区现有的客源市场外，还应分析国家的经济发展趋势、顾客需求的变化以及潜在客源市场的规模。由于饭店建设的固定投资较大，且一旦确定就较难更改，因此饭店建筑规模的确定必须具有一定的预见性和前瞻性。一般可以采用总体设计、分期实施的办法，即把饭店建设分为一期工程、二期工程……

3. 饭店档次

饭店档次即饭店的等级水平，目前中国饭店业大都以星级作为饭店等级高低的评定标准。饭店的档次高低，反映了饭店顾客的接待层次与饭店的消费水准。饭店档次确定，主要取决于饭店所在区域的经济发展水平及未来经济发展的趋势，须根据现实和潜在目标市场的消费水平并结合投资者的经济实力加以决策。

（三）资本资源要素

资本资源要素包括各种财产、债权和其他权利，如流动资产、长期投资、固定资产、无形资产、递延资产等。在其他条件不变的情况下，饭店资产总量越大，实力越强。不过，资产质量更能反映企业实力，如资产负债率高低与资产盈利能力。资产负债率也不是越低越好，过低的负债意味着企业发展能力有限。资产盈利能力则涉及资产的分布。对于实施多元化经营的集团来说，资产质量不仅体现在饭店的地理空间分布，而且还体现在资产于不同产业之间的分布。如集团所属饭店大都分布在市场比较理想的地区，则资产质量佳，反之亦然；若大量资产分布或投入到盈利较强且增长空间较大的产业，则说明企业的资产佳，反之亦然。而对于单体饭店来说，主要体现在投资结构及不同功能部位的分布情况，如饭店投资中，土地、公共部位建设等投资额过大，客房设施投资不足，则必然影响资产盈利能力。因为客房是饭店的核心业务，是利润的主要来源。

（四）人力资源要素

人力资源要素是构成饭店内部环境中最基本和最具活力的因素。饭店服务活动都是以顾客与员工之间的互动沟通为起点，沟通的效果直接影响着顾客满意的程度，从而影响着顾客的消费行为。从现实应用形态看，人的劳动能力主要表现为三种状态：物化状态，即已转化成有用的成果；流动状态，即工作过程中的表现；潜在状态，即还未表现出来的潜能。人的劳动能力高低，主要取决于体质、知识、智力和技能这四个要素。人的劳动能力作为一种资源，具有以下特征：

（1）时效性。人力资源是一种具有生命的资源，它的形成、利用和开发都要受到时间的限制。

（2）再生性。人力资源是一种再生资源，可以繁殖，生生不息，而且人力资源在使用过程中有一个可持续开发、不断提升的过程。

（3）能动性。人力资源具有创造性，能够有目的地进行活动。同时，人力资源的所有者是其本人，人的能力只有当他自己愿意发挥时才能实现。这是人力资源与其他资源的本质区别，是人力资源所特有的特征。

（4）社会性。人力资源是一种社会资源，必然受到社会环境的影响。这主要表现在社会制度、民族文化、所在地域、所处时代不同而导致的人的思想与行为方面的差异。

（五）信息资源要素

信息资源是饭店及管理过程中所涉及的一切文件、资料、图表和数据等信息的总称。它涉及饭店经营活动过程中所产生、获取、处理、存储、传输和使用的一切信息资源，贯穿于饭店管理的全过程。饭店信息是饭店管理的重要资源，其直接关系到饭店管理决策与饭店业务活动的有效性。

一般信息资源具有以下基本特征：一是现代化信息技术在储存、处理和传输信息方面的迅猛发展，使得信息已经变成一种丰富的可重复使用的资源；二是信息本身不是饭店经营的物化产品，但它一经生成并物化在载体上，就是一种特殊的资源，具有可采纳性，或称有用性，能够满足饭店经营的需要，并为饭店产生效益；三是信息资源的利用具有很强的目标导向，不同的信息接收者，由于其需求不同，对信息的理解、认识和利用能力不同，因此信息的使用价值也不一样；四是人们对其检索和利用，不受时间、空间、语言、地域和行业的制约；五是信息资源是一种动态资源，呈现不断丰富、不断增长的趋势。

三、盈利方式解读

饭店盈利方式即饭店创造价值的基本逻辑，或者说是如何持续赚钱的商业行为。从单体经营的角度，目前，我国饭店主要有以下三种基本盈利方式。

（一）综合经营方式

综合经营方式是以完善的设施给顾客创造方便舒适的住店经历，同时以综合经营提高饭店收入的盈利方式。主要以四星级以上的高档饭店为代表，一般具有服务项目众多、配套功能齐全的基本特征。该经营方式具有以下四个基本点。

1. 高投入

高档饭店属于享受型的生活性服务设施，没有高标准的投入，就不可能建成并维持高水准服务的高档次饭店。一般来说，在其他条件相同情况下，档次越高，其投资也越大。由此可见，高档次饭店是以大量的资金投入为前提的。当然，这并不能说投入越人档次就越高，关键在于是否合理、有效地投入。为此，饭店在前期设计建设阶段，既要注重建设项目的可行性研究，又要注意建设项目的科学设计。

(1) 饭店建设可行性研究。即对饭店建设项目地区的投资环境、选址，饭店类型、规模、档次、基本功能及客源市场等一些主要问题，从技术和经济方面进行调查分析，综合论证，作多种方案比较，并对拟建项目建成投产后可能取得的效益进行预测、评估，确定其是否合理可行，为建设项目投资决策提供可靠的科学依据。

(2) 饭店建设项目设计管理。饭店设计是饭店建设的蓝图，饭店须在设计前向设计单位提出设计的指导思想，并提出设计的基本要求。饭店建设项目设计，关键必须注重三个设计：一是概念设计。概念是饭店投资者及经营者在深思熟虑的基础上提出的，并体现在设计任务书之中，包括饭店的外形、风格、特色与基本功能等方面。二是功能设计。这方面主要包括饭店的内部布局、功能衔接，以及功能能否兼容，哪些是亮点，哪些是配套。三是装修设计。装修设计决定饭店的风格、档次，也决定饭店的投资额度。饭店建设项目设计，饭店投资者应选择专业的设计公司，并提供明确的设计思想。饭店的设计思想必须符合以下原则：第一，饭店总体设计须与城市规划相协调，与饭店的类型、档次相吻合；第二，饭店设计必须与目标市场相匹配，注意建筑物的功能齐全，比例恰当，布局合理，便于服务，有利于经营管理；第三，必须注意节约用地；第四，必须重视技术进步；第五，必须体现“百年大计，预防为主”的方针，使设计符合安全、防火、防震和环境保护的要求。

(3) 饭店项目建设组织。一是工程建设准备，这是饭店工程建设的前期工作。主要内容有：编制概预算；筹措资金；饭店建设整地拆迁；工程招投标等。二是组织工程施工，主要工作有：设计、施工及有关单位的协调；监督和检查施工工程质量、施工进度及安全管理；进行隐蔽工程验收；按建设进度提供由建设单位负责供应的材料、设备等建设物资；组织设备操作和维修人员参加设备安装和设备调试及试运转；等等。三是组织建设工程的竣工验收，饭店建设工程的竣工验收可分为单项工程验收和全部工程竣工验收两个层次。

2. 高层次

没有高层次的客源，高投入就不可能有高回报。顾客的高层次，主要体现在两个方面：一是高素质，即顾客具有较高的文明修养与良好的生活消费习惯。他们懂得尊重饭店从业人员的人格、权利与劳动；懂得社会法规、道德规范与饭店合理的规章制度。因为饭店是高互动性的公共服务场所，一个顾客的言行举止，不仅会影响饭店的环境氛围，而且会影响其他顾客与饭店员工的感觉。二是高消费，即顾客具有较高的消费能力。他们懂得尊重市场经济的基本规则，他们愿意为饭店优质服务支付相应的货币。只有具有高层次客源市场，高端饭店才有经营基础，才有可能保持自身档次，并取得理想的效益。

3. 高品质

高层次的客源须有高品质的服务来吸引与维系。饭店服务的本质是通过自己的劳动为他人创造价值，饭店服务对顾客来说，主要是一种经历。其价值能否实现，关键在于能否为顾客创造价值，即能否为顾客提供方便、创造欢乐。所以，笔者以为，所谓高品质服务，就是能给顾客独特愉悦经历、能让顾客心动的服务。为此，饭店必须特别注重以下三个方面。①

(1) 充分读懂顾客的心态。我们知道，顾客并非职业人，而是追求享受的自由人，且是具有优越感的、最爱面子的人。所以，顾客往往以自我为中心，思维和行为大都具有情绪化的特征，对饭店服务的评价往往带有很大的主观性，即以自己的感觉加以判断。为此，饭店服务首先必须充分读懂顾客的心态，给顾客以人性化的服务。饭店服务应该做到：一是给顾客一份亲情，做到用心服务，细心观察顾客的举动，耐心倾听顾客的要求，真心提供真诚的服务，注意服务过程中的感情交流，并创造轻松自然的氛围，使顾客感到服务人员的每一个微笑、每一次问候、每一次服务都是发自肺腑的，真正体现出一种独特的关注。二是给顾客一份理解，做到想顾客之所想、急顾客之所急，给顾客足够的宽容。三是给顾客一份自豪，做到懂得欣赏顾客的"表演"，让顾客找到自我的感觉和当"领导"的快乐。

(2) 充分理解顾客的需求。顾客的需求具有多样性和多变性，但作为顾客，必然有其共同的需求。饭店的服务要打动顾客的心，其前提是必须满足顾客的共同需求。按照服务营销理论，低成本、有品位、高质量就是饭店顾客的共同追求。顾客在消费服务时，通常需要付出一定的货币、时间、体力和精力。即顾客总是希望以尽量低的代价换取自己所需的服务。低成本即饭店提供的服务必须充分考虑顾客的支出，使顾客感到花得值得，甚至超值。顾客的消费，总会根据自己所处的层次和特定的消费目的加以选择。有品位即饭店提供的服务不能有失顾客的身份，而应凸显和提升顾客的身份和地位。顾客到饭店是来寻求享受的。高质量即饭店提供的服务应使顾客有舒适和舒心之感。

(3) 努力超越顾客的期望。现代营销理论告诉我们：满意是指顾客对饭店产品实际感知的结果与其期望值相当时，形成的愉悦感觉。惊喜则是当顾客对产品实际感知的结果大于其期望值时，形成的意料之外的愉悦感觉。而只有当顾客有惊喜之感时，顾客才能真正动心。为此，饭店的高品质服务应超越顾客的期望，即饭店提供的服务是出乎顾客意料或从未体验过的。要超越顾客的期望，关键是饭店的服务必须做到个性化和超常化，并努力做好延伸服务。当然，要超越顾客的期望，饭店的宣传及广告必须适度，既应展示饭店的服务特色和优势，令顾客向往并吸引他们的光临，又应忠于客观实际，不能过度浮夸，以免造成顾客的过高期望。

4. 高水准

高品质服务必须靠高水准的管理来支撑。高水准管理，以高素质的饭店人为基础，主要表现为企业把握方向、整合资源和控制运行的能力。饭店高水准的管理，关键取决于以下四种能力。

---

① 邹益民. 饭店优质服务新思维[J]. 旅游管理，2003年第6期.

(1) 企业决策能力，即企业把握方向、抓住机遇和整合资源的筹划能力。其主要取决于以下三个方面：一是决策机制，如由谁作决定、独裁还是民主决策、有哪些程序等；二是决策方法，如采用经验决策还是运用科学决策；三是决策水平，即饭店决策者的知识、胆略、经验等。

(2) 企业执行能力，即把经过科学决策的方案有效实施的能力。关键取决于以下三个要素：一是企业文化，即企业有明确的使命、追求的目标，以及相应的行为准则，所有人都意识到该做什么，不该做什么，而不是各自为政、同床异梦；二是企业规则，即明确规定做事的准则和处置的办法，形成雷厉风行、令行禁止的工作氛围和习惯；三是领导能力，即饭店经理人通过卓越的领导技巧，指导、激励、协调员工愉快地完成本职工作的能力。

(3) 产品营销能力，即饭店企业生产与销售具有成本和质量优势服务产品的能力。主要取决于三种能力：一是服务设计能力，主要体现在服务功能、服务产品和服务规范等的设计；二是饭店服务提供能力，实际上就是准确把握并满足顾客需求、赢得顾客满意的能力；三是服务销售能力，即让顾客理解、接受、欣赏饭店产品或服务的能力。

(4) 外部沟通能力，实际上就是饭店企业与社会公众的协调能力。主要表现为利益、目标、态度、行为的协调能力。

（二）特色经营方式

特色经营方式主要是以文化经营的主题饭店方式，即以顾客创造独特体验，增加产品附加值为基本的盈利方式。所谓主题饭店，就是以某一素材为主题，从硬件到软件都围绕主题展开，带给顾客有价值的、难忘的体验式饭店。设计型饭店也属此类。主题饭店经营模式的最高境界，就是主题饭店成为目的地饭店，即饭店本身就是顾客前去游览体验的主要甚至唯一的目的物，换句话说，就是顾客选择去那里，就是因为这个饭店的吸引。主题饭店经营，须特别注重以下三个要素。[①]

1. 主题定位

主题定位即饭店主题概念的选择。主题概念定位是否正确，既关系到主题饭店对顾客的吸引力，也关系到主题饭店的投入与产出。

(1) 主题独特。主题饭店经营实施的是差异化竞争战略，所以须从顾客角度出发，选择独特的主题，以带给顾客独特的体验感受。主题饭店概念选择，须特别注重以下三点：一是要研究目标顾客需求，密切关注竞争对手，避免主题相似。核心竞争力的主要特征之一就是具有不可模仿性，主题饭店的投资相对较大，功能性退出壁垒较高，所以主题饭店主题概念须具备一定的不可进入性，防止被竞争对手轻易模仿。二是要深挖主题内涵，避免形式大于内容。主题饭店只有融入丰富的主题文化内涵，才能带给顾客有价值的体验。三是主题表现必须连贯一致，这就要求对主题进行整体的把握，在设计时应该从全局出发，有完善的主题饭店建设方案。

(2) 主题可行。首先，主题饭店是个饭店，应在具备一般饭店基本功能的基础上追求自己的个性发展，这种个性的追求不能和基本功能相抵触，否则就是本末倒置。其次，与

---

① 邹益民，彭雪蓉. 主题酒店产品顾客体验关键要素的探索性研究[J]. 旅游管理，2008 年第 6 期.

环境吻合。体验对环境具有依附性，一段难忘的体验必须有相应的体验环境做支撑。主题饭店是体验产品，要带给顾客良好的体验，就必须注意与饭店的外部自然和人文环境的和谐统一。最后，顾客认同。主题概念必须在顾客的可接受范围内，不能太过离奇，匪夷所思，导致目标顾客群规模的可经营性降低，甚至无利可图。

（3）主题新颖。饭店主题应适当回避“尘世”，避免陷入大众俗套。对于顾客来说，入住主题饭店的其中一个目的就是逃避现实生活的纷纷扰扰或者是追求心中的梦想甚至幻想，获得心灵的满足。所以，对于顾客在生活中的角色不要过分强调，要让顾客暂时忘记现实中的繁忙和烦恼，来个“好梦一日游”。

2. 主题产品

主题饭店必须以主题产品为载体。主题产品即表达与展示饭店主题，使顾客能明显感受到的有形设施、物质产品及相应的服务方式。

（1）饭店氛围。主题氛围是主题概念的物化，一般通过主题建筑、主题装饰物、主题背景音乐、人员等元素加以营造。在此，主题景观及装饰物尤为重要。一般来说，主题饭店都有与主题相一致的主题景观，如拉斯维加斯金字塔饭店的狮身人面像、纽约饭店的自由女神像、亚瑟王神剑饭店的梦幻城堡、鹤翔山庄饭店外的范长生像等。主题景观及装饰物须精心设计，严格把关，做到尽善尽美，和谐一致，从而烘托出一个惟妙惟肖的主题环境与氛围。总之，主题氛围的营造要力求做到事事是场景，处处是舞台，人人是演员，个个是观众。

（2）服务设施。这是指表现饭店主题概念的服务设施，比如主题客房、主题餐厅等。主题饭店的服务设施是顾客体验饭店主题文化的基本载体，也是决定主题饭店经营方式能否成功的关键。

（3）有形产品。这里主要指菜肴、餐具、客房用品、纪念品等。有形产品须体现饭店的主题概念，起到画龙点睛、锦上添花之功能，让顾客体验到浓浓的主题味。

（4）服务方式。主题设施必须有相应的服务方式相匹配，比如服装装饰、行为举止、上菜、斟酒方式等。服务方式应该具有主题色彩，应该和主题展现的意境及主题服务设施相一致，否则主题服务就会影响主题的完美营造。在对主题服务方式的开发时，一定要进行二次创造，“原汁原味”势必会导致“曲高和寡”。所以，主题服务方式应根据顾客需求进行创新，古为今用，洋为中用，推陈出新，别具一格。这样，既能够满足顾客的主题体验需求，又能让顾客理解和接受。

3. 主题活动

没有主题活动的主题饭店是不完整的，或者说没有主题活动的主题饭店会大大降低顾客的体验感。

（1）丰富多彩。这里所说的“丰富”，一是指主题活动的种类、形式不能太单一，要千姿百态；二是指主题活动的内容要充实，让顾客能够得到多层次的体验收获，包括身体的和精神的，从而达到丰富顾客体验内容的目的。

（2）集中聚焦。主题活动的形式需要多种多样，但是必须紧紧围绕主题，体现主题概念的内涵。

（3）顾客参与。“参与”有“被动参与”和“主动参与”，主题饭店应把被动参与和主动参与有机结合，使顾客体验紧松适宜，相得益彰。有些活动顾客只需要以观众的角色参与，有些活动则要让顾客以主演的角色参与，顾客与顾客之间互为观众——相互欣赏，共同愉悦。主题饭店不仅要有主题活动，而且还要使得主题活动对顾客产生吸引力，才能调动顾客积极参与其中。主题活动，尤其是要顾客发挥其才能的主题活动，需要开发设计时建立在对顾客个体需求准确把握的基础上。投其所好，这样才能够使顾客积极参与，给顾客创造良好的审美、遁世体验。

管理实例

中国道家文化第一庄——四川鹤翔山庄①

鹤翔山庄坐落于世界自然遗产保护地青城山山门右侧，被称为"中国道家文化第一庄"。

1. 主题概念

鹤翔山庄的主题是"道家文化"，被称为"中国道家文化第一庄"。之所以选择以"道家文化"为主题，主要基于三方面的思考：一是"道家文化"是中国的本土文化，博大精深。在青城山最具特色、最有影响又最具历史内涵。二是"道家文化"提倡"节欲""无为而治""道法自然"，易于在饭店经营中融会、体现、贯通，其文化精髓符合现代社会的精神需求。尤其是道家养生文化源远流长，特别适合现代健康观念与消费潮流。所以，鹤翔山庄多以其养生文化作为主题营造的重中之重。三是"道家文化"同为成都市、都江堰市的城市文化"名片"，被省、市政府作为"两大文化建设工程"之一，列入了当地社会发展计划。

鹤翔山庄选择道家文化而不是道教文化，一字之差却充分体现了他们对国家宗教政策与信仰自由方面的深刻了解，对"度"的把握凸现了其主题选择的鲜明性，也使得其在主题的表现上能够集中而细腻，不会出现主题宽泛的现象。另外道家文化适合当代的养生之道，符合现代的消费理念；同时，鹤翔山庄位于青城山，自古有"峨眉天下秀，青城天下幽"之说，青城山是道教圣地，鹤翔山庄选择道家文化就有了深厚历史文化底蕴做依托。道教是中国本土自创的教派，道家是道教的始祖，道家文化在中国具有广泛的认可度，能使人产生美好的联想，从而觉得很有品位和档次。

2. 主题环境与氛围

一个好的主题创意须靠各种元素完美结合来诠释和展现创意。鹤翔山庄正是通过各种元素的运用，来展现其道家的文化精髓，带给顾客不一样的感受，为顾客创造难忘的住宿体验。在环境与氛围方面，突出表现在以下几个方面。

(1) 饭店所在地具有良好的自然、人文环境。鹤翔山庄位于世界文化遗产保护地的都江堰市青城山山麓，建立在古道观长生宫遗址上，距今已有一千七百多年的历史，

① 该案例根据以下资料改写：最爱四川旅游网(51743.cn)《鹤翔山庄：中国道家文化第一庄》；大悟《酒店产业链开发实证研究——四川青城山鹤翔山庄八大文化品牌产品评析》，饭店世界，2005 第 2 期；鹤翔山庄网站的有关资料。

古木参天、白鹤云集，古代诗人曾留下“修竹节风暑自消”“神仙好处总逍遥”的名句。鹤翔山庄是国内唯一一家有白鹤栖息的生态饭店，进入鹤翔山庄如临仙境，与鹤为邻，备感吉祥。

(2) 饭店建筑外观独特，体现道家文化。鹤翔山庄客房共三幢，外加一幢别墅区。以此组成了山庄沿山而下，略有坡度的青青广场。广场与山庄大门呼应处，是一六角形的坛式建筑。据说此是庄内凝聚天地之气最为集中强劲之处，号为“采气坛”。坛面有玻璃钢做成的地面，坛底是太极样式的“双鹤云图”。周边建有水沟，沟里分置彩灯若干。此是庄内呼吸养生太极拳顿悟、演化之地，也是每日太极拳师表演和顾客们观赏、练习太极拳的地方。山庄总体布局深受其古长生观旧址所启发，把川西民居、明清风格的门窗巧妙地镶嵌于现代大理石壁缝之间，和谐地融为一体，成为现代建筑与古老韵味相融合的典范。庄内还刻有山庄碑记，塑有原长生宫观主范长生像和一段保存完好的古围墙等。

(3) 饭店装饰主题特色鲜明，主题氛围浓烈。主要表现在：一是总台上迎面而来的一幅百鹤图，造型生动，布局严谨，体现“松鹤长寿”之意。二是采用了庭院式风光格局，巧妙地运用大面积玻璃墙体的透视作用。人在厅中，目光所及，周围却是古木森森，曲径幽幽，绿意盎然。三是宫灯式光源配置错落有致，大灯、小灯、顶灯、地灯各安其位，相映生辉。一系列明装暗点，无一不深具道家之神韵，无处不焕发太极之精神。

(4) 服务员服装独具特色，体现饭店主题。鹤翔山庄服务员的工服以鹤为主题，领子、胸襟和袖口都绣有白鹤，底色为紫绛色，缀以玫瑰红和鹅黄展现高雅气质。尤其是胸襟的设计，形似太极图，很有道家的文化韵味。

3. 主题设施与产品

(1) 体现主题特色的主题餐厅。鹤翔山庄有上善堂、鹤翔堂等主题餐厅。上善堂餐厅以老子《道德经》中“上善若水”而命名，餐厅有长生宴等道家滋补特色美食；鹤翔堂餐厅以接待零餐顾客为主，为顾客提供鹤翔素菜和正宗川菜及风味特色菜肴，另有玄宗堂、范贤堂、九皋堂、百寿堂包间。

(2) 展示饭店主题文化的主题宴会。长生宴是鹤翔山庄上善堂餐厅推出的道家滋补特色宴会。自三国蜀汉，范长生在此建范氏庄园，修炼长生久视之术，采山之精、水之灵、珍林香草之花宝，巧妙烹饪，食之本色、本味，得享天年，寿齐彭祖。之后，药王孙思邈居青城，又将川芎、山药等做成药膳以滋补元气。唐安史之乱，明皇避乱蜀中，驻辇长生宫，使道家饮食得以进一步发展和丰富。长生宴包括“凤珠献寿”“白果炖鸡”“太极豆花”“川芎锅贴”等几十道特色菜肴。原料天纯，烹调精妙，装盘艺术，色、香、味、型恰如其分。不但菜品丰富，韵味十足，且有按“吉祥长寿”设计的开宴仪式，配以书法艺术的菜单，象征寿意的特制器皿；席间有女子古乐队的伴奏，道家茶艺和抽签等表演助兴……品尝长生宴，宛若在艺术长廊中徜徉。

(3) 与主题风格和谐一致的主题客房。鹤翔山庄客房从家具布置、材料选用到布草符号及其功能作用各方面，从舒适度和氛围效果上进行了精心的“形神”改造。一是每一客房均悬挂一幅《道德经》书法，所有布草均采用特制的道家符号；二是所有家具、用具、用品均采用了彰显道家“松鹤长寿”之意，又简单明了的造型图案；三是对原有房屋改造时，充分考虑了道家建筑风格与庭院式效果，其六边形状若落地窗式的窗户视野开阔，又颇具“私密性”。

(4) 独特的饭店产品。鹤翔山庄还开发了根雕艺术、青城道茶、鹤翔太极道家养生月饼等特色纪念品，让顾客将“体验”带回家，并产生美好的回忆。

4. 主题活动与服务

(1) 展示顾客自我才华的参与性活动。鹤翔山庄与有关单位合作，创建了中国美术家协会巴蜀创作中心与艺术培训中心。不仅为中外艺术家提供了切磋交流的平台，也为爱好艺术的顾客提供了参与学习、展示个人爱好的舞台。

(2) 体现主题文化的服务项目。即鹤翔太极养生项目。该项目集武、医、食为一体，含太极推拿、药蒸、足道、药贴、经络理疗、道家果茶、药膳，辅以太极心理、气息引导，阴阳相济，不仅能达到康体养生的保健作用，而且也作为饭店高档健康、娱乐项目而受到顾客广泛欢迎。

（三）低成本经营方式

低成本经营即有限服务饭店方式。有限服务饭店，在国外被称作 limited-service hotel，在美国也被称作 select service hotel，它是相对于高档、全面服务的饭店而言的，指的是拥有有限的餐饮服务、公共区域和设施的饭店。[①] 从功能来看，有限服务饭店不具有传统饭店的奢华，也不提供周到全面的服务，它只提供饭店的基本服务。[②] 有限服务饭店的出现是消费者需求日趋多样化所导致的饭店市场细分的结果。根据国际著名咨询机构——仲量联行 2006 年 12 月发布的《美国有限饭店投资者调查》显示，在美国，按照其档次，有限服务饭店被分为高、中、低三个类别。[③]

1. 低档有限服务饭店

低档有限服务饭店（经济型饭店）自发展之初就确定了其市场定位主要是对价格非常敏感的休闲散客和低端的商务顾客，这部分顾客对住宿的要求不高，一般并不需要大型的餐饮、娱乐、健身场及其他的辅助设施，只要求饭店能以最实惠的价格为其提供比较干净、安全的客房，以满足其最基本的栖身需求。因而，小规模、低价格成为经济型饭店的一大特色。在美国，大多数经济型饭店的客房间数不足 100 间，其平均房价在 60 美元以下，在国内则大多在 200 元以内。相应地，经济型饭店的产品也相应具有结构和形式单一、档次较低等特点。经济型饭店除了提供最基本的客房和早餐服务，一般不具有其他功能，形式上极其单一；就产品档次而言，以客房为例，一般只需提供满足顾客睡眠、洗浴和电视等简单娱乐需求的基本设施，对于设施设备的豪华程度并没有要求，同时，大多经济型饭店都不包含送餐服务、叫醒服务等无形的客房服务产品。

总的来说，低档有限服务饭店（经济型饭店）的服务与设施，讲究的是简单实用，能满足顾客基本的住宿需要。

---

① Are limited service hotels becoming extinct.

② Terah Shelton. limited, not limiting, 2007.

③ Jones Lang LaSalle Hotels. U. S. Select Service Hotel Investor Survey, issue 101, December 2006.

2. 中档有限服务饭店

中档有限服务饭店介于低档的经济型饭店和高档的有限服务饭店之间。这不仅有利于其在投资方面节省成本，并且有助于其在经济型饭店和高档的有限服务饭店之间争夺顾客。总的来说，中档有限服务饭店的设施与服务，讲究的是品质和舒适，能让顾客感到惬意。

(1) 定位及市场。就目标市场而言，中档有限服务饭店的主要目标顾客是中等层次的商务和休闲客源。这一点与经济型饭店是有所不同的。随着顾客消费行为的理性化，对于有些顾客，特别是对有些商务顾客而言，经济型饭店已无法满足其追求品质生活的需求。中档有限服务饭店正是抓住了这类顾客的特征，在只提供客房、简单餐饮和简单健身设备的基础上，提高产品的品质，并以物有所值的价格来吸引顾客。此外，也有部分中档有限服务饭店的定位与众不同。比如，Nylo 品牌定位于频繁旅行者，特别是年龄在 20～30 岁的追求创造性的、新颖设计的青年旅行者，因而在其饭店内部的设计上也注重迎合其目标市场的偏好，讲究设计和装修的变化和差异性。

(2) 饭店选址。通常情况下，中档有限服务饭店位于城市商业中心、机场附近或是在城市外围土地价格比较低的地方。[①] 城市的商业区交通便利，餐饮、娱乐等设施齐全，有利于帮助有限服务饭店形成商业配套，因此这些地段往往成为中档有限服务饭店理想的选址地点。选址在机场附近的中档有限服务饭店则旨在满足需要短暂停留旅客的住宿需求，这同样是中档有限服务饭店选址的一个重要方面。就目前的形势来看，许多准备经营中档有限服务饭店的品牌都计划先在郊区、靠近机场的地方和小城市开始筹建，然后再向城市中心扩张。[②]

(3) 产品特点。中档有限服务饭店不具有全面服务饭店所拥有的全套设施设备，如餐厅、大型的会议室、宴会厅等。但是，通常情况下，客房、大厅、咖啡厅、健身中心和商务中心是中档的有限服务饭店所具备的设施，有些饭店可能还会配备小型的会议室和游泳池等。中档的有限服务饭店强调顾客在房间内的体验，因而对于客房的装修非常讲究。现在，单从客房而言，新兴的有限服务饭店与高档全面服务饭店的界限已经越来越模糊。在设施设备上，中档有限服务饭店同样拥有高档全面服务饭店客房内所拥有的设备，如非常舒适的大床、精心设计的会客区域、很大的书桌、符合人体工学的椅子、高速网络设施、有线电视、电话、冰箱、微波炉、咖啡壶、吹风机、熨斗和熨衣板等。与此同时，相对全面服务饭店来说，中档有限服务饭店提供的服务是有限的，一般没有门童和行李服务；餐饮服务员较少，有很多自助服务的成分；不提供金钥匙服务；客房服务的内容也较为单一。但随着竞争的加剧和顾客需求的提升，中档有限服务饭店的服务正在逐步升级，争取在有限的硬件条件下，用“无限”的服务提升饭店产品的价值。

(4) 客房价格。由于没有大型餐饮、娱乐和会议设施，同时用工非常精简、员工人数较少，中档有限服务饭店无论在投资成本和运行成本上都低于全面服务饭店。因此，在美

---

① Kenneth E. MacKenzie. If you build it, they will come: How to finance hotel construction. Banker & Tradesman. 2007.

② limited-service hotels take on upscale ambience.

国中档有限服务饭店的房价相对较低，通常比全面服务饭店低 30～100 美元，平均房价均不足 100 美元。

3. 高档有限服务饭店

进入 20 世纪 80 年代，饭店顾客对有限服务饭店的品质提出了更高的要求。同时，饭店经营者为了在激烈的竞争中寻求新的优势，进一步对中档有限服务饭店进行硬件和服务升级，进而出现了高档有限服务饭店。高档有限服务饭店是在中档有限服务饭店的基础上进一步升级而来的，客源档次有一定的提升，主要定位于中高档的商务和休闲客源。

相对于中档有限服务饭店，高档有限服务饭店更重视饭店产品的品质和美学设计，更加重视文化氛围的营造，重视高科技的运用，注重在满足顾客生理需求的同时带给其心灵上的极大满足。因而，在客房和大堂等核心区域，高档有限服务饭店努力缩小与高档全面服务饭店之间的差距，不论从设施设备的全面性而言，还是从设施设备的先进性来讲，都比中档有限服务饭店有较大的提升。当然，高档有限服务饭店的平均房价要比中档有限服务饭店的平均房价高。同时，高档有限服务饭店的选址也非常慎重，通常位于城市一类地段。

总的来说，高档有限服务饭店讲究的是高品质且具有美学特征，能带给顾客愉悦和享受。

第三节 饭店等级水平评定

饭店等级是指一家饭店的环境氛围、设施设备、服务范围和服务质量等方面所反映出的档次与水准。

一、饭店分级制度

（一）等级评定意义

纵观世界各国的饭店分级体系，较普遍的出发点是：由公共或私人部门提供有一定公信力的信息作为消费者认知饭店软硬件水平的辅助手段，目的是减少饭店企业营销成本，提升产品质量，便于行业规划和管理。

1. 保护顾客利益

饭店等级标志本身是对饭店设施与服务质量的一种鉴定与保证。对饭店进行分级，可使顾客在预订或使用之前，对饭店有一定的了解，并根据自己的要求和消费能力进行选择。同时，饭店等级也是评价服务质量标准的基本依据，可以有效地指导与约束饭店为顾客提供物有所值的服务，保障顾客的利益。

2. 便于行业管理

饭店等级标准规定了不同等级饭店的设施设备、功能配置、服务水平、管理要求等方面的基本要求与规范，这就为政府旅游管理部门及有关社会团体检查与监督饭店的服务与管理提供了基本依据，同时也为饭店之间的评比与比较提供了客观依据。此外，饭店的分等定级，还有利于同行之间平等、公平地竞争，促进不同等级的饭店不断完善设施和服务质量，提高管理水平，维护饭店的信誉。这对促进整个行业的服务标准化与管理的科学化水平，具有良好的促进作用。

3. 利于企业经营

饭店的等级标准，既为饭店的建设提供了参考依据，使饭店的专业化设计与建设有章可循，也为饭店的管理提供了基本方向与方法，使饭店的科学管理有据可依；同时也为饭店的营销提供了一种思路与促销手段，有利于明确饭店的市场定位，并针对目标市场更好地展示饭店的产品和形象。当然，通过饭店等级评定，动员全体员工参与，促使员工增强争级、保级或升级的责任感，激发员工的工作热情，从而在一定程度上也可增强饭店的凝聚力。

（二）等级评定主体①

饭店等级评定主体主要有以下三类。

1. 政府主体

以政府部门为主体的饭店等级评定，是政府干预理论在饭店行业管理中的体现，对饭店业的发展起到指导和促进作用。然而，由于受到政府主观意志的影响，其评定标准会随政府目标的变动而出现较为频繁的变化，评定结果有时会和公众或业界的感受存在一定的差距。由政府实施饭店分级制度的国家主要有埃及、土耳其、阿联酋、意大利、罗马尼亚、英国、加拿大、中国等。政府实施饭店分级制定，主要是出于行业管理的需要。我国在旅游业发展初期坚持政府主导战略，由政府组织实施饭店分级，在引导本国饭店业的软硬件建设与国际接轨方面发挥了积极作用。该评定模式具有以下特点。

(1) 评级工作本身是政府干预饭店业发展的一项措施，其微观绩效必须服从于政府的宏观发展规划。

(2) 其基础是一整套由“项目——基本指标——修正指标”组成的多维指标模型。虽然任何指标模型都不可能完美涵盖饭店业的丰富多彩，但为了操作的科学和方便，对指标模型的贯彻依然是评级工作的核心环节。

(3) 基本方法是对项目内容进行精确赋值，最终以数量等级的形式反映饭店等级。

(4) 科技含量高。其一是通过政府行政力动员国内外的行业专家，在充分调研和论证的基础上制定和修正指标体系。其二是不断引入新型检测工具，比如采用网络信息系统收集相关数据。其三是不断扩大评审专家的选拔范围，多角度掌握信息。

2. 行业协会

行业协会实施饭店分级主要是出于行业自律的需要。由行业协会实施饭店分级的国家主要有比利时、卢森堡、奥地利、瑞士、丹麦、法国、德国等。以行业协会为主体的饭店等级评定模式具有以下特点：

(1) 在目标上，以全行业的整体利益作为最高标准，将饭店创造业绩的愿望和自觉实现好、维护好、发展好全行业的根本利益结合起来。

(2) 在制度上，建立开放式的“同行评议—督导检查—考绩定级”模式，高度重视饭店的企业声誉、竞争优势和经营绩效，鼓励饭店因地制宜、发挥特色，做到声誉、优势、绩效、

---

① 鲁凯麟. 中外饭店业分级体系比较研究[N]. 中国旅游报，2012-03-14.

诚信的“四位一体”和软、硬件相互“嵌入”的整体评价。

(3) 在方法上，重视对饭店的长期营运进行整体性的定性评价，不搞突击检查方式，等级评定工作具有很强的引导功能，评定过程和评定结果对饭店具有很强的训导、培训和激励作用。

3. 第三方组织

第三方组织，广义上是指除去政府、饭店行业协会之外的各种组织，包括旅行批发商、旅行杂志、旅行网站、学术机构等。第三方组织实施分级往往带有其自身的商业目的，有的是为获得广告收入，有的是为其会员提供信息等。确切地说，第三方组织可以分成两部分：以满意为原则的消费者组织和以公信力为基础的中介组织。

其中，消费者组织进行饭店等级评定的主要目的，是为自己的会员提供消费指导，其评级标准高度遵循“顾客满意原则”。在具体操作上，大量采用民意测验、问卷调查等方法，把顾客的“切身感受”当作核心指标。由于消费者组织倾向于在会员内部进行调查，问卷设计中也隐含着特定消费者群落在情感与价值上的偏好，其评级结果具有很强的倾向性。由于这种倾向性可以大大方便饭店向特定消费者群落进行推销，因此，大量汽车旅馆和中小型特色饭店钟情于这类评级体系。这种模式，满足了市场学关于顾客导向和市场细分的理论要求，追求在差异化市场上的有效性。然而，由于评级组织和具体消费者的专业性不足，其评级结果常常显得不够完整和全面。

另外，在英美国家，一些商业杂志和饭店专业杂志每年都会制作饭店排行榜，主持饭店排行榜的一般是专业性强、社会公信度高的权威媒体。制作榜单的目的，是为其核心读者群提供服务产品。在具体操作时，往往把评价权交给外聘的评审员，评价的指标体系公开，评价过程透明，评价结果向社会公布，是一种典型的外部评价模式。

（三）分级实施方式

饭店分级体系的实施方式包括效力(是否强制性)、分级符号、人员、经费、评价形式、评价周期等内容。

1. 分级实施效力

饭店分级实施效力大体可分为两个等级：一是实施强制性分级，即饭店要先进行分级，而后营业。代表性国家是希腊、荷兰、意大利等国。二是实施推荐性标准，即饭店未经分级就可营业，代表性国家有美国、法国、德国、奥地利等。我国实施推荐性的饭店分级制度，国家标准《旅游饭店星级的划分与评定》(GB/T 14308—2010)是推荐性标准。

2. 分级实施人员及费用

分级体系的实施人员通常由实施主体确定。饭店分级工作的实施人员主要有四类。第一类是中央政府检查员，如希腊、匈牙利、冰岛等国。第二类是地方政府检查员，如埃及、阿联酋、匈牙利等国。第三类是行业专家检查员，如德国、瑞士、土耳其等国。第四类是第三方检查员，如奥地利、加拿大、英国等国。我国的星级饭店分级体系在实践中探索形成了政府、学者、行业三方人员相结合的星级评定检查员队伍，这样的组合可以发挥各方人员的专业特长，有利保证评定工作的公平公正。近年来，我国星评委尝试聘请第三方公司对饭店进行顾客满意度测评，并以此作为星级评定的重要依据。

饭店分级的实施经费包括检查人员酬劳、往返饭店交通费、在店检查期间的住宿餐饮费用等。实施经费由评鉴机构负担的有奥地利、希腊、荷兰、阿联酋、意大利、西班牙、荷兰等国；实施经费由被评鉴饭店负担的有德国、英国、加拿大、波兰、巴西等国。我国星级饭店评定实施过程中，不收取评定费用，检查人员往返饭店交通费、在店检查期间的住宿餐饮费用由受检饭店承担。近年来，我国星评委加大了对已评星级饭店的暗访检查力度，暗访期间发生的所有费用由全国星评委承担，以保证暗访工作的效果。

3. 评定形式及周期

明查和暗访是最普遍的两种饭店分级评价方式。采用明查方式的国家有德国、荷兰、意大利、南非等国，采用暗访方式的国家有法国、约旦、捷克、西班牙等国。目前，我国在评定星级时大多采用明查形式，在复核检查时有选择地采用暗访形式。

普遍来说，饭店分级的评价周期一般在1～5年之间。以前我国星级饭店的评价周期是5年，即每五年要对已评星级的饭店进行全面的复核检查。2010版星级标准，星级饭店的评价周期为3年。

4. 饭店分级符号

分级制度目前在世界上已较为广泛，但不同的国家和地区采用的分级制度各不相同，用以表示级别的标志与名称也不一样。目前，国际上采用的饭店等级制度与表示方法大致有以下几种：

一是星级表示法，即根据一定的标准分成的等级分别用星号(★)来表示，以区别其等级的制度，比较普遍的是五星制。

二是字母表示方法，即A、B、C、D、E五级，A为最高级，E为最低级，有的虽是五级却用A1、A、B、C、D四个字母表示，最高级用A1或特别豪华级来表示。

三是数字表示，即用数字表示饭店的等级。一般采用最高级用豪华表示，继豪华之后由高到低依次为1、2、3、4，数越大，档次越低。

二、饭店分级标准[①]

分级标准是实施饭店分级的依据，是分级体系中最为重要的技术文件。统一各国的饭店标准，实施全世界通用的饭店分级体系一直是业界的一个美好愿望。世界旅游组织(UNWTO)曾在20世纪80年代做过统一各国饭店分级标准的努力，但由于各国政治经济发展水平、地域文化等多方面的差异，协调难度巨大。UNWTO在1988年停止了统一各国饭店分级体系的工作，但仍然建议：在一定的区域范围内，可以考虑做统一饭店行业分级体系的努力。但在制定统一标准时要考虑各国(地区)文化的多样性，因为旅游业可持续发展主要依赖于多样性而不是简单的统一。UNWTO还建议：公共部门(政府旅游管理部门)制定饭店分级体系时，应更多关注安全与卫生方面的条款，因为这是政府应尽的义务。饭店行业协会制定饭店分级体系时，要坚持消费者导向，完善消费者信息，注意术语的一致性，做到完备和透明，为便利、公平交易创造条件。目前，有一定代表性的分级标准主要有中国、美国、英国、德国四国等。

---

① 鲁凯麟.中外饭店业分级体系比较研究[N].中国旅游报，2012-03-14.

1. 中国星级标准

1988 年,国家旅游局开始实施饭店星级评定制度。1993 年,星级标准经国家技术监督局批准为国家标准《旅游涉外饭店星级的划分与评定》,经过 1997 年、2003 年、2010 年三次修订。目前实施的标准是《旅游饭店星级的划分与评定》(GB/T 14308—2010),该标准是推荐性国家标准,分为一星到五星 5 个等级。

2. 美国钻石标准

美国汽车协会(American Au-tomobile Association,AAA)自 1977 年开始进行饭店的钻石评级。1987 年首次发布《美国汽车协会饭店钻石评级指南》。美国汽车协会(AAA)采用"钻石"为标志,从一颗钻、两颗钻、三颗钻、四颗钻到五颗钻。AAA 钻石评级,是美国及加拿大旅游业内对饭店物业最全面、可靠的分类系统之一,AAA 评级可在 Apollo/Galileo 及 AAA 的会刊查阅。至于 GDS,旅行社应参阅 H/INF/AAA。

3. 英国星级标准

英格兰旅游局、苏格兰旅游局、威尔士旅游局和英国汽车协会均参与饭店的等级评定,虽然评价主体不同,但应用同一套星级标准,分为一星至五星 5 个等级。英国建立了一套全国性的住宿业质量评鉴体系,一共有 11 个分级体系,住宿业的每一种业态都有专属的标准对之进行分级,每年有 2.3 万家住宿设施参与质量评鉴。

4. 德国星级标准

德国饭店的星级标准由德国饭店旅馆业协会(DEHOGA)制定实施,分为一星至五星 5 个等级。对每一等级超过一定分值的饭店可以获得附加的"优秀"标记。该标准在欧洲地区有广泛的影响力,近年来,奥地利、捷克、德国、匈牙利、荷兰、瑞典和瑞士的饭店协会创建了"饭店星级联盟",2009 年 9 月 14 日,该联盟发布了以德国星级标准为蓝本的饭店分级标准,自 2010 年 1 月开始在大部分欧洲国家推广实施。

中国、美国、英国、德国四国对等级划分的要求各有不同,但具有一些共性:一星级强调简单和实用;二星级强调提升和适宜;三星级强调舒适和规范;四星级强调品质和全面;五星级强调豪华和品位。可以认为,一星至五星级 5 个等级的划分是目前世界上主流的住宿业分级结构。

三、中国饭店分级

目前,中国旅游饭店等级划分采用《旅游饭店星级的划分与评定》(简称"星级标准")。"星级标准"为国家推荐标准,由各饭店根据自己的实际情况,决定是否参加星级评定。除此以外,我国还有一个商务部门主导的《酒家饭店分等定级规定》(简称"等级标准")。不过,多年实践表明,无论从饭店规模,还是从行业影响力,"星级标准"均要强于"等级标准"。

(一) 星级标准及星级划分

1. 中国饭店分级制度

中国自 1988 年开始实行旅游涉外饭店星级评定制度,国家旅游局在 1988 年制定了《中华人民共和国评定旅游涉外饭店星级的规定》,并从 1988 年 9 月 1 日起实施;1993 年,国家旅游局又在前者的基础上对星级评定的规定作了修改、调整和充实,制定了《旅游涉外饭店星级标准的划分》，并于1993年9月1日获国家技术监督局批准，1993年10月1日起实施；1997年，根据形势发展的需要，国家旅游局又推出了新版《旅游涉外饭店星级的划分与评定》（编号为GB/T 14308—1997），从1998年5月1日起实施。2003年，国家旅游局对“星级标准”作了一些修改，将旅游涉外饭店变为旅游饭店，并首次提出了在原有设定的五个星级基础上，增加和包含一个新的等级——白金五星级，这在国际上还是第一次。2010年，国家旅游局又对“星级标准”作了修订，并于2011年正式实施。《旅游饭店星级的划分与评定》标准，将旅游饭店划分为一星、二星、三星、四星、五星（含白金五星）共五个等级，最低为一星级，最高为白金五星级。其中一星、二星、三星饭店为有限服务型饭店，四星、五星级饭店为完全服务型饭店，星级越高，表示饭店的档次越高。

根据《旅游饭店星级的划分与评定》，中国饭店星级的高低，主要从饭店的必备项目、设施设备、饭店运营质量三个方面进行综合评定。

(1) 必备项目。其作为饭店进入不同星级的基本准入条件，规定了各个不同星级饭店应具备的硬件设施与服务项目，具有严肃性与不可缺失性。

(2) 设施设备。设施设备及服务项目的评分规定。在饭店设施设备及服务项目的评分表中，满分为600分。各星级饭店应得的最低分数是：一星、二星级饭店不作要求；三星级为220分；四星级为320分；五星级为420分。

(3) 饭店运营质量。该评价是对于饭店规章制度、操作程序、服务规范、清洁卫生、维护保养等方面所做出的系统考查，评价分值体现饭店管理环境与服务的优劣。在饭店运营质量评分表中，各星级饭店规定的最低得分率是：一星、二星级饭店不作要求；三星级饭店为70%；四星级饭店为80%；五星级饭店为85%。

（二）星级标准的特点

2010版的星级标准与以往的标准相比，主要有以下几个特点。

1. 强调必备项目

必备项目对饭店硬件设施和服务项目提出的要求，是各星级所必须达到的基础条件，也是判断饭店各星级的根本依据。必备项目可以形容为各星级饭店的DNA，生物学上，DNA携带着一个种群的根本特征，在复制过程中绝不允许出错。同理，相应星级的各个必备项目在评星时必须逐项达到，缺一不可。

为克服2003版标准过于强调“硬件”打分，忽视必备项目重要性的倾向，新标准突出强调必备项目的严肃性和不可缺失性，标准将必备项目制作成检查表的形式，逐项打“√”，检查全部达标后，再进入后续评分程序。任意一条必备项目在星级评定中均具有“一条否决”的效力。

2. 强调核心产品

星级标准是旅游住宿设施的评价标准，评价的中心和重点均应是住宿设施。按照饭店提供服务产品种类的多少，2010版标准在前言中明确将一、二、三星级饭店定位为有限服务(limited service)饭店，强调住宿核心产品，适当减少配套设施要求。同时，继续坚持四、五星级饭店产品的完整性，强调饭店全面价值的实现，评定星级时注重饭店“硬件”与“软件”的全面评价，保证高星级饭店产品的高品质。

同时，2010版标准将客房作为饭店的核心产品，而舒适度又是客房的核心。在硬件表的分值设置上，客房部分 191 分，占总分 600 分的 31.8%。客房舒适度的分值为 35 分，占舒适度总分值的 71.4%，远远高于 2003 版标准的 38.5%。客房舒适度涵盖了布草规格、床垫枕头、温度湿度、隔音遮光、照明效果、方便使用、和谐匹配、音画良好 8 个方面，全面保证了宾客在客房内的触觉、听觉、视觉等多种感官的舒适度要求。

3. 强调绿色环保

节能减排是国家战略，星级饭店责无旁贷。2010 版星级标准强调节能减排、绿色环保和可持续发展，主要体现在以下三个方面：

一是在必备项目中原则上提出："一星至五星级饭店均要求制定与本星级相适应的节能减排方案并付诸实施。"

二是在硬件表中增设一节 2.7"节能措施与环境管理"。包括建筑节能设计、新能源的设计与运用、采用环保设备和用品、采用节能产品、采取节能及环境保护的有效措施，以及中水处理系统，污水、废气处理设施、垃圾房等项目，并赋予较高分值，为 14 分。在客房必备品中取消了对牙膏、牙刷、拖鞋、沐浴液等"六小件"的硬性要求，各星级饭店可根据客源实际，灵活选择是否在客房放置"六小件"。

三是在软件表中要求"饭店建立能源管理与考核制度，并有档案可查"。

4. 强调应急管理

为增强星级饭店突发事件应急处置能力，2010 版标准突出强化了饭店应急管理方面的要求。

在必备项目中对一星至五星级饭店均要求制定火灾等 6 类突发事件处置的应急预案，三星级(含)以上饭店还要求有年度实施计划，并定期演练。在运营质量评价中也有相关要求。评定检查时，检查员将详细翻阅各类预案文本和定期演练报告及影像等原始记录。

"食品安全"是新版标准新增的一项内容。四星级的必备项目中要求：应有食品留样送检机制；五星级的必备项目中要求：应有食品化验室或留样送检机制。硬件表里也设置了相应的分值。

5. 强调软件可量

2010 版标准吸取行业标准《星级饭店访查规范》中对饭店服务产品进行程序化、流程化要求的理念，对"软件"评价作了较大调整，并将服务质量、清洁卫生、维护保养等内容统一到运营质量评价表中，增强了"软件"评价的客观性和可操作性。

2010 版标准的软件表将前厅、客房、餐饮等主要的饭店服务项目分为若干道流程，进而将每个流程又细分为若干个动作。按项目→流程→动作来设计评价过程，将检查人员的注意力集中到服务人员的具体动作上，而不是最终服务效果的评价上，从而比较直观便于操作，减少了主观性。

同时，饭店企业可以直接对照检查表，建立完善饭店日常服务质量检查体系，这样也更有利于标准的理解和实施。

6. 强调特色经营

为适应旅游饭店行业多业态发展的趋势，2010 版标准在保证饭店基本条件达标的基础上，着力引导星级饭店特色化、差异化经营。

比如，在设施设备评分表中将分属商务会议和休闲度假这两类饭店的主要硬件设施进行了集中“打包”，引导企业集中选项、突出经营定位。商务会议类设施包括行政楼层、大宴会厅或多功能厅、会议厅、展览厅、商务中心等；度假饭店设施包括温泉浴场、海滨浴场、滑雪场、高尔夫球场、风味餐厅、游泳池、各类休闲运动设施等。并对在商务会议、度假特色类别中集中选项，得分率超过70%的饭店，给予一定的分值优惠。

对于少数极具特色，但配套设施未达到星级标准要求的精品饭店，为鼓励其市场引领作用，新标准设置“例外条款”规定：对于以住宿为主营业务，建筑与装修风格独特，拥有独特客户群体，管理和服务特色鲜明，且业内知名度较高饭店的星级评定，可参照五星级的要求。

（三）星级评定访查规范

为配合《旅游饭店星级的划分与评定》(GB/T 14308—2003)标准的实施，规范和完善星级饭店评定工作，更好地促进我国星级饭店服务质量的提高，国家旅游局于2006年3月7日发布并实施行业标准《星级饭店访查规范》(LB/T 006—2006)。该规范明确了星级饭店访查的基本要求、各个不同星级饭店访查规范的评分规定、星级饭店访查结果的处理。

【思考与练习】

一、思考题

1. 饭店业务的最本质的特征是什么？怎样理解饭店的产品特征？
2. 认知饭店的财务特征对于饭店管理有何现实意义？
3. 怎样理解饭店业态？
4. 饭店高端经营模式成功经营的关键要素是什么？
5. 如何理解主题饭店的基本特征及经营方式？
6. 饭店分等定级有何意义？
7. 决定一家饭店等级高低的主要因素有哪些？

二、练习题

选择一家度假饭店，通过必要的调查研究，总结该类型饭店的基本特征及成功经营的关键要素。

三、案例题

为顾客“摘”月亮[①]

一百多年前的一天，巴黎的里兹酒店迎来了一位尊贵的伯爵夫人。这位伯爵夫人早已是里兹酒店的老主顾了，她每一次入住酒店都会受到酒店总经理凯撒·里兹(Cesar Ritz)及员工的隆重欢迎和悉心照顾，总是让她感到惬意和满足。这次，她特意呼朋唤友，

① 案例来源：冯学东，林祝君. 里兹-卡尔顿[M]. 北京：对外经济贸易大学出版社，2007.

共请了八九位朋友光顾酒店，庆贺她的生日。她知道，这次她特意为庆贺生日而来，里兹肯定会为她准备精彩的服务项目，让她乘兴而来，满意而归。

她们一到酒店，就受到了由里兹亲自主持、规格最高的欢迎仪式。这让伯爵夫人很是满意，因为这正是她所期望的。伯爵夫人在朋友面前长足了脸面，心里不由暗暗欢喜，脸上露出了赞许的微笑。宴会开始了，太太、小姐们步入宴会厅，她们看到，整个宴会厅布置得井井有条，侍者衣着整洁、精神十足地立在一边，准备为她们服务。不一会儿，各种精美的美食就摆在了她们面前，看一眼，爽心悦目；闻一下，沁人心脾；品一口，赞叹不已。伯爵夫人看着处在激动和新奇中的朋友，心中大悦。她轻声问站立一旁的侍者："晚上你们会有什么精彩的安排呢？"侍者轻声应道："舞厅跳舞，剧院看戏，随您喜欢。当然，如果您有兴致，还可以河上泛舟，月下听乐。"伯爵夫人眼前一亮："月下赏乐，倒是个好主意。"侍者立在一边，等了一会儿，找个机会离开，把刚才的谈话告诉了里兹。

傍晚时分，伯爵夫人和她的朋友还沉浸在一天的新奇和兴奋之中，根本就无暇考虑晚上的活动安排。对她们每个人来说，里兹酒店安排的精彩活动已经让她们目不暇接，她们还用自己多费心考虑什么呢？况且，伯爵夫人早就知道，入住里兹酒店，总会有意想不到的惊喜，凡事并不需要自己费心张罗，里兹总会做出最完美的安排的。

"夫人，请您和您的朋友乘船赏月。"当侍者向伯爵夫人说出晚上的活动安排时，伯爵夫人这才猛然想起自己在宴会上说过的话。一想到乘船夜游、月下赏乐，她感到又惊又喜。她不知道自己会和朋友们度过一个怎样的温馨夜晚。

她们随着侍者来到河边一条装饰豪华的游船旁。精神抖擞、幽默风趣的恺撒·里兹早已在船上等候多时了。大家上得船来，看到船上已准备了精致的水果、点心和美酒，船尾还摆放着几样乐器，此时，天色已渐渐暗下来，沿河的店铺也亮起了点点灯光，凉爽的和风吹过，让人感到周身轻快。阔太太、阔小姐们坐在船上，听凭游船轻轻飘荡，欣赏着两岸变幻的街景，一边交谈，一边等待皓月升空，准备体验游船赏月的空灵境界。

不一会儿，天空现出了点点繁星，里兹和侍者们轻手轻脚，在船上精心地照料着顾客。顾客们兴致高昂，享受着恍如仙境的温柔夜色，全然忘记了时间的流逝。这时，一个侍者轻步走到里兹身边，低声说："今天晚上不会有月亮出现的。昨天就没有看到月亮。"里兹听后，仔细一想，确实如此！月亮不会在今天出现！这点他们确实疏忽了。里兹心中一惊，他看了看旁边兴致勃勃的顾客，此刻，她们对这一失误还浑然不知，正沉浸在畅想和希望之中。里兹镇定自若，不动声色地对侍者轻声交代了一番，随后安排侍者离开，他要让尊贵的顾客真正体验到游船赏月的妙处，决不能扫了顾客的兴致。他心中暗暗想，就是上天摘个月亮，也不能让自己的顾客失望。

又过了好一会儿，顾客似乎有些迫切了，她们想象不出，朦胧的月光下，和暖的夜风中，自己还会有什么新奇的体验。突然，一位顾客抬头望向船头，一轮皓月就挂在那里，晕黄的月光照着游船上的景物，波光粼粼的河面上倒映着一轮朦朦胧胧的月影，煞是可爱。她不由赞叹道："好一轮圆月！"

众人抬头观看，看到一个用纸做成的圆月亮，它挂在船头，在夜色中显得惟妙惟肖。圆月那柔和的光亮是从挂在后面的灯笼中发出的。里兹笑嘻嘻地对大家说："今天晚上月亮想要休息，我们特意请它出来，专门让伯爵夫人和她尊贵的朋友们欣赏。请大家在这轮圆月下，尽情娱乐吧！要知道，托各位尊贵顾客的福气，我们成了今天晚上全城唯一能够看到月亮的人！”

大家听了，兴致倍增，不由相视一笑。于是，顾客们就在这轮独特的圆月陪伴下，度过了一个空前绝后的夜晚。

当伯爵夫人离开酒店时，她的朋友都赞叹道，里兹酒店确实与众不同，里兹先生做事情的确周到。里兹亲手导演的这场赏月活动很快就传开了，许多达官贵人纷纷慕名而来，体验里兹酒店非凡的服务。

正是里兹经营饭店的非凡理念与卓越成就，使里兹赢得了“酒店之王”的称号，受到了社会各界的尊重与追捧，而他的名字 Ritz 竟成为英文词典中“奢华”的代名词。

问题讨论：

1. 该案例揭示了饭店经营管理成功的什么秘诀？
2. 通过该案例的学习，你对饭店有何新的认识？

第二章 饭店有效管理解析

学习目标

通过本章的学习，你应该：

1. 正确认知饭店有效管理的基本思路；
2. 掌握饭店目标制定的基本要求与方法；
3. 掌握饭店有效管理的基本路径；
4. 掌握饭店管理者的基本素质要素。

引例

宁波开元大酒店开业当年实现盈利的成功之道①

开元旅业集团（以下简称开元）1986 年起步于萧山的一家政府招待所，到 1996 年年底，开元从一家招待所逐渐发展成在萧山拥有 4 家不同档次与规模的饭店、一家美食城及一家保龄球馆、一家旅行社、一家清洗公司、一家装修公司的综合性旅游企业（名为萧山开元旅业总公司），并且在浙江省饭店业界已小有名气。1997 年，开元旅业总公司决定实施饭店连锁经营，并走出萧山跨地区发展。而此时正在建设中的宁波富豪大酒店找到开元，提出股权转让与委托管理的合作建议。最后，开元以 900 万元投资获得了宁波富豪大酒店 20% 的股权，同时以每年双方商定的固定回报获得了 10 年的经营权，并更名为宁波开元大酒店（以下简称宁波开元）。

参股并全权管理宁波开元，这是开元异地扩张的第一家饭店。考虑到这家饭店成功与否对开元以后发展的战略意义，最后开元总裁陈妙林决定请杭州大学旅游学院副院长、兼任开元旅业总公司副总裁邹益民出山，担任宁波开元的总经理。原因是从 1987 年起，邹老师一直参与开元的管理，从开始的管理顾问、常务副总经理到 1994 年兼任开元旅业总公司副总裁，对开元文化与开元的管理体系理解深刻，同时他有超前的理念、系统的理论和丰富的经验，更重要的是他对宁波市场的了解。他曾经在 1993 年帮助管理过宁波的一家中外合资饭店，并超额完成了董事会制定的目标，赢得了董事会与饭店员工的高度评价。

1999 年 1 月，他以宁波开元总经理的身份负责饭店的筹建与开业。考虑到当时宁波

---

① 该案例由邹益民根据实际工作经历撰写，仅供课堂教学之用。未经允许，本案例的所有部分都不能以任何方式与手段擅自复制或传播。

开元的位置并不理想，宁波饭店市场竞争又比较激烈，以及按管理合同必须给业主固定的回报，所以，总公司给宁波开元的财务指标是第一年亏损200万元。但邹益民从涉足饭店管理实践时，就给自己定的基本准则是：要么不做，要做就不做亏损饭店。因此，他在初步研究了环境、条件等因素后，就给自己定了"打响开元品牌，确保效益持平"的目标。上任伊始，他就做了三件事：一是对外发表了"不扰乱宁波饭店市场，不挖其他饭店墙角；合作做大'蛋糕'，共创美好明天"的宣言，以此作为宁波开元的竞争准则。此举赢得了宁波市旅游局和饭店同行的好评。二是对内提出了"开拓经营，强化基础，保证品质，创造亮点，以人为本，效益领先"的经营管理方针。三是对宁波具有一定规模和声誉的饭店作了比较全面的分析，同时对宁波开元的规模、地理位置、设施等情况进行了客观的剖析，决定把宁波开元定位于会议商务饭店。这一方面能充分凸显宁波开元的优势；另一方面能使宁波开元迅速进入宁波市场，建立宁波开元的客源渠道。四是决定一方面借助体育和文艺活动扩大影响；另一方面确定了立足宁波市场、紧盯杭州及周边市场、放眼北京上海市场的基本"攻略"和相应的营销策略。此外，他还亲自负责管理人员即新员工的招聘培训，以及饭店管理体系的设计工作。

1999年8月，宁波开元顺利开业。当时，他考虑到新饭店的设施设备处于调试期，员工业务水平处于熟练期，管理系统运行处于磨合期，所以，为了保证良好的市场形象，并利于长远发展，他确定了开业初期的基本思路：适度对外宣传（既要产生新饭店开业应有的影响，又不能让顾客有过高的期望值），控制接待规模（即每天控制客房与餐厅等设施的接待人数），确保服务品质。由于决策正确，加之执行到位，饭店一开业就赢得了市场的认可。一个月后饭店所有设施投入运营，生意逐步提升，营业收入节节攀升。结果，宁波开元取得了开门红，当年不但没有亏损，而且还在完成按管理合同上交业主固定回报的前提下，为开元创造了近50万元的利润（含管理费）；同时，饭店运行步入了正常运营的轨道，在宁波塑造了良好的开元形象。

一家饭店的成功经营，离不开天时、地利、人和这三个基本要素。天时，即理想的环境；地利，即优越的条件；人和，即卓越的管理。在此，天时不如地利，地利不如人和，即管理能力与水平是决定企业能否成功的关键。"宁波开元"的成功经验，实际上揭示了企业有效管理的基本思路，即以企业效益为中心，坚持做好四个基本点：一是目标导向，即确立正确的管理目标，并以此为依据开展管理活动；二是过程控制，即选择正确的路径，并有效运用管理职能，有效实施；三是事在人为，即选择合适的人，并不断提升其职业素养与积极性；四是结果为准，即最终以结果作为检验标准，并进行反思与总结。所以，饭店管理要卓有成效，就必须在充分认知饭店环境与条件的基础上，正确确立管理目标，并科学选择管理路径与方法。

第一节　饭店管理目标确立

饭店管理必须有效，即既要达到效果（实现预定目标），又要保证效率（保证以合理的投入达到目标）。而要实现有效管理，首先必须确立饭店管理的目标。

一、管理目标构成

饭店管理目标即饭店经营管理活动追求的方向与要求达到的高度。为了实现饭店的持续发展，饭店企业应该在以下四个方面确立自己的管理目标。

（一）社会责任目标

饭店企业是社会的一个细胞，它的生存和发展取决于社会对它的承认。所以，饭店企业必须承担社会分工所赋予的社会责任，履行企业的社会义务。只有这样，才能树立良好的社会形象，为自己的产品和服务赢得信誉，同时促进企业本身获得社会的认同。

饭店企业的社会责任目标主要体现在以下四个方面：一是在促进对外开放，改善投资环境，满足社会需要，积累建设资金，促进地区经济繁荣方面的目标；二是在扩大劳动就业，保证社会稳定方面的目标；三是在强化基础，改革创新，提升管理水平，提供满足社会需要的饭店服务产品，促进本地区企业管理水平提高方面的目标；四是在发展社会公益事业，以及促进本地区社会主义精神文明建设方面的目标。

（二）企业发展目标

企业发展是饭店经营管理的内在动力，也是增强饭店市场竞争能力的关键。饭店发展目标是旨在提升饭店企业各方面素质，增强发展能力的要求，主要表现为饭店等级的提高、规模的扩大、设施项目的增加、经营范围的扩大、人才的开发以及品牌的塑造等方面的目标。

（三）企业市场目标

市场是企业生存的空间，饭店必须适应、占领并努力创造市场。饭店市场目标主要表现为原有市场的巩固、潜在市场的开拓和新市场的创造。市场目标最基本的指标是：营业收入、平均房价、人均消费、市场占有率、境外顾客所占比例、团队顾客所占比重、常客所占比重、顾客满意度等。

（四）企业收益目标

收益目标是饭店一切经营活动的原动力，它不仅关系到全体员工的切身利益，也决定着饭店的发展。它主要包括三方面：一是资金管理目标。资金是企业正常运行的基本要素。其一般可用资本结构、现金流量、新增普通股、运营资本、贷款回收期等财务指标来表示。二是盈利能力目标。盈利能力反映了企业给业主、股东的回报率和经营效益大小，一般可用营业收入、利润总额、投资收益率、销售毛利(净利)等指标来表示。当然，要取得良好的经济效益，除了扩大收入来源外，还必须有相应的成本控制目标。三是员工收益目标，主要有员工薪酬水平、增长比例等。

二、管理目标要求

饭店管理目标设定应该科学合理，主要应达到以下五点要求。

1. 目的性

目的性即饭店在确立目标时，必须明确为什么要有这个目标，它对指导饭店的经营活动有何重大意义。饭店管理目标必须正确并清晰，从而使员工在工作开始前就明确自己

"为何要做",要达到什么结果。有了明确的目的,才会明确工作的意义,才会有明确的方向,才会有清晰的行动方案。

2. 先进性

传统的"跳一跳"能够实现的目标,往往是建立在自身实力和现有基础之上的,并不是我们能够实现的最高目标。事实上,通过创新和充分整合饭店的内外资源,往往能够实现更高的目标。一般而言,饭店管理目标的确定,应根据饭店发展与竞争的态势,全面分析饭店现有的各种资源条件和通过努力能够获得的其他资源条件,并充分考虑各方面可能的创新。总之,饭店管理目标先进性,应从纵向上实现自我跨越,具有兴奋感;从横向上实现改变竞争地位,具有超越感。

3. 现实性

在保证先进性的同时,饭店管理目标必须是经过努力可以实现的。因此,饭店管理目标的制定还要考虑饭店的现实能力,目标必须适中、可行。如果目标过高,可望而不可即,必然会挫伤员工的积极性,浪费企业资源。但是,思路决定出路,不同的路径决定不同的发展高度,饭店管理目标是否可行,关键是要找到实现目标的路径与方法。

4. 系统性

系统性就是目标具有层次并互相联系、互相促进。饭店管理目标大体可分为企业目标、部门目标与岗位目标三个层次。三者之间互相联系、互相制约、互相促进,从而形成有效的目标控制体系,使得组织与所有员工的行动保持一致,确保企业饭店管理目标的顺利实现。因此,在饭店管理目标的设计与分解过程中,必须体现多层次目标之间的相互关联性。

5. 精确性

精确性即饭店管理目标是可以准确衡量的,可在事后予以检验的。同时,饭店管理目标必须有完成时间期限,标明起止时间,意味着企业可以对各项任务按照时间段进行考核,而且一旦出现与预期不相符合的情况,也可以进行相应的追踪调查,追溯特定期间内相应的责任人。

三、管理目标确定

饭店管理目标的确定,主要可采用以下方法。

1. 标杆超越法

标杆超越法就是通过选择标杆企业,将本饭店的产品、服务和管理等方面的实际情况与这些标杆进行定量化评价和比较,寻找差距进而制定相应的管理目标。

运用标杆超越法,关键问题是正确地选取标杆。饭店企业选取标杆要根据企业自身的实力,既可以选择行业最先进的企业为标杆,也可以把主要竞争对手作为标杆。

2. 盈亏平衡分析法

饭店管理目标中一个最基本的目标就是盈利目标,至少要做到不亏损,作为经营者必须知道,自己的饭店最低限度收入为多少才不会亏损,所以盈亏平衡分析法通常用来寻找饭店企业的销售目标界限。

线性盈亏平衡分析的假设条件如下:①生产量等于销售量;②生产量变化,单位可

变成本 v(含单位销售税金)不变,从而使总生产成本成为生产量的线性函数;③生产量变化,销售单价 p 不变,从而使销售收入成为销售量的线性函数;④只生产单一产品,或者生产多种产品,但是可以换算为单一产品计算;⑤固定成本分摊年限为一年。

线性盈亏平衡点的确定,如图 2-1 所示。

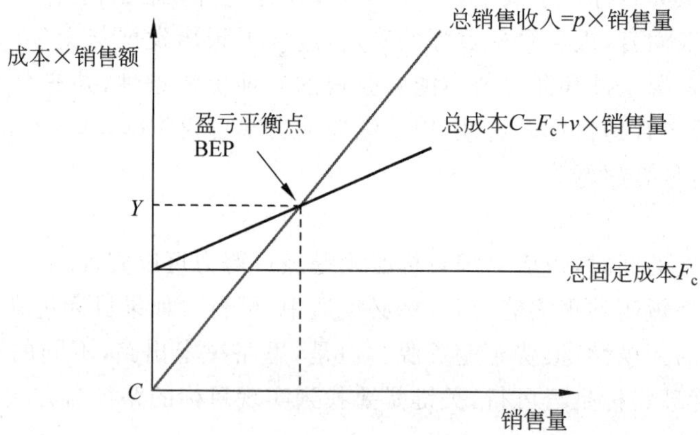

图 2-1

图 2-1 中,总销售收入线与总生产成本线的交点,即为盈亏平衡点 BEP。在该点上,饭店营业总收入等于总生产成本,饭店达到盈亏平衡,该点所对应的销售量、销售额及生产能力,是饭店企业实现盈亏平衡的临界水平,也是饭店企业计划年度中营业目标的底线。上图有关变量的定义如下。

(1) 以销售量表示的盈亏平衡点 $BEP(Q)= F_c/(p-v)$

(2) 以生产能力利用率表示的盈亏平衡点 BEP(%)=盈亏平衡点销售量×100%/正常销售量

(3) 以销售额表示的盈亏平衡点 $BEP(Y)=F_c\times p/(p-v)$

假设饭店企业希望获得一定的目标利润为 B。则

目标销售量 $Q=(F_c+B)/(p-v)$

目标销售额 $Y=(F_c+B)\times p/(p-v)$

3. 时间序列分析法

时间序列是指同类社会经济现象在不同时点上的相继观察值排列而成的一组数字序列。时间序列分析法是通过时间序列的历史数据揭示各项经济指标随时间变化的规律,运用一定的数学方法将这种规律延伸到未来,从而对该经济指标的未来值做出预测。因此,时间序列分析法也称历史延伸法或外推法,可以用于制定饭店企业未来的管理目标。其一般步骤如下:在固定的时间间隔点上采集与饭店管理目标相关的各项指标在过去一段时间内的观察值,比如年销售额、市场占有率、平均房价、客房出租率等;依据观察值的时间顺序生成各项指标的时间序列,包括一系列历史观察值集合和一系列未来观察值集合;建立合适的预测模型,根据时间序列中的历史观察值得出未来观察值的预测值;根据预测值确立饭店企业未来各阶段的战略目标。

第二节　饭店管理路径选择

饭店管理目标的实现，有赖于科学选择正确的路径。在此，重中之重并不在于选择什么，而在于必须清晰选择的依据与理由。这是饭店管理者必须确立的基本理念与准则。

一、管理机制设计

管理机制是指管理系统的结构及其运行机理。管理机制本质上是管理系统的内在联系、功能及运行原理，是决定管理功效的核心问题。

（一）以客观规律为依据

客观规律是指不以人的意志为转移的客观世界的规则。在事物的发展过程中，既有偶然的转瞬即逝的方面，也有其必然的稳定的方面。规律这一范畴，揭示的就是事物运动发展中本质的、必然的、稳定的联系。饭店管理机制设计，必须建立在正确认识并遵循客观规律的基础之上。既要遵循自然发展规律，又要认识与遵循社会发展规律，还要认识与遵循市场经济规律。比如根据市场经济规律的要求，在未来饭店经营活动中，必须遵循以下规则：一是诚信，这是市场经济的道德规则；二是双赢，这是市场经济的交易规则；三是法制，这是市场经济的管理规则。既要认识企业发展规律，又要认识与遵循人的行为变化规律。

（二）以组织结构为基础

组织结构是表明组织各部分排列顺序、空间位置、聚散状态、联系方式以及各要素之间相互关系的一种模式，是整个管理系统的“框架”。饭店组织结构设计一般须特别关注职权结构、层次结构、部门结构三个方面。

(1) 职权结构是指各层次、各部门在权力和责任方面的分工及相互关系。主要考量部门、岗位之间权责关系是否对等。单体饭店一般实施直线职能制组织形式。在此形式中，饭店部门分为两种：一是直线部门，包括营业部门和后勤保障部门；二是职能部门。在直线部门工作的职工，称为直线人员；在职能部门工作的职工，则称为职能人员。直线部门中各种职位是按照垂直系统直线排列的，各级主管负责人按照命令统一原则，在自己的职权范围内有一定的决定权，对其所属下级有实行指挥和命令的权力，对自己部门的工作负全面责任。职能部门是按专业化原则组织的，这里的职能管理人员，是指挥人员的参谋，对直线部门只能进行业务指导和监督，而不能对它们进行直接指挥。所以，职能部门和业务部门的关系是指导和被指导、监督和被监督、服务和被服务的关系，当然，作为职能部门更是饭店领导的参谋和助手，是领导的“耳目”和“手臂延伸”。直线职能制的组织结构形式规定，下级只接受直接上级的指令，直线人员只对直线上级负责；职能部门只对下级对口业务单位进行业务指挥，并监督其他部门执行管理职能的情况，而不能指挥其他部门的本身业务；职能部门拟订的计划、决策、方案、制度等，若涉及各部门，应由总经理批准发布，由各部门对该部门下达执行命令，以避免多头领导、多头指挥。

(2) 层次结构是指管理层次的构成及管理者所管理的人数（纵向结构）。其考量维度包括管理人员分管职能的相似性、管理幅度、授权范围、决策复杂性、指导与控制的工作量、下属专业分工的相近性。

(3) 部门结构是指各管理部门的构成(横向结构)。其考量维度主要是一些关键部门是否缺失或优化。对于一家中等规模以上、中高档次的饭店,一般由三类部门组成:一是营业部门,如营销部(市场部)、前厅部、客房部(管家部)、餐饮部、宴会部、康乐部等;二是职能部门,如人力资源部、财务部、安全部(保安部)等;三是后勤保障部门,如设备部(工程部)、采供部等。

(三) 以三个机制为核心

饭店管理机制,除了需要目标导向机制外,还需要构建以下三个基本机制。

1. 运行机制

运行机制,这里主要是指饭店的业务体系。业务体系说明一个组织中的各项工作是按怎样的流程进行的(业务流程),在这一过程中各部门之间的关系是怎样的(部门接口),各岗位的各项工作要怎么做(岗位工作方法和工作标准),组织将如何来进行监督管理(管理标准和检查方法)。

(1) 业务流程。即饭店企业为完成一项任务或一项活动而制定的时序安排。一般来说,业务流程主要由三个基本要素构成:一是工作任务,即工作内容、要求;二是逻辑关系,即流程中具体工作之间存在的先后顺序的关系;三是运作时间,即规定完成工作的时间,例如从客房整理结束到报 OK 房的时间。

(2) 运作部门。在饭店这个庞大的运作系统中,除了有部门内的运作外,还涉及很多跨部门的横向联系,每一项业务的圆满展开都需要很多部门的配合,于是在运作中就要求明确谁是主导部门、谁是参与部门、谁该承担什么责任,以及应该有什么权限等,这些内容都必须在业务体系中反映出来,这相当于在给各个部门定位,明确规范部门及员工的行为,督促各部门各司其职、各负其责,确保流程的高效运转。

(3) 操作规范。操作规范涉及某些岗位工作标准、工作方法、技术规程等,是针对饭店业务活动过程中大量存在、反复出现的,又能摸索出科学处理办法的事务所制定的作业处理规定。操作规范是在经验积累的基础上,进行进一步概括的工作程序与处理办法,其所规定的对象均具有可重复性特点,程序性很强,因而是饭店用来处理常规化、重复性问题的有力手段。

(4) 管理制度。管理制度是对企业管理各基本方面规定活动框架,调节集体协作行为的工具,是用来引导、约束、激励集体性行为的、成体系的活动和行为规范,如服务质量检查制度、安全管理制度、员工绩效评估管理制度等。它是将单独分散的个人行为整合为有目的的集体化行为的必要环节,是饭店做好顾客服务、提升顾客价值的激励与约束机制,是保证饭店管理的业务流程顺畅、便捷、有效的基本手段。

2. 动力机制

动力机制是指管理系统动力的产生与运作的机理。主要由以下三个方面构成。

(1) 利益驱动,即组织动力机制中最基本的力量,是由经济规律决定的。例如,多劳多得,少劳少得,员工为了"多得"而"多劳"。

(2) 政令推动,由社会规律决定的。例如:管理者通过下达命令等方式,要求员工完成工作。

(3) 心理推动，由社会与心理规律决定的。例如：管理者通过对员工的引导、教育、鼓励等，调动员工的积极性。

3. 约束机制

约束机制就是指对管理系统行为进行限定与修正的功能与机理。约束机制主要包括以下四个方面的约束因素。

(1) 权力约束，既要利用权力对系统运行进行约束，又要对权力的拥有与运用进行约束。

(2) 利益约束，既要以物质利益为手段，对运行过程施加影响，又要对运行过程中的利益因素加以约束。

(3) 责任约束，指通过明确相关系统及人员的责任，来限定或修正系统的行为。

(4) 心理约束，指运用教育、激励、社会舆论、道德与价值观等手段，对管理者及有关人员的行为进行约束。

二、管理职能运用

饭店管理目标的实现，有赖于饭店管理的职能的正确运用。关于管理职能，管理学界至今没有统一定论。不过，尽管表述、归纳有诸多差异，但最基本的则离不开以下四个方面的职能。

（一）计划职能

计划职能是指饭店通过周密细致、科学合理的调查研究，收集整理相关资料，进行综合分析与预测，最后做出相应的决策，以此为基础确定未来某一时期内饭店的发展目标，并规定实现目标的途径与方法的管理活动。其关键环节主要包括确立目标、选择路径、制订方案。制订科学的计划，必须对饭店企业的内外条件进行严格的科学分析。要通过调查研究，全面分析，搞好综合平衡，并从长期实践过程所取得的经验中找出规律性，从而保证计划的科学性、预见性。计划形式要多样化，既要编制综合的经营计划，又要编制各项专业活动的具体计划，并把计划指标层层分解落实。

（二）组织职能

组织职能是指为了实现饭店企业的共同任务和目标，对员工的活动进行合理的分工和协作，合理配备和使用资源，正确处理人们相互关系的管理活动。其目的在于使饭店企业的业务经营活动协调地、有秩序地进行，不断提高业务经营活动的效益。饭店组织职能主要体现在两个方面：一是组织体系的建立，并使之符合饭店的客观运行规律，如机构设置、职权安排、岗位设计等；二是合理有效地调配饭店的人力、财力、物力、信息、时间等资源，形成接待能力，即对接待业务进行组织。组织职能是饭店计划职能的自然延伸，并贯穿于饭店管理的全过程。

（三）领导职能

领导职能主要表现为指挥、协调与激励，致力于方向的把握和员工积极性的调动。指挥是管理者通过下达指令等方式，率领其下属努力实现既定目标的领导行为。协调亦称调节,就是管理者围绕一个目标,对饭店各个环节和各个部门的活动进行统一安排和调度,使它们互相配合、紧密衔接,消除和减少矛盾和脱节现象,以有效地实现饭店管理目标。激励是指管理者为了特定目的而去影响员工的内在需要,激发员工的动机,从而引导和强化员工行为的过程。

(四)控制职能

控制职能就是按照既定的目标、计划和标准,对饭店业务经营活动各方面的实际情况进行检查、监督与核算,发现差距,分析原因,采取措施,予以纠正,使工作能按原订计划进行,或根据客观情况的变化,对计划作适当的调整,使之更符合于实际。饭店要实现有效地控制必须具备三个条件:有明确的标准;及时获得发生偏差的情况;有纠正偏差的有效措施。其基本路径与方法主要有以下三个方面。

(1)督导。就是饭店管理者根据既定的制度、标准、要求等对下属的工作行为进行检查、监督与指导。它与指挥不同,指挥有层次,而督导没有层次。

(2)核算。就是饭店管理者有效运用会计核算职能,及时了解财务状况,发现存在的问题,并纠正偏差。

(3)审计。就是饭店管理者运用审查、监察等手段,对饭店各项制度、规定等的执行情况进行事后监控。一般有常规性审计与专项审计两种。

三、管理方法选择

饭店管理职能的实施,离不开相应的管理方法。饭店管理方法众多,在此主要介绍以下三种。

(一)制度管理法

制度管理法就是指饭店将饭店管理中一些比较稳定的和具有规律性的管理事务,运用制度的形式规定下来,并通过有效的执行来保证经营管理活动正常进行的管理方法。要有效发挥制度管理的功能,必须注重以下三个环节。

1. 制度管理可行性

制度管理的可行性即饭店的制度制定与实施具有客观基础和现实条件。关键应做到以下三点。

(1)目的性。饭店制度必须根据饭店经营管理的需要和全体员工的共同利益来制定,服从饭店经营管理的目标。对员工而言,制度不仅要起到规范员工行为的作用,而且还必须起到引导与激励的作用。制度的出发点应本着"鼓励发扬优点、抑止消除缺点"的思想,从而使制度起到"扬善"的目的。因此,饭店在制定制度的过程中,既要充分考虑饭店的目标,又要充分考虑员工的利益,实现饭店与员工的双赢。

(2)严谨性。即饭店制度的制定,首先,必须具有严谨的态度,定什么制度,定到什么程度,均经过认真研究,仔细推敲。同时,还特别注重保证制度条文的明确、具体、易于操作。其次,必须具有严谨的程序,应体现自上而下、自下而上、充分讨论与按部就班,符合规程的原则。最后,必须具有严谨的体系,饭店制度规范必须系统和配套,基本章程、各种条例、规程、办法必须构成一个内在一致、相互配套的体系。同时,要保证制度的一贯性,不能前后矛盾、漏洞百出，避免发生相互重复、要求不一的现象，同时要避免疏漏，要形成一个完善、封闭的系统。

(3) 合理性。饭店制度制定必须遵循客观规律，符合客观实际，并考虑到制度实施的客观条件。同时，饭店制度必须考虑到绝大多数员工的思想觉悟水平、心理承受能力。为此，饭店制度可以考虑分为三个层次：一是刚性制度，即要求员工不折不扣执行的制度，如有违反，必受处罚。二是弹性制度，即规定基本准则，而不规定具体步骤与方法，员工可以在基本原则下根据具体情况，灵活处理。三是导向性制度，即希望员工努力做到的，组织将依据员工的行为表现与程度，给予不同程度的奖励。即员工可做可不做，不做不会处罚，但会影响自己的回报。

2. 制度管理严肃性

制度管理的严肃性即维护制度的权威性和强制性。必须做到以下三点。

(1) 威慑力。即要让每个员工清楚地认识到制度规范作为一种带有法规性质的管理手段，具有无差别性特点，在规范约束范围内一律平等，没有变通的余地；遵守制度，按制度办事，这是每个员工应尽的义务；制度就是“高压线”，是不可违背的，违反制度必将受到惩罚。

(2) 公平性。制度是一套理性的、非人格化的体系，是一系列抽象的、封闭的准则，是全体员工共同遵守的准则，是员工行为的依据。有制度必依，违反制度必究，制度面前人人平等。

(3) 无情性。即执行制度，必须以制度为准绳，以事实为依据，不因人而异，随心所欲，感情用事。在饭店管理过程中，要体现制度的权威性、制度的公平性、制度的无情性。

3. 制度管理艺术性

俗话说，制度无情人有情。这就是说，一方面饭店管理者要严格按照制度办事；另一方面在具体管理中要注意方式方法，把管理工作艺术化，从而提高管理的有效性。必须做到以下三点。

(1) 针对性。即要求饭店管理者在执行制度中坚持“一把钥匙开一把锁”，必须针对不同的员工采取不同的方法，做到批评和处罚的有的放矢。

(2) 灵活性。即要做到具体情况具体分析，灵活处理，如奖惩并举、恩威并施、将功补过等。

(3) 情感性。即要做到以理服人，以情感人，把执行制度和思想工作结合起来，把执行制度和解决员工的实际问题结合起来。

(二) 文化管理法

文化管理就是从文化的高度来管理企业，强调人的能动作用，重点在于人的思想和观念。文化管理的基本方法就是加强与完善企业文化建设。企业文化是在企业发展过程中形成的、反映企业自身管理特征的、被全体成员认可的企业意识形态与表现方式。

1. 构建独特的企业文化

企业文化作为企业的灵魂，首先必须是企业自己的文化，要具有独特性和不可复制性，能够体现企业家的追求与个性，并形成完整的结构与体系。

(1) 使命愿景。企业存在的价值，不是由它的名字、章程和条例来定义的，而是由它的使命来定义的，因为企业使命规定了企业的根本性质与存在理由。所以，企业首先必须明晰它的使命，发布“立身之本”的宣言。企业愿景是企业对未来的一种憧憬和期望，体现企业永恒的追求。它是一种意愿的表达，可以激发员工充满激情地关注企业的未来。

(2) 价值观念。它表明一个组织的基本信念与基本准则，展示组织的基本性格和公众形象，是组织和个人行为的基本指南。企业价值观一般具有两个主要特征：一是体现基于行业特性的企业的基本信念与准则；二是体现基于企业创始人的领导层的价值倾向，即企业价值观往往与企业家的个性特征紧密相连。

(3) 经营哲学。即指导企业经营管理的基本理念，即企业获取利润、参与竞争、赢得顾客的指导思想。

管理实例

开元旅业集团企业文化①

(1) 企业使命：营造中国品质，创造快乐生活。

诠释：开元是一个富有民族责任感的企业；开元致力于创造具有国际影响力的中国民族品牌；开元是一个注重品位与质量的企业；开元致力于创造优质的产品和提供一流的服务，并把中华民族特有的亲和、亲切的禀性注入开元“优质的产品”和“一流的服务”之中，营造富有东方文化的开元品质；开元是一个创造幸福的企业；开元致力于让顾客和员工都享有高品质的生活，并从中感受快乐。

(2) 企业愿景：成为持续追求价值领先的旅游产业投资与运营集团，为每一位员工提供高尚事业的舞台和体面生活的保障。

诠释：发展是企业生存的需要和必然。我们致力于把企业做强做大，实现“取之社会、回报社会”的良性循环，并因此让每一位心高志远并踏实做事的员工都有事业成功的机会，最终实现企业与员工、企业与社会的共赢。

(3) 价值观念：争先，勤奋，严谨，关爱。

诠释：争先：争做第一，永不言败；与时俱进，永不满足。

勤奋：专心致志，恪尽职守；脚踏实地，真抓实干；按时按量，及时反馈；竭尽全力，超越期待。

严谨：尊重科学，系统思考；求真务实，言而有信；注重细节，一丝不苟；精益求精，追求完美。

关爱：关爱顾客，关爱员工，关爱社会，关爱环境。

(4) 经营理念：关注客户，用心服务；创造特色，打造品牌。

诠释：关注客户：关注市场动向，理解客户需求，努力“读懂”客户心态。

用心服务：体现开元关怀，倡导诚心、虚心、热心、细心、恒心的“五心”服务，努力超越客户期望。

---

① 具体参见：邹益民，等. 企业持续发展的基本法则[M]. 北京：旅游教育出版社，2008.

创造特色：注重学习，勤于思考，敢为人先，引导消费，努力创造独特的客户价值。

打造品牌：确立个性化的标识，提供特色化的服务，开展立体化的传播，努力提升开元品牌的资产价值。

(5) 管理哲学：制度为基，以人为本；快速反应，结果为准。

诠释：制度为基：规章制度作为企业运行的基本准则，是开元的企业法规，每一个开元人都必须自觉遵守和执行企业的各项规章，做到制度面前人人平等。

以人为本：尊重知识，尊重人才，视人才为企业的宝贵财富；坚持"充电"与"放电"相结合，注重培养和开发员工的能力，积极提供展现员工才华的舞台；尊重理解员工，关注员工的生活品质，构建科学的绩效回报体系。

快速反应：以科学的战略为导向，以合理的机制为保障，注重指令统一，有效沟通，做到令行禁止，雷厉风行。

结果为准：坚持以目标为起点，以客观实际为基础，强调计划在先，过程控制，注重结果，讲究实效。

2. 创造可知的企业文化

企业文化是企业全体员工的共同追求、基本信念与行为准则。只有被员工广泛认知并充分领悟的企业文化，才能成为指导员工行为的企业文化。因此，饭店要通过多种形式和途径来传递企业文化，使企业文化人人皆知，并深刻理解。

(1) 完善标识，宣传推广。企业文化的宣传推广主要通过视觉和听觉来传播。在视觉上，比较直观的企业文化视觉传递就是企业的名称和企业的标志等符号。在听觉上，企业文化的传递主要是员工与顾客沟通过程的言语传递以及企业的店歌和宣传口号。

(2) 学习培训，融会贯通。传递企业文化的最直接的就是员工的行为。顾客在与员工接触的过程中，能感受到企业文化的差异。而要让员工行为折射出企业文化，就必须让员工知道并理解企业文化。为此，除了集中的企业文化培训外，在企业文化的宣传、灌输方面，还应积极倡导员工自主学习，为员工创造自主学习的平台，包括提供企业文化的相关资料、为企业内部营造的一个企业文化氛围等。

(3) 专项活动，引人入胜。"文化灌输"不是消除"文化差异"的有效办法，最有效的办法莫过于"让体验说话"。而专项活动是企业文化的主要载体，是展现企业文化的舞台。没有专项活动支撑的企业文化将缺乏感召力。企业文化的专项活动应该具有连续性、广泛性、发展性等特点。专项活动的连续性是由企业发展的连续性决定的，企业的现在是由过去堆积而成，过去的好坏可以影响甚至决定现在和将来。从另一个角度讲，文化实际上需要一定的时间的沉淀才会变得清晰和耐人寻味。专项活动参与的广泛性，是指要尽可能让更多的员工参与其中。企业毕竟是企业，不可能所有员工停工都去参与企业文化活动，但是可以轮流参与、分批参与。给更多的人参与的机会，让员工感受到企业文化是大家的文化，而不是管理层的文化，不是某一些人的文化。专项活动的主要目的是让那些在平凡岗位的人找到一些成就感，传递企业的人情味，让更多的人感受到被人注目的感觉，收获成功的喜悦。因此，这就要求企业文化的专项活动在设计时能够尽可能多地兼顾多数人的诉求。专项活动的发展性是指专项活动要跟着企业的发展和社会的发展而发展，不能一成不变，否则就缺乏吸引力和时代感。活动的内容、活动的形式、活动参与的人数、活动项目的多少都应该因时而变，与时俱进，让专项活动具有强大的生命力，能够持续推进。

3. 打造可信的企业文化

企业文化要成为企业的灵魂，就必须“落地”，即将企业文化打造成可信的文化，被员工、顾客、社会感知和认同。如果企业文化仅仅是纸上写写、墙上挂挂、会上讲讲、媒体吹吹的漂亮文字，那么，企业文化就有可能成为吊在半空中的“鬼魂”。它不仅不能成为鼓舞员工的精神力量和指导员工的行动指南，而且会成为混淆员工视听和摧残员工意志的“幽灵”。

(1) 机制设计，贯穿其中。要让企业员工相信企业文化，首先必须让企业文化在管理机制中有所体现，使企业文化的实施具有机制的保证。

(2) 榜样示范，魅力无穷。俗话说，榜样的力量是无穷的。企业文化需要榜样示范。榜样是企业文化的人格化，是企业文化的有效性的体现，同时也是企业文化产生影响力的一个重要方式。企业文化榜样主要有两种：一是企业领导；二是英雄模范。前者是企业的精神领袖，是企业的文化教主，潜移默化地影响着所有的员工。后者是企业文化的虔诚教徒，其对企业文化的忠诚和对企业做出的贡献是其他员工努力的目标。

(3) 实践证明，功成名就。要使企业文化成为员工的灵魂和行动指南，必须让员工确信企业文化是企业成功的法宝；要让社会认同一个企业的文化，必须以企业的成就告诉社会公众，这个企业是一个成功的企业，是一个富有高度社会责任感的企业。

（三）现场管理法

现场管理法也称为“走动管理法”，就是指饭店管理者通过深入现场，加强巡视检查，以调节饭店业务经营活动中各方面的关系的方法。

1. 了解情况，掌握动态

管理者的正确决策有赖于客观全面的决策信息。饭店管理者应通过深入现场，掌握第一手材料，比如通过现场观察、询问等方式，了解下属的工作状态，掌握饭店业务运行情况，了解顾客对服务的评价等信息。

2. 检查工作，纠正偏差

由于人性的弱点和知识、经验、能力、情绪等原因，下属在工作中难免会出现这样和那样的问题，同时也可能出现计划与实际情况的差异。这就要求管理者加强检查，对下属的不良动机与行为起到一定的威慑作用，并及时发现问题，纠正各种偏差。

3. 解决困难，联络感情

饭店管理者通过现场走动，要主动寻找下属在工作环境、条件等方面的问题与困难，并及时帮助解决；同时，管理者要通过巡视，加强与下属的思想交流，增进情感交流，让员工有备受重视的感受。

4. 发现亮点，及时激励

任何人都有得到他人认可的强烈欲望，所以当一个人在工作中有所发明、有所成绩时，总希望有人赏识，有人分享。因此，饭店管理者必须善于发现下属的闪光点，并及时给予认可与鼓励，管理者一句由衷的赞美往往能激发下属的创造与更加积极工作的欲望。

5. 业务指导，发现人才

饭店员工在工作中难免会遇到一些困惑与问题，此时饭店管理者就要像一名循循善诱的导师一般对其进行正确的引导，让员工看清工作的发展前景以及努力的方向，并依据不同情况，给予适当的指导。同时，管理者要通过现场观察下属的实际工作，发现具有潜质的优秀人才。

第三节　饭店管理者的素质

俗话说：事在人为。饭店管理目标能否最终实现，关键还在于人，而在饭店员工队伍中，饭店管理者又是决定饭店有效管理的关键。饭店管理者是指在饭店中从事团队管理工作，并对此负责的人。要想成为一位优秀的饭店管理者，除了必须具有必要的专业知识和管理能力外，特别需要在以下三个方面加强修炼。

一、职业品行要求

职业品行是指饭店管理者符合职场规则的品格与行为。

（一）使命感

使命感就是指人们认知自己行为的远景目标，能认知自己的行为产生的积极意义，并以此为基础推动自己去努力实现自我信仰和人生目标的一种心理状态。使命感是决定行为取向和行为能力的关键因素，作为饭店管理者必须牢记以下三个使命。

(1) 为社会创造财富。使命感彰显的是个人职业行为的社会意义，主要体现的是职业人生的社会价值。社会对一个人的价值评判的标准和根本尺度，就是他通过劳动对社会和他人所做出的贡献，个体对社会和他人的生存和发展所作的贡献越大，其人生的社会价值也就越大，获得的人生价值的评价就越高；反之亦然。作为饭店管理者必须确立依法经营的理念，牢记饭店经营的社会义务与责任，提供社会需要的饭店产品，并为社会创造物质财富。

(2) 为团队创造效益。饭店管理者必须认知自己作为组织的一分子肩负有促进组织发展、维护组织利益的使命，应勇于承担重任，接受任务，主动地为组织、团队排忧解难，为组织的持续健康发展付出自己的心血。

(3) 为他人创造利益。每个劳动者自身利益的获得和满足总是以他人需要的满足和利益获得为前提的。职业活动的价值评判标准最终也总是掌握在他人的手中。为此，以自己优异的工作成果，服务他人，最大限度地满足他人的需要、为他人创造利益，必然成为职业活动的内在需要，也是饭店管理者崇高的使命和不可推卸的责任和义务。

（二）责任感

责任感就是指对自己责任的知觉，以及自觉地把分内的事做好并担负责任的一种情感、态度，也称为责任心。社会学家戴维斯说过：“放弃了自己对社会的责任，就意味着放弃了自身在这个社会中更好的生存机会。”作为饭店管理者，主要应做到以下三点。

(1) 理解角色。角色是一种对处在某个特定位置上的人所期待的、符合规范的行为模式。饭店管理者既是饭店领导的替身，又是饭店组织中的骨干力量，应从多种角色中感悟自己的责任。

(2) 履行职责。饭店管理者应根据饭店所规定的职责，严格认真地履行，做到规则不错位。

(3) 承担责任。一个有责任感的饭店管理者，不仅要完成他自己分内的工作，而且他会时时刻刻为企业着想。只有那些能够勇于承担责任、具有很强责任感的人，才有可能被赋予更多的使命，才有资格获得更大的荣誉。

（三）诚信感

诚信感就是指人们对自己为人处事中诚信行为的要求以及所产生的积极意义的认知，并以此为基础推动自己努力恪守诚实守信，忠实履行自己应该承担的义务的一种心理状态。作为饭店管理者，必须做到以下三个方面。

(1) 遵守规则。现代社会所讲的“诚信”，首先是对规则的“诚信”。只有对法律、规则、契约的诚信，才能产生个人之间的诚信，也只有这样一种“诚信”，才能使得“诚信”成为一种维系社会公共秩序的公民道德，一种得以维系市场秩序的经济伦理。管理者必须承认规则、熟悉规则、理解规则，自觉遵守规则。

(2) 为人正直。正直是一种高尚的道德品质。一个正直的人，敢于讲真话，言行一致，表里如一。“贫贱不能移，威武不能屈，富贵不能淫”就是正直品质的最佳诠释。

(3) 信守诺言。守信，即要有承诺的愿望和履行承诺的能力。做一个讲信用、守信义的人，就要一言九鼎，说到做到，言出必行。

二、职业情商要求

情商就是一个人掌控自己情绪和影响他人情绪的能力。主要表现为以下三种能力。

（一）自我认知

(1) 了解个性。饭店管理者能对自己的能力、知识水平、实力、奋斗目标等有个客观科学的评价。包括自我客观评价和他人对本人的客观评价。

(2) 了解角色。饭店管理者深知自己在饭店组织中充当何种角色，在不同的时间与空间范围内充当的角色有所不同时，应清楚自己的职责、权力、义务等。

(3) 了解状态。饭店管理者应了解自己处于何种心理状态，会选择最佳的心理状态进行工作。当心理状态不好时，要学会自我调节。

（二）控制情绪

情绪是人对客观事物与自身需求之间关系的反映，即客观事物是否符合人的需要时而产生的体验。每个人的情绪都会时好时坏，饭店管理者必须学会控制自己的情绪。戴尔·卡耐基说过：“学会控制情绪是我们成功和快乐的要诀。”

(1) 情绪宣泄。当自己的情绪不佳时，要通过适当的方式加以自我发泄，如运动、逛街、在房间内奋笔疾书等，而不要积压在心中。

(2) 心理暗示。其实，情绪的好坏是自己掌握的，你以光明思维去看待一切事情，你就是快乐的；你要是以黑暗思维去看待你身边的事情，你就是悲伤的。快乐与不快乐就是一种感觉。

(3) 环境调节。根据环境工作原理可知，不同的工作环境对于个人情绪的控制和提高工作效率有一定的帮助。饭店管理者在情绪不佳时，可以适当通过休假、旅游或者感受某种特定环境等方式，来调节个人的情绪。

（三）善于沟通

沟通是指运用语言符号系统和非语言符号系统传递社会信息、交流情感的行为和过程。善于沟通是饭店管理者公关能力的重要体现。

(1) 了解他人。与他人沟通，前提是必须了解他人，应该知道对方是一个什么样的人，他在团队中属于什么角色。在与之交往时，应该明白他此时处于何种状态。只有做到知己知彼，才能百战不殆。

(2) 换位思考。在饭店经营管理过程中，有时常规的思维方法不仅不能解决问题，也无法与他人进行有效的沟通。这时，需要进行换位思考，站在对方的立场上去思考问题，也许会有另一种沟通效果。

(3) 因人而异。由于人是社会中的人，人既有一般特点，又有个人的特质，即所谓个性。所以，在与他人沟通时，必须选择合理的沟通方式，做到因人而异。

(4) 双赢不败。沟通的目的不是击败对方，也不是为了证明谁对谁错，而是为了达成共识，实现双赢。

三、职业习惯要求

职业习惯是指饭店管理者在长期的工作过程中所形成的、潜意识的思维与工作方式。管理者应该培养自己良好的职业习惯，主要包括以下 5 个方面。

（一）以终为始

以终为始，就是以目标为导向，并以此计划开展工作。

(1) 目的性。饭店管理者做任何一项工作时，都要明确自己的使命与工作目的。

(2) 预见性。饭店管理者对于工作过程中可能遇到的各种问题与困难要有一定的预见性，并对可能达到的结果也有一个比较客观的分析和预见。

(3) 计划性。在做每一项重要工作之前，饭店管理者都做好了相应的详细计划，并按照计划来完成工作。

（二）竭尽全力

竭尽全力，就是不管在什么岗位上任职，都要尽心、尽力、尽责的工作态度和行为准则。

(1) 专心致志，全力以赴。饭店管理者在完成工作的过程中，必须确立为自己工作而不是为他人工作的理念，全身心地投入到工作之中，并用心做事，而不能应付式地工作。

(2) 按时完成工作并及时反馈。人类社会发展到今天，各种资源越来越呈现紧张和短缺之势。因此，饭店管理者必须重视效果达成的效率，用正确的方法做正确的事情，以高效的运作达到预期的目标。注重效率就是节约资源，珍惜时间，讲究方法，具有善于运筹的意识与行为。当然，饭店管理者还应该养成及时向上级反馈工作进度与结果的习惯。

(3) 努力超越别人的期望。古希腊哲人苏格拉底有句名言："凡是原本可以做得更好的，也算是懒。"这就是说，饭店管理者在工作中必须具有主动性和创造性，以达到别人的工作要求为工作目标的底线，以自己的能力所能达到的最高水平为追求，努力创造惊喜。

（三）注重细节

注重细节，就是指求真务实、脚踏实地、严谨细致、追求完美的工作作风。"小事成就大事，细节成就完美。"天下大事必做于细，很多人因为在确定了正确的方向后，抓住了细节，从而改变命运、走向成功。认真做好工作中的每个细节，从工作细节中汲取营养、总结经验，那么伟大与成功就会不期而至。

(1) 眼界要高，观察要细。成大事者必从大处着眼、小处着手。这要求饭店管理者一方面要站在一个较高的层次进行思考和分析，做到高起点、严要求；另一方面要善于"闻一知十""见面明意""察言观色"重视每一个细节，从管理环节细处着手。

(2) 管理要严，作风要实。饭店管理者一定要按照各项规章制度、规则严格管理，并做到脚踏实地、真抓实干。

(3) 一丝不苟，精益求精。在工作中，不可能每天都接触新的东西，不可能所有的工作都充满挑战，更多的是惯例性的、平凡的事情。不平凡就是持续地把平凡的事情做好。如何把平凡的事情做好？饭店管理者首先要端正态度，要接受现实，不要因为平凡而不屑为之；其次要善于总结发现，平凡的事情不是简单的重复，如果我们在做平凡的事情时能够带着思考，多想多总结，那么每做一次都会有所收获，每做一次都会比上一次做得更好。

（四）积极育人

积极育人，即主动关注下属的成长，并努力提供帮助与支持的意识和行为。饭店之间的各种竞争，其实质就是人才的竞争。饭店要取得可持续发展，不能仅仅依靠某一个人，而应依靠一个有战斗力的团队。作为饭店管理者，除了应注重团队协作外，还必须注重积极育人，形成一个体现梯度的团队。

(1) 给下属提供表演的舞台。真正懂得培育下级的管理者，主要不是直接以物质奖励下属，而是给予下属更多的表演的舞台空间，给下属展现才能的机会。

(2) 给下属创造成功的条件。饭店管理者不仅要给下属舞台和机会，还应给下属创造成功的各种条件。例如在政策、资金、人员配备、权力等方面给予适当支持，并成为下属某一方面的"助手"。

(3) 给下属提供有效的督导。下属在工作过程中，常常因为经验不足、能力不够等情况不能很好达到理想目标。饭店管理者在培育下属的过程中，一定要加强监督与指导，当好下属的"教练"。

（五）变革创新

变革创新，就是指与时俱进、不断超越的思维方式与进取精神。

(1) 虚心好学。变化总是不可避免的，要想与时俱进，饭店管理者就要抓住学习的机会，不断充电，博采众长，更新知识，垫高自己。

(2) 勤于思考。学而听之是知识获得，听而思之是见识增长。别人的东西未必对自己有用，要思考将其转换为自己的东西。当然，思考应该注重全方位与系统性。

(3) 敢为人先。只有不断探索与持续行动，创新才能变成现实。任何创新都伴随不确定性，正是这种不确定性导致很多人不敢，也不愿意去尝试创新。在创新面前，我们要敢于做第一个吃螃蟹的人，要敢于否定过去，善于超越别人，勇于超越自己。

(4) 勇于实践。饭店管理者仅有想法是不够的，更要有不怕困难、知难而进的实践精神。所有的理论和思想，只有通过实践才能检验其真伪。只有通过不断的实践，才能使饭店的经营与管理水平逐步得到提高，从而使饭店管理理论与实践环节实现良性循环。

【思考与练习】

一、思考题

1. 何谓有效管理？饭店实现有效管理的关键是什么？
2. 如何理解饭店管理的目标体系？饭店如何科学制定企业的管理目标？
3. 饭店管理有哪些基本职能？
4. 饭店管理有哪些基本方法？各种方法的基本要求是什么？
5. 如何理解“制度无情人有情”这一观点？
6. 饭店企业文化是专家设计出来的吗？为什么？
7. 根据饭店企业的基本特点，你认为“饭店人”需要具有哪些基本特质？
8. 饭店管理者怎样才能增强诚信感？

二、练习题

选择一家饭店，通过必要的调查研究，撰写一份报告，说明该饭店管理存在的主要问题，并提出改进的基本思路。

三、案例题

案例1：不同思路，决定不同的高度①

又到了一年一度制订年度计划的时候，新时代饭店管理层根据集团公司下达的基本任务，确定了9 500万元的营业收入计划指标。但是，当准备进一步分解指标并制订方案时，集团公司的一位副总裁来到饭店，并询问了第二年的营业计划。当总经理回答了9 500万元营业收入的目标后，副总裁问为什么是9 500万元。总经理回答：一是集团公司给饭店下达的基数是9 000万元；二是今年预计完成实绩9 100万元；根据适当增长的原则，确定了跳一跳能够实现的目标。副总裁问，今年你们在集团排名第几，如果明年实现9 500万元，你们在集团的排名又是位于第几。总经理回答，今年是第二，估计明年实现目标还是第二。副总裁又问，明年第一位的饭店的营业收入预算是多少；总经理回答，据了解是9 800万元。副总裁又问，假如你们明年实现了9 500万元的目标，是否有兴奋感。总经理回答，理所当然，难以有兴奋感。至此，副总裁认为这一目标值得商榷。最后，

---

① 本案例由邹益民根据自己的工作经历撰写，仅供课堂教学之用。未经允许，本案例的所有部分都不能以任何方式与手段擅自复制或传播。案例中的企业、人名等，作了虚拟处理，如有雷同，纯属巧合。

饭店管理层提出了一个亿元的营业收入目标。

于是,总经理要求各部门根据一个亿元的目标,调整相应的指标。该副总裁曾是这家饭店的第一任总经理,这个饭店的部门经理大都了解他的工作作风,尽管是预算,但都必须有比较充分的依据,而不是凭借个人的主观意志。每增加一份收入,他一定会追问依据是什么?完成9 500万元的营收目标,各营业部门本身已经挖掘了潜力,现又要在此基础上增加500万元,显然难度不小。经过一天的分析与核算,最终还是未能完成达到一个亿元营收目标的预算任务。

正好第二天下午是饭店的店务会议,讨论并确定年度预算。在会上,副总裁与饭店管理层进行了交流。副总裁说,现在有一个桃子,挂在2.8米的高空,请问你们能否拿到?前厅部经理回答跳一跳就能拿到。副总裁说,桃子在4.8米的高度,你们能拿到吗?客房部经理回答用桌子与椅子就能拿到。副总裁又问,桃子在9.8米的高度,你们是否能拿到?工程部经理说用升降梯可以拿到。副总裁又问,那么桃子在25米的高度,你们还能拿到吗?安全部经理回答可以借消防队的"云梯"拿到。副总裁又提请大家思考,为什么你们做不出一个亿营业收入的可行预算?最后,大家打开思路,集思广益,很快找到了实现一个亿营业收入的思路与方案。

问题讨论:

1. 为什么饭店第一次调整营业收入预算目标未能成功,而经过与副总裁的交流后,就顺利完成了达到一个亿营收目标的预算任务?

2. 从副总裁拿桃子的游戏中,你能够得到什么启示?

案例2:华港大饭店执行员工行为规范的困局①

2000年的一天下午,某大学的邹教授来到华港大饭店,就被该饭店总经理张亮请到总经理室,寻求帮助。他说:"邹教授,您是饭店管理专家,我现在碰到了一个执行员工行为规范而陷入两难境地的问题,请您帮我出出主意,我该怎么办?"为了提出针对性的可行建议,邹教授仔细询问了事情的来龙去脉。

1. 事情的起因

原来一个星期前,中国著名的饭店管理专家李先生来到华港大饭店,考虑到李先生的行业影响力,饭店给予了较高规格的接待。临走前,饭店总经理张亮又亲自到房间征求李先生对饭店服务与管理方面的意见。李先生对员工的亲切热情的服务与饭店的盛情款待表示感谢,并提了几条意见作为回报。其中提到:相当数量员工行为举止很不规范,如手插口袋、两手抱胸、前依后靠、工作场所拨弄头发等,而且已成习惯,给人以"游击队"的感觉。总经理对于李先生的意见表示感谢,并亲自送李先生到饭店大门口。

张亮是5年前由部队转业至该饭店担任副总经理,1年前原总经理退休后接任总经理。今天,当他听到自己的饭店为"游击队"时,着实有点刺耳。送走李先生后,他就迫不及待地来到现场检查。他从上到下、从前台到后台仔细观察了一番,这真是不注意没看到,一注意就吓一跳,饭店许多员工的行为真如李先生所言。考虑到饭店今年下半年要评

---

① 本案例由邹益民根据自己的管理咨询经历撰写,仅供课堂教学之用。未经允许,本案例的所有部分都不能以任何方式与手段擅自复制或传播。案例中的企业、人名等,作了虚拟处理,如有雷同,纯属巧合。

定四星级饭店，员工的这种行为状况肯定会成为一个主要问题，必须立即着手解决。

2. 事情的经过

一回到办公室，他就给人力资源部刘萍经理打电话，请她到总经理办公室，商量员工行为规范事宜。他考虑到要解决这一问题，首先必须有具体的行为规范。于是，等刘经理来到办公室后，他就简单讲了一下他看到的员工行为举止不规范的情况以及下半年饭店评定四星级的任务，决定立即着手解决这一问题。然后向刘萍布置任务，他说："今天是星期二，你能否在星期五下午5:00前完成员工行为规范及实施方案的拟定工作。"刘经理尽管感到3天时间有点紧，但看到张总经理的神态，想到如果此时与总经理讨价还价，可能会遭到他的批评或留下执行力不强的印象。于是，当即表态："张总，尽管3天时间有点紧，但请您放心，既然您下决心要尽快解决这个问题，我们就是不睡觉，也把行为规范及实施方案搞出来。"张亮对刘经理的态度表示赞赏："很好，你还真有点我们军人的作风，敢打硬仗。"

刘经理一回到办公室，想到要凭本部门3个人的力量，显然难以在规定时间内出色完成任务。内部资源不足，怎么办？只能依靠外部资源！想到这里，她立即在自己的关系网内进行搜索，3位朋友立即进入了她的视野。一位是她高中的同学，现某军区的参谋；另一位是她的老乡，现在某国际品牌饭店担任经理助理；还有一位是她的校友，现是某律师事务所的律师。她当即分别拨通了这三位朋友的电话，询问今天晚上他们是否有时间，她请他们吃饭。很巧，这三位朋友都有时间，表示将应邀赴约。

晚上6:00左右，三位朋友先后来到饭店。来到刘萍预订的餐厅包厢，服务员已虔诚地在那等候，精美的冷菜也已上桌。酒过三巡，刘萍切入了正题，说老总要求她们部门制定行为规范，而她现缺乏必要的资料和经验，询问部队的同学和国际品牌酒店工作的老乡能否提供一些行为规范方面的资料与建议；而做律师的老乡到时能否审阅一下行为规范，是否有法律风险。三位朋友都表示愿意帮助并尽力而为。

星期三一早，刘经理分别派两位下属去两位刘萍的朋友处取资料，上午饭店的早会一结束，她就召集部门其他两位职员商量具体编写行为规范的事宜。经过两天一夜的艰苦奋战，终于在星期四下午5:00完成了编写任务。当天晚上，她就找到做律师的校友，请她审阅。星期五上午，她又认真细致地阅读了行为规范，当确信没有问题后，上午11:00，她来到了张总经理办公室，递交了行为规范。当总经理接过稿子，看到刘萍由于熬夜而充满血丝的眼睛，张总动情地说："刘经理，您辛苦了！假如我们饭店员工的行为规范得到很好解决，您当记头功。"刘萍听到总经理的肯定，这两天的辛苦觉得没有白费，疲劳感顿时全消。她说："张总，这是我的本职工作，义不容辞。"

等刘萍走后，张亮仔细阅读了行为规范，感到非常满意，认为条文比较具体，足以纠正员工的不良行为习惯。于是，他打电话给刘萍，要求她当天下午以总经理室的名义，下发至各部门经理，要求各部门在两天内学习讨论，并提出修改意见。两天后，饭店召开由各部门经理参加的店务会议，讨论实施方案。

也许是各部门工作较忙，也许是大家对行为规范并不重视，两天内没有一个部门对行为规范及实施意见提出修改意见。两天后的下午，店务会议如期召开。会上，大家都认为有必要实施行为规范，并通过了总经理提出的三条建议：一是行为规范及实施意见第二天贯彻到每个员工，第三天开始正式执行；二是为了引起员工的高度重视，凡违反行为规范的员工，罚款200元；三是成立以人力资源部经理刘萍为组长的检查小组，在规范实施过程中进行全天候检查，并于当天下午5:00把检查结果送到总经理室。

会后，人力资源部刘经理想，总经理如此重视这一工作，如果我们当天检查不出问题，那说明我们工作不力。她想到了一些地区部分交警抓违章的办法。于是，实施当天，除了她自己在某些时段到各部门工作现场巡视检查外，其余检查人员分别放在监控室及其他几个不易被员工发现的区域，观察员工的行为举止，发现问题，及时记录。下午4:30，各检查点把检查记录交给了刘萍，结果可谓"战果辉煌"，将近有35%的员工不同程度违反了行为规范。

下午4:50，刘萍兴高采烈地来到总经理室，把检查结果交给总经理，并介绍了如何进行立体化检查的举措。总经理接过检查记录表一看，顿时有点傻眼了。因为原来他估计，依靠明确具体的行为规范、比较严厉的处罚力度与严格的检查机制，肯定只有极个别员工会违法行为规范，所以他原打算执行规范的第二天上午把检查结果与处罚决定通报全饭店，以儆效尤。然而，他想不到正式实施行为规范的第一天，就有35%左右的员工违反了行为规范。面对这一情况，他一时难以决定。于是，他告诉刘萍，检查记录先放在他这里，如何处理，等他考虑后再通知她实施。

3. 两难境地

送走刘萍，他坐在办公桌前，感到很困惑，并对怎样处理违反行为规范的员工陷入了罚与不罚的两难境地。如果照章处罚，由于违纪面较大，可能会产生不良的消极作用。而如果不处理，那又如何维护制度的严肃性。下午6:00，他到员工餐厅匆匆吃了晚餐，又回到办公室，思考如何解决。时间已经到了晚上10点，但张亮还是没有想到两全其美的办法。他想：一个人的智慧总是有限的，还是把问题放到明天的早会上，集思广益，群策群力吧。

第二天的饭店早会上，他征求各部门经理的意见，结果也存在两种不同意见，有的认为不能处罚，因为法不责众；有的则认为应该处罚，因为必须维护制度管理的严肃性。最后，部门经理一致意见，请总经理作决定，他们坚决照办。张亮感到了这个问题的严重性。于是，他说："此事关系企业管理基本导向，容我认真考虑后再作决定。"

于是，就出现了本文开头的一幕。

问题讨论：

1. 为什么会出现这种尴尬的局面？
2. 你如何评价刘萍经理的行为？
3. 假如你是总经理，你会怎样处理？为什么？

第三章 饭店战略管理纲要

学习目标

通过本章的学习，你应该：

1. 充分认识饭店战略管理的重要性；
2. 正确理解饭店战略管理的使命与战略管理基点问题及战略管理工具；
3. 全面掌握饭店总体战略选择的基本思路与方法；
4. 准确把握饭店竞争能力培育的基本环节与方法；
5. 深刻理解饭店战略实施与评价的基本思想。

引例

7天连锁酒店的成功之道①

2005年，7天连锁酒店集团（以下简称"7天"）进入这个行业的时候，中国市场的经济型饭店品牌有将近20个，可谓已是群雄逐鹿的态势。面对这一环境，"7天"的创始人郑南雁、何伯权深知：要想成功，就必须做大做强，超越对手。而作为后来者，要想在激烈的竞争中脱颖而出，就必须挖掘自己的优势，选择适合自身发展的战略。

第一，他们制定了"致力为注重价值的商旅客人提供干净、环保、舒适、安全的住宿服务，满足客户核心的住宿需求"的企业愿景。同时，提出了用互联网成就经济型饭店另类品牌的战略目标。

第二，他们制定了"逆向定位＋垂直切割"的基本路径。所谓逆向定位，就是根据消费者需求来倒推产品定位，再根据产品定位来倒推成本并找出应该在哪些地方进行成本压缩。所谓垂直切割，就是把有限的资源锁定在最能让顾客感受到价值的地方，并要求公司内所有的业务流程和经营活动均围绕顾客的核心需求——"天天睡好觉"来设计和完善，给顾客以更高性价比的产品。其主要体现在以下四个步骤：一是切掉所有经济型饭店都会放弃的部分，如华丽的外观、富丽堂皇的大堂、康乐设施、中西餐厅等；二是在房间布局上，面积适当缩小，平均面积为17平方米（同类饭店一般在20平方米），但通过合理布局，使其紧凑实用；三是装修方面，不追求奢华，但简约温馨；四是产品设计强化核心功能，比如床、淋浴、宽带、早餐等，则达到高水准。

第三，他们先后设计并实施了"多区域核心城市第一"的开店模式、"直营＋管理直营"

---

① 案例来源：邹益民根据林军著的《从不竞争》（中国出版集团股份有限公司，2010年4月）一书改写而成。

的推广模式、“会员制＋电子商务”的营销模式、“IT化＋低成本＋扁平化”的管理模式、“快乐自主，我的生活”的品牌理念与“顾客参与式”的服务模式。

第四，组建了志同道合的5人创业团队，形成了先人后事的价值观，建立了自动自发的管理机制。

结果，“7天”从2005年3月第一家店的开张到2009年年底在美国纽交所成功上市，创造了中国饭店业界快速成长的一个奇迹。至今，“7天”的分店总数已经超过2 000家，覆盖全国300座城市，成为中国经济型饭店行业的领先品牌。2014年，“7天”提出了“年轻的选择”这一核心价值主张，并在以方便快捷备受消费者欢迎的7天酒店的基础上，又增加了两位新成员：一是定位于商务时尚的经济型酒店产品“7天优品”；二是定位为都市时尚的经济型酒店产品“7天阳光”。由此，“7天”步入了更加广阔的发展道路。

“7天”的成功经验表明：思路决定出路，战略照亮未来，战略管理是企业发展的重中之重。饭店战略是事关企业全局性、长远性和决定性的发展谋划，而战略管理是饭店制定和实施战略的一系列管理决策和行动。要有效实施战略管理，首先必须正确认知战略管理的基本问题，在此基础上，选择正确的发展路径，构建竞争优势，实现企业的持续发展。

第一节　饭店战略管理认知

要有效实施战略管理，必须明确战略管理使命，清晰战略管理基点问题，掌握战略管理基本工具。

一、战略管理使命

饭店战略管理是决定饭店发展方向与路径的管理活动。其有以下三个基本使命。

（一）实现超越发展

企业战略管理的使命之一，就是通过有效资源整合，实现超越发展。这既可表现为对传统业务的突破和企业的转型升级，又可表现为对竞争对手和自我的超越。而要达成此目标，就必须审时度势、发挥优势、把握机遇。

首先，需要饭店高层领导高瞻远瞩，超越自我，具有环境敏感性、机会洞察力、强烈的事业心与丰富的创造力。

其次，需要对饭店行业发展特点的把握，明确行业发展的周期，对市场机会的把握，不失时机，快速扩张。

最后，需要对自身优势的把握，扬长避短，独辟蹊径。要实现超越，就必须超越常规，依托服务和技术的创新，去发现全新的能给顾客带来价值的源泉，其关键要敢于打破行业惯例，在完全不同的细分市场上提供产品与服务。

（二）构建竞争优势

饭店战略管理的使命之二，就是构建企业的竞争优势。所谓竞争优势，就是指饭店通过其资源配置的模式与经营范围的决策，在市场上形成的与其竞争对手不同的竞争地位。竞争优势既可以来自饭店的产品和在市场上的地位，也可以来自饭店对特殊资源的正确运用。要构建竞争优势，饭店必须清晰认识市场竞争的基本要素，以便根据战略目标与企业实际，寻找独特路径，挖掘自身优势。市场竞争主要由以下四个要素组成。

1. 竞争主体

竞争主体即竞争的参与者。市场竞争是指经济主体在市场上为实现自身的经济利益和既定目标而不断进行的角逐过程。由此可见，要形成竞争，必须有两个以上的竞争主体。是否构成竞争，主要取决于经济主体目标的同一性与资源、利益的有限性。对饭店而言，主要存在三种竞争：一是饭店企业之间的竞争，主要表现为争夺有限的资源（如人、财、物等）和消费者；二是饭店企业与供应商之间的竞争，主要表现为讨价还价；三是饭店企业与消费者之间的竞争，同样表现为讨价还价。当然，从市场竞争的角度，还存在消费者之间的竞争和供应商之间的竞争，前者主要表现为争夺各自需要的饭店产品；后者主要表现为争夺各自需要的供货饭店。

市场竞争的形式是由市场的供求关系决定的。当市场供大于求时，饭店企业之间的竞争就会异常激烈，当然供应商之间的激烈竞争也不可避免；在市场供不应求的情况下，消费者之间争夺有限饭店服务商品的竞争将成为竞争的主流；另外，饭店之间为争夺有限的物质资源也必然打得不可开交；在市场供求相对平衡的情况下，市场竞争形式非常复杂，存在多种关系的竞争。

2. 竞争客体

竞争客体即竞争目标。这里的目标是指满足竞争者自身"生存"与"发展"需要的"利益"和"资源"。在竞争中，竞争参与者之间是相互对立、互相制约的，即一方的经济利益和资源拥有越多，另一方就越少。

在现实经营中，一些饭店企业认为要想在竞争中占据主动，就必须打败竞争对手，即以此作为竞争的目标。其实，这是片面而有害的。在市场经济条件下，价值规律决定着生产要素流动的方向、速度和规模，资本内在的利益驱动，推动着资本不断向利润率高的地区、行业、企业运动。资本运动的方向代表着结构调整的方向，以及生产力升级的方向。正是通过资本对利润的最大追求为动力形成的市场机制，推动生产要素的优化组合和产品、产业、投资结构优化，以及生产力水平的提高。所以，只要有利可图，永远不可能没有竞争对手，饭店业更是如此。因为饭店业不像工厂、商店那样容易转产，其本身的建筑结构、功能布局的特殊性决定了服务功能的相对稳定性。所以，当一家饭店由于你的强烈攻击无法生存时，一般不会改变其饭店的功能，而只会换一个更强的业主或经营者，即换一个更强的竞争对手。优胜劣汰的竞争法则告诉我们，饭店企业要想掌握竞争的主动权，就必须比别人做得更优、更好。

3. 竞争空间

竞争空间即竞争场，饭店的竞争场就是市场。市场是买卖双方进行交换的场所。而对于饭店经营者而言，饭店市场则特指饭店服务产品的现存和潜在的购买者。根据市场的不同状况，可以分为以下几种：

(1) 潜在市场。这种市场主要有两种情况：一是对饭店服务产品有消费欲望，但是目前还没有消费的实力；二是有消费的实力，但没有消费的欲望。

(2) 可获得市场。即对饭店服务产品有兴趣，也有购买能力的顾客。

(3) 目标市场。即最有潜力且饭店最有能力获得的顾客。

(4) 已渗透市场。即饭店已进入经营的那部分目标市场。

掌握不同的市场及它们之间的关系,具有两方面的意义:一是可以准确地衡量与预测不同市场的需求量规模;二是可以制定适当的扩大市场占有率的营销策略。

一家饭店要想在竞争中真正立于不败之地,不仅要有占领市场的理念和策略,更要有创造市场的理念和策略。

创造市场,实际上就是提高市场的绝对量和相对量,绝对量就是总量的扩大,相对量则是质量的变化和类型的改变。创造市场关键在于顺应潮流,把握趋势,不断创新。其基本途径主要有以下几条:一是通过宣传,倡导新的消费观念,把潜在的客人变为现实的客源;二是在新的地区与领域,采取卓有成效的推销手段和策略,开发新的市场;三是增设新的服务设施和项目,扩大消费者的选择范围,以创造新的市场需求。

4. 竞争策略

竞争策略即竞争者针对竞争中可能出现的各种情况,制定的相应对策和决策。饭店的竞争策略,总体上可分为价格竞争策略与非价格竞争策略。饭店竞争策略反映了饭店不同的竞争层次。饭店竞争大体可分为以下三个层次。

(1) 价格竞争。即饭店为了实现一定的经营目标或经营战略,把产品价格调整到正常定价水平以下或以上,以排斥竞争对手、赢得市场的一种竞争策略。在绝大多数情况下,价格竞争主要表现为采取降价的办法来提高市场占有率。低价竞争与其他竞争策略相比,虽然具有直接、简便、迅速等优点,但这是一种低层次的竞争。因为它是一种无门槛、低效应、高风险的竞争。如果单纯采用低价竞争,可能会带来以下弊端:一是低品质。消费者可能会认为低价格的品质要比高价格的品质差。同时,由于低价格产生低效益,可能导致服务质量下降的状况。二是低忠诚度。采用低价竞争或可暂时取得市场占有率,但却往往难以持续。因为靠低价吸引的顾客无忠诚度可言,他们往往是"墙头草两边倒,哪里便宜就往哪里跑"。三是高财务风险。低层次的价格竞争有可能导致入不敷出、应收账款增加和坏账损失的提高。所以,从战略角度来看,低价竞争绝不应成为企业竞争的理想选择,而只是在特定条件下的一种应急策略。

(2) 品质竞争。即通过高品质服务,提高顾客的满意度来赢得市场的竞争策略。这应该是饭店之间竞争的基本策略,是饭店的竞争之本与竞争之源。品质竞争的关键在于建立顾客价值导向的基本准则。饭店要提高服务品质,首先必须立足于研究我们的服务对象——目标顾客群体。随着市场经济的日趋完善,我国饭店的消费者也日趋成熟,主要表现在四个方面:一是消费者的经验越来越丰富,消费者越来越挑剔;二是个性化消费越来越突出;三是消费者的消费越来越精明;四是消费者的自我保护意识越来越强。这就要求饭店必须更新服务模式,提高服务与管理水平,以适应消费者的需要。

(3) 品牌竞争。即通过创造著名品牌来占领市场,并获得高附加价值的竞争策略。这是最高层次的竞争,也是饭店业的发展趋势。实施品牌竞争策略,饭店应通过品牌塑造与推广,来唤起消费者的欲望,拨动消费者的心弦,带给消费者超值的享受,培养消费者的忠诚,以实现别人买得少,你买得多,别人买得便宜,你买得贵的超值获利目标。

在未来日趋激烈的竞争中,中国饭店只有致力于品牌竞争,不断提升饭店服务价值,才能创造理想的社会经济效益。

（三）保证持续增长

饭店战略管理的使命之三，就是保证企业的持续增长。饭店战略思考的不是一时的发展，而是长远的发展，必须在复杂多变的环境中寻求可持续发展的路径。在不同时期、不同的发展阶段，饭店所选择的经营战略各有不同，但都需要考虑总体的发展战略问题，即需要根据企业使命与战略目标，选择饭店具有核心竞争能力的经营业务领域，通过合理配置企业经营所必需的资源，使各项经营业务相互支持、相互协调。

1. 使命驱动

使命驱动即饭店战略须以企业使命为核心，并以实现企业使命为战略管理的基本推动力。企业使命阐明了企业的根本性质与存在理由，说明了组织的宗旨、信念，以及所从事的行业及其目的与方向。一个企业的使命主要包括两方面的内容：企业哲学和企业宗旨。所谓企业哲学，是指一个企业为其经营活动方式所确立的价值观、信念和行为准则。任何企业为了生存并获得成功，必须树立一套正确的信念，作为一切方针和行动的前提。企业的组织、市场等在不断变动的世界里会发生若干变化，但信念却永远不变。所谓企业宗旨，是指规定企业去执行或打算执行的活动方向，以及现在的或期望的企业类型。明确企业宗旨，具有非常重要的作用，因为没有具体的宗旨，要制定清晰的目标和战略实际上是不可能的。

2. 整体优化

整体优化即饭店在作战略决策时应具有全局观念。饭店经营战略是以饭店的全局为对象，根据饭店总体发展的需要而制定的。它所规定的是饭店的总体行动，追求的是饭店的总体效果。有时候，饭店战略决策可能对饭店的某一方面有利而对另一方面不利，或对眼前有利而对长远不利，或对局部有利而对整体不利。因此，饭店的战略决策者要能够统揽全局，权衡利弊，趋利避害，将战略决策可能产生的副作用降至最低，争取使战略决策获得最大的总体效益。

3. 市场导向

市场导向即饭店在作战略决策时，必须研究市场动态。只有准确地把握市场动态，才能使饭店战略决策适应环境变化，充分体现市场要求，不断满足顾客需要，使饭店长久立于不败之地。随着市场需求的多样化和行业竞争的日趋激烈，尤其是移动互联网的发展，饭店不能仅仅把目光局限在现阶段与传统经营领域，采用传统的商业模式，而必须不断创新，实施开拓性的经营战略。社会经济的发展促进了人们消费范围的扩大和消费欲望的增强，旅游消费呈现出多层次、多方位、多样化的特点，饭店需要通过扩大经营范围，加强跨界战略合作，提供多样化的产品来更好地满足市场需求，获得更大的市场份额。

二、战略管理思考

要实现战略管理使命，就必须先弄清楚战略管理是什么，也就是明确战略管理基点问题。战略管理基点问题是作为一个整体存在的，主要三个层面具有不可分割性(见图 3-1)。

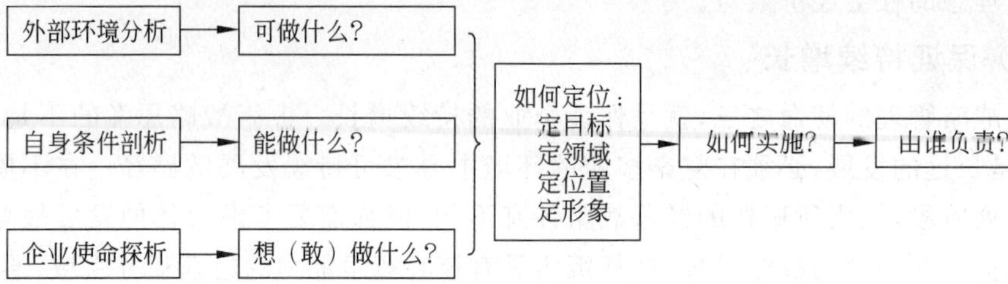

图 3-1 战略管理思考的基点问题

(一)战略基本定位

战略基本定位即确定饭店发展的方向和领域。在战略思考中,定位正确是前提,否则一切努力都是枉然。

1. 可以做什么

外部环境是影响饭店可以做什么的外在条件。饭店"可以做什么"应通过对外部环境的分析来确立,从而形成备选战略方案。外部环境分析,特别是行业结构与目标顾客特征分析,可为饭店发展找到新的突破点,因为,需要抉择生产什么产品或服务,需要确定产品或服务所针对的目标市场,需要明确饭店产品或服务品牌在目标顾客心目中的地位,就必须特别关注企业外部存在的各种机遇。

2. 要求做什么

饭店进行战略决策时,必须兼顾众多相关利益主体的要求。从战略的角度看,可将永恒追求顾客、股东、社会、员工等主体满意作为企业长期的立身之本。符合各利益相关者的要求是作为一个有机整体提出的,体现了各方利益都要兼顾的思想。① 短期内,对某一个主体的利益可能会有所侧重,但长期来说,任何一个主体的要求都要加以重视。拥有顾客是企业的生存之本,在对顾客、员工、股东、社会的统筹考虑中,长期的回报源于顾客。股东的投资收益,企业用于增进员工与利益相关者关系的投资,都必须以顾客带来的利润为基础。因此,"要求做什么"的策略是饭店使员工、股东、社会等满意的基础上,整合他们的资源与能力,来为顾客创造更好的价值,以吸引与留住最佳顾客群体,为企业增加收入与产生收益,从而有能力进一步采取行动满足员工、股东、社会的要求。这是一个螺旋式的循环运动,而运动的原动力来自兼顾各方要求的基础上,企业联合各方力量为顾客创造优异价值而产生的顾客忠诚行为。

3. 能够做什么

通过外部环境条件分析确定企业"可以做什么",但并不表明企业一定能做什么,必须结合企业内部资源和能力对经营范围做出抉择。企业的核心能力是决定企业"能够做什么"的最重要因素。通过对企业核心能力的识别与培育,有助于对企业经营发展方向作出判断。在战略决策中,抓外部机会与建内部能力这两者是相互关联、密不可分的。通过内外环境分析的结合,确定企业发展方向关注的就是机会和实力的结合问题。

---

① 项保华.战略管理——艺术与实务[M].北京:华夏出版社,2001.

4. 想要做什么

饭店“想要做什么”,需要通过使命的明确加以规范,这与企业经营者的偏好与兴趣密切相关。企业之所以“认为什么能赚钱就做什么”,导致陷入盲目多元化误区的一个重要原因就是对自身特殊使命的不明确,以及企业经营者对发展前景缺乏足够的认识。企业使命应该是一个相当长时间内相对稳定的业务发展指导思想。企业战略会受到人们对于使命目标认识的影响。通过明确使命,可以让员工对目标达成共识,觉得追求此目标有意义,并愿意积极投入。为此,经营者要加强同战略执行主体的沟通与协调,形成上下共识、精诚合作,使员工自愿投入、敬业乐业,从而形成饭店的高战略执行力。

5. 应该做什么

“应该做什么”必须依托前瞻性的预测与判断,把握内外环境变化的态势,明确产业政策的导向,兼顾各利益相关者的要求,明确战略方案选择的约束条件,界定该做与不该做的范围。战略决策需要结合科学探索与人文反思,战略思考只有融合了人文道德与科学探索两方面的精神,才能真正兼顾效益、效率与各利益相关者的满意。[①] 因此,必须时刻关注产业政策的要求,尤其要关注未来相关政策的动向。凡是政策不鼓励或今后可能禁止的发展领域,就不应该进入。相反,符合公众预期与产业政策要求的发展领域,则应重点拓展。

(二)战略路径选择

战略定位决定了饭店发展的基本目标与重点领域,路径选择则主要考虑的是如何有效配置资源达到目标的问题。路径的选择是动态权变的,是多元的,而不是静止和唯一的,并涉及饭店战略全过程:既要考虑战略设计的方法,也要考虑优化战略实施、战略控制的方法。

1. 方案选择

饭店战略决策者应尽可能地考察可供选择的方案。可供选择的方案越多,战略决策的成功率就会越高。寻求解决问题的方法是一个具有创造性的过程,需要具有不同背景和受过不同训练的人聚集在一起,集思广益,创造出新的备选方案。因为每一个方案都有利弊,所以,需要饭店战略决策者建立一套有助于指导、检验、判断方案正确性的评价体系,按评价体系进行评价打分,对每一个备选方案可能产生的结果进行预测,比较各方案的优劣。然后,在综合评价的基础上,提出候选方案。科学战略决策遵循的是满意准则,即能确保主要目标得以实现、次要目标得以兼顾的满意方案就是可行的选择。

2. 战略评价

饭店企业制定好战略后,需要将战略转化为具体的行动。在饭店战略的实施过程中,需要实时地进行监控、指导与评价,以应对各种突发情况,并及时采取必要的调整措施。有效的战略评价,不但需要分析战略是否按原计划在实施,而且需要分析战略是否取得了预期的效果。这一切并不是要等到战略实施完毕之后才进行,而是与战略实施过程同步进行的。因此,饭店企业在进行战略评价时,必须能够获得及时、精确的信息。战略评价

---

① 项保华.战略管理——艺术与实务[M].北京:华夏出版社,2003.

的重要基础是要明确需要测评哪些内容，或者说企业的业绩如何衡量。选择哪些测评指标衡量企业的业绩，取决于企业的使命与目标。需要特别指出的是，企业的业绩评价体系必须能客观地评估各种战略实施的效果，从而为企业长期成功与采取合适的纠偏措施提供必要的基础。

3. 战略控制

战略控制就是对战略制定、实施的过程及其结果进行适当的监控，以确保所制定的战略能有效执行并取得预期成果。战略监控要求饭店始终能确保战略方向的正确性，并且能高效地运行。首先，战略活动过程必须考虑外部环境的变革与影响，即战略控制是开放性的；其次，战略监控是对战略实施过程的整体评估，所依据的标准是企业的使命与总体目标；最后，战略监控既要保证战略实施的稳定性，又要对战略变革进行管理，具有适度的灵活性。

（三）战略实施保证

一般来说，实施饭店战略需要认真思考以下主要问题。①

1. 谁来实施战略

一个要付诸实施的战略应认真考虑下列问题：由哪些人来实施战略规划？需要完成哪些任务？每项任务由谁负责？无论何种战略，其实施者涉及企业里各个层级的人，大到一个饭店集团的总裁，小到一个职能部门的一线员工，都须以某种方式参与到饭店总体战略、经营单位战略与职能战略的实施过程中。

2. 组织如何变更

组织结构作为实现战略目标而进行的各种分工和协调的系统，可以平衡组织内专业化与整合两个方面的要求，运用集权与分权的手段对战略经营活动进行组织和控制。为了实施既定的战略，组织结构需要作出变革，即要对现行组织进行相应的设计与调整，以实现组织结构与战略的相互匹配。在战略实施中，究竟应该采取何种组织结构，关键取决于企业的具体条件和战略的类型等要素，须以权变、动态的观点看待战略与组织的匹配问题。

3. 文化如何完善

在战略管理中，优秀的企业文化有助于形成员工的共同信念，统一员工的行为，促进企业战略的有效实施。但是，由于企业文化的整体性与连续性，往往很难针对新制定的战略做出及时变革，因此需要在战略实施中不断完善。同时，要采取切实有效的举措，使企业文化真正成为企业经营活动和员工行为的指南。

4. 资源如何配置

资源配置就是对不同来源、层次、结构、内容的资源进行识别与选择、汲取与配置、激活和有机融合的动态过程。为了保证战略实施，饭店必须根据战略目标与路径，遵循整体优化、内外协同的原则，对企业的各种资源进行有机整合，以形成最佳的营运能力。

5. 制度如何优化

在战略实施过程中，还必须以企业的制度保障为基础。因为一方面也许所有员工都

---

① 魏江. 企业战略管理——理念、方法与案例[M]. 杭州：浙江大学出版社，2003.

知道战略的重要性，但不知道如何去运作，这就需要用具体的实施步骤和操作程序指导所有员工如何去做；另一方面也不可能寄希望于所有员工都有实施现行战略的主观能动性，从组织的角度看，必须通过制度优化来保证员工的积极行为与战略的有效实施。

三、战略管理工具

一个正确的战略决策，既取决于战略决策者的远见卓识、进取精神与价值观，也取决于他们的科学态度和方法。因此，要科学制定饭店战略，必须掌握基本的战略管理工具。在此，主要介绍四种常用的战略管理工具。

（一）SWOT 矩阵

SWOT 矩阵是一种综合考虑与评价饭店外部环境与内部条件的各种关键战略要素，从而选择合适经营战略的分析工具。SWOT，即优势（strengths）、劣势（weaknesses）、机会（opportunities）、威胁（threats）的英文首字母的缩写。优势与劣势分析侧重于饭店自身条件与主要竞争者的比较，如饭店的地理位置、资金实力、设施设备、服务产品、品牌等级、员工素质、管理水平、企业声誉等。而机会与威胁分析则侧重于外部环境的变迁及其对饭店现有与潜在的影响，如国家政策、市场需求变化、竞争力量改变、科学技术发展、社会文化变革等。不过，我们应该清醒地认识到：世界上的任何事物都是一分为二的。事物的优势与弱点都是相对的，都是在与其他事物的比较中而得出的结论。对任何一个组织而言，发现存在的优势固然是好事，但发现存在的弱点也并不可怕，可怕的是有弱点而没有被发现。因此，在分析饭店企业经营环境的时候，一定要实事求是，任何为了某种目的而故意夸大优势或者缩小弱点的做法，都是不可取的。作为环境因素之一的机遇（O），它对所有的竞争者是同样存在的，“机遇面前人人平等”。在外部环境迅速变化的时期，各种各样的机遇会接二连三地产生，但应该清醒地认识到：不是所有的机遇都是冲你来的。也就是说，机遇有真、假之分，你必须认真地加以分析，只有与你的优势相符合的机遇才是真正的机遇，否则它只是一种假象。

在全面、系统地分析了 S、W、O、T 四个基本因素之后，可得到一个战略决策平面：以 S 和 W 作为横轴，以 O 和 T 作为纵轴，形成四个战略决策象限，如图 3-2 所示。

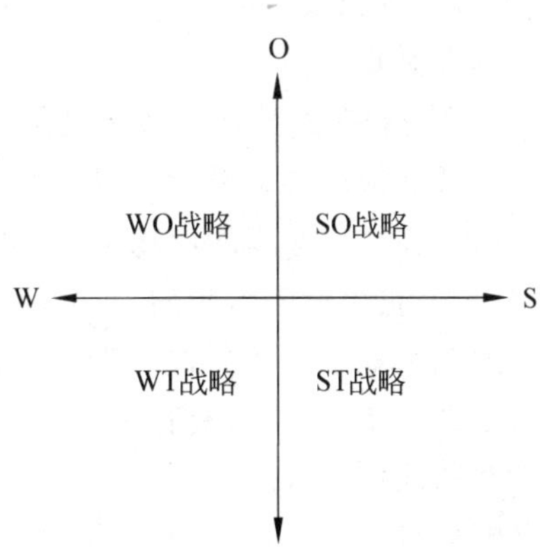

图 3-2　SWOT 战略决策平面和四种战略示意图

根据企业内外部环境的不同状况，SWOT 矩阵为企业提供了四种可供选择的战略。

（1）SO 战略，即进攻型战略。饭店外部环境中出现了机会，而企业本身恰好有把握机会的优势。此时，饭店可采取依托内部优势、利用外部机会的发展型战略。

（2）ST 战略，即谨慎型战略。饭店外部环境中出现了明显的威胁因素，但企业内部有应对威胁的优势。在此情况下，饭店可采取两种应对战略：一种是充分利用现有优势，在其他领域或市场上创造机会，以多元化经营来分散环境带来的风险，比如饭店集团在饭店行业不景气时涉足房地产业来分散风险;另一种是采取直面威胁的态度,利用优势化解威胁。这种做法要求饭店有足够的实力和优势,以有效规避外部潜在威胁。

(3) WO 战略,即扭转型战略。饭店外部环境中存在机会,但企业资源不够,呈现劣势。此时,就要求饭店采取扭转型战略,集中力量改变劣势,同时有效利用外部机会。

(4) WT 战略,即防御型战略。饭店外部环境中存在威胁,企业内部又有明显劣势。此时,企业最好采取防御型战略定位,以避开威胁,同时争取空间和时间消除内部劣势。

(二) 五力竞争模型

行业环境是企业生产经营活动最直接产生影响的外部环境。美国学者迈克尔·波特在《竞争战略》一书中指出,行业环境在很大程度上决定了企业的竞争态势。迈克尔·波特认为,在一个行业中,存在着五种基本的竞争力量,即潜在进入者、替代品厂商、购买者、供应者以及行业现有竞争间的抗衡。这五种基本竞争力量的状况及综合强度,引发行业内在经济结构的变化,从而决定行业内部竞争的强度和最终获利能力。①

1. 现有竞争者

影响饭店市场竞争最重要的因素是已进入市场的饭店数量及其竞争结构。由于各地饭店数量与结构上的不一致,不同地区、不同城市的饭店之间的竞争激烈程度也是不一样的。从理论上说,现有饭店之间的竞争有以下三种基本模式。

(1) 纯粹竞争抗衡模式。这是饭店竞争最为激烈的抗衡模式。其基本特征是:在同一市场中存在着为数较多、竞争实力差距不大的饭店,每家饭店在市场中只占一个较小的份额;产品相互间存在着较高的替代性,没有明显的特色与差别;饭店业的进退障碍较低;由于饭店数量较多,相互间很难形成统一的决策与行为。在纯粹竞争的抗衡模式中,竞争主要集中在饭店产品的定价上,因为产品是相似的,对消费者来说,选择饭店产品的主要依据是价格。如果哪一家饭店能够提供比其他饭店更低的价格,那么这家饭店就能将其他饭店的顾客吸引到自家饭店。当然,也存在着非价格竞争因素,这就是通过广告等手段来宣传与促销饭店的产品,培育饭店良好的企业形象,造就顾客对饭店产品的主观差异。但是,如果各家饭店的广告宣传内容趋同,消费者依然无法很好区别不同饭店产品,效果就不令人满意。

(2) 纯粹垄断抗衡模式。这是一种没有竞争对手的特殊的抗衡形式。这种现象,可能会出现在饭店的某项业务或服务方面,也可能表现为某种类型的饭店,如奢华饭店或主题饭店。在纯粹垄断的市场中,通常会有很高的进入障碍,这种障碍的构成,既可以是自然的因素,也可以是人为的因素。在纯粹垄断市场上,只有唯一的供给者,饭店往往凭借自己的垄断地位与垄断力量获得高额的垄断利润。不过,这种现象一般是暂时的。因为在市场经济条件下,只要有利可图,就会有新的投资者进入。所以,在纯粹垄断的市场中,处于垄断地位的饭店,必须与时俱进,锐意进取,不断构筑进入"壁垒",才能保证自己相对的垄断力量。

(3) 垄断竞争抗衡模式。如果说纯粹竞争与纯粹垄断描述的是饭店之间抗衡的两种

① 迈克尔·波特. 竞争战略[M]陈小悦,译. 北京:华夏出版社,1997.

极端形式，那么垄断竞争则是介于上述两者之间的一种抗衡形式，它具有纯粹竞争与纯粹垄断两种抗衡模式各自的某些特点，同时又拥有不同于上述两种抗衡的新的特点。在垄断竞争市场，存在着一些规模大小不等，相互间产品差别不大的饭店，其中规模较大的少数几家饭店占有了市场较大的份额。在垄断竞争抗衡中，饭店可以通过自己产品的差别，用灵活多变的价格来争取客源市场，也可以通过饭店之间的联合来稳定价格与各自的市场份额，以谋求饭店利益的最大化。在此，饭店的决策与行为需要特别注意国家的《反不正当竞争法》。

2. 潜在竞争者

潜在竞争即新企业拟加入饭店行业的竞争。潜在竞争的强度主要取决于以下因素。

(1) 资金壁垒。饭店业是资金密集型行业，经营饭店所需占用的大量资金也是构成进入壁垒的一个重要来源。资金与饭店的硬件设施的投资密切相关，特别是高档饭店的建造，巨额的资金占用会让众多的投资者望而却步。

(2) 专业壁垒。作为创造一种生活方式的高层次服务企业，饭店管理需要专门化的知识与技能，这些知识与技能，对于新建饭店通常是欠缺的。为了保证饭店服务的高质量与高效率，新饭店如果聘请管理公司参与自己饭店的管理，就会明显增加自己的经营成本，不利于新饭店参与市场竞争。但是，如果自己管理，由于经验的缺乏，就可能导致管理不善。

(3) 市场壁垒。客源多少必然影响饭店市场进入壁垒的高低。市场容量也就是某一特定地区客源的数量。如果市场容量大，现有饭店间的竞争程度相对较低，则对新进入者的排斥力量就较小；如果市场容量小，现有饭店间的竞争已十分激烈，新建饭店的加入会加剧现有饭店客源市场的竞争，降低每家饭店的市场份额，因而新进入者就会遇到同行各种可能的抵制。

3. 替代产品竞争者

替代产品是指那些与饭店企业产品具有相似功能的其他产品，如饭店的餐厅与饭店周围的餐馆，后者可以被视为前者的代用品。应当指出，是否是替代产品竞争者，重要的不是形式上的同行或不同行，而是顾客的需求是否具有可替代性。代用品威胁不同于饭店之间的产品替代，后者属于在同一行业中不同饭店提供的产品差别，而代用品通常是指不同行业之间具有相似功能的产品，这些产品可以因为技术进步与创新出现，也可以因为其他行业的产品功能延伸产生。比如顾客休闲放松之目的，可以通过到饭店度假来达到，也可以通过看电影、听音乐会等形式来完成。

4. 购买者竞争力量

购买者竞争力量也就是购买者的讨价还价能力，其主要取决于以下四个方面。

(1) 市场供求状况。在供不应求的情况下，由于产品短缺，必然导致购买者为了得到有限的饭店产品而不顾价格的高低。可以说，在此情景下，购买者无讨价还价能力。如在旅游旺季、重大节庆活动期间，就是如此；反之亦然。

(2) 市场信息程度。当购买者对市场信息了解不多时，他通常会支付较高的价格，因为较高的搜寻成本会迫使他放弃再搜寻的努力。如果购买者掌握了较为充分的市场信息，他会利用自己拥有的市场信息对饭店施加压力，购买价廉物美的饭店产品。在互联网时代,购买者的信息越来越充分。

(3) 购买产品数量。如果购买者购买的数量较多,饭店总是愿意按较低的价格出售自己的产品,原因在于较多的数量可以给饭店节约相关的费用,有助于提高设施设备利用率。

(4) 饭店产品特色。如果饭店产品具有较高的可替代性,即购买者存在着众多的选择,那么,饭店的竞争压力就会加大;反之,如果饭店产品富有特色,能够赢得消费者的偏爱,在相同的价格下消费者就会首先选择购买该产品,这时购买者的讨价还价能力就会减弱。

5. 供应者竞争力量

供应者竞争力量即饭店供应商的讨价还价能力。对于供应商而言,其能力主要取决于以下几方面。

(1) 资源垄断程度。如果某种资源是由供应商垄断经营的,特别是当这种资源在饭店经营活动中起着举足轻重的作用,那么供应商通常处于优势地位,可凭借垄断地位最大限度榨取饭店利润。

(2) 资源短缺程度。当市场上某种资源供不应求时,供应商就会抬高价格,短缺程度越严重,供应商讨价还价的能力也就越大。

(3) 购买相对份额。无论供给者数量多少,当饭店购买某种资源的数量占到某一供给者全部市场较高的份额时,饭店就有可能通过讨价还价减轻自己的压力。

(三) 战略聚类模型

战略聚类模型是一种可用于指导饭店总体战略选择的工具。该模型的横坐标是企业竞争地位,纵坐标是市场增长率(见图 3-3)。

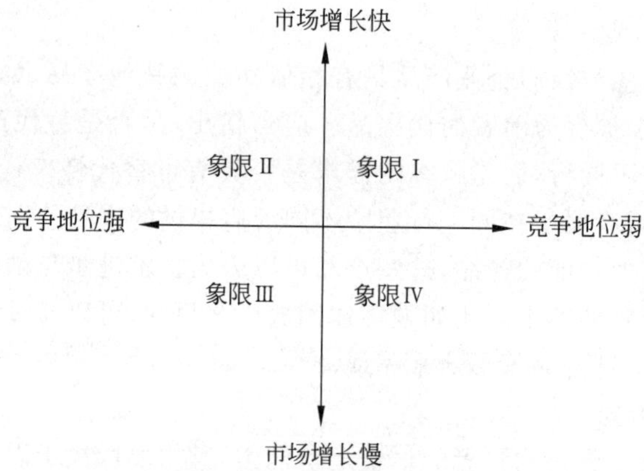

图 3-3　战略聚类模型

(1) 在象限Ⅰ中,企业处于市场增长快、竞争地位弱的状况。这类企业有四种战略可以选择:一是集中战略,在剖析现行竞争战略弱点的基础上,考虑如何通过重新选择战略以成为现有领域的强有力竞争者。二是如果企业自身无法获得具有竞争力的成本效率,可考虑横向一体化,与本行业或其他行业中有资源的企业合并、联营。三是如实在无法增强竞争地位，则可考虑退出该业务领域。四是具有多种业务的饭店可采取分离战略，分出耗费大、收益低的业务，将回收的资金用于发展其他有利可图的业务。如经营失败，可采取清理战略。

(2) 在象限Ⅱ中，企业处于迅速增长的市场中，同时具有较强的竞争地位。一般适宜采取集中战略经营其现有业务，不宜轻易转移其当前的竞争优势。如果资源有剩余或企业竞争地位并没有达到企业的预期，可考虑采取纵向一体化战略，以保持其利润水平与市场份额。

(3) 在象限Ⅲ中，企业处于市场增长慢、竞争地位强的状况。因为其所在行业没有吸引力，应将过剩的资金转移到其他经营领域，实行多种经营。

(4) 在象限Ⅳ中，企业竞争地位较弱，且市场增长缓慢。此时，可考虑采取的战略类型包括：修改现有竞争战略，扭转企业现状，改变竞争地位；压缩战略，将撤出的资源集中于企业现有的优势业务领域；同心或水平多元化战略，使企业获得新的竞争优势；在继续经营毫无希望情形下或能找到合适的买主，企业应把经营不善的业务转让或采取清理策略。

（四）波士顿矩阵

这是波士顿咨询公司(BCG)的创始人布鲁斯·亨德森于1970年提出的用于帮助企业分析业务组合是否合理，从而有选择地运用企业有限资金的工具。该方法以某项业务的市场增长率与业务的市场份额为维度，把企业的所有业务划分为以下四种类型。

1. 问题类业务

问题类业务即市场需求增长率高，而相对市场份额低的业务。事实上大多数业务进入市场，往往都是从问题开始。要积极扩展业务，增加市场份额，就需投入大量现金，或扩大、更新设备，从而提高产品质量，进而吸引更多的顾客；或通过投入广告促销，与已在该市场取得支配地位的领先者一比高低。对问题类业务，一般可采取发展战略。目的是扩大该类业务的市场份额。为此，甚至不惜牺牲近期利益，使之成为明星类业务。当然，对此要进行科学论证，以证明经过努力它们确有可能发展为明星类的业务或产品；反之，则应采取放弃战略。

2. 明星类业务

明星类业务即市场需求增长很快，并拥有较高市场份额的业务。当然，为了维护市场成长率和击退竞争者的各种进攻，它还须耗用必要的资金。如果没有明星业务，说明在未来的发展中缺乏希望。对明星类业务，一般可采取维持战略。目的是为了保持该类业务的市场份额，以便它们能继续为企业提供大量的现金。

3. 金牛类业务

金牛类业务即市场份额较高、市场需求增长率较低的业务。它能为企业带来大量的现金收入，而企业又不必为此作大量投资。如果一家企业没有金牛业务，说明它当前的发展缺乏现金来源。对于金牛类业务，一般可采取收获战略。目的在于增强该类业务的短期现金收入，而不考虑长期影响。

4. 瘦狗类业务

瘦狗类业务即市场需求增长率低、市场份额也低的业务。它只能使企业获得较少利润，甚至会发生亏损。对于瘦狗类业务，一般可采取放弃战略。比如以停止经营某一项目为目标，或关、停、并、转，或出售其资产、清理业务，以便把资源转移到更有利的领域或开拓更新的产品服务。当然，对于尚属“健康”的某些瘦狗类业务，则应采取收获战略。

第二节 饭店总体战略选择

饭店总体战略是指为实现企业总体目标，对企业未来发展方向作出的长期性和总体性战略。它是统筹各项分战略的全局性指导纲领，是指导和控制企业一切行为的最高行动纲领。总体战略依据饭店所处的不同经营环境及自身经营条件，主要有以下三种。

一、增长发展战略

（一）增长发展战略的基本含义

增长型战略也称扩张战略，它是现有饭店积极扩大经营规模，或在原有范围内增加接待能力，或是投资新的行业，或是通过联合与兼并，以促进饭店不断发展的一种战略。战略管理基本使命是为了企业的发展，所以增长型战略是饭店总体战略的基本战略。

（二）增长发展战略适用情况

该战略一般适用于下列情况：第一，外部环境良好，存在较大发展机遇。第二，企业资源充足，能够满足增长型战略的要求。第三，企业能力能适应企业实施增长型战略的需要。

（三）增长发展战略的基本形式

1. 密集型发展战略

密集型发展战略就是饭店对现有产品的市场潜力进行充分挖掘，以实现自我发展的战略。其基本策略有：

(1) 市场渗透。即饭店利用自己在原有市场上的优势，积极扩大经营规模和接待能力，不断提高市场占有率和销售增长率，以促进饭店的不断发展。实施这一策略的关键是：巩固老顾客，开发新顾客。

(2) 产品开发。即饭店通过产品创新，提高产品质量，从而使饭店不断发展。采用这一策略的关键是：对市场需求变化保持高度敏感，并建立快速反应的产品开发机制，以满足顾客不断增长的需求。

(3) 市场开发。即饭店寻找和开拓新市场，以扩大销售，促进饭店的不断发展。实施这一策略的关键在于：科学预测消费发展趋势，善于正确把握市场机会，有效引导顾客消费。

2. 一体化发展战略

一体化发展战略就是饭店充分利用自己在产品、技术、市场上的优势，根据物流的方向，使企业不断向纵深发展的一种战略。其基本形式如下。

(1) 横向一体化，又称水平一体化。它是指企业通过契约式联合、兼并同行企业等方式，组成联合体，以促进企业实现更高程度的规模经营和迅速发展的一种战略。

（2）纵向一体化，也称垂直一体化。它是指生产或经营过程相互衔接、紧密联系的企业之间实现一体化。按物质流动的方向又可以划分为前向一体化和后向一体化战略。前向一体化是指组织的业务向消费它的产品或服务的行业扩展，而后向一体化是指企业向为他目前的产品提供作为原料的产品或行业扩展。

3. 多样化发展战略

多样化发展战略也称多元化发展战略，就是饭店企业同时经营两种以上基本经济用途不同的产品或服务的一种发展战略。实施该战略的目的有三：一是更好地占领市场和开拓新市场；二是避免单一经营风险；三是实现范围经济效应，即企业进行多元化经营、拥有多个市场或产品而获得的收益。多样化发展战略的基本形式有以下几个。

（1）同心圆多样化。即饭店企业充分利用自己在技术上的优势及潜力，以饭店接待业务为圆心，积极发展与此相近的业务，使饭店业务不断向多品种和向外发展。同心圆多样化经营的特点是，原产品与新产品的基本用途不同，但它们之间有较强的技术关联性。

（2）水平型多样化。即饭店企业充分利用自己在市场上的优势及社会上较高的声誉，根据客户的需要去开发不同技术的产品。水平多样化经营的特点是，原产品与新产品的基本用途不同，但它们之间有密切的销售关联性。

（3）混合型多样化也称不相关多样化。即饭店企业为了减少未来可能出现的风险或获取更高的投资回报率，积极发展与原有的产品、技术、市场都没有直接联系的产业。这种战略需要饭店有强大的经济、经营、管理与技术实力；否则，一般不宜采用这种战略。

二、稳定维持战略

（一）稳定维持战略的基本含义

稳定型战略也称维持战略，它是饭店企业在一定时期内既不进入新领域，也不扩大经营规模的一种维持现状战略。该战略的核心是，在现有基础上加强管理，提升品质，提高效益。

（二）稳定维持战略适用情况

稳定型战略一般适用于下列情况：第一，外部环境既无大的威胁，也没有过多机会。第二，企业经营状况良好，产品在较长时期仍具有明显优势。第三，虽外部环境机遇较多，但企业缺乏足够的资源与能力。

当然，饭店采取这一战略并不是永远维持现状，而是在一定时期内积极培育优势，积蓄力量，创造发展条件，以便出现机遇时迅速把握，再上新的台阶。

（三）稳定维持战略的基本形式

1. 无变化战略

无变化战略就是企业一切工作都按原有方针办，努力使企业战略地位保持不变，保证各项指标水平维持在原有水平上。

2. 盈利战略

盈利战略就是企业为了目前盈利而暂时牺牲未来发展的战略，如通过减少维修保养、广告费用等支出来增加利润。这种战略的结果常常是使企业短期内获得成功，长期采用此战略，将会导致企业竞争力的严重下降。

3. 停顿战略

停顿战略就是企业经过一段快速发展之后，暂时降低目标水准，放慢快速发展的步伐，注重内部资源的整合，使企业能够稳健发展。

三、紧缩调整战略

（一）紧缩调整战略的基本含义

紧缩调整战略又称退却型战略，它是饭店经营严重滑坡，而在当前一定时期缩小规模或压缩经营项目，取消某些服务项目的一种战略。这是饭店在特定前景下不得不采用的一种战略。

（二）紧缩调整战略适用情况

紧缩型战略一般适用于以下几种情况：第一，宏观经济不景气，饭店经营处于停滞与萧条时期。第二，饭店某些项目或产品已从成熟期迈入衰退期，市场需求大幅度下降。第三，饭店受到强有力竞争对手的威胁和挑战，难以抵挡。第四，饭店某些产品缺乏比较优势，质次价高，一时难以改变。

（三）紧缩调整战略的基本策略

根据饭店经营不景气的程度，可供选择的战略主要有以下三种。

1. 生存重建战略

生存重建的实施对象是陷入危机境地而又值得挽救的经营业务。主要策略如下。

(1) 管理重建。主要指撤换领导班子，调整组织机构，实施振兴饭店的新方案，进行新战略的宣传，增强企业凝聚力。

(2) 财务重建。主要包括：使银行建立起饭店生存的初步信心；强化内部资金管理，压缩经费开支；及时处理内部闲置固定资产；进行企业资本重组，提高资本效率等。

(3) 营销重建。主要是加强市场调研，正确把握本饭店市场地位及优劣势，并重新设计营销体系，改进促销手段，增加销售力量，以提高经营收入。

2. 撤退战略

当企业现金流量日趋紧张时，饭店可选择撤退战略。它包括以下两种类型。

(1) 放弃战略。当企业遇到很大困难，预计难以通过转变战略扭转局面或当采用转变战略失败后，饭店可以采用放弃战略，将经营资源从这一经营领域中抽出。这种战略以尽快回收现金为目的，最后放弃这一领域。

(2) 分离战略。它有两种形式：一是将某一经营单位从公司中分离出去，此单位在财务和管理上有其独立性，母公司只有部分所有权或者完全没有所有权；二是找到愿意进入该经营领域的买主，将这一经营单位出卖。

3. 清算战略

清算战略即企业由于无力清偿债务，通过出售或转让企业全部资产，以偿还债务或停止全部经营业务而结束企业的生命。清理分为自动清理和强制清理，前者一般由股东决定，后者需由法院决定。清理战略通常情况是所有战略全部失灵时采用的一种战略，当企业资产不足以清偿债务时，则只有宣告破产。在毫无希望再恢复经营时，早期清理比被迫宣告破产更有利于股东的利益，否则一味地在该领域内继续经营，只能耗尽企业的资源而破产。

第三节 饭店竞争能力培育

从某种意义上来说，饭店战略是关于饭店在激烈的竞争中如何创造竞争优势的行动方案，同时也是针对来自各方面的许多冲击、压力、威胁和困难，迎接这些挑战的行动方案。所以，从本质上看，饭店战略实际上是一种增强市场竞争能力、构建竞争优势的战略。饭店要提升自身竞争能力，以下三个方面则是重中之重。

一、商业模式设计

管理学大师彼得·德鲁克曾经说过："当今企业之间的竞争，不是产品之间的竞争，而是商业模式之间的竞争。"饭店要提升竞争能力，增强竞争优势，首先必须科学设计商业模式。

（一）商业模式要素

商业模式即通过特有的方式来创造顾客价值并获取利润的商业行为。商业模式本质上是利益相关者的交易结构，核心是价值创造。饭店商业模式设计，一般应考虑以下四个基本要素。

1. 业务定位

业务定位即明确饭店业务方向与特色，其直接影响企业的成长空间。这是商业模式设计的起点，关键要回答以下三个基本问题。[①]

（1）做什么业务？即选择业务领域，关键在于能够突破客户需求边界、产业边界与产业价值链边界。可以考虑采用以下一些方法：一是按照企业所销售的产品或服务来定义自己的业务，比如高端饭店提供的是非生活必需服务产品，所以可以考虑将自己界定为创造生活方式的服务业。二是强调针对某类客户群的某些或所有需求定义企业的业务，比如商务酒店业务界定为成功商务活动的支持者。三是依据企业所处的行业价值链环节确定其业务，如品牌制造商、供应商、零售商等。四是按照企业的关键资源能力及其组合来定义其业务，如麦当劳做特许加盟，迪士尼做品牌授权。

（2）为谁做？即锁定目标客户。识别和确定企业的目标客户意味着企业必须考虑服务于哪个地理区域和客户细分。任何客户群都可以有无数的划分方法，考虑划分的原因是为了创造性地"重新划分"已有的客户群，以发现别人没想到的新划分。识别可能的客户需要创造性的方法。第一种方法是彻底地质疑现有的关于谁是客户的思维定势，这可以通过问"我们产品满足的是客户的什么需求"并探寻企业现在没有服务但有类似需求的客户来达到。你需要超越目前所卖的产品或服务去思考，需要识别产品所隐含的功能。

---

① 魏炜．朱武祥．发现商业模式[M]．北京：机械工业出版社，2011.

第二种方法是从不同的角度开始思考。具体方法是首先确定一个合适的客户标准,其次是用这个标准识别谁是目标客户,最后就是通过"我们应该如何做才能吸引这些客户"来确定企业的目标客户。第三种方法是根据企业的资源和能力来选择客户。这种方法成功的关键是要找到需求和企业的独特资源能力相匹配的客户。

(3) 有什么与众不同?即向目标客户提供什么样特征的产品或服务。任何企业都不可能把所有的客户作为自己的服务对象,也不可能向一个客户提供所有的产品和服务。业务定位需要解决的是在企业所有可提供的产品或服务中,应该将哪一种作为重点。从深层次的角度,就是确立你企业独特的价值主张。一个理想的价值主张,必须具有三个基本特征:一是真实可信的;二是其他产品所没有的;三是具有影响力与感染力的。

2. 盈利模式

盈利模式即如何从为客户及相关利益者提供的价值中获得利润。关键要回答以下三个基本问题。

(1) 选择何种经营方式?一般来说,饭店经营方式主要有三种:一是产品经营,即通过提高产品质量,降低产品成本,扩大生产份额,增强产品竞争力,以此来获得盈利。二是品牌经营,即将品牌视为独立的资源和资本,通过品牌创造与品牌运作来关联、带动、组合其他资源与资本,从而取得最大效益。三是资本经营,即通过投融资、资产重组和产权交易等手段,对资本实行优化配置和有效使用,以实现资本盈利最大化的经营目标。

(2) 如何获得营业收入?任何企业要想赚钱,必须有收入来源。饭店收入来源既可以靠餐饮、客房、康乐等主营业务获得收入,也可以通过外卖、商品销售等非主营业务获得收入,还可以通过品牌特许、场地租赁、客源平台、战略合作等非常规业务途径获得收入。

(3) 如何分配成本费用?成本费用并不一定是企业自己承担,可以转移给其他利益相关者。

3. 关键资源与能力

关键资源与能力即要实现饭店的业务定位,并创造理想的效益,饭店必须具有的基本条件。俗话说:巧妇难为无米之炊。饭店要实现自己的业务定位,必须清晰自己应具有哪些资源与能力,而且必须懂得怎样获取综合资源与能力,形成自己的核心竞争力。关键资源既可以是物质性的,也可以是非物质性的。一般是指向目标顾客传达价值主张所需要的人员、技术、产品、设备、资金和品牌等,这里关注的是那些可以为客户和企业创造价值的关键要素,以及这些要素间的相互作用方式。关键能力即企业的核心能力,是指企业内部一系列互补的技能与知识的结合,是企业整体的、长期的、独特的、难以模仿的竞争能力。资源与能力的整合,关键是要通过占据产业价值链的战略控制点,对价值链的其他环节进行战略控制,从而实现对整个价值链的整合。

4. 业务系统

业务系统即企业实现定位所需要的运营环节、各合作伙伴扮演的角色以及利益相关者之间的合作交易方式与内容。高效运营的业务系统不仅仅是赢得企业竞争优势的必要条件,同时也有可能成为企业竞争优势本身。一个高效的业务系统需要根据企业的定位识别相关的活动并将其整合为一个系统,然后再根据企业的资源能力分配利益相关者的角色,确定与企业相关价值链活动的关系和结构,围绕企业定位所建立起来的这样一个内外部各方利益相关者相互合作的业务系统将形成一个价值网络，该价值网络明确了客户、供应商和其他合作伙伴在影响企业通过商业模式而获得价值的过程中所扮演的角色。在此，重中之重是设计构建合作共赢的结构。

（二）成功商业模式的特征

1. 独特价值

独特价值即能为客户提供独特的价值。客户价值，简言之就是客户从饭店服务中得到的需求的满足，即 $V_c = F_c - C_c$（V_c：客户价值；F_c：客户感知利得；C_c：客户感知成本）。有时候这个独特的价值可能是新的思想；而更多的时候，它往往是产品和服务独特性的组合。这种组合要么可以向客户提供额外的价值；要么使得客户能用更低的价格获得同样的利益，或者用同样的价格获得更多的利益。成功商业模式必须创造客户价值最大化，一个不能满足客户价值的商业模式，即使盈利也一定是暂时的、偶然的，是不具有持续性的。反之，一个能使客户价值最大的商业模式，即使暂时不盈利，但终究也会走向盈利。[①]

提升客户价值，必须围绕顾客需求展开，实际上是一个不断发现、挖掘、创造顾客需求的过程。发现需求，即这个需求是现实存在的，只是别人没有看到而你看到了；挖掘需求，即由表及里、由浅入深，挖掘顾客隐藏的深层次需求，并切实有效地加以满足；创造需求，即顾客自己都没有意识到的需求，而当你提供了某些服务时，顾客才感受到自己的需求。与此相对应的三个境界就是实现客户价值，提升客户价值，创造客户价值。

2. 难以模仿

成功商业模式必须是一个整体的、系统的概念，而不仅仅是一个单一的组成因素。促使一个初始的构想成长为一种模式，也不是单一因素决定的结果，而是由诸多因素发挥资源整合相应实现的能力。同时，成功商业模式的组成部分之间必须有内在联系，这个内在联系把各组成部分有机地关联起来，使它们互相支持，共同作用，形成一个良性的循环。一个成功的商业模式不一定是技术上的突破，而是对某一个环节的改造，或是对原有模式的重组创新，甚至是对整个游戏规则的颠覆。企业通过确立自己的与众不同，如对客户的悉心照顾、无与伦比的实施能力等，来提高行业的进入门槛，从而保证利润来源不受侵犯。[②] 比如，直销模式（仅凭“直销”一点，还不能称其为一个商业模式），人人都知道其如何运作，也都知道戴尔公司是直销的标杆，但很难复制戴尔的模式，原因在于“直销”的背后，是一整套完整的、极难复制的资源和生产流程。

3. 持续盈利

企业能否持续盈利是我们判断其商业模式是否成功的唯一的外在标准。因此，在设计商业模式时，盈利和如何盈利也就自然成为重要的原则。当然，这里指的是在阳光下的持续盈利。持续盈利是指既要“盈利”，又要能有发展后劲，具有可持续性，而不是一时的偶然盈利。当然，任何变革创新，均有风险。设计再好的商业模式，如果抵御风险的能力很差，就会像在沙丘上建立的大厦一样，经不起任何风浪。这个风险指的是系统外的风险，如政策、法律和行业风险，也指的是系统内的风险，如产品的变化、人员的变更、资金的

---

① 李振勇. 成功商业模式设计指南[M]. 北京：中国水利水电出版社，2009.

② 李振勇. 成功商业模式设计指南[M]. 北京：中国水利水电出版社，2009.

不继等。

（三）商业模式评估

选择并设计的商业模式能否取得理想业绩，应进行科学细致的评估。中国学者乔为国教授认为，主要可从以下五个方面加以评估。①

1. 构成要素的技术经济特性

对商业模式构成要素的技术经济特性评估，主要包括以下三个维度。

(1) 技术特性评估，即商业模式构成要素强弱的技术考察。

(2) 要素间内在逻辑一致性的评估，即考察各要素间是相互促进还是有冲突。好的商业模式，要素间应是相互促进，而不是有冲突的。

(3) 经济可行性，即创新的商业模式必须使收益高于成本。

2. 对环境的动态适应性

主要包括以下四个维度。

(1) 法律政治环境评估，即考察是否违背法律法规及是否得到政府支持。

(2) 关联产业环境评估，即所处产业结构、关联产业环境是否有利。

(3) 市场评估及社会文化环境评估，即主要考察市场环境及社会环境的接受及可持续性等。

(4) 生产要素环境评估，即主要考察技术、人力资本和资本市场环境情况。

3. 相对其他模式的优劣性

对商业模式进行相互比较时，主要通过根据新模式相对其他模式的几个关键特征的逐一比较加以判断。

4. 可利用资源及领导团队

创新的商业模式，需要考察企业组织所拥有或所能利用的技术、人力、资金等资源和能力，能否对所设计出的新商业模式的实施提供充分的支持和保障。对领导团队考察时，除了看成员的专业技术背景、相关行业从业经验、团队的构成和执行力外，还需要考察他们的价值观念。

5. 企业转型变革可行性

当已有企业向新模式变革转型或保持原有模式的时候，通过新设立下属机构等来实施新模式，还涉及如何处理和已有模式的关系问题。在这种情况下，商业模式创新还需要考虑向新模式转型的可行性或者新的模式与原有模式的相容性问题。

二、市场竞争谋略

从市场竞争功能来看，可分为有效竞争和无效竞争。有效竞争是一种有序、公平、适度的竞争，即是一种按照一定规则，在公平合理、机会均等的原则下，具有良好的动机，运用正当的竞争手段，达到经营管理最高效力的竞争；而无效竞争则是一种无序、不公平、不适度的恶性竞争。根据迈克尔·波特的观点②，饭店可采取的基本竞争战略主要有三种

---

① 乔为国.商业模式创新[M].上海：上海远东出版社，2009.

② 迈克尔·波特.竞争优势[M].陈小悦，译.北京：华夏出版社，1997.

类型：成本领先战略、差异化战略与目标集中战略。

（一）低成本战略

低成本战略即成本领先战略，就是使企业的总成本低于竞争对手的成本，甚至在同行业中处于最低，从而取得竞争优势的一种战略。成本领先战略强调以很低的单位成本为价格敏感的消费者提供标准化的产品与服务，故这种战略也称价格竞争战略。

1. 低成本战略实施条件

要成功实施低成本战略，应注意其中隐含的条件。一是饭店所在市场为完全竞争的市场；二是在顾客心目中，价格差别比产品差别更重要；三是目前饭店之间的产品几乎是同质的，且大多数顾客的需求相似；四是随着饭店规模的扩大，服务项目的增加，能有效提高饭店吸引力，可以迅速降低产品的平均成本；五是饭店与现实的竞争对手处于同一档次；六是饭店产品需求弹性较大，降低价格能有效刺激需求。

2. 低成本战略潜在风险

尽管成本领先战略可帮助饭店取得价格优势，防止新进入者侵蚀本饭店的市场份额，但也存在以下风险。

（1）可能会使竞争者效法，降低成本带来的优势，继而压低整个行业的盈利水平。

（2）顾客的价格敏感性可能下降，不愿意反复享用缺乏特色的产品，转而寻求更新颖、更高品质的服务。

（3）为使成本最低而进行的投资，可能会使企业局限于目前的战略计划中而难以适应外部环境和顾客需求的变化。

3. 低成本战略实施途径

（1）促进纵向、横向一体化。通过纵向一体化，消除上游企业利用其资产的专用性敲竹杠的机会主义行为，从而节约交易成本和生产成本。通过横向一体化，扩大企业的生产规模，获得规模经济之利，并且增加市场控制权。

（2）推进战略性合作。其目的是和其他企业共同分摊某种具有明显的正外部性的经济活动的成本。同时，战略性合作也可以实现饭店间及其他企业间战略资源的互补，降低竞争强度，对竞争环境的变化作出敏捷的反应，减少不确定性，实现饭店产品的多样化和企业间的协同，更好地服务与方便顾客。

（3）实施全面成本管理。①成本筹划，即以价值工程思想为依据，设计合理的成本。②管理设计，即对饭店的管理要素进行科学的整合，降低管理成本。③标准化管理，即通过标准化，保证饭店业务活动的正常运行和服务质量的稳定，并减少人员，提高劳动生产率。④成本控制，就是对饭店成本费用进行预测、核算、监督、考核、分析等工作。

（二）差异化战略

差异化战略是指为使企业产品与竞争对手产品有明显的区别，形成与众不同的特点而采取的一种战略。

1. 差异化战略实施条件

饭店实施差异化战略，一般应具有一定的外部与内部条件。

（1）外部条件。主要有：一是市场基础，即顾客需要有特色的产品，并愿意支付相应的附加值;二是法律基础,即国家对差异化产品必要的法律保障;三是技术基础,即社会能为饭店创造差异化产品提供必要的技术支持。

(2) 内部条件。饭店应具有足够的市场调研与产品创新能力,饭店对顾客需求有深层次的把握,并能根据自身优势,创造顾客认可的差异化产品。

2. 差异化战略潜在风险

实施差异化战略,可以帮助饭店增强讨价还价的能力,提升顾客的忠诚度,并形成强有力的进入障碍。但是,该战略存在一定风险。

(1) 要想创造性地将本身的优势与目标顾客群的真正需求结合起来,这并非易事。

(2) 饭店产品差异化创新需要付出代价,但竞争对手则可能会以很低的代价来模仿这些差异特征。当许多饭店都开始拥有某种特色时,这种特色就变成了一般性能。

(3) 饭店为使产品具有特色所进行的投资会导致成本的增加,从而引起价格上升,可能影响产品销售。

(4) 顾客需求发生改变,不再需要饭店提供的差异化产品或服务,或竞争对手开发出更具差异化的产品或服务,导致饭店原有消费者投向竞争者的怀抱。

3. 差异化战略实施途径

饭店差异化战略实施的基本途径是服务创新,需注意以下一些问题:第一,差异化创新不应以少数顾客的需要为依据,而应着眼于目标市场顾客的需求。第二,独特产品应努力形成体系,并充分让顾客理解。第三,差异化产品要努力成为一种名牌,产生品牌效应。第四,饭店要注意运用有关的法律和制度,保证本饭店的独特优势不被模仿侵权。第五,实施差异化所得到的溢价大于为此而付出的成本。

(三) 集中化战略

集中化战略又称市场聚焦战略,是指饭店将自己的经营目标集中在特定的细分市场,并且在这一细分市场上建立起自己的产品差别与价格优势。

1. 集中化战略实施条件

饭店实施集中化战略需具备以下三个基本条件:一是确有特殊需求的顾客存在,并具有必要的规模;二是尚未发现其他竞争对手试图在上述目标细分市场中采取此战略;三是饭店在某些特定市场中具有一定的实力与优势。

2. 集中化战略潜在风险

饭店实行集中化战略能以更高的效率、更好的效果为某一特定的对象服务,从而超越竞争对手。但是,其同样存在一定的风险。

(1) 由于全部力量和资源都投入了一种产品或服务一个特定的市场,当顾客偏好发生变化,技术出现创新或有新的替代品出现时,这部分市场对产品或服务需求下降,企业就会受到很大的冲击。

(2) 饭店提供的专业化服务既增加了其他竞争者替代的难度,但一旦目标市场衰落或消费需求发生改变,也增加了本饭店产品进入其他细分市场的难度。

(3) 竞争者打入了企业选定的目标市场,并且采取了优于企业的更集中化的战略。

3. 集中化战略实施途径

艾·里斯和杰克·劳特劳在《定位》一书中指出,定位的目标是使某一品牌、公司或产品在顾客心目中获得一个据点，一个认定的区域位置，或者在预期顾客的头脑里占有一席之地。即如何让你在潜在客户的心智中与众不同。① 饭店的市场定位必须向自己特定的目标顾客传递，如果定位与传递的信息不符，那么定位就是一股逆火，会招致相反的结果。饭店实施目标集中战略，必须坚持“有所为，有所不为”的原则，懂得“有所得，必有所失”的道理，通过比较优势分析，清楚自身的优势和不足，采取“扬长避短”“在夹缝中求生存、求发展”的策略，合理地选择企业所期望的目标市场，在自己有相对优势的市场领域谋求发展。

集中化战略实施的基本途径主要有以下几点。

(1) 饭店设施针对性。即所有设施与功能设计都应基于特定目标顾客的需求和爱好。比如客房，可称是顾客的“家外之家”，住饭店从本质上讲就是住客房。一般而言，饭店客房设施设备应该功能齐全，使用方便，布局合理，环境优雅，色调宜人，安静舒适，洁净安全。客房的服务应该物美价廉，及时周到；安全卫生，舒适方便；热情诚恳，礼貌尊重；亲切友好，谅解安慰。但是，作为采取目标集中战略的饭店，其客房定位必须因自己的目标顾客而定，如老年客房、青年夫妻客房、新婚客房、单身女性客房、休闲度假客房、商务客房等。

(2) 利益诉求专一性。即利益诉求必须满足特定目标顾客的欲求，使顾客深切感受到饭店“特别的爱献给特别的您”的情感。

(3) 服务标准独特性。即服务标准必须为特定目标顾客的需求而设计。饭店要通过自己的专门化、个性化服务策略，使目标顾客产生忠诚。

(4) 营销活动主题性。即营销活动针对特定的目标顾客设计营销主题，在此主题下营造相应的环境，营造一种独特的气氛和情调，从而产生吸引力和新鲜感，以此吸引特定的目标顾客群体。

三、创新能力管理

饭店要培育持续动态竞争优势，关键在于加强饭店的创新管理，提升企业的创新能力。

（一）培养员工创新能力

饭店管理创新有赖于全体员工的共同努力，而员工的创新有赖于员工的创新意识与创新能力。

1. 认知创新的基本含义

“创新”一词作为一个学术用语，是由奥地利著名经济学家熊彼特首先提出的，他在1912 年出版的《经济发展理论》一书中第一次提出了“创新”概念并作了初步探讨。熊彼特认为，创新是生产要素和生产条件的一种从未有过的新组合，这种“新组合”能够使原来的成本曲线不断更新(降低成本)。饭店创新就是指管理者能够创造出一种新的更有效的资源配置范式。

---

① 艾·里斯，杰克·劳特劳. 定位[M]. 谢伟山，苑爱东，译. 北京：机械工业出版社，2013.

根据熊彼特的创新思想，饭店管理创新主要可以概括为以下五个方面。

(1) 提出一种新的经营思路并加以实施。新经营思路如果是可行的，这便是管理方面的一种创新，但这种新的经营思路并非针对一个饭店而言是新的，而应对所有饭店来说都是新的，它往往是一种新的经营业态。

(2) 创设一个新的组织机构并使之有效运转。组织机构是饭店管理活动及其他活动有序化的支撑体系。一个新的组织机构的诞生是一种创新，但如果不能有效运转则成为空想，不能实实在在地创新。

(3) 提出一个新的管理方式方法。如饭店的客户关系管理、顾客满意度管理等。一个新的管理方式方法能提高生产效率，或使人际关系协调，或能更好地激励员工等。这些都将有助于饭店资源的有效整合以完成饭店既定的目标和责任。

(4) 设计一种新的管理模式。所谓管理模式是指饭店综合性的管理范式，是指饭店总体资源有效配置实施的范式。这么一个范式，如果对所有饭店的综合管理而言是新的，则自然是一种创新。

(5) 进行一项制度的创新。管理制度是饭店资源整合行为的规范，既是员工行为的规范，也是饭店行为的规范。制度变革会给饭店行为带来变化，进而有利于资源的有效配置，使饭店更上一层楼。

2. 激发创新思维要素

创新思维是指人们在已有经验的基础上，从某些事实中进一步找出新关系、寻求新答案。与一般思维相比，创新思维的新颖性、独创性和突破性非常明显。饭店应通过有效途径与方法，激发员工创新思维的基本要素，使员工具有强烈的创新意识。

(1) 丰富的想象力。想象是创新思维的重要特征。没有想象，就不会有创造和创新。对于想象的重要作用，大发明家爱因斯坦曾经有过深刻的论述，他说："想象力比知识更重要，因为知识是有限的，而想象却包括世界上的一切。"他自己也正是从大胆的"如果一个人以光的速度追赶一条光线运动"的想象出发，而发明了举世闻名的"相对论"。

(2) 敏锐的洞察力。以敏锐的洞察力去观察和接触客观事实，并将其与已有的知识进行联系和比较，发现它们之间的相似性和差异性，从而为创新提供真实可靠的依据，这也是创新思维的特征之一。所以，凡是具有创新思维的人，都特别留意意外现象，因为意外现象往往是创新成功的重要线索。

(3) 活跃的灵感。灵感是一种突发性的心理现象，是有关心理因素协调活动所涌现出的最佳心理状态。创新思维往往处于灵敏的状态中，表现为注意力高度集中、想象力的骤然活跃、思维的特别敏锐和情绪的异常激昂。

(4) 好奇的追求。没有好奇，就不会有创造和创新。创新思维追求的好奇包括两个方面：一是求新；二是求异。求新包括新观点、新设想、新方案、新规则等。求异则主要表现为对一些司空见惯的现象或已有定论的观点等进行怀疑和批判，转向、多向或逆向地予以思考。

3. 培养创新思维方法

饭店员工除了具有创新思维的基本要素外，还需要掌握创新思维的基本方法。

(1) 逆向发散思维。即对司空见惯的、似乎已成定论的事物或观点反过来思考的一种思维方法。比如众多饭店采用价廉物美的营销策略时，部分高端饭店则采用物以稀为贵的营销策略。

(2) 纵向发散思维。即沿着一个问题，按照既定方向，由浅入深、由低到高，从而创造新发现与新思路的思维形式。比如把顾客的用餐价值从吃饭的功能价值提升到享受的体验价值。

(3) 侧向发散思维。即利用其他领域的知识和资讯，从事物或问题的侧(横)面进行思考，从而寻求新答案的思维形式。比如饭店从自主经营到合作经营、外包经营的转变。

(4) 综合发散思维。即通过对事物的有机组合、演绎归纳、系统提炼等方法，去寻找新答案的思维方式。比如，如家酒店当时进入市场时就运用了此思维方法创造了新的顾客价值曲线，即通过增加舒适性与方便性提高住宿质量；通过连锁会员管理、免费网络服务等倍增顾客利益；通过减少餐饮、大型停车场等设施降低企业成本；通过剔除购物、娱乐、会议设施减少企业成本。

(二) 克服创新障碍

饭店创新不仅具有风险性，而且意味着改变自己，所以必然会碰到来自组织与个人的各种阻力。所以，饭店创新要卓有成效，就必须克服以下四个方面的障碍。

1. 管理组织控制

任何一个组织都会有控制，只不过是控制的程度不一而已。组织控制的目的是为了让组织成员形成一致的步伐，朝一个方向去努力，这也是管理产生的基础。但在管理过程中对组织控制得越严，组织成员活动的空间就越小，就越不自由，由此产生创新成果的可能性也就越小。饭店因为24小时运行，组成部门、构成环节众多，为保证正常运营，一般均采用"过程型管理"。所以，饭店的组织控制一般比较严格，规章制度很多，等级严密，层层控制，这无疑对于饭店的创新是非常不利的。

2. 短期利益考虑

创新是一种基于长远发展的企业战略，一家只考虑短期利益的饭店是不可能有创新的动力的。饭店只关注现在不关注长远，一方面主要是由于经营管理队伍的不稳定造成的；另一方面也与饭店过于看重现时结果的绩效考核机制紧密相关。

3. 过度分析论证

任何创新都是有风险的，既可能成功，也可能失败。饭店实施创新时一定会做充分的分析论证，以降低决策的风险。但如果在创新实践中分析论证过度了，就会影响创新活动的开展，阻碍创新成果的诞生。

4. 传统思维定势

(1) 从众思维定势。所谓从众，就是跟在众人后头，随大流，看到别人做什么自己也做什么，别人怎么做自己也怎么做。从众的最终表现是高度的一致性。在现实生活中，从众心理和从众思维十分普遍。这一方面是屈服于群体的压力，不愿意因自己与众不同而遭受群体攻击；而另一方面，则是因为人心里可能都有"跟着大家走，没错"的认识，以消除害怕和恐惧，获得安全感。要打破从众思维定势，就应该确立"真理往往在少数人手中"的理念，培养敢为人先、标新立异的思维方式，养成凡事多问为什么的思维习惯。

(2) 权威思维定势。权威是一种思维的标尺和参照,任何领域都有权威存在。权威靠深厚的专业知识来确立,所以又称"专业权威"。在工作或生活中,人们往往习惯于引证权威的观点,以说明自己说法或行动的正确性。而一旦发现与权威相背离的观点或做法,便会想当然地认为其必错无疑,甚至大加讨伐。这就是典型的权威型思维定势。打破权威型思维定势,关键是要破除"专家迷信",防止权威泛化。要学会正确审视权威,第一,要确认是不是本专业的权威;第二,要确认是不是本地域的权威;第三,要确认是不是当今最新的权威;第四,要确认是不是借助外部力量的权威;第五,要确认其言论是否与其自身利益有关。此外,要意识到即使是专家或权威,他也是人,也会失误与犯错。

(3) 经验思维定势。经验思维即人们过于依赖经验而形成固定的思维模式。其实,经验是一柄双刃剑,用得好对任何人来说都是难得的宝贵财富,但人的思维如果陷入经验当中拔不出来,形成一种非常牢固的定势,就会变成阻碍个人创新或发展的强大阻力。要破除经验思维定势,必须意识到经验的局限性,任何经验都存在时空狭隘性和主体狭隘性。同时,必须意识到世界是复杂和千变万化的。

(4) 书本思维定势。书本思维即书本是经验的总结和提升,是理论化系统化的知识。换句话说,知识传达的是世界的"理想状态"。因此,要学习书本,但不能迷信书本。毕竟理论与现实是有一定差距的。如果迷信书本,照本宣科,不加思考,就可能脱离实际。在知识经济时代,知识传播越来越快,而有效期却越来越短,任何人要想获得发展,都要不断地从书本中学习新的知识并加以应用,而应用的过程,实际就是一个创新的过程。

(三) 构建创新机制

创新机制即企业不断追求创新的内在机能和运转方式。要积极推动创新,饭店就必须建立与完善创新机制,以创造理想的创新空间与动力。

1. 创新动力机制

创新动力机制即创新的动力来源和作用方式,是能够推动企业创新实现优质、高效运行并为达到预定目标提供激励的一种机制。饭店创新动力机制除了一些外在动力外,关键在于建立企业内在的动力机制,饭店必须给员工以适度的工作空间,并授予足够的自主权,并通过制定各种激发员工创新积极性、鼓励员工创新的政策和措施来推进企业不断创新发展。

2. 创新运行机制

创新运行机制,主要包括创新管理的组织机构、运行程序和管理制度。饭店应注重建立知识、信息共享机制,建立畅通的横向和纵向沟通渠道,鼓励员工之间开展各种形式的交流与探讨,使企业组织朝着扁平化、柔性化方向发展,从而提高企业整体创新能力。

3. 创新发展机制

创新发展机制即在创新利润的驱动下,饭店充分挖掘利用和发展内部资源并广泛吸纳外部资源,加强人才、技术、资金、信息等资源储备,不断谋求创新发展的机制。首先要积极强化企业的人才优势;其次要在技术与信息上构建科学的机制;最后要不断加大科研创新经费的投入,为员工从事创新提供必要的资金支持。

第四节　饭店战略实施评价

一、战略实施组织

饭店必须选择正确的战略方向，并且保证在实施过程中不偏离正确的方向，这就要求建立完善的战略实施管理系统。

（一）战略实施计划系统

战略实施计划系统是将环境因素、内在条件、战略方针、战略重点、战略目标等各要素统筹考虑，融为一体的体系，并用以指导企业在一定时期内合理分配有限资源，以期达到战略目标的管理机制。

战略实施计划系统的内容一般包括以下方面：总体战略实施计划，即饭店应当达成的总目的；经营单位战略实施计划，即在特定的经营领域如何获得竞争优势；职能战略实施计划，如市场战略实施计划、财务战略实施计划、人才战略实施计划、企业文化战略实施计划、组织结构变革实施计划等。

（二）战略实施动力系统

战略实施动力系统就是能有效推进饭店战略实施相关利益群体实现企业战略目标的激励系统。该系统必须明确并解决三个基本问题：一是激励对象，顾客、股东和员工这三者的良性互动推动企业的成长与发展。二是激励核心，应围绕“如何让激励对象正确、高效、愉快地做事”这一核心命题构建管理机制。三是激励指标，应围绕战略目标的实现，设计相应的考核指标。

（三）战略实施反馈系统

战略实施反馈系统是饭店根据外部环境的变化，对既定战略的审查和纠偏，对战略实施过程中出现的问题进行动态反馈，并根据问题的性质采取合适的战略举措。

二、战略实施控制

战略实施控制的目的是使企业战略的实施效果尽量符合战略的预期目标。

（一）确立控制标准

一般来说，控制标准源于具体的、可直接引用的战略计划标准。但因各种计划的详尽程度不同，有些计划是比较抽象的、概括的，是对组织工作目标及行动方案的总体规划和安排，这时需要将计划目标转换为一套更具体、可测量和考核的控制标准。控制标准要求尽可能简化明了，做到具体化、数字化，容易测定，便于执行。

（二）衡量实际绩效

在战略实施控制工作中，按控制标准对饭店的实际工作进行衡量是实施战略控制的关键环节，只有找出了实际工作与控制标准之间的差异，才可能采取纠偏行动，从而达到控制组织活动和实现预期目标的目的。衡量成效的要点是：用预定的标准对实际工作绩效进行检查，提交需要纠正的偏差结果，形成管理控制中的纠偏依据。

（三）进行比较分析

通过把企业战略执行的实际情况与控制标准进行比较，判断实际绩效与控制标准是否一致。一般来说，实际绩效与控制标准不可能完全一致，两者之间总会有一定的偏差，因此，企业往往规定了一个可以浮动的范围，只要实际结果在这个范围之内就认为偏差可以接受；而一旦差异超出了允许范围，就可以认为存在可能引发战略性问题的偏差，必须对此差异作进一步的分析，找出差异产生的原因。

（四）采取纠偏行动

采取纠偏行动是在衡量工作成效的基础上，针对实际绩效与控制标准的偏离程度，及时采取措施予以纠正，使其恢复到正常状态。偏差可分为正偏差和负偏差。正偏差是实际绩效超过控制标准的要求；负偏差是实际绩效没有达到控制标准的要求。负偏差固然引人注目需要纠正，但是，出现正偏差时并不意味没有问题，同样需引起注意并正确处理。饭店可以选择的方案有以下三种。

1. 不采取行动

当实际绩效与控制标准之间不存在偏差时，一般不需要采取任何行动。此外，存在偏差，但未超过允许的偏差范围时，也可以不采取任何行动。

2. 改进工作绩效

如果偏差是由于企业内部管理产生的，且偏差已超出了允许的范围，则需要采取纠偏措施，以改进工作绩效。具体采取的方式通常包括改进生产技术、改进流程、改善管理方式、调整组织结构、完善激励措施、重新配置资源、调整培训计划等。

3. 修订控制标准

当因为标准不合理，使得实际绩效与控制标准之间存在较大差异时，可以采用提高标准和降低标准两种方式。标准的修订在管理控制中是不可避免的，这是由于在组织管理中，一些不确定因素的影响往往难以预测，环境的变化会导致战略目标和控制标准的变化。从某种意义上说，战略实施控制就是一个不断制定标准、实施标准、修订和完善标准的过程。

三、战略实施评价

战略实施评价方法很多，在此介绍三种较为成熟的评价方法。

（一）业绩金字塔评价法

业绩金字塔评价法是克罗斯（Kelvin Cross）和林齐（Richard Lynch）在 20 世纪 90 年代初提出的一个把企业的总体战略与财务和非财务信息结合起来的业绩评价系统。目的是为了凸现战略性业绩评价中总体战略与业绩指标的重要联系。

在业绩金字塔中，企业总体战略位于最高层，由此产生企业的具体战略目标。战略目标呈多级瀑布式地逐级传递，直到最基层的作业中心。在这个评价体系中，着重强调了组织战略在确定业绩评价指标中所扮演的重要角色，反映了业绩目标和业绩指标的相互联系，揭示战略目标从上而下和经营指标从下而上逐级重复运动的等级制度。这个逐级的循环过程揭示了企业的持续发展能力,对正确评价企业业绩有着十分重要的意义。然而,业绩金字塔模型的主要缺点是在评价指标中没有涉及组织创新和学习能力方面的内容。而在竞争日趋激烈的今天,对组织创新和学习能力的评价却尤为重要。这正是虽然该模型在理论上已经比较完善,但在实际工作中利用率偏低的主要原因之一。

(二)平衡计分卡评价法

饭店要实现不断发展,就必须了解并满足利益相关者的需要。罗伯特·卡普兰与戴维·诺顿提出的平衡计分卡评价法更有利于全面评价企业的战略实践结果,更有利于激励员工创造出卓越的价值。

平衡计分卡评价法要求企业从四个角度考察企业,即顾客角度——顾客如何看待企业;内部角度——企业必须擅长什么;创新与学习角度——企业能否继续提高并创造价值;财务角度——企业如何满足股东。一般来说,顾客角度的目标与指标包括市场份额、客户满意度、客户忠诚度、客户保持率、新客户开发率、老顾客引荐率、客户盈利率等。内部角度的目标与指标包括内部反应速度、运行质量、运作成本等。创新与学习角度的目标与指标包括员工满意度、员工生产率、研发投入、新产品销售额、团队合作状况等。财务角度的目标与指标包括利润、营业额、销售额、投资回报率、现金流等。

(三)经济增加值评价法

经济增加值(EVA)是 20 世纪 50 年代由美国思腾思特咨询公司首先提出的,它是以经济增加值理念为基础的财务管理系统、决策机制和激励制度。它是基于税后营业净利润和产生这些利润所需资本投入的总成本的一种企业绩效财务评价方法。企业每年创造的经济增加值等于税后净营业利润与全部资本成本之间的差额。其中资本成本包括债务资本的成本,也包括股本资本的成本。EVA 是衡量企业业绩较为准确的尺度,对无论处于何种时间段的企业业绩,都可以作出较为准确恰当的评价。

EVA 的基本计算公式为

$$\mathrm{EVA}=\mathrm{NOPAT}-C\%\times \mathrm{TC}$$

其中,NOPAT 是税后净营业利润,$C\%$是加权平均资本成本率,TC 是占用的资本(包括股权资本和债务资本)。上式中的 NOPAT 以会计净利润为基础进行调整得到,调整的项目主要包括:商誉摊销、研发费用、递延所得税、先进先出的存货利得、折旧、资产租赁等。这种调整目的在于消除会计稳健主义对业绩的影响;减少管理当局进行盈余管理的机会;降低会计计量误差影响。

EVA 能准确反映企业的经营业绩。通常,企业把利润作为衡量企业业绩的指标,但利润是一定时期下会计收入与会计成本相比的结构,它容易受人操控。而 EVA 则充分考虑了企业在经营过程中的所有成本费用,对大量项目进行调整,因此能够更加准确地评价企业绩效。

经济增加值能对企业战略实施的实际业绩做出评价,但它又不仅仅是一种评价标准。它能引起管理者和员工行为的改变,同时因为经济增加值考虑到资金成本这个因素,使得资源能够在企业内得到较为有效的分配。

【思考与练习】

一、思考题

1. 如何理解“战略决定未来”这一观点？
2. 饭店战略管理应抓好哪些基本环节？
3. 如何理解饭店战略管理的基本使命？
4. 如何理解商业模式？饭店商业模式选择应考虑哪些基本因素？
5. 如何理解市场竞争构成的基本要素？
6. 如何选择饭店竞争战略？
7. 如何激发饭店员工的创新积极性？
8. 你认为要保证饭店战略的有效实施，最重要的环节是什么？

二、练习题

选择一家饭店进行调研，根据饭店管理创新的基本原理，选择一个具体的管理问题或具体经营项目，分析存在问题，并提出变革创新的基本思路与措施。

三、案例题

案例1：愿景旅游集团的战略选择①

愿景旅游集团公司创业初期，以货运、油品销售为主业，然后投资饭店业，现已形成以饭店业为主业，兼营房地产、物业管理、石化等业务的企业集团，拥有总资产85亿元，其中自有资产41亿元。公司属下有11家饭店，其中五星级饭店5家，四星级饭店6家，分别分布在省内的2个地级市、2个县级市和省外的3个地级市，均属当地最高档次的饭店，是当地政务和商务活动的中心。近3年来，饭店产业取得了良好的社会经济效益。同时，借助饭店的管理和品牌优势，房地产业也取得了突破性的进展，销售形势总体看好。

目前，该集团所面临的环境和条件是：国家对旅游业的支持力度不断加强，产业地位随之上升；国家经济发展呈现良好态势，客源总量进一步上升，客人消费指数逐步提高；所在地区对旅游产业采取了鼓励发展的政策，经营环境和支持条件有进一步改善之趋势；集团员工忠诚度较高；企业的社会形象良好，有较多的地区和企业希望与该集团合作，发展机会较多；饭店产业内竞争加剧，一些外国著名的饭店集团和一些国内的饭店集团都有意进入上述城市，而且某些城市已进入签约阶段；随着国家可持续发展战略的实施，环保要求将进一步提高；集团的饭店均为全资饭店，占用资金较多，若宏观环境有变，饭店经营陷入困境，就会影响整个集团的现金流量；饭店所处地区比较集中；集团饭店连锁经营的经验比较缺乏；最近几年公司发展较快，人才资源出现相对短缺现象，在内部提升上已有拔苗助长之倾向，尤其是中高层管理人员已严重短缺；酒店的硬件设施略显老化。为此，集团领导层正在考虑下一步的发展战略和竞争谋略。

① 该案例由邹益民根据管理咨询实践撰写，仅供课堂教学之用。未经允许，本案例的所有部分都不能以任何方式与手段擅自复制或传播。案例中企业名称作了虚拟处理，如有雷同，纯属巧合。

问题讨论：

1. 根据SWOT分析方法，该集团面临怎样的机遇、威胁、优势与劣势？

2. 根据所处环境和企业内部条件，该集团应采取怎样的发展战略与相应的措施？

3. 该集团应该采用什么样的竞争谋略？

案例2：开元旅业集团的发展战略①

开元旅业集团(以下简称开元)从一家县政府招待所到拥有一百多亿资产的国家级企业集团；从一家县城二星级饭店发展到中国饭店集团前10强；从一个县级城市进入上海、北京等中心大城市。在国际酒店巨头攻城略地时，开元扛起民族饭店业大旗，在民营企业拓展饭店业中独树一帜；在国内饭店业的持续低迷中，开元仍然实现了超常规的快速成长：从单条腿走路到酒店房产并驾齐驱，进入房地产不足10年即成长为中国房地产品牌企业50强。其中很重要的一条经验是：在20多年的发展过程中始终有一个清晰的战略思路，"先生存、后发展"，"审时度势、稳健发展"，"整合资源、创造优势"，从而使开元由小到大、由弱到强，发展成了中国民营企业500强。

1. 原始积累，低成本扩张

开元发展的第一个阶段是以利润为导向的原始积累，也是开元的战略准备阶段。开元的低成本扩张主要选择在行业不景气、同类企业急于退出市场时进行。因为，此时的进入成本与扩张成本往往是最低的。1991年，开元的母体饭店萧山宾馆，以低成本参股管理了当时亏损严重的之江宾馆(接管后更名为杭州之江度假村)，1994年以萧山宾馆为主体的萧山开元旅业总公司收购广电大楼，进一步扩大了萧山宾馆的经营面积与范围。1996年，开元又和省工商信托投资公司签订了参股投资并全权管理当时亏损严重、急于转让的红宝石宾馆的合同，并将红宝石宾馆改名为杭州阳光休闲山庄。1998年，开元又成功收购萧山供销商业总公司部分土地与房产和凯星西装厂的全部房产和土地，建了保龄球馆和美食娱乐城。同年，又并购了萧山商业大厦，改名为萧山开元城市酒店。所有这些低成本扩张，为开元的进一步发展奠定了扎实的基础。

2. 连锁经营，多元化发展

完成了初步的原始积累以后，开元开始了在饭店产业逐步做大的步伐。1999年，开元制定了"以旅游饭店业为主导产业，实施连锁化经营，积极寻求高效的投资项目，以促进主导产业发展"的战略指导思想。1998年之前，开元的扩展均在萧山区域；1998年以后，开元启动了异地扩张，全国布局的发展战略。开元的全国性扩张采取先战略性布点，再围绕战略布点进行战术性布点，从而形成围绕战略性布点的酒店群。开元将战略性城市分为三种：一是必须进入的城市，如北京、上海等标志性城市；二是增长潜力较大的城市，如开封、成都等竞争相对还不激烈的中西部城市；三是可进入可不进入的城市，即在必须进入和增长潜力较大的城市之外的城市。据此，1998年开元进入宁波市场，参股并全权管理宁波开元大酒店。此后，开元又收购了台州的一个饭店项目，取名台州开元大酒店，租赁了宁海新世纪大酒店，改名宁海新世纪大酒店。2003年，开元顺利完成了徐州迎宾馆的收购，更名为"徐州开元迎宾馆"，之后，又通过扩建与改造，建成五星级酒店，并更名为徐州开元名都大酒店。2004

① 该案例由邹益民根据自己在开元旅业集团的兼职工作经历撰写，仅供课堂教学之用。未经允许，本案例的所有部分都不能以任何方式与手段擅自复制或传播。

年，开元进入当时尚无五星级酒店的开封，自建了开封开元名都大酒店，为今后进入中西部市场迈出了重要的一步。2004 年，千岛湖开元度假村开业，并赢得市场的高度认可，被消费者誉为华东地区第一度假饭店。2005 年，作为“杭州第一高楼”的杭州开元名都大酒店开业，揭开了开元旗舰酒店经营的新篇章。2005 年，开元以参股的方式在北京全权管理了第一家饭店——歌华开元大酒店。2006 年，开元以收购的方式在北京拿到了第二家饭店——北京福地大酒店，改名北京开元名都大酒店。2006 年，由世界著名建筑设计公司美国 RTKL 和香港贝尔高林联合设计的、按五星级标准建设管理的上海开元名都大酒店开业。到此为止，开元已基本完成了在全国实施饭店连锁经营的初步积淀，为以后的快速扩张奠定了比较坚实的基础。与此同时，开元开启了多元化发展战略的步伐。1994 年，以萧山宾馆为主体的萧山开元旅业总公司成立。1995 年，公司组建了萧山开元旅游公司、杭州之江清洗有限公司和开元装饰工程公司。此外，开元还组建了饭店用品公司、配送中心等饭店配套服务企业和部门，构筑了统一完善的后勤服务体系。这些围绕饭店业的纵向多元化，不仅仅为开元的酒店从筹建到运营提供快捷、高质量的服务，同时还为开元开辟了新的盈利方式。20 世纪 90 年代末，中国的城市化进程正在启动，开元敏锐地感觉到中国的房地产业新一轮的高潮即将来临。1998 年，开元正式进入房地产领域。2001 年，开元适时地将战略调整为“依托集团的综合管理和投融资平台，以酒店业为主导产业，塑造强势品牌，实施连锁化经营；积极发展房地产产业，形成具有竞争力的房地产业务特色，实施产业互动”。在成功进入饭店业与房地产业后，为了保证企业的持续发展，开元又着手种子产业的培育。2004 年，开元又创办了浙江开元新墙体有限公司。2006 年加气混凝土生产线正式投产，为集团优化产业结构、保证持续稳定的发展提供了坚实的基础。

3. 资本运作，跨越式发展

在经过早期的原始积累、多元化的稳步发展时期后，开始进入了资本化运作的快速发展阶段。2008 年，开元与美国凯雷集团实现了成功合作，凯雷集团投资 1 亿美元入股开元国际酒店管理公司，获得其 40% 的股份。这无疑增强了开元酒店业的资金实力，进一步加快了开元旅业的发展步伐。之后双方就筹划 2008 年赴港上市。2013 年 7 月 10 日，开元集团董事会主席陈妙林在香港联合交易所敲响铜锣，宣布开元酒店 REIT 股份在香港主板挂牌上市。挂牌当天，开元产业投资信托基金同时宣布，其与以渣打银行为牵头行的银团签订一项为期三年、总授信达 19.3 亿港元银团贷款协议。这项银团贷款获得市场热烈支持，其中境外贷款授信额为 14.7 亿港元，为期三年，年息率为伦敦银行同业拆息加 250 基点。境外首次提款 11.4 亿港元，连同这次首次公开发售，共筹集资金 18.1 亿港元。2015 年 3 月 5 日，开元旗下的开元物业管理股份有限公司在北京正式登陆新三板，成为中国首批上市的物业公司之一。

问题讨论：

1. 对开元的战略进行分析，总结制定企业战略时，应考虑哪些因素？如何制定出科学、有效且适合于企业的战略？

2. 从开元旅业集团的发展战略中，你得到了哪些启示？

3. 根据目前的企业经营环境以及开元旅业集团自身的情况，你认为该集团接下来应该采取怎样的发展战略？

第四章 饭店集团管理实务

学习目标

通过本章的学习，你应该：

1. 理解集团的基本概念以及饭店集团的基本成因；
2. 了解饭店集团的发展历史与基本趋势；
3. 掌握饭店集团发展的基本路径、不同路径的特征及选择；
4. 掌握饭店集团管控体系设计的基本思路。

引例

海蓝公司的饭店集团化[①]

国庆节的前夕总是让人兴奋和激动，刚放下儿子催促一起去看电影的电话的海蓝进出口公司饭店事业部总经理高立德却心事重重、眉头紧皱，丝毫没有马上要与家人享受天伦之乐的喜悦。原来，海蓝进出口公司为了加大公司饭店产业发展力度，经过讨论，决定走饭店集团化发展之路。为此公司成立了饭店事业部，任命他为饭店事业部总经理。

海蓝进出口股份有限公司成立于1988年，系中国500强企业和中国出口200强企业，是一家以进出口贸易为主业的综合企业集团。公司在20世纪80年代末成立以来，专注于进出口贸易的经营。在房地产发展的黄金10年中，公司提前酝酿入世策略，在2004年12月成立海蓝置业有限公司，充分利用早期的地方资源优势进行了良性扩张，获得了可观的经济收益。在发展住宅地产业务的同时，董事长齐正量以及其他几位高层管理者认识到高星级饭店对品牌、服务增值的巨大作用，于是在2004年7月公司召开的发展规则研讨上，董事长齐正量和其他股东一起协商讨论确立了以进出口贸易为主业，实业、投资与服务业多元化方向发展的总体思路，并马上着手组建了饭店业务部，寻找饭店项目。

2005年，公司在杭州湾新区投资建设第一家饭店，定名为海蓝大饭店。饭店定位为互动式运动休闲主题的五星级饭店。经过几年的建设，海蓝大饭店于2009年6月开业，由于其独特鲜明的主题，饭店一开业就脱颖而出，并在较短的时间内获得良好的收益和顾客口碑，并在2010年6月28日成功评定为五星级饭店。这在一定程度上突显了管理团队饭店管理的专业水平。

---

① 该案例由邹益民根据管理咨询实践撰写，仅供课堂教学之用。未经允许，本案例的所有部分都不能以任何方式与手段擅自复制或传播。案例中企业名称及人名作了虚拟处理，如有雷同，纯属巧合。

在第一家饭店开业后，公司根据发展机会，在继续寻找高星级饭店项目的同时，还拓展了经济型饭店和精品饭店。

2014 年 8 月，公司董事会召开会议，专门研究饭店板块未来的发展问题。会议决定对公司的饭店产业进行连锁化经营和发展，组建一个饭店事业部，将公司内部分散经营的饭店单元整合为一个有体系和内在联系的饭店管理公司，通过转移开发出的具有差别化的产品、技术、品牌、管理资源等优势，更好地创造和提升价值。公司希望把饭店业务板块培育成为公司新的经济增长点，待时机成熟，成立饭店管理集团，同时，将为事业部的连锁化发展提供各种硬件和软件支持。公司董事会要求饭店事业部在 10 月 15 日提出未来饭店集团化发展的基本方案。

为此，高总经理召集相关人员进行讨论，对于饭店业态以及连锁经营路径的选择，大家给出了不同的方案，每一种方案似乎都有一定的道理。眼下，提交方案的日期临近，对于多种饭店业态和连锁路径，哪一种才是最符合公司目前与未来发展目标，最适合事业部进行连锁化经营和发展的？对于成员饭店该实行怎样的管理模式，才能达到公司制定的公司发展目标？

饭店企业要做大，集团化则是一种必然的选择。但是，案例中海蓝进出口公司面临的一些问题：如在什么时候选择集团化？集团化的路径又如何选择？集团化的控制体系又将如何构建？这是任何一家拟走集团化发展之路的公司均须正视的问题。

第一节　饭店集团管理概述

一、集团管理认知

（一）集团管理的相关概念

何谓饭店集团？纵观世界著名饭店集团的发展轨迹及特征，笔者将其界定为：以投资或经营饭店业为主体，通过产权关系、管理或品牌输出、业务合作等方式形成的多家企业的集合体。

饭店集团化，既可以理解为饭店集团的形成过程，即饭店企业由于业务发展、市场扩张或竞争的需要，通过新建、资产兼并、股权运作或相关协议等方式，由单一经营方式向多种经营方式转化的过程；也可以理解为一种趋势，即朝着实施饭店集团管理的方向发展；还可以理解为一种组织形式，即把若干单体的组织或个体集而“团”之，使之发挥“团”的优势。

饭店集团化管理，即饭店集团成员企业之间在研发、采供、生产、销售、管理等环节紧密联系在一起，协同运作的方式。

（二）饭店集团的基本特征

饭店集团，作为一种企业组织，具有以下特征。

1. 以饭店为主体

饭店集团顾名思义以饭店为主体，然后可以根据产品线或者价值创造链，向上或者向下，根据产权等关系，进行整合。在这个整合过程中，统一配置和投资决策，实现投资者的利益。

2. 多个企业的集合

简而言之，饭店集团是一种建立在契约关系上的企业法人组成的经济组织。对外，饭店集团是一个具有法人资格的经济组织。在饭店集团内部，集团母公司与其他成员之间是控制与被控制的关系。

3. 多种链接纽带

饭店集团母公司和下属企业（包括但不限于饭店）之间需要通过一定的纽带关系进行联结。这种纽带包括但不限于产品、技术、市场、品牌、契约等。基于这些纽带，饭店集团与下属企业之间形成企业集团，建立控制与被控制的关系，进而产生规模经济效应。

4. 多层组织结构

饭店集团想要提升市场竞争力，甚至成为市场经济的主宰，很重要的一个任务就是建立合理有效的组织结构。随着饭店集团化的发展，涉及的产业越来越多，形成了一个或者多个产业群，企业的规模也越来越大，下属业务单元众多。多年的实践经验，多层组织结构的建立，是建立灵活组织结构的前提之一，能实现庞杂的饭店集团的高效管理。此处所说的组织结构是指饭店集团围绕集团内部企业的战略目标、功能实现形成的组织分配或资源分配。

（三）饭店集团的基本类型

饭店集团总部、二级机构（子集团或者事业部）以及各所属企业之间的关系缔结主要涉及三个基本要素：资本、品牌、业务。集团总部对这三个要素的不同组合，衍生出了四种不同的饭店集团类型。

1. 以资本为纽带的饭店集团

饭店集团总部拥有一定数量的饭店产权或股权或者拥有饭店的全部产权。这种饭店集团又分为两类：一类是既拥有产权，又自己管理。这往往是饭店集团初始阶段的状态。另一类是拥有产权或者股权，但自己并不直接经营管理这些饭店，而交给专业的饭店管理公司管理，集团的收益为成员饭店的经营利润。这一类属于运作“资本”的企业集团。

2. 资本和专业化管理有机结合的饭店集团

集团拥有一定数量的饭店股权，同时自己拥有饭店管理公司，既管理自己的饭店，也管理其他业主的饭店，属于同时用资本和“知本”赚钱的饭店集团。目前，我国饭店市场上本土较大的饭店集团，绝大多数还都是资本纽带加专业化管理并举的集团，集团既是业主又是经营者，拥有管理、品牌和资产的所有权。

3. 以管理和品牌输出为主的饭店集团

这类集团不一定持有饭店资产，只输出管理，其所拥有的品牌多为知名的、成熟的管理品牌，这是完全用“知本”赚钱的饭店集团。在著名国际饭店集团中，圣达特饭店集团是一家典型的品牌输出的饭店集团，其100%的饭店都是特许经营饭店。而万豪饭店集团、希尔顿饭店集团则主要是以管理输出为主。

4. 以业务为纽带的饭店集团

这类饭店集团就是饭店联盟，是一种由加入该联盟的独立饭店构成的松散的饭店联合体。饭店联盟是以市场的一些共同性特征为基础，以共同的关注点为主要纽带。在著名国际饭店集团中，最佳西方饭店集团属于一种契约式的饭店联盟，即在保持各自独立性的前提下，通过契约关系而建立的以资源共享为基础的松散型组织。

（四）国际饭店集团发展历程

饭店集团这一舶来之物诞生于20世纪40年代的欧美国家，至今已有60多年的发展历史了。而中国饭店集团则在20世纪80年代后期才萌芽。所以，对国际饭店发展轨迹的总结和归纳也许能给正在发展成长的中国饭店集团有一定的启示和经验借鉴。纵观国际饭店集团的发展历程，主要经历了以下三个重要的发展阶段。

1. 区域发展阶段(20世纪40—50年代)

"二次大战"之后，伴随着欧美等国出现的相对持续的和平、稳定、繁荣、发展历史机遇和5天工作制、高速公路以及私家汽车的日趋普及，局限在某一国家及其周边地区的休闲度假旅游或商务公务旅游对制度化、规范化和标准化管理的连锁饭店产生了强烈的市场需求。1946年成立的"洲际饭店"(Inter-Continental)、1949年成立的"希尔顿国际集团"(Hilton International)、1950年成立的"地中海俱乐部集团"(Club Med)和1952年成立的"假日饭店集团"(Holiday Inn)等现代饭店集团都是这一时代的必然产物。市场需求和利益的牵引最终使一大批现代饭店集团应运而生并脱颖而出。

2. 洲际发展阶段(20世纪60—70年代之间)

20世纪60年代，各国的民航业都先后进入辉煌发展的鼎盛阶段。伴随着波音707的问世(1958年)和波音747的大批量投用(1969年)，世界各国的民航业在20世纪60—70年代都取得了长足的发展。以"波音"与"协和"为代表的高速度、大容量、远距离、低价位的喷气式飞机逐步取代了涡轮机，从而使飞机出行逐渐成为大众休闲度假和商务旅游的首选，在欧美国家逐渐普及的带薪年假制度又进一步催生了跨国旅游和跨洋度假的大众旅游消费市场。为满足国际旅游市场的需求，使本国出境游客在异国他乡同样能感受到"家外之家"的温馨、安全与舒适，众多的欧美饭店集团纷纷联姻航空公司，并先后走出国门到本国出境游客流量较大的外国旅游目的地或中心门户城市接管或开设饭店。这些国际饭店集团发展到20世纪70年代末基本完成了对全球饭店市场(除了社会主义国家之外)的瓜分。

3. 整合发展阶段(20世纪80年代至今)

随着20世纪后期，社会主义国家政治改革和经济开放，以及信息技术和网络平台在各国饭店经营管理业务中的日益普及，那些兼具规模经济和范围经济效益的欧美饭店管理集团在基本完成了全球饭店市场的瓜分之后又呈现出了整合发展的趋势，即饭店集团的扩张模式逐渐从单一饭店接管向管理公司或饭店集团之间的兼并、收购与联盟转型。从1981年大都会兼并洲际饭店集团开始，这种趋势一直延续到今天。通过重新整合，在全世界范围内出现了一大批横跨国界、纵跨行业、品牌多元、管理统一的超级饭店集团，如英国的洲际集团、美国的万豪集团和法国的雅高集团。

二、集团管理成因

饭店集团的出现，是饭店作为一种特殊的企业经营形式发展到成熟的一种组织形式。

（一）集团管理理论基础

任何管理实践均以一定的理论为指导。饭店集团管理的产生与发展，主要以以下几种理论为基础。

1. 企业边界理论[①]

企业边界的设定是学者和实践者都非常关注的话题。奥利姆·威廉森（Oliver Williamson）因对企业边界经济管理的分析而获得2009年度诺贝尔经济学奖。明确的企业边界是企业结构的基本特征之一，是一个非常重要的管理概念。简而言之，企业边界是指企业以其核心能力为基础，在与市场的相互作用过程中形成的经营范围和经营规模，其决定因素是经营效率。边界的存在，体现了企业的独立性，区隔了企业组织与外部环境。现如今的企业存在于多种竞争力量构成的市场环境中，各类竞争主体间的相互作用使得外部环境极不稳定。而企业边界的设定则降低了对外部不可控力量的依赖，而强调对可控的内部运作如实施命令、激励和监督，直接控制组织成员的行为。

企业都有边界，企业与企业以外的主体进行交易就形成了市场交易，同时产生交易费用和税收。而企业内部的交易则费用最低，因为它避免了税收和交易成本。并且，企业的边界决定了企业的经营范围和规模。具体而言，企业的纵向边界反映了企业的经营范围，哪些经营活动是由企业自身完成，哪些经营活动是需要依赖市场不可控力量。企业的横向边界则决定了企业规模。企业边界理论对实际的企业管理决策产生了积极影响，尤其是在市场进入、联盟等涉及企业边界变化的策略选择上提供了理论指导。当企业边界扩展到新的市场领域时，如果企业现有能力无法在新市场发挥作用，最好的方式是并购，获取新的知识与资源，产生适应新市场的能力，实现企业在纵向或者横向边界的延展。与此同时，企业边界的改变也可以通过联盟实现，从而实现规模经济的效用，共担成本，减少企业风险，并获取新技术和互补性技能等。

2. 规模经济理论[②]

规模经济理论是经济学的基本理论之一，也是现代企业理论研究的重要范畴。规模经济理论是指在一特定时期内，企业产品绝对量增加时，其单位成本下降，即扩大经营规模可以降低平均成本，从而提高利润水平。从经济学说的角度看，亚当·斯密是规模经济理论的创始人。亚当·斯密在《国民财富的性质和原因的研究》（简称《国富论》）中指出："劳动生产上最大的增进，以及运用劳动时所表现的更大的熟练、技巧和判断力，似乎都是分工的结果。"由于劳动分工的基础是一定规模的批量生产，因此，斯密的理论可以说是规模经济的一种古典解释。

真正意义的规模经济理论起源于美国，它揭示的是大批量生产的经济性规模。典型代表人物有阿尔弗雷德·马歇尔（Alfred Marshall）、张伯伦（E. H. Chamberin）、罗宾逊（Joan Robinson）和贝恩（J. S. Bain）等。在前人的基础上，新古典经济学的开创者马歇尔在《经济学原理》一书中提出："大规模生产的利益在工业上表现得最为清楚。大工厂的利益在于：专门机构的使用与改革、采购与销售、专门技术和经营管理工作的进一步划

① 陈炳亮．不同学派的企业边界理论评析与研究展望[J]．社会科学，2011年第10期。

② 李鹏．规模经济的制度分析[D]．厦门：厦门大学，2003.

分。"其对规模经济的研究放弃了分工理论,采用边际分析的方法;并从企业的角度将规模经济的多种形态归结为两个方面:内在原因和外在原因。这也对应了规模经济形成的两种途径,即依赖于个别企业对资源的充分有效利用、组织和经营效率的提高而形成的"内部规模经济"和依赖于多个企业之间因合理的分工与联合、合理的地区布局等所形成的"外部规模经济"。他进一步研究了规模经济报酬的变化规律,即随着生产规模的不断扩大,规模报酬将依次经过规模报酬递增、规模报酬不变和规模报酬递减三个阶段。

此外,马歇尔还发现了由"大规模"而带来的垄断问题,以及垄断对市场价格机制的破坏作用。规模经济与市场垄断之间的矛盾就是著名的"马歇尔冲突"(Marshall's dilemma)。他说明企业规模不能无节制地扩大,否则所形成的垄断组织将使市场失去"完全竞争"的活力。之后,英国经济学家罗宾逊和美国经济学家张伯伦针对"马歇尔冲突"提出了垄断竞争的理论主张,使传统规模经济理论得到补充。

在西方经济学中,规模经济主要用来研究企业经济。但是作为生产力经济学的重要范畴,规模经济的含义更为广泛,包括从宏观到微观的能获得经济效益的各个层次的经济规模。现代化消费者的个性化与多样化需求,为规模经济赋予了新的含义。通过产品的系列化和高度完整的标准化,实行"多品种、少批量、大量生产体制",使得规模经济依然深刻地影响着企业的生产经营和发展。企业根据生产力因素变化的要求,以最佳的经济效益为目标,自觉地决定和控制生产规模。

3. 协同效用理论

协同效应是指并购后企业竞争力增强,合并后公司业绩比两个公司独立时的预期业绩高。20 世纪 60 年代美国战略管理学家伊戈尔·安索夫(H. Igor Ansoff)首次向公司经理们提出了协同战略的理念。他将协同的理念引入企业管理领域,认为协同就是企业通过识别自身能力与机遇的匹配关系来成功拓展新的事业,协同战略可以像纽带一样把公司多元化的业务联结起来,即企业通过寻求合理的销售、运营、投资与管理战略安排,可以有效配置生产要素、业务单元与环境条件,实现一种类似报酬递增的协同效应,从而使公司得以更充分地利用现有优势,并开拓新的发展空间。协同理论成为企业采取多元化战略的理论基础和重要依据。

在《公司战略》[①]一书中,安索夫把协同作为企业战略的四要素之一,分析了基于协同理念的战略如何可以像纽带一样把企业多元化的业务有机联系起来,从而使企业可以更有效地利用现有的资源和优势开拓新的发展空间。多元化战略的协同效应主要表现为:通过人力、设备、资金、知识、技能、关系、品牌等资源的共享来降低成本、分散市场风险以及实现规模效益。在安索夫战略收益率的基础上,国内外协同效应的理论研究者分析了价值链协同效应以及无形资源的协调效应。协同效应理论经过多年的发展,已经成为集团公司在制定多元化战略、策划并购重组行动时所依据的一个最为重要的基本原则。哈佛大学教授莫斯·坎特(R. Moss Kanter)甚至指出:多元化公司存在的唯一理由就是获

---

① Ansoff I H. Corporate Strategy: an analytic approach to business policy for growth and expansion. New York: McGraw Hill,1965. 转引自:肖振红《基于协同效应的并购目标企业选择研究》哈尔滨工业大学管理学博士学位论文,2007.

取协同效应。[①]

从国际性投资银行的并购管理实践来看，协同效应的实现主要基于三个来源：节约成本、强化收入以及节约资本支出，在三者中，成本节约是最为常见和考虑的来源。协同效应的实现需要从三个角度来分析：资源角度、竞争角度以及整合角度。从资源角度，协同效应的实现要求并购者能够识别目标公司战略、流程、资源中的独特价值，并能够维持和管理好这种价值。与此同时，并购者自身的资源和能力在并购过程中不会被损害，其竞争优势能维持到整合后。并购者与目标公司各自拥有的资源和能力在整合以后能够创造出超出原来两个公司的竞争优势。从竞争角度，协同效应的实现依赖于整合后的并购者能够在共同拥有的市场削弱或压制竞争对手，或抢夺竞争对手的市场。除去上述的资源保证以及防止竞争对手之外，同时还需要有效控制整合过程。因此，有效地并购整合不但需要了解如客户、业绩等市场化要素，更需要了解文化与历史以及远景和使命。作为企业文化的核心，远景和使命是企业信仰系统的灵魂，是凝聚优秀员工、留住有价值客户的重要基础。而并购只是一种实现公司愿景、达成公司使命的一个手段。因此，只有审慎的规划，科学的选择，方能改变和规避风险，增加成功的可能性，最终实现协同效益。

（二）集团管理外部条件

饭店集团是饭店业发展到一定阶段的产物，饭店集团化管理需要一定的客观基础。这主要体现在以下几个方面。

1. 市场机制与市场体系

完善的市场机制和市场体系是饭店集团有效运行的客观条件。饭店集团有效运行，要求有较高发育程度的市场，要求建立统一、开放、竞争有序的市场体系。市场体系包括商品市场和要素市场。商品市场包括消费品市场和生产资料市场。要素市场包括资本市场、劳动力市场、房地产市场、技术市场、信息市场等。

2. 宏观管理体制

饭店集团有效运行，还要求有配套的宏观经济政策与相应的宏观体制，包括宏观调控主体、宏观调控体系和各种管理制度。经济运行固然应以市场为主导，充分发挥市场机制，但是，市场配置资源不是万能的，市场调节也有盲目性的一面，因而在社会主义条件下，有必要加强宏观调控。有调控的市场比无序的市场更加规范，更加有利于公平竞争。

3. 社会环境

这里主要指社会保障体系的建设与社会化服务体系的建设。饭店集团的有效运行需要良好的社会保障与服务体系。

4. 法律环境

饭店集团有效运行需要完善的法制环境，如产权制度、兼并收购、市场竞争等方面的法律法规。

（三）集团管理内部动力

从内部动因来看，饭店集团化运作与单体饭店运作相比，具有以下明显优势。

---

① Kanter R M. Change is everyone's job: management the extended enterprise in a globally connected world [J]. Organization Dynamics, 1999, 28(1).

1. 规模经济效应

规模经济即随着产量增加平均成本不断降低而取得的效益。饭店集团的规模经营，一方面通过分摊广告、促销等营销费用，降低成员饭店的营销费用；另一方面通过整体采供体系，必然提高与饭店供应商的讨价还价能力。此外，它的规模经营也会降低企业在筹资贷款时同各个金融机构的信息和交易成本。

2. 范围经济效应

范围经济是指企业进行多角化经营、拥有多个市场或产品时，联合经营要比单独经营获得更多的收益。饭店集团通过品牌延伸、产品线延伸及多角化经营，来实现范围经济，分散企业风险。

3. 经验曲线效应

经验曲线即当企业长期经营某一产品或市场时，多年累积起来的作业经验能使生产作业及业务处理速度加快，从而使产品的单位平均成本趋于下降。饭店集团通过长期运作经验的积累，形成了相对稳定的、可复制的运营模式与服务标准。这既可以避免因为专业而带来的学习成本，也能有效降低饭店建设与经营过程中的管理成本。

4. 市场网络效应

饭店集团自己的订房系统或强大的营销战略合作伙伴，以及在全球范围的宣传推销活动，对成员饭店客源市场开拓提供了良好保证。同时，横向一体化经营为成员饭店带来内部客源市场，扩大了成员饭店的市场规模。

三、集团管理趋势

在不同的社会制度和经济环境的影响下，饭店集团管理呈现不同的发展态势。目前，饭店集团管理趋势主要表现为以下几个。

（一）寡头垄断化

饭店业经过半个多世纪的发展，市场的竞争态势基本上已经演变成饭店集团之间的竞争。随着饭店集团的国际化程度的不断提升，饭店的规模越来越大。可以预见：随着饭店集团的多种方式扩张，饭店集团的规模越来越大，数家巨型饭店集团将拥有更大的市场占有率，并且这些集团的行动和决策将对整个饭店市场的发展起重大作用，市场结构日趋寡头垄断化。例如，2015 年 12 月，饭店业界最为轰动的消息之一是万豪国际收购喜达屋集团，意欲打造全球最大的酒店运营商。在此之前，万豪国际集团作为一家跨国酒店管理公司，其业务已经遍布全球 80 多个地区，管理逾 4 000 家酒店，共 69 万间客房，拥有 15 万员工。万豪国际与喜达屋合并之后所形成的新集团，将拥有 30 个酒店品牌，管理全球 5 500 家酒店，客房数将达到 110 万间。可以预见，该集团在很长一段时间内将成为饭店行业的龙头老大。

（二）“知本”扩张

随着饭店市场化的进一步提升，未来饭店集团化将成为企业发展的主要方式之一。饭店集团早期的扩张方式主要表现为自建饭店，收购、兼并饭店，参股等形式，是一种重资产经营模式。而现在，以“知本”为核心的管理合同与特许经营成了饭店集团扩张的主要途径，即饭店集团将主要朝着轻资产经营模式方向发展。比如 2011 年 9 月，锦江之星与菲律宾的上好佳(国际)正式签约，以品牌输出的方式跨出国门，通过品牌授权经营使锦江之星品牌正式落户菲律宾，成为中国经济型酒店品牌正式走向海外的第一例。此后，锦江在韩国、法国、印尼等地，不断向外输出品牌。轻资产经营模式，以智力资本为其管理核心，是一种以价值为驱动的资本战略，是网络时代与知识经济时代企业战略的新结构。其基本特点是：资产规模倾向于小；资产质量倾向于精；资产投入倾向于少；资产价值静态或分散时少，而动态或整合时大。所以，从重资产经营模式向轻资产经营模式转型，就可以用较少的资产尤其是有限的自有资产，获得更大的经营业绩。同时，通过轻资产公司的有效运作，实现上市，这是未来饭店集团发展的又一基本方向。

（三）多品牌战略

品牌作为一种无形的资产，其重要性已为越来越多的饭店集团所重视，尤其是大型的跨国饭店集团。在品牌结构方面，国际知名饭店集团为了全面占领市场，大都采用多品牌发展战略，面对来自本土品牌的挑战，国际品牌饭店集团不断丰富品牌谱系。一方面，可以加速集团的发展，同时又能够尽量降低企业整体风险。简而言之，饭店集团进一步拓展不同的饭店业务，并在不同的细分市场使用完全不同的品牌名称，即多个品牌战略。比如，国际知名饭店集团万豪国际酒店集团旗下就有 21 个品牌。中国著名的饭店集团铂涛酒店集团也拥有多个不同的品牌：7 天连锁酒店(经济型连锁酒店，目前全国在营分店超过 1800 家)、丽枫酒店(以天然香气和舒适睡眠为主打的中高端酒店)、喆·啡酒店(全国首个以咖啡文化为主题的欧式装修风格的跨界中高端酒店)、潮漫酒店(以时尚和智能为主打的中高端酒店)、铂涛菲诺(高标准五星级或超五星级酒店)以及希岸酒店(女性综合旅居体验的跨界酒店)。

（四）多元化经营

通过多元化经营，实现范围经济效益，是未来饭店集团发展的另一趋势。多元化经营可以有机组合投资效益，分散经营风险，提高盈利能力。为了能在激烈的竞争环境下保持市场竞争力，越来越多的饭店集团通过多元化经营，希冀实现以下目标：规避集团的经营风险，通过多项目运作实现收益的稳定增长，充分挖掘集团内部资源潜力，实现企业规模经济与范围经济，以及把握市场出现的新机会等。例如，2011 年，中国著名饭店集团海航集团入股西班牙酒店集团，同时还在零售业疯狂扩张；2010 年，海航商业以 9 亿元左右价格收购了上海第四大超市家得利 100%股权；2011 年，海航商业宣布收购乐万家控股权及湖南家润多超市约 80%股权；2012 年，海航完成对凯撒旅游的收购，正式成为凯撒旅游的战略投资者。

（五）二次集团化

二次集团化即饭店集团之间的兼并收购和饭店集团与其他相关企业集团之间的强强联合。在此基础上产生的超级饭店集团将具有国界淡漠化、行业互补化、规模全球化、品牌交叉化、经营多元化和商务网络化等特征。2015 年年初，锦江集团成功收购欧洲第二大酒店公司法国卢浮酒店集团(Louvre Hotels Group)100%股权。2015 年 9 月 18 日下午，锦江国际与铂涛集团正式签订战略合作协议，锦江国际旗下上市公司锦江股份同时公布《重大资产购买报告书(草案)》。根据协议,锦江股份将作为投资主体,战略投资铂涛集团81%股权,本次交易标的公司价值超过100亿元人民币。这也标志着国内饭店业积淀最深的锦江国际集团将携手铂涛集团,一跃成为首家跻身全球前五的中国饭店集团。又比如2015年12月7日,首旅酒店发布公告,公司拟通过重大现金及发行股份购买资产方式,直接及间接持有如家酒店集团100%股权,交易金额合计约110.5亿元,同时拟采用询价发行方式非公开发行股份募集配套资金,总金额不超过38.74亿元。至此,首旅酒店集团为完成本次交易,包括配套募集资金在内涉交易金额总规模逾近150亿元人民币。首旅酒店表示,此次交易完成后,如家酒店集团将从美国纳斯达克市场退市,并正式回归A股;同时公司将形成覆盖全系列的酒店业务,活跃用户人数及会员数大幅增加,影响力将覆盖至全国,并进一步增强酒店主业的规模与实力,丰富旗下酒店品牌种类和数量,扩大现有市场份额,完善产业布局等。另外,近年来,以联合体或合伙形式进行的战略联盟也越来越得到理论界和企业界的关注。横向的、纵向的,甚至是非关联的旅游企业之间缔结战略联盟在国际旅游市场上也成为了一种新的竞争态势,在某种程度上改变了旅游市场的竞争格局。目前,市场上战略联盟的形式多样。比如说,饭店公司之间所建立的市场营销和预定系统,以获得一定地区的市场份额;又或通过银行联合使用信用卡进行分销和交叉营销。

第二节　饭店集团发展路径

饭店集团发展的基本路径是连锁经营。它是指经营同类商品或服务的若干个企业,以一定形式组成一个联合体,在整体规划下进行专业化分工,并实施集中化管理,从而实现规模效益的一种商业组织形式和经营制度。

一、直接经营方式

(一) 直接经营的特征

直接经营也可称为直营连锁,是指集团直接管理各饭店的经营形态。这种方式的主要特征表现在:

(1) 所有权统一,即所属饭店是单一所有者,归一个饭店公司,一个联合组织。

(2) 经营权统一,即由总部集中领导、统一管理;实行统一核算制度。

(3) 标准统一,即所属饭店实行标准化经营管理。

(二) 直接经营的途径

饭店直接经营方式的形成途径,主要有以下四种。

1. 自建饭店

自建饭店即饭店集团利用自有资金或通过融资,自行投资建造饭店。该方式的优点为完全可以按照饭店集团的要求设计与建造,并拥有完全的经营管理权。缺点是建设周期长,扩展速度慢。因为自建饭店容易受到资本以及特定地区的限定性政策制约,从而影响扩张战略的实施速度与效率。采取这种方式进行投资时,一个非常重要的考虑因素是政治经济局面的长期稳定。目前,市场上自建饭店的往往是精致化程度比较高的饭店,通过自有经营的形式提升品牌的价值。

2. 合资饭店

合资饭店即两个或两个以上不同国家或地区的投资者共同投资建成的具有法人地位的饭店。该方式具有一定的优势：一是合作双方可以共同分担开发成本和风险，分享股权和利益；二是合作方对其国家的政治、经济、文化环境等颇为熟悉，有利于饭店的经营管理。另外，对于一些设置贸易障碍的国家来说，采取合资饭店是唯一可行的市场进入方式。

3. 收购兼并

收购兼并即饭店集团收购、兼并现有的饭店。购并方式不仅能使饭店集团规模迅速得以壮大，并且对饭店的战略布局、业务优化具有重要作用。通过战略性收购兼并，可以在短时间内形成一定的品牌优势和规模效应，迅速进入某些区域市场。当然，购并饭店有时可能与饭店集团的硬件要求会有一定距离，需要投入一定的改造费用；同时，文化冲突、员工管理也需特别注意。并购包括横向并购和纵向并购与联合两种方式。其中横向并购是指在饭店及其替代品之间实现跨地区、跨所有制或同地区酒店之间的并购，可以实现规模经营，增强饭店集团的市场竞争力。与此相对应，横向并购可以提高市场集中度、规范市场秩序、实现规模经济，并为饭店的所有者退出产业提供了一个机制，有利于资源的优化组合。而纵向并购与联合则是优势企业顺着产品线，向上向下和与自己产品或服务有直接关系的企业结成联盟，形成纵向生产服务的一体化，有助于相互沟通与融合，加强各个环节的相互配合，提高工作效率与服务质量，节约各相关环节的费用，提升经济效益。

4. 租赁经营

租赁经营即饭店集团通过签订租约、交纳固定租金形式，租赁业主的饭店，然后由饭店集团作为法人，对饭店拥有直接的经营管理权，独自承担经营风险。与前几种途径相比，租赁经营形式可使饭店集团节省巨额的固定资产投资，有利于饭店集团规模的迅速扩大。但是，它无法享有由于经济发展而带来物业升值的利益。采取租赁形式的公司在相当长的一段时间需要承担财务责任和对所租赁物业的控制，在饭店集团中通常作为全资饭店的变形，并且在酒店统计中往往单独列为一栏统计。对于这种经营方式，饭店位置是最重要的考量因素。同时，采取租赁形式需要向业主做出长期的租赁承诺，因此必须综合考虑选址、盈利能力以及租赁地区稳定性。

（三）直接经营的利弊与选择

直接经营的优点主要在于：一是便于饭店管理模式的高度复制；二是易于实现规模经济效应；三是利于企业的稳定发展；四是便于塑造品牌与企业形象。而直接经营的弊端主要在于：一是所属饭店自主权较小，影响其活力；二是自有资本较大，制约企业快速发展；三是管理系统庞杂，管理成本较高；四是资本占用集中，存在较大财务风险。

一般来说，饭店集团在连锁经营初期，应选择直接经营方式。因为一方面饭店集团缺乏成熟的管理模式；另一方面也缺乏足够的品牌影响力。采用直接经营，便于建立与复制运营模式，创造自己的品牌。但如果想把连锁经营规模做大，则一般需选择其他连锁经营方式。

二、委托管理方式

（一）委托管理概述

1. 委托管理的特征

委托管理又称管理合同，是饭店管理公司通过与饭店业主签署管理合同来取得管理权的扩张方式。其有三个基本要点。

（1）两权分离，即饭店所有权与经营权的相对分离。

（2）委托代理，即业主雇佣管理公司作为自己的代理人，承担经营管理职责，业主享有饭店的经营业绩，支付所有的经营费用并承担可能的财务风险。

（3）智力资本输出，即管理方通过输出管理模式、专业技术与管理人才等方式管理饭店，并取得一定比例的管理费与相关费用。

2. 委托管理的优点

委托管理方式，对于管理方来说，可以承担较少的资本投入及风险，迅速扩张其规模；对于业主来说，则可以避免经验成本，并共享集团资源。

3. 委托管理的弊端

委托管理方式，对于管理方来说，存在形象与品牌管理风险；对于业主来说，则存在经营与财务风险。如果业主选择了错误的委托方，不仅会带来过量的成本，且由于委托方一般不承担饭店的财务风险，从而使得受委托方不能提供运营成功的保证。并且，委托管理费用和坚持品牌的标准会带来巨大的经济成本。

（二）委托管理关键环节

开展委托管理业务的前提是，管理方必须具有著名的品牌、科学的运营模式、必要的营销网络和足够的职业化饭店经理人。作为饭店集团在实施委托管理扩张路径时，须特别注意以下三个关键环节。

1. 项目选择

饭店管理公司在选择托管项目时，必须注重以下几点。

（1）机会成本，即做一个选择后所丧失的不做该选择而可能获得的最大利益。由于资源的有限性，饭店管理公司选择了这个项目就意味着失去了另一个项目的机会。所以，必须谨慎选择。

（2）经济考量，即必须对饭店项目的经营环境与饭店盈利能力进行系统分析。

（3）相互匹配，即必须注意选择合适的业主作为合作伙伴，同时注意饭店性质、规模与档次等的匹配。

2. 项目谈判

项目谈判的核心是管理合同。饭店管理合同应该是以公司法为基础、以合同法为依据的委托方与受托方之间的权利义务关系的综合平衡。饭店委托管理项目合同一般包括合作意向书、饭店管理合同、技术服务合同、品牌许可合同、集团服务合同、顾问合同、开业前服务合同及开业前购买合同。在上述合同框架体系中，意向书、饭店管理合同、技术服务合同是所有饭店管理集团合同体系中均包括的基本文件。而其他合同如品牌特许合同、集团服务合同、开业前服务合同等，有些饭店集团则会将其内容放在管理合同及技术服务合同中约定，而不单独签订合同。除意向书外，其他的项目合同均为关联合同，某一合同（特别是管理合同）的终止会导致其他关联合同的终止。[①]

一般来说，管理合同谈判应该特别注意委托代理可能存在的三个问题：一是管理目标不一致问题，即由于管理方与业主往往代表着不同利益，导致饭店管理思路上的差异；二是道德风险的问题；三是代理成本问题。

要有效避免这些问题，关键应做到以下几点：一是必须强化法制意识，掌握合同签订的法律知识；二是尽量保证信息对称；三是建立有效的激励与约束机制；四是坚持诚信原则，并相互信任与支持。

3. 项目支持

为保证托管项目达到理想效果，公司除了提供管理运营模式外，还需选派数量恰当、素质匹配的管理人员，制定科学合理的经营管理方案，并加强与业主方的有效沟通。与此同时，公司还需在市场营销、物资采供等方面给予必要的支持。

当然，托管项目能否成功，业主方的理性选择、配合支持与有效监督也非常重要。

（三）管理费收取

管理费按照管理公司提供的服务来计算，主要有以下四种。

（1）管理费。有协商的固定费用，其收取方式不一而足，有按营业额比例计算，也有按经营利润或净利润比例计算，也有采取混合式方式计算。

（2）系统使用费。管理方通常向业主收取有关经营系统如市场营销、广告、销售、财务、培训、采办、预订等费用。

（3）技术支持费。管理方通常要求业主对其在设计和规划方面的服务支付技术支持费。

（4）开业管理费。由业主支付给管理方在开业筹划、制定开业预算、督导开业活动包括招聘、培训、运营系统确立、饭店促销、筹办物品及以业主名义进行租赁谈判等方面的费用。

三、特许经营方式

（一）特许经营概述

1. 特许经营的基本含义

特许经营就是饭店集团将自己所拥有的品牌、经营模式等以特许经营合同的形式授予被特许者使用，并向被特许者收取相应费用。特许经营的实质是一种知识产权的转让。其主要特征是：第一，特许经营是特许人和受许人之间的契约关系；第二，特许人允许受许人使用自己的品牌、经营模式等知识产权；第三，受许人需向特许人支付费用；第四，受许人在特许方监督与指导下自主经营，在产权和财务上保持独立。

2. 特许经营的基本类型

（1）根据特许者对被特许者的控制程度，可划分为产品特许经营、商标特许经营和经

① 王丽华，孙铤哲．饭店管理合同[M]．北京：旅游教育出版社，2009.

营模式特许经营。饭店业中最常用的是经营模式特许经营。特许者提供品牌及业务经营中必须遵循的标准与方法，提供组织及技术方面的帮助，从而确保业务有效运行。

(2) 根据被特许者扩大其经营的权利，可分为单一特许经营，即一个被特许者只经营一个企业；多单位特许经营，即特许方给予被特许者在某一个地区发展饭店的权利；总体特许经营，即特许方给予被特许者再次进行特许经营的权利。

3. 特许经营的利弊与选择

特许经营扩张方式对于特许方来说，其优点为：一是投资成本低，扩张迅速；二是迅速提升公司品牌影响力；三是能够获取长期的经济收益，并且经济收入的安全系数较高。但是，特许经营由于对成员饭店缺乏直接经营管理权，服务质量可能失去控制，存在品牌危机风险。而对于受许人来说，则存在增加财务负担的风险。

一般来说，特许经营比较适合标准化程度较高的饭店类型，如中、低档的有限服务饭店。而对于高星级的商务与度假饭店，饭店集团的品牌风险相对会比较大。

（二）特许经营费用

根据费用的性质，特许经营费用可分为以下三类。[①]

1. 特许经营初始费

特许经营初始费即加盟金，是特许人将特许经营权授予受许人时所收取的一次性费用。它体现了特许人所拥有的品牌、专利、经营技术诀窍、经营模式、商誉等无形资产的价值。加盟金主要由特许人的前期支持成本、特许人的期望利润以及加盟金调节系数等因素决定。

按照我国现行税法的规定，特许人收取的加盟金，应列入"其他业务收入"，不能列入"营业外收入"。同时，因为特许人企业一次性收取的加盟金属于转让无形资产取得的收入，所以加盟金应同时缴纳营业税和企业所得税。

加盟金是受许人进入特许人特许经营体系的门槛费，即使受许人悔约，此费用也不予退还。一个特许经营加盟期限仅需交纳一次加盟金，特许经营合同到期后，如果双方续签，那么受许人需要再为下一个特许经营期限交纳一次加盟金。

2. 特许经营持续费

特许经营的持续费指的是在特许经营合同的持续期间，受许人需要持续地向特许人交纳的费用。它主要包括以下两类。

(1) 特许权使用费，指的是受许人在经营过程中按一定的标准或比例向特许人定期或不定期支付的费用。它是特许人在受许人的经营活动中所拥有的权益。

(2) 市场推广及广告基金，指由特许人按受许人营业额或利润等的一定比例或某固定值而向受许人(加盟商)定期或不定期收取的费用所组成的基金。该基金主要用于特许经营体系(包括特许人和受许人)的市场推广和对外广告宣传方面，但一般不能用于特许人的招募加盟商的广告或宣传。

3. 其他费用

(1) 履约保证金，即受许人签订合同后交纳给特许人的保证金，作为受许人保证遵守

---

① 李维华. 特许经营学[M]. 北京：中国发展出版社，2009.

所签合同条款的押金。特许人向受许人收取的这个费用主要用于在受许人不履行所签订的合同义务，比如不及时支付应向特许人支付的款项时的补偿。合同期满，加盟商未有违约现象，保证金如数退还加盟商。退还保证金一般不计利息。

(2) 品牌押金又称品牌保证金，即加盟商在签署特许经营合同的同时向盟主缴纳的费用，用于约束加盟商在特许经营关系持续期间不发生有损特许经营体系品牌的行为。合同期满，未有违约情况，押金如数退还加盟商。退还保证金一般不计利息。

(3) 培训费，指的是特许人对受许人进行培训时需要收取的费用。

(4) 特许经营转让费，指的是在特许经营合同未到期时，如果受许人欲放弃该特许经营并将其转让出去，需要交纳给特许人的费用。

(5) 设备、原料和产品费，指的是受许人向特许人支付的由特许人代为购买或提供的设备、原料和产品的费用。

（三）特许经营运作要求

特许经营是一个双向选择的过程，特许经营的出让方应选择合适的受让方来实现扩张的目的，同样受让方也应选择合适的出让方来借力发展，以实现站在巨人的肩膀上迅速成长。只有使特许经营的出让方获得比直接经营更有效的发展，同时使受让方获得比独立经营更多的利益时，特许经营才能得以持续发展。

对于特许方来说，著名的品牌和科学的管理模式，是特许经营能否成功的关键要素。当然，理想的客源网络也是单体饭店选择特许经营方式的主要因素。尽管特许经营方式下，受许饭店保留独立经营管理权，但是为了维护品牌形象，特许方必须加强对受许饭店的指导、支持与监督。

对于受许方来说，理性选择与自己饭店相应匹配的品牌、合理的回报企求、对特许方业务体系的有效执行及自身良好的经营管理能力，则是保证特许经营取得良好效益的关键。

第三节　饭店集团管控体系

集团化管理的核心是确立集团管理总部与下属公司的责权分工，通过对管理总部的功能定位和职能共享来推动集团业务战略的实施。所以，饭店集团化管理，就必须构建科学的管控体系。

一、集团组织结构

任何组织都有许多要素、部分以及成员按照一定的连接方式组合而成，形成一个整体。一个组织当中，除了有形的物质要素之外，还需要纵向以及横向的沟通与分工协作，各部分构成的整体才能维持相对较为稳定和持续的关系。组织结构是组织在运行过程中涉及的目标、任务、权力以及相互关系的系统。

（一）集团组织结构的类型①

集团组织结构是集团总部与下属业务单元之间的联系方式、总部与下属单位的部门设置、各部门的责权利、各部门以及岗位的权责利等形成的结构体系。

1. 直线职能制

直线职能制(unitary structure，U 型结构)是结合了企业组织中直线制和职能制的优点，根据专业分为若干职能部门和经营单位，总部直接对各职能机构和经营单位实施高度集权的垂直式领导和控制，如图 4-1 所示。

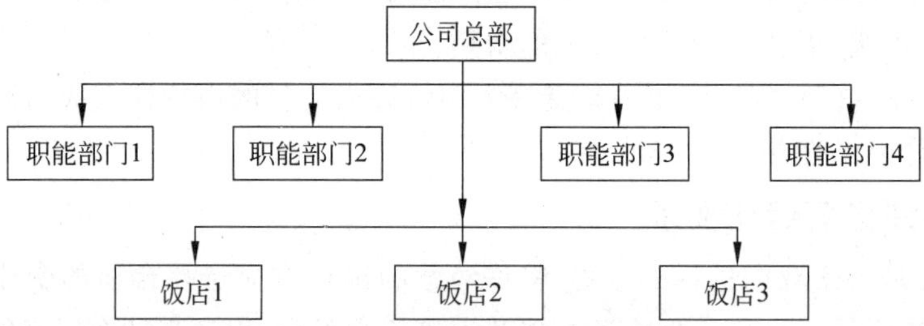

图 4-1 直线职能制组织结构

直线职能型组织结构有如下优点。

(1) 管理权力高度集中，有利于最高领导层对整个企业实施严格的控制。

(2) 按照职能部门划分，容易明确规定职责。

(3) 纵向部门之间的联系长期不变，使得整个组织系统具有较高的稳定性。

(4) 管理者在职能人员的协调下，能够对本部门进行高效管理，因此采用这种组织结构模式的企业集团能够适应日益复杂的企业管理工作。

直线职能型组织结构的缺点如下。

(1) 各职能部门自成体系，横向的职能部门之间的沟通没有受到重视，重复性工作多，工作效率低。

(2) 如授权职能直部门权力过大，容易干扰管理层的直线指挥命令。

(3) 职能部门缺乏弹性或者自主性，对环境的适应性与灵活度就会较低。

(4) 不利于培养素质全面、能够经营整个企业的高层管理人才。

一般来说，这种组织结构适用于创建初期的集团母公司，随着企业规模的日益扩大，会向其他组织结构过渡演变。

2. 控股制

控股制(holding structure，H 型结构)即控股公司结构，饭店集团可能拥有很多不相关联的产业单元，每个产业单元都是一个利润中心或投资中心。以母公司为基础，依托产权纽带控制若干个子公司，根据控制权的不同(绝对控股、相对控股或参股)对子公司进行灵活的管理控制，如图 4-2 所示。

控股型结构中母公司都是独立的企业法人，母公司总部是整个母子公司组织的管理

① 吴辉. 集团企业管理控制系统研究[M]. 北京：经济科学出版社，2011.

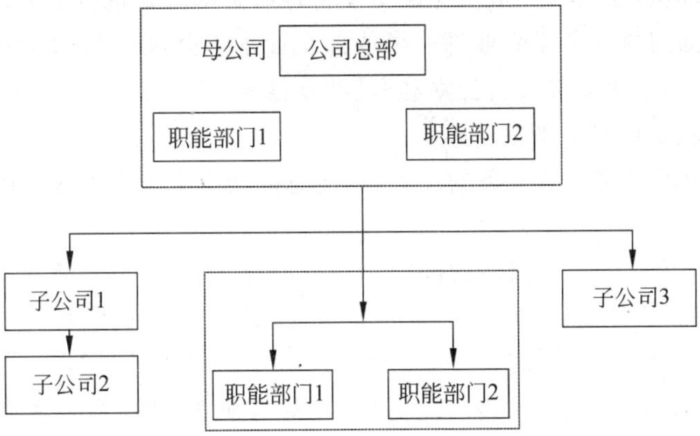

图 4-2　控股制组织结构

中枢，子公司根据母公司的战略部署和统一协调进行相对独立的运作，具有较高的独立性和自由度。

控股型结构是一种实现集团内部分权的组织形态，各子公司在母公司领导和协调下进行独立的经营，充分发挥了子公司的经营自主性，便于对整个母子公司体系的业务结构和组织结构进行灵活的调整，有利于分散企业集团的财产和经营风险。其缺点是组织结构较为松散，母公司的战略决策难以向各级子公司进行有效贯彻，实现对子公司的有效控制较难，管理成本较高。

控股型结构适用于从事多元化经营、规模较大的饭店集团，能够方便地通过资本运作手段扩展业务领域和扩大组织规模。

3. 事业部制

事业部制（multidivisional structure，M 型结构）是指按产品、市场、区域和用户等要素划分为若干事业部，在集中决策的基础上实现分权经营的一种组织形态。它结合了直线职能制和控股型结构的优点，实现集权与分权相结合，更强调整体效益，如图 4-3 所示。

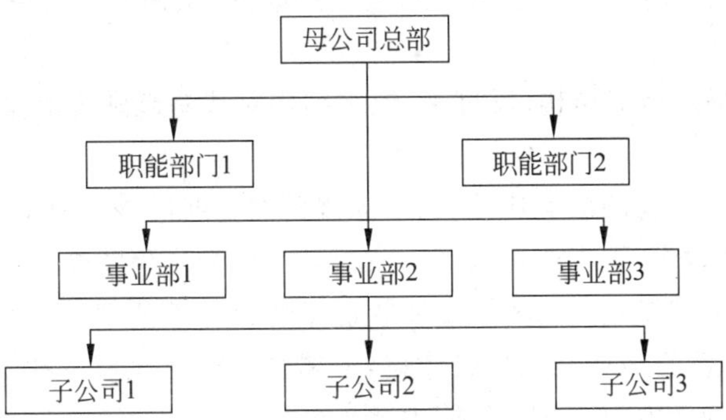

图 4-3　事业部组织结构

实施事业部组织结构，公司总部保留战略制定、人事安排、财务预算等重要事项的决策和管控权力，事业部一般无法人资格，是实现公司总体目标的基本经营单位，实行自主经营和独立核算。事业部直接接受公司总部管辖，同时承担投资中心、运营中心和利润中心的职责。事业部组织结构，一般按照取得支持性服务的方式进行划分，常见的为按照产品和区域或经营部门成立若干事业部。事业部全面承担某项产品、某一地区或者某个经营部门的全部业务，各事业部实行独立经营、独立核算。

事业部制的主要优点如下。

（1）减轻总部的日常行政事务的压力，以便总部能集中精力关注集团的政策、战略方针等重大决策。

（2）事业部作为一个承前启后的部门，具有较高的主动性与灵活性，在总公司战略方针的基础上，能够即时考虑市场与社会的动态，保证经营的稳定性与市场化运作的多元性。

（3）职能部门的经理需要独当一面，独立经营与独立核算，自负盈亏，如同对一个完整的企业进行经营管理。因此采用这种组织结构能够有效地培养和选拔全面管理人才，可提高组织的经营自主性和适应性；有利于培育专业管理人才，实现组织专业化生产。

事业部制的不足之处主要有如下几点。

（1）事业部都有一定的独立权力，如果总部的管理工作不到位，容易发生管理失控。

（2）有些事业部之间的交易行为难以模拟市场合约，导致内部转移定价难以协调。

（3）事业部需要更多的具有全面管理才能的人才。

（4）由于各事业部利益的独立性，容易滋生本位主义。

事业部制组织结构一般适用于规模庞大、品种繁多、技术复杂的大型饭店集团和跨国公司。

（二）集团组织结构的影响因素①

1. 公司战略

组织结构必须传承公司战略，公司的战略决定了组织结构形成与调整的基本框架。具体而言，组织结构与公司战略的关系主要体现在以下三个方面：

（1）不同的战略要求不同的业务活动，从而影响管理职务和部门的设计。

（2）战略重点的改变会引起组织工作重点的改变，从而导致各部门与职务在企业中重要程度的改变。

（3）战略结构决定组织结构，反过来，组织结构对战略起到传承作用。

2. 公司规模

公司规模对组织结构的影响比较大，不同规模的企业应该采取不同类型的组织结构。一般来说，公司规模越大，则专业化程度、分权程度、标准化程度要求均相对较高。对于一个规模较大的集团公司来说，一般应采用事业部制和母子公司制，而不应采用直线职能制。因为相比较而言，直线职能制比较僵化，下属公司缺乏足够的决定权和反应能力，从而会影响整个集团的活力与市场竞争能力。

3. 技术进步

在这里技术主要是指信息技术。面对日益激烈的国际竞争市场，应变速度与创新能

---

① 主要参考崔松主编《集团公司管控体系设计实务手册》（中国经济出版社，2014 年 7 月）一书的基本思想。

力已经成为企业能够杀出重围的关键因素，而应变速度与创新能力的提升需要有相对扁平化的组织结构。日新月异的信息技术为减少中间层级，扩大高层管理的幅度提供了有效的技术支撑。

4. 领导风格

影响组织结构设计的另一个重要因素是领导风格及其驾驭能力。简单而言，一个领导往往会选择自己能够更好控制的组织结构类型，尽量规避自己不擅长驾驭的组织结构类型。比如，一个精力充沛、事必躬亲的企业家，往往会倾向于选择直线职能制。

（三）组织结构设计艺术①

管理是一门科学，同时又是一门艺术。科学主要强调的是在遵循客观规律的基础上的基本管理规范；而艺术主要强调的是根据不同实际具体情况具体分析灵活管理技巧。所谓组织结构设计艺术，是指领导者在进行组织结构设计时所表现出来的高超技巧。不论饭店集团采用哪种组织结构形式，在设计中都要讲究设计艺术。

1. 整分合的艺术

统与分，是组织设计中的一个最基本的矛盾。没有分工的整体，只能是一种"混沌"状态，而分工若不科学，又可能变成"分割"，破坏组织的整体性。解决这对矛盾的有效方法是"整分合"的设计艺术。其内容包括以下几方面。

（1）在设计组织结构时，首先要把握组织的整体目标以及基本任务，这就是"整"的意思。

（2）在此基础上，按照实现组织整体目标和任务的要求，将组织的任务科学地分解为一个个组成部分、基本环节和要素，据此建立起各种承担这些具体任务的组织机构，并进行人员分工和资源（财、物）配置。这就是"分"的意思。

（3）在分工基础上再进行总体协调与综合，使各分工部门相互配合、通力协作，保证整体目标和任务的实现与完成。这就是"合"的意思。

运用这种艺术来设计机构，成功的关键是分工科学合理。要分中有合，合中有分，实现统与分的矛盾统一。

2. 系统封闭的艺术

任何一个组织的组织系统，不仅要与外部保持必要的联系即输出与输入，而且在组织系统内部也要形成一个封闭的回路；只有构成回路封闭的关系，方能形成相互制约、相互作用的力量，从而保证各分工结构按照科学的轨道行动，进而达到有效管理的目的。为此，饭店集团组织必须具有决策机构、执行机构、监督机构和反馈机构四类基本的管理机构。

3. 集权与分权的艺术②

在处理集权与分权关系上，企业集团应该采取一种介于单体联合企业和松散联合体之间的管理体制，以便在确保协同行动的前提下使各成员企业拥有相当的经营自主性。一般来说，应该在"有控制的分权"的总原则指导下，根据以下几个具体原则寻找企业集团

---

① 主要参考芮明杰主编的《管理学》（上海人民出版社，1999 年 9 月）教材中的基本思想。

② 王凤彬，赵民杰. 企业集团管控体系[M]. 北京：经济管理出版社，2012.

内部集权与分权的适度点。

(1) 以提高整个集团的市场竞争力为根本目标，着眼于塑造企业集团的内在凝聚力，而不能单纯地为了控制的目的而进行集权。也就是说，集权和控制应该服务于提高集团内在凝聚力和市场竞争力的需要。

(2) 集团内部的集分权程度与集团内的持股关系、文化力量和外部经营环境相适应。面临外部复杂多变经营环境的企业集团必须实行较大程度的分权，具有较强文化力量的企业集团也易于实行分权，这样便于在保持凝聚力的前提下更好地调动方方面面的经营积极性。

(3) 集团内部集分权程度的把握，还需要考虑集团发展的成熟程度和集团产业领域的关联度。企业集团在发展的初期，一般要通过强化集权和控制来促进集团整体规模和实力的提高，但当集团发展到一定阶段并在主要产业领域形成骨干企业以后，扩大分权就成为增强集团经营活力的客观需要。而且，企业集团经营的产业领域分布越广泛，彼此间的关联度越弱，那所需要的分权程度就越大。这也就是为什么比较成熟的企业集团会出现多个投资中心甚至多个核心企业的一大缘故。

4. 权变的艺术

由于一个组织的外部环境的变化是经常的、多种多样的，组织对外部环境是否适应，是看它的组织机构是否留有伸缩的余地。虽然组织本身还不能因此而频繁地调整，但能够依靠其自身职能的变化来适应外部环境的变化。不能以一个永恒不变的组织机构来应付一切外部环境的变化，特别是在组织环境发生重大变化时。如饭店集团发展与管理目标变化、策略变化和组织的战略发生转移时，单靠原来的组织结构已经不适应了，在这种情况下，就应对原有的组织机构做出相应调整，分解出新的组织机构。所以，高超的组织设计艺术必须是视“情势而定”，即因时、因地、因人、因环境等各种主客观条件来确定，这种艺术就是现代组织结构设计中的权变艺术。随着现代组织机构的发展，今天似乎已不重视职责的正式分工，因而产生了日益注意弹性的设计。这是因为组织结构有四种影响力量的函数。这四种影响力分别是最高领导者、员工、组织任务以及客观环境的影响力量，它们是彼此相互作用的因素，相互交织在一起，左右着组织结构设计，如果领导者考虑不到这些问题，或者对其判断发生失误，设计出来的组织结构就会不利于组织的生存和发展。

面对这些因素的影响，有时需要一种较为弹性的设计，如分权型设计；有时需要一种刚性设计，如集权型设计。某种设计方法在此种情况下可能适用，而在另一种情况下可能就不适应了。所以说，饭店组织机构的设计没有一种共同的、不变的模式，必须分析组织的各种内外因素，综合地、巧妙地运用一系列设计艺术，才能保证机构设计的科学性和有效性。

二、集团管控模式

集团管理控制模式的探讨是在不同的环境下，对目标、内容、方法、程序以及管理控制工具进行不同组合所形成的整体导向。

（一）不同管控类型的特征

集团管控模式是建立在集团管理体制基础上的集团总部对下属企业的具体管理方式、形式。按照总部集、分权程度，可分为财务管控、战略管控与经营管控三种类型。

1. 财务管控型特征

财务管控型即企业总部为投资决策中心，以追求资本价值最大化为目标，管理方式以财务指标考核与控制为主，强调结果控制。其主要特点是母公司将注意力集中在集团的财务和资产运营、集团的财务规划、投资决策以及实施监控等方面。母公司会要求下属单位单独制订年度财务计划，并关注下属单位的盈利情况以及自身投资回报收益，而对子公司的具体生产经营过程不过问。在财务控制性的管控模式下，总部主要负责资产或资本运作，因此总部规模较小，职能部门的人员主要为财务管理人员。

2. 战略管控型特征

战略管控型即集团总部作为战略决策和投资决策中心，以追求企业集团总体战略控制和协同效应的培育为目标，管理方式通过战略规划和业务计划体系进行管理。在该管控模式下，集团总部对子公司干涉较强，但是子公司有一定的自主权，可以理解为"有控制的分权"。集团总部制定涵盖大多数活动的职能政策，并检验主要建议的合理性，修改或批准有关下属企业发展的主要决策，而日常的经营管理事务则由各事业部或下属企业承担。集团总部是主要业务流程的监控者，检验集团战略在技术上和操作上的合理性，当可获得协调作用或取得协同收益时，集团总部会与各子公司（或事业部）共享信息和资源，对整个集团的资源进行配置。集团的各子公司有较大的自主权，要对自身的业务负责。作为实施产业多元化的饭店企业集团，可能会考虑采用这种模式，以保证各产业板块的业务的特殊性。

3. 经营管控型特征

经营管控型即总部作为经营决策中心和生产指标管理中心，以对企业资源的集中控制和管理，追求企业经营活动的统一和优化为目标，直接管理集团的业务经营活动。集团总部编制集团经营计划，审批各子（分）公司的年度经营计划及调整计划，监督检查执行情况，并实行集中储备资金和采购资金，统一计划、统一采购、统一分配、统一调度、统一管理的管理体制。在这种模式下，集团总部高度集权，因此总部的职能人员人数众多，规模很大，与下属企业业务的关联度很高。作为实施连锁经营的饭店集团，一般会采用这种管控模式，以确保公司管理模式的统一实施与饭店品牌的有效保护。

（二）管控模式选择因素

由于饭店集团构成的复杂性，在有些情况下，集团总部对下属企业统一采用一种管控模式，在另外一些情况下，集团总部又根据各下属企业在企业集团所处的地位，对不同的下属企业采用不同的管控模式。

1. 集团类型

(1) 发展阶段。[①] 集团管控体系设计应该反映企业集团不同发展阶段的差别。在集

---

① 王凤彬，赵民杰. 企业集团管控体系[M]. 北京：经济管理出版社，2012.

团创建阶段，特别是具体知名度较低的时候，从维护和增强集团核心竞争力出发，应该采用集权管控模式。而随着集团规模的不断扩大与日趋成熟，宜多采用在集团总部统一政策目标指导下的分权管控模式。

(2) 组织结构，直线职能制的企业集团一般采用经营管控型的管控模式；控股制的企业集团大多采用财务管控型的管控模式，但当集团总部将下属公司作为资产长期持有并进行持续经营，而不是作为资产短期持有而买卖的话，集团总部对下属公司的管控模式将为战略管控型；事业部制的企业集团一般采用战略管控型的管控模式。

(3) 业务组成，不同饭店集团开展的业务具有不同特点，这种差异性也会影响管控模式的选择。一般情况下，业务单一，下属不用做太多个性化经营决策的企业集团，可以实施高度集权的管控模式。反之，对于那些下属公司具有较高的经营决策需要的行业，则应该采取分权型的管控模式。

(4) 地理分布，下属企业地理分布相对比较集中的集团，总部因为比较容易了解与掌握具体情况，因而有条件进行较多的直接管理，这就意味着采用集权管控模式相对经济合理；反之亦然。

2. 集团发展战略

企业发展战略关乎整个集团未来较长时间内的全局性部署，因此，管控模式的选择要符合集团整体战略的需要，并要推进集团战略的实施。集团总体战略可分为增长型、稳定型与紧缩型战略。一般来说，实施增长型战略，应积极鼓励下属公司开拓市场，形成集团内多个新的经济和利润的增长点，这时分权程度应该大一些。而集团在实施稳定型与紧缩型战略时，分权程度则会相应降低。同时，集团实施发展战略，假如采取相关多元化发展战略，亦即下属公司涉及集团发展方向，集团需要采取操控与战略相结合的管控模式。如果集团采取无关多元化发展战略，即下属公司不涉及集团主业发展业务，这样集团可以采取较低的干预模式。

3. 下属企业地位[①]

下属企业在集团中的地位，可从如下几个方面进行分析和评价。

(1) 业务相关度。即下属企业的业务经营项目与集团对自身的总体定位以及集团总体业务发展战略的一致性大小，母子公司业务战略一致性越大，业务相关度越高，两者呈正相关关系。业务相关度将直接反映下属企业在集团产业结构布局中所承担的角色定位和板块地位，是影响母子公司管控模式选择的一个至关重要的影响维度。根据业务相关度的大小，下属企业可分为四个层次：核心业务、主营业务、衍生业务和非相关业务。①核心业务是指与集团战略完全一致、业务高度相关的业务板块，一般处于母子公司体系的核心层位置。②主营业务是指与集团主业相关度较高，起到重要利润支撑点或掌控关键资源的业务板块，一般处于母子公司体系的紧密层位置。③衍生业务是围绕集团主业产业链条进行上下游衍生拓展的业务板块，业务相关度较低，一般处于母子公司体系的半紧密层位置。④非相关业务是指与集团业务没有关联的业务。

(2) 业务重要度。即下属企业的业务经营项目对集团总体业务水平的贡献大小。可

---

① 吴辉. 集团企业管理控制系统研究[M]. 北京：经济科学出版社，2011.

以使用下面四个指标对其进行评价。①资产贡献率，是指某一下属企业的被持有的资产在集团净资产总额的比例。该指标体现了集团总部对下属企业的业务主导力度，此指标越高，其业务重要度就越高。②利润贡献率，是指某一下属企业的净利润在集团净利润总额的比例。净利润所占比例越大，其业务重要度越高。③市场地位，是指某下属企业的业务规模、地域范围以及市场覆盖比率。该指标反映了下属企业在本行业内的竞争地位。④协同效应，是指该业务能为集团其他业务开展带来帮助的程度，包括价值定位以及运营的协同效应，前者是指客户、产品、渠道、品牌等方面的协同性，后者是指资金、管理流程、共享服务等方面的协同性。

(3) 业务成熟度。主要是以净资产收益率、发展阶段和管理成熟度这三个指标对其进行综合评价。①净资产收益率：主要是考察下属企业自身的盈利能力，这是业务成熟度的一个重要衡量指标。②发展阶段：主要是衡量各下属企业在生命周期动态演化的不同阶段，其业务的灵活性与可控性的大小以及成熟度的高低。③管理成熟度：主要体现在企业的治理机制完善程度、组织结构和管理制度健全与否、母子公司协调及融合能力等方面。

（三）管控模式选择

从业务相关度、业务重要度和业务成熟度对下属企业所处的地位进行分析评价后，决定集团总部对其的管控模式。①

1. 经营管控模式

采用该管控模式，其下属企业通常具备以下特点：①业务相关度较高，处于集团核心业务和主营业务板块；②业务重要度较高；③业务成熟度较低，处于起步或成长初期阶段。这类下属企业往往与企业集团的总体发展战略保持完全或高度一致，在集团产业结构体系中占据十分重要的地位，多为全资子公司和绝对控股子公司，处于母子公司体系的核心层或紧密层，是集团的核心利润或重要利润支撑点。由于该类业务的资产贡献率和利润贡献率高，市场竞争能力强，对集团其他业务的协同效应大，集团总部应把握对该类企业的绝对控制权，对其进行集中控制和全面控制。此外，对于业务经营尚处于初期发展阶段、管理体制和运作机制尚不完善、未完全形成该行业所需的管理方法及能力的下属企业，总部也可实施此种管控模式，对其进行具体指导与干预。

2. 战略管控模式

由于该管控模式是一种介于高度集权与高度分权两个极端之间的相对平衡的管控模式，其普适性相对而言较大。因此，在核心业务、主营业务和衍生业务板块，集团总部都可以找到适宜此管控模式的下属企业。如上所述，业务重要度较高而业务成熟度较低的核心业务和主营业务，总部多采取经营管控模式。当该类业务经营进入高速成长以及成熟阶段后，由于其管理体制日臻成熟，业务运营系统不断完善，自我管理控制能力逐步增强，集团总部可适当放权分责，逐步过渡为战略管控模式，将管控重点集中于总体战略发展方向和关键管控任务的把握上，以激发下属企业的经营自主性。对于业务重要度和成熟度

---

① 吴辉.集团企业管理控制系统研究[M].北京：经济科学出版社，2011.

暂时处于较低水平的核心业务和主营业务板块，由于该类下属企业建立时间短、战略规划尚不明确、资产规模还小、未形成完整行业链条、几乎没有利润贡献，总部较多利用战略管控模式，为其确定明确的战略发展方向，建立系统的运营和管理体系，培育其主业的支柱性地位。

3. 财务管控模式

该管控模式是一种高度分权的结果控制型管控模式，只关注财务指标考核与最终投资回报。因此，管控对象多处于业务相关度较低的衍生业务板块。衍生业务板块的业务相关度较低，不是企业集团战略的发展重心，多为相对控股子公司或参股子公司，处于母子公司体系的半紧密层位置。①对于业务成熟度较高的衍生业务，集团总部可高度放权，采取财务管控模式，给予下属企业充分的决策自主权和经营权。②对于业务重要度较低的衍生业务，由于其资产贡献率和利润贡献率较低，行业竞争力较弱，需要寻找重组机会以实现价值，因此，集团无须对其战略及管理过多介入，适宜采取财务管控模式，仅从财务上对其运营结果进行监控。主营业务板块中的业务重要度较低、业务成熟度较高的下属企业，总部也可采用财务管控模式。③对于步入快速成长或成熟阶段、管理体制和运营系统较为完善的下属企业，如果其对集团总体资产贡献和利润贡献较低，总部则无须对其具体经营活动和战略发展方向进行限定和干涉，也可以通过财务管控模式对其进行管理和考核。

三、业务运转控制

（一）信息系统

饭店集团管理平台有效运行的基础是信息。制订计划需要收集有关内部优势与劣势的信息；与其他部门沟通和协调计划需要传递相关信息；计划报请上级批准、同意执行的过程也是信息流动的过程。控制活动也离不开信息，要想及时发现偏差，采取合适修正行为，必须掌握有关计划要求的信息和有关计划执行结果的信息。因此，为保证经营管理信息在连锁企业体系内的快速流动，饭店必须依托互联网，构建 ERP 系统，以便对信息进行快速的采集、分析和处理。

（二）管理规范

控制规范即指导和控制公司和成员饭店正常运行并达到预期目标的制度体系，如各项规范标准、运行手册等。规范化的管理方式，主要通过 3S 原则加以实现。

(1) 简单化(simplification)，即将作业流程“化繁为简”，尽可能减少经验因素对管理的影响。

(2) 专业化(specialization)，即将连锁经营的各个环节根据不同的经营过程而分成各个业务部门，并使其固定下来。这种专业化既表现为总部与门店的专业分工，也表现为各个环节、岗位、人员的专业分工。

(3) 标准化(standardization)，即将一切工作都按规定的标准去做。通常，连锁经营的管理标准化主要表现在企业整体形象的标准化、服务标准化、运作标准化等方面。

（三）人才系统

人才系统是饭店集团运营最主要的战略保障体系。人才系统包括人才的引进、录用、挖掘、吸收、教育、训练、培养、使用、提高等多方面内容。

由于连锁经营是一种不同于以往的新型经营方式，不断需要新成员加入连锁企业，所以饭店集团需要构造完善的人才培养体系，以适应连锁企业发展的需要。人才的培养指的是连锁企业根据企业和员工发展的需要，经过组织分析、人员分析和任务分析之后，合理配置培训资源，选择合适的培训方法，对员工进行人力资源培训与开发，使得员工素质不断提高，实现连锁企业和员工的同步发展的过程。连锁企业应该设计有效的培训体系，按员工个体的态度、知识、能力、经历与职责，展开有针对性的培训。随着人才对连锁企业发展的重要性的不断上升，连锁企业间的人才竞争将会日益激烈，人才流动将会日趋频繁，这会给连锁企业造成巨大损失，因此如何留住核心人才变得越来越重要。

【思考与练习】

一、思考题

1. 如何理解饭店集团化这一概念？饭店实施集团化，需要具备哪些基本条件？
2. 如何理解饭店集团"做大"与"做强"的关系？
3. 用图解的方法，分析直接经营、管理合同以及特许经营这三种扩张方式的区别。
4. 饭店集团实施管理合同与特许经营扩张方式的必备条件与重要条件是什么？
5. 饭店集团选择管控模式须考虑哪些主要因素？

二、练习题

通过网络搜索或实际调研，选择一个饭店委托管理或者特许经营的成功或者失败的案例，分析总结其失败与成功的关键要素。

三、案例题

海蓝公司的饭店集团化的选择①

面对公司提出的饭店集团化发展方案的要求，高总经理在沉默的思索中不禁又将公司对于饭店集团化的目标、饭店业务板块现状及公司拥有的条件梳理了一遍。

一、公司饭店集团化目标

集团董事会对于饭店业务板块的基本目标是：在未来10年进入中国本土饭店集团前10强；其中一个产品品牌成为某个业态中的领导品牌(进入前三)；取得理想的经济效益，并能对公司的其他业务起到一定的产业互动效应。

二、公司饭店业务板块现状

到2014年8月，海蓝进出口公司饭店业务已经运营和正在筹建的项目主要有以下三个板块。

1. 经济型饭店板块

(1) 海蓝悦居饭店担山店。该饭店物业形式为自有，拥有客房126间。该项目原计

① 该案例由邹益民根据管理调研撰写，仅供课堂教学之用。未经允许，本案例的所有部分都不能以任何方式与手段擅自复制或传播。案例中企业名称及人名作了虚拟处理，如有雷同，纯属巧合。

划为工业园区员工生活设施配套，后改造为经济型饭店，同时配置了少量的会议室及餐饮设施。另外，配置的休闲设施以集团公司员工内部使用为主，快餐厅主要为园区的职工餐厅功能。平均房价约120元(除长租客房外)，客房出租率约65%。

(2) 海蓝悦居饭店上林坊店。该饭店为租赁经营项目，拥有客房25间。饭店已经开业，平均房价约180元，客房出租率约92%。

(3) 海蓝悦居饭店新境店。该饭店物业形式为部分自有，部分返租，拥有客房81间。饭店已经开业，平均房价约125元，客房出租率约75%。

(4) 海蓝悦居饭店体育场店。该饭店物业形式为租赁，拥有52间客房。饭店已开业，平均房价约160元，客房出租率约25%。

2. 中档精品饭店板块

(1) 海蓝广场精品饭店。该项目位于总公司新办公楼的2号楼内，物业形式为自有，拥有客房106间，配置了相应的餐饮包厢及少量的会议设施，定位为精品商务饭店。客房按五星级品质标准进行设计及设施配置，餐饮为中档豪华装修。该饭店2013年1月开业，平均房价290元左右，平均出租率为63%。

(2) 海蓝东部新城精品饭店。该项目物业为自有，客房按高星级饭店品质装修，提升客房舒适度及性价比，价格约280元。同时配置1个简易餐厅及多功能厅，满足个别会议、培训团队的需求。客户定位为中端商务客户群体。该饭店已于2013年12月开业，至2014年7月，平均房价为280元，平均出租率为71%。

(3) 东钱湖精品饭店。该饭店是海蓝置业公司开发的商住综合项目中的配套项目。拥有96间/套客房，同时配置了少量的会议室及餐饮设施。2014年1月开业，平均房价220元左右，客房出租率为82%。餐饮人均消费约60元/餐。

3. 高星级饭店板块

(1) 杭州湾海蓝大饭店。该饭店是由公司自己投资兴建的，以运动休闲为主题，配置丰富的会议、餐饮设施的五星级饭店。2013年，饭店平均房价约395元，出租率约52%，餐饮人均消费约200元。

(2) 海蓝温泉饭店。该饭店是以"温泉"为核心资源的度假饭店。该饭店属于租赁经营项目，拟建成以高规格、大规模室内外温泉项目为特色，同时配置丰富的客房、会议、餐饮等设施的五星级饭店。该饭店2013年10月开业，至2014年7月，平均房价为530元，平均出租率为81%。

(3) 商务区海蓝大饭店。属于自建饭店项目，拟建成本地首屈一指的五星级商务会议饭店。该项目建筑方案已通过评审，现在对饭店的功能布局进行优化设计，2014年8月前确定方案并开始扩初设计，年底前开始桩基工程，计划2016年开业。

三、公司实施饭店集团化条件

1. 积累了较为丰富的饭店经营和管理经验

公司从2005年开始涉足饭店业到如今，在营的饭店经营状况良好，产生了不错的效益。公司已经在饭店业务板块积累了较为丰富的经营和管理经验，构建了比较扎实的业务基础。

2. 饭店管理团队达到了一定的专业化水平

第一家高星级饭店筹建时，公司从外部引进的饭店中高层经理人，他们都具有较高的专业知识水平，同时具备较为丰富的饭店工作经验，自筹建第一家饭店开始便表现出了良好的职业追求精神、良好的敬业精神以及精于此道的专业水平，这都是公司饭店业务发展的最为宝贵的资源。此后，公司注重饭店人才的培养，建立了比较完善的人才培养体系，并已培养出一定数量的中高层管理人才。

3. 公司实力比较雄厚，可为饭店业务发展提供强力支撑

海蓝进出口公司作为我国500强企业，实力雄厚，可以为饭店业务的发展提供财力、物力等方面的支持，同时公司涉及的多元化业务范围也能够为饭店业务与其他业务的联动发展提供条件。

问题讨论：

1. 根据三种饭店业态的特点、该公司实际及现在饭店的经营环境，你认为该公司应选择怎样的饭店业态？

2. 根据该公司选择的饭店业态，该公司现有的饭店业态如何整合？

3. 如果你是高总，你将怎样选择公司饭店连锁经营的扩张路径？为什么？

第五章 饭店品牌经营体系

学习目标

通过本章的学习，你应该：

1. 正确认知饭店品牌、饭店品牌经营的基本含义，了解饭店品牌的功能，充分认识饭店品牌经营的重要性；

2. 掌握品牌定位的基本准则、基本内容与策略；

3. 掌握饭店服务的基本含义、饭店服务品质的构成与特征，以及饭店服务品质设计、控制、评价的基本环节、基本要求与基本方法；

4. 掌握饭店品牌传播的特点、途径与趋势，以及品牌传播的基本策略与主要方式；

5. 掌握品牌资产的构成及评估方法，以及品牌资产保护的主要环节、品牌资产运作的基本思路。

引例

国际饭店集团解除管理合同后的困境

某饭店是一家按五星级标准建造的五星级商务饭店，拥有客房650间，并配有相应的餐饮、康乐和商务设施。为了引进国际先进的饭店管理理念、管理体系，培养专业化的饭店人才，提高饭店服务与管理水平，该饭店聘请某国际著名饭店集团全权管理，并使用该饭店品牌与客源预订系统。该饭店所有正职全部由外方管理集团派员担任，副职由中方推荐、外方考核聘任。该集团还派出了相当数量的专业技术人才。开业之前，该饭店一方面加强制度建设和人员的强化培训；另一方面利用集团全球市场网络进行宣传推广。开业后，饭店生意兴隆，平均房价与客房出租率均高于同城市其他同类饭店。其客源对象主要为境外商务、旅游顾客和国内高层次政务、商务顾客，饭店的经济效益较为理想。10年后，管理合同到期，饭店业主考虑到中方管理人员已经成熟，客源网络也已建立，饭店的各项制度也已基本完善，饭店服务品质管理体系业已构建。所以，为了减少支出，创造更好的经济效益，中方决定自己管理，不再续签管理合同。接着，该饭店集团向外宣布此饭店不再为自己的联号饭店。

中方接管后，一方面进一步加强对外的宣传促销；另一方面狠抓内部管理，使服务质量有了稳定的提高。但是，接管一年内的境外顾客订房率、平均房价、客房出租率都明显下降，饭店经济效益未能达到预期目标。为什么饭店还是按照原来的经营管理体系运用，而且推广促销力度有增无减，而饭店的经营效益则出现下滑？该饭店管理层为此感到非常困惑。

该饭店之所以出现以上情况，主要原因是品牌因素。在成熟的市场经济条件下，饭店竞争已从一般的价格、质量竞争上升至品牌竞争，国际著名的饭店品牌已成为饭店的招客之宝和赢利之方。所以，饭店要实现理想的经济效益，必须实施品牌经营。饭店品牌经营就是围绕品牌创立与实现品牌价值而展开的一系列的创造性活动。

第一节　饭店品牌定位管理

品牌经营始于品牌定位，指导饭店品牌经营的方向。所谓品牌定位，简言之就是为品牌找到一个适当的市场位置，并确立与众不同的个性特征和核心要素。只有清晰地确定品牌定位，才能找到目标顾客受众，才能进一步设计饭店产品和服务，并通过媒介渠道将产品与服务的信息精准地传递给目标受众。

一、品牌定位前提

要科学地进行品牌定位，首先必须对于品牌含义、类型及功能有一个正确的认识。

（一）品牌的基本含义

关于品牌的定义，至今没有统一定论，有一定代表性的观点主要有以下几种。

美国市场营销协会对品牌所作的定义如下：品牌是一种名称、术语、标记、符号或设计，或是它们的组合运用，其目的是借以辨认某个销售者或某群销售者的产品或服务，并使之与竞争对手的产品和服务区别开来。[①]

国内学者张曙临认为品牌可以从法律和市场两个层面来理解。[②] 从法律层面看，品牌是一种商标。从市场层面看，品牌代表了该品牌产品的性能、质量、文化内涵、市场定位、满足效用的程度、消费者的认知程度。

国内学者刘凤军认为[③]，品牌就其实质而言，是一种承诺。品牌代表着卖者交付给买者的产品特征、利益和服务等的一贯性的承诺。

我们认为，饭店品牌是根植于顾客心中、具有独特个性、卓越品质与良好口碑的饭店商标，品牌其实是名牌的代名词。饭店品牌具有以下基本含义。

(1) 饭店品牌是一种标识，一种名称，一种象征，一种身份，一种商标，目的是使自身与竞争对手的产品和服务区别开来。

(2) 饭店品牌是一种包含独特个性与风格的文化，对内成为整合企业内部资源和调动员工积极性的激励工具，对外通过建立顾客忠诚为企业现在和未来带来增量收益。

(3) 饭店品牌是一种承诺，代表着企业就其产品质量、特征、利益等一贯性向消费者所做的最重要、最庄严的承诺。

(4) 饭店品牌是一种能够产生一系列联想或期望的形象或印象。正面积极的形象能

---

① Philip Kotler. Marking Management[M]. Prentice-Hall, Inc,1997.

② 张曙临. 论品牌权力与品牌价值[J]. 消费经济,1999(6).

③ 刘凤军. 品牌运行论[M]. 北京：经济科学出版社,2000.

够建立起顾客偏好，诱发顾客的购买行为。

（二）品牌的基本类型

根据不同的划分标准，饭店品牌可以分为不同的类型。

1. 按品牌档次划分

按品牌档次划分，主要可以分为豪华型饭店品牌、中档型饭店品牌以及经济型饭店品牌。

豪华型饭店品牌的目标市场是追求物质与精神享受的消费群体，要求饭店产品和服务能够提供全方位精致化服务。因此决定了豪华型饭店品牌的设施设备以及服务水平都必须达到一流水平。中档型饭店品牌主要是服务于消费水平处于中等档次的消费群体的饭店，这部分消费群体既注重饭店产品和服务的高质量、全面性，同时也十分注重价格。因此，中档型饭店品牌应在中等价位水平上提供最高性价比的饭店产品和服务。经济型饭店品牌主要服务于追求经济实惠的消费群体，主要提供价格较低、清洁舒适、安全便捷的住宿服务。

2. 按品牌市场地位划分

按饭店市场上不同饭店品牌的市场地位不同划分，可以将饭店品牌划分为领导品牌、强势品牌和弱势品牌。

领导品牌是在饭店市场中有很高知名度、美誉度和稳定的顾客忠诚度，市场占有率远远高于其他竞争对手的饭店品牌。领导品牌最受消费者青睐，同时也容易受到其他竞争对手的挑战。强势品牌是指具有良好市场声誉、较高市场占有率、良好发展潜力的饭店品牌。弱势品牌指在市场竞争环境中居于劣势的饭店品牌。弱势饭店品牌应积极向强势饭店品牌转型。首先，应深入分析饭店品牌存在的问题，例如宣传不足而造成知名度低，产品与服务质量差导致美誉度低，与顾客沟通不够造成忠诚度低等。其次，在找出饭店品牌存在问题的基础上，采取针对性的改进措施以提高饭店品牌的市场竞争力和市场地位。

3. 按品牌辐射区域划分

按饭店品牌经营的市场区域，可以将品牌划分为地区品牌、国内品牌和国际品牌。

地区品牌是指饭店经营的市场区域在一个较小地域范围之内的品牌，其市场网络辐射范围不大。目前我国本土饭店集团品牌的大多数均属于地区品牌。国内品牌是指饭店经营的市场区域遍布全国，市场网络辐射范围大。国际品牌是指在国际市场上知名度较高，市场网络辐射全球的品牌。

4. 按品牌来源划分

按品牌的来源划分，可以将饭店品牌分为自有品牌、外来品牌和嫁接品牌。

自有品牌是饭店集团依靠自身资源经过长期的自主经营而创建的品牌，例如我国本土饭店集团的“锦江国际”“建国”“开元”“粤海国际”“华天”等都是自有品牌。外来品牌是指饭店集团通过特许经营、兼并、收购或其他形式而取得的品牌。例如世界著名饭店集团雅高集团先后收购了美居饭店（1975）、索菲特饭店（1980）、诺富特（1983）、美国连锁汽车旅馆 6（1990）等一系列饭店品牌，从而逐渐发展成为世界最大的饭店集团之一。嫁接品牌主要是指饭店企业通过合资、合作方式形成的带有双方品牌的新产品。例如 2005 年 4 月，首旅集团与世界著名饭店连锁集团——莱佛士国际饭店与度假村达成协议，国际知名品牌莱佛士与百年老店北京饭店“嫁接”成立北京饭店莱佛士。

（三）品牌的基本功能

成功的饭店必须兼顾社会责任、顾客利益与企业利润，因此，饭店的品牌功能从社会、顾客与企业等三个角度进行剖析。

1. 社会角度

(1) 标志效应。一个国家与地区名牌的多少、大小折射出一个民族的文化素质、科技水平和整体实力。一个城市的档次、品位，与其名牌饭店的数量密切相关。

(2) 带动效应。名牌饭店由于产品质量好、市场占有率高、经济效益显著，不仅对其所在行业及其利益相关者产生影响，同时也会对其他有关产业产生辐射效应，成为整个社会变革的风向标。

(3) 优化效应。名牌饭店通过兼并、收购扩张、战略联盟、品牌延伸等途径，对整个社会的资源配置与产业结构优化会起到明显作用。

2. 顾客角度

对顾客来说，饭店品牌的效应主要包括如下几点。

(1) 减少搜索成本。品牌是以最精练的方式向顾客传递有关产品信息的一种重要识别工具。它有助于顾客识别饭店，并选择自己所喜爱的饭店和所需要的饭店产品。

(2) 降低购买风险。品牌饭店实际上是良好品质与企业信誉的保证。所以，使用品牌饭店的产品，顾客可以减少或避免认知与购买风险。

(3) 增强情感满足。不同的饭店品牌往往是一种不同的情感诉求。选择自己喜爱的品牌饭店，意味着饭店的品牌个性、价值观、文化与自己的情感追求的高度吻合。

(4) 凸显身份效应。对于大多数顾客而言，品牌意味着身份，在一个拥有著名且受欢迎品牌的饭店里进行消费，等于无形中提升了自身的地位。

3. 企业角度

品牌作为饭店的一种无形资产，能给饭店带来诸多效应，主要包括如下几点。

(1) 凝聚效应。著名的饭店品牌，在企业内部可强化“群体意识”，增强员工的向心力与参与感，从而产生强大的企业凝聚力。

(2) 资本效应。名牌饭店不仅可以获得更多顾客的青睐、公众的认可与较好的效益，而且可以通过特许经营、品牌延伸等方式，实现品牌资产效益。

(3) 光环效应。由于名牌饭店的声誉作用，可以为企业在收购、兼并、企业融资等方面提供良好的形象效应。

(4) 溢价效应。相对于同档次的饭店来说，名牌饭店一般能获得更高的售价、更好的销量与更高的利润率。

二、品牌定位准则

正确的品牌定位，需要遵循一定的原则，处理好以下关系。

（一）实事求是

任何事理都有其内在的规律可循，如果我们能够遵循其规律办事，往往就能够达到事半功倍的效果,品牌定位也不例外。那么,如何找到自己的位置?我们必须实事求是,遵循品牌定位的TONS法则(时势(times)、自身(oneself)、需求(needs)、卓越(super excellence))。①

1. 认清时势

古语云:不辨正误,则不知进退。如果说"时"是时代和实践,那么"势"则是其中包孕的未来方向和历史必然。不合"时"则无以顺势,不顺势也不能真正合"时"。认清时势,就是要认清社会发展趋势,把握社会文化环境及顾客消费趋势,充分关注行业发展动态,重点关注竞争对手的品牌定位。在市场竞争十分激烈的情况下,几乎每个细分市场都有许多竞争对手。此时,饭店的品牌定位不能不考虑竞争对手的品牌定位,而应力图在品牌上体现自己的个性和风格。

2. 研究自身

任何事情都离不开主体自身的资源和能力的实际,因此要充分结合自身的实际情况,看看自身到底有哪些优势和弱势,力争扬长避短,而不要去过分追求弥补不足。在此,必须特别关注以下三点。

(1) 饭店产品特点。饭店的品牌定位应以饭店提供的特殊服务为核心。饭店提供的服务能给顾客带来利益,满足消费者的特殊需求。

(2) 饭店资源条件。要使饭店资源获得合理的运用,达到最佳收益状态。比如温泉饭店、度假饭店,这些品牌定位就能够显现品牌的个性与独特形象。

(3) 成本效益比。品牌定位是要付出经济代价的,其成本的多少因定位不同而有所差异。不考虑成本而一味付出、不求回报不符合企业的经营宗旨。收不抵支的品牌定位终将失败。因此,饭店为塑造品牌而提供的服务必须能收支抵,为社会形象而设的免费服务不能以长期增加经营费用为代价,否则这种服务除不能长时间坚持外,还有可能损坏品牌形象。

3. 把握需求

一般需求是指受众对某个标的物(包括个人、组织、产品或服务等)有能力实现拥有的某种欲望。特劳特(Trout)与里夫金(Rivikin)在《新定位》一书中强调品牌定位的中心在于消费心理,对于消费者的心理把握得越准,品牌定位策略就越有效。② 打造品牌的另一个关键是挖掘客人的情感需求。现在的客人入住饭店,绝不只是完成物质和服务的消费过程,同时还有情感的体验。在达到一定收入的时候,消费市场是满足心理和精神上的追求。消费者在面对众多的选择时,往往会根据"我就喜欢"而选择自己的目标。饭店企业要能抓住消费者的消费心理,动之以情,晓之以理,迎合消费者的消费心理。尽管中国人都知道吃快餐不利于健康,但是他们还是经常进出麦当劳。为什么?这是值得我国的饭店界去思考的。麦当劳的宣传口号为:我就喜欢,是典型的买什么不吆喝什么,他们的诉求点在于给予消费者心灵的冲击。

---

① 杨松霖.找位TONS法则.全球品牌网,2007.

② 杰克·特劳特,史蒂夫·里夫金.新定位[M].北京:中国财政经济出版社,2013.

4. 追求卓越

即凸显优势，追求品牌高度。中国营销专家路长全认为：品牌运作的核心是在顾客心中建立价值的灯塔，这个灯塔的高度越高，照亮的幅度就越大，靠它指向的人群就越广。[①] 据此，他提出了构建品牌高度的三大策略：一是抢占位阶制高点，即在行业高价位品牌缺位时，以最快的速度抢占对自己最有利的制高点；二是争夺品牌制高点，即在已经出现行业高价位品牌但并不是很稳固时，要学会争夺品牌制高点；三是制造品牌制高点，即在无法在行业内名列前茅的情况下，重新策划出一个新的类别，成为新类别的第一。

（二）个性鲜明

在当今的感性消费时代，顾客挑选产品时，他们在理性上考虑产品的使用功能，同时也评估不同品牌所表现出的个性。当品牌表现的个性与他们的自我价值相吻合时，他们才会选择该品牌。所以，只有具有鲜明的品牌个性的饭店才能从众多的饭店中脱颖而出，在顾客心中占一席之地。为了使品牌成功实现差异性，品牌的个性化定位必须独特，有活力与诱惑力。

美国品牌大师大卫·爱格将品牌个性分成五大个性要素，每个个性要素又可以细分为不同层面。他认为品牌能依人口统计项目（如年龄、性别、社会阶级和种族等）、生活形态（如活动、兴趣和意见等）或是人类个性特点（如外向性、一致性和依赖性等）来予以描述。品牌个性尺度，五大个性要素及不同层面的内容见表 5-1。

表 5-1　品牌个性尺度

五大个性要素	不同层面	词语描述
纯真	纯朴	家庭为重的、小镇的、循规蹈矩的、蓝领的、美国的
	诚实	诚心的、真实的、道德的、有思想的、沉稳的
	有益	新颖的、诚恳的、永不衰老的、传统的、旧时尚的
	愉悦	感情的、友善的、温暖的、快乐的
刺激	大胆	极时髦的、刺激的、不规律的、俗丽的、煽动性的
	有朝气	冷酷的、年轻的、活力充沛的、外向的、冒险的
	富于想象	独特的、风趣的、令人惊讶的、有鉴赏力的、好玩的
	最新	独立的、现代的、创新的、积极的
称职	可信赖	勤奋的、安全的、有效率的、可靠的、小心的
	聪明	技术的、团体的、严肃的
	成功	领导者的、有信心的、有影响力的
教养	上层阶级	有魅力的、好看的、自负的、世故的
	迷人	女性的、流畅的、性感的、高尚的

① 路长全. 品牌背后的伟大两极[M]. 北京：机械工业出版社，2009.

续表

五大个性要素	不同层面	词语描述
强壮	户外	男子气概的、西部的、活跃的、运动的
	强韧	粗野的、强壮的、不愚蠢的

研究结果显示，品牌个性要素几乎可以解释所有品牌之间的差异，这 15 个层面提示了在品牌个性塑造上的策略性选择。

（三）易于识别

易于识别就是消费者一看即知，不需要费心费力就能领会品牌定位。因为现代社会是信息社会，人们从睁开眼睛就开始面临信息的轰炸，消费者被信息围困，应接不暇。各种消息、资料、新闻、广告铺天盖地。而消费者不喜欢复杂，没有兴趣去记忆很多有关品牌的信息。所以，饭店只有压缩信息，为自己的品牌塑造一个易于识别，并能打动顾客心理的形象，才是明智的选择。所以，饭店品牌定位必须简洁明了，表达清晰，并集中聚焦。杰克·特劳特指出，企业在品牌建设上，必须学会"特性舍弃"（attribute sacrifice），即将精力集中在一种产品特性上；你的产品可能拥有多种特性，但你要传递的信息一定要在产品的核心特性上。[①] 因此，最好的品牌是与产品优势的卖点直接相关联的，所传递的应该是产品的最重要特性。当然，我们应该知道，消费者不是购买产品的特性，而是购买产品的利益。因此，产品的特性必须转化为产品所能提供的功能好处和情感利益。哈尼斯（Harness）指出："成功地进行营销的关键，在于产品有一流的性能，如果消费者不能从这种品牌中获得真正的利益，那么任何绝妙的广告和销售都不能使这种品牌免于失败的命运。"[②]总之，抓住关键的一两个独特点，以简洁明了的方式表达出来，让消费者充分感知和共鸣，这是品牌定位的一条重要原则。

（四）综合考量

品牌定位是品牌经营战略层面的工作，具有全局性、长远性、方向性的特征，所以必须系统思考、综合考量。

品牌定位的一个主要目的是在消费者心中形成一个定位的形象，让消费者将企业品牌与某一特定的、好的词汇联系在一起。只有数年持之以恒坚持自己的品牌定位，才能成为一个具有高强度的品牌概念，才能给顾客留下深刻的印象。当然，在消费需求、市场结构变化越来越快的现代社会，品牌定位不可能一成不变。定位的表现形式应该在不同时期、不同时间段有所不同，而且应该与时俱进，达到品牌保鲜，但支撑品牌定位的基本理念、核心价值则应该长期坚守。为此，品牌定位既要有深度，具有适当的前瞻性，而且必须有一定的宽度，具有较好的包容性。

三、品牌定位策略

品牌定位，首先必须根据饭店的经营环境与自身条件，确定自己的目标顾客群体，清

---

① 杰克·特劳特. 精灵的智慧[M]. 北京：电子工业出版社，2003.

② 约翰·菲利普·琼斯，广告与品牌策划[M]. 北京：机械工业出版社，1999.

晰知道为谁服务。在此基础上，对以下三个方面作出科学的决策。

（一）市场地位选择

市场定位选择即为自己的品牌找到一个恰当的位置与形象，以达到占据一个有利的竞争地位之目的。

1. 首席定位

首席定位即市场第一品牌的定位。艾·里斯和杰·特劳特指出，从心理学角度看，人们通常容易记住位居第一的事物。① 因此，品牌定位时最好能和“第一说法、第一事件、第一位置”等方面挂上钩，以便在顾客心中占据难以忘怀、不容混淆的优势地位。这种定位一般适用于企业实力雄厚、特色非常明显的品牌的定位，新产品也可采用此定位策略。当然，也可以通过创造品类，让自己的品牌成为第一品牌。比如，铂涛酒店集团一个中档饭店的新品牌——希岸酒店，定位于中国第一家女性视觉的饭店。

2. 比附定位

比附定位即攀附、比拟名牌或名组织来给自己的品牌定位。常见的策略主要有以下几个。

（1）甘居第二，即明确承认同类中某品牌是第一，而自己的品牌只是第二，但自己的品牌同样具有特色。比如，艾维斯(Avis)汽车租赁公司在和竞争对手比较之后，坦陈自己是业内第二，随即笔锋一转，“但我们更努力”，彰显出自己的优势所在——谦虚、耐心、热情、孜孜不倦，足以拨动顾客的心弦。这是一种借力使力的方法，通过和市场领导者等强势品牌发生关联，迅速将品牌提升到一个高起点，并显示自己在一些方面做得比他们更好，引得顾客另眼相看。

（2）攀龙附凤，即承认自己无法和市场上最受欢迎和信赖的名牌相比，但在某地区或在某些方面可与之相媲美。

（3）借力造势，即通过加盟某种具有法定成分的著名团体或者参与某种有影响力的评选获得某种名声，以提高自己的地位与形象。比如，世界一流饭店组织成员、世界小型豪华饭店组织成员等。

3. 对比定位

对比定位即通过与竞争对手的客观比较来确定自己的品牌定位。对比定位的关键是在了解顾客核心需求基础上，发现竞争对手的弱点和自身品牌的优势。这从某种意义上来说，是一种差异化定位方法，或者说是一种空档定位的方法。这里既可以是目标顾客群的差异(空档)，也可以是营业时间上的差异(空档)，还可以是经营方式上的差异(空档)。

（二）品牌结构定位

对于饭店集团来说，则需进行品牌结构定位。品牌结构即一个企业不同产品品牌的组合，它具体规定了品牌的作用、各品牌之间的关系，以及各自在品牌体系中扮演的不同角色。总的来说，饭店集团品牌结构定位可采用的基本策略主要有以下几个。

1. 单一品牌策略

单一品牌策略即在品牌扩张上，直接使用饭店或者饭店集团的公司名称作为产品品

---

① 艾·里斯，杰·特劳特. 广告攻心战略——品牌定位[M]. 北京：中国友谊出版公司，1994.

牌名称，即公司品牌策略。单一品牌的最大特点是："一荣俱荣，一损俱损。"该品牌策略比较适用采取目标聚集战略的饭店集团。

2. 复合品牌策略

复合品牌策略也称主副品牌策略，即把主品牌与次品牌结合在一起的品牌策略。原有品牌为主品牌，也称母品牌。在饭店和饭店集团的品牌中，能充当主品牌的主要是饭店或饭店集团的公司品牌。附加在主品牌后面或前面的新品牌，称为副品牌、次品牌或子品牌。副品牌的作用是改变主品牌的联想，增加主品牌的个性与活力，从而使主品牌获得新的内涵。

3. 多品牌策略

多品牌策略即把目标分别承载于不同的品牌之上，把资源分别配置于不同的品牌之上的策略。多品牌策略的典型特征就是每一个产品或每一个产品群都使用不同的品牌名称、不同的定位和不同的品牌识别。实施多品牌策略，可满足不同市场需求，最大限度占领市场，实现对顾客的交叉覆盖，并且还能降低企业的经营风险。但是，实施该策略需要各个品牌具有足够的规模，否则就难以承担较高的品牌宣传推广费用。

（三）核心价值提炼

品牌核心价值是指一个品牌承诺并兑现给消费者的最主要、最具差异性与持续性的利益。品牌核心价值是品牌的精髓，也是品牌一切资产的源泉，因为它是驱动消费者认同、喜欢乃至爱上一个品牌的主要力量。

1. 核心价值层次

总体而言，品牌核心价值内涵分为以下三个层次。

（1）功能价值，即主要体现产品的功能性利益或物理属性，比如精致可口的菜肴、安全舒适的客房等。功能性价值是品牌立足的基石，没有功能性价值为基础，品牌只能是空中楼阁。功能性价值让顾客具有一种信任感，所以这种价值实际上是品牌的信任价值。

（2）情感价值，指的就是消费者在购买使用某品牌的过程中获得的情感满足。品牌的情感性价值常常将冷冰冰的产品带到了有血有肉的情感境界，绵绵而来，赋予产品生命和感染力，让消费者拥有一段美好的情感体验。"钻石恒久远，一颗永留传"能让我们洗却浮躁，以一颗宁静的心灵感动于纯真爱情的伟大。

（3）象征性价值，即主要诠释品牌所蕴含的人生哲理、价值观、审美品位、身份地位等。人们往往通过使用这样的品牌产品，体验人生追求，张扬自我个性，寻找精神寄托。

品牌的核心价值极可能是三种利益中的一种，也可能是二种乃至三种都有。这三个层面价值宛如交相辉映的三重奏，为品牌演奏出悦耳动听的音乐旋律。不过，这三种价值对于不同的饭店而言，会有所侧重。经济型饭店，一般需要强调它的功能性价值，清洁、安全、舒适、便利等，主题特色饭店则需要强调它的情感性价值，而高端奢华饭店需要突出它的象征性价值。

2. 核心价值特征

饭店品牌核心价值，应具有以下基本特征。

（1）排他性原则。即品牌价值须与众不同，具有明显察觉与识别的特点，与竞争对手形成区别。

(2) 号召性原则。即品牌价值应具备强大的感召力，体现着对人类的终极关怀，能够触动人的内心深处。

(3) 兼容性原则。即品牌价值应具有包容性，在空间上应有一定的宽度，可涵盖饭店的目标顾客群体；在时间上应有一定的长度，可延续十年、百年甚至千年而不落伍。

3. 核心价值提炼方法

基于不同的角度，核心价值的提炼方法主要包括以下三种。

(1) 区隔点法。这是把竞争对手的品牌作为一个最主要的考虑因素，从当地领导者品牌身边寻找与其最大的不同点，提炼出个性、差异化的品牌价值。市场竞争发生在不同的层次，有产品形式竞争、产品种类竞争、类别竞争或预算/需求优先竞争。饭店一定要清楚到底哪一个层次的竞争者是饭店品牌最强劲的对手，避免与强手短兵相接，挑选一些距离更远的方式与之竞争，不仅能缓冲它对品牌造成的影响，有时还能起到标新立异的作用。

(2) 需求点法。这种方法是把顾客的需求放在第一位，从顾客那里寻找最富有感染力能够深深触动消费者内心世界的需求点进行提炼。首先要研究顾客对呈现在他们面前的饭店产品的选择依据，明确什么样的产品利益对顾客来说是最重要的，这些利益对不同的顾客群具有何等的重要性。如果顾客需求在这一阶段发生重要差异，则这种基于利益的分化对形成细分市场十分重要。接下来，要确定与饭店构成竞争的其他品牌和饭店自身在重要属性上的表现，以发现在不同的指标下各品牌所处的市场地位。然后，用同样的指标确认顾客的要求，找到他们认为理想的品牌在各项指标中的位置。顾客要求的差异将有助于形成基于不同消费偏好的细分市场。最后将上面所有因素组合起来，选择目标顾客和差异优势，实施核心价值定位。一个品牌如果具有了触动消费者的内心世界的核心价值，就能引发消费者共鸣，那么即使花较少的广告传播费用也能使消费者认同和喜欢上品牌。

(3) 支撑点法。即在权衡顾客和饭店自身时，把饭店自身资源与能力优势放在第一位。不是寻找对哪些顾客来说品牌可以建构成他们理想的模样，而是寻找对饭店来说哪些顾客符合他们预期的特征。通过自身特点与优势的挖掘，提炼品牌核心价值。

（四）品牌符号设计

品牌符号是区别产品或服务的基本手段，包括名称、标志、基本色、口号、象征物、代言人等。这些识别元素形成一个有机结构，对消费者施加影响。它是形成品牌概念的基础，成功的品牌符号是企业的重要资产，在品牌与消费者的互动中发挥作用。

1. 品牌名称

名称是品牌中能用语言称呼的部分。饭店在取名时，一般应参照以下取名标准。

(1) 个性鲜明。即能反映出自己的个性特征，并能适应它所选定的消费者的心态要求。

(2) 精练概括。即高度的概括力和吸引力，对消费者的视觉和心理都能带来积极的影响。为便于公众的记忆和识别，少、短、小是饭店命名的前提条件。

(3) 易于辨认。即要求饭店在命名时做到：难写的字不要；难读、难认的字不要；难发音的字不要；字型不美的字不要。

(4) 富于联想。即要巧设意境,激发起消费者无穷的想象。饭店品牌名称不仅要能抓住饭店产品的主要特点,而且还应从语言和社会文化的角度来考察。

(5) 国际通用。即重视相应外文名称的设计,不得违背国外的习惯与法律。

2. 品牌标志

品牌标志是饭店品牌中能被识别但不能用语言直接读出的那部分文字、图形或两者的结合,它代表饭店的形象、特征乃至饭店的信誉和文化,是消费者心目中饭店的另一个重要的识别工具。饭店标志一般可分为三种:一种是图形标志;另一种是文字标志;第三种是组合标志,即字体与图形的组合。作为一个优秀的饭店标志,一般必须具备以下几个条件。

(1) 简洁鲜明。即饭店标志必须醒目,便于消费者识别、理解和记忆。

(2) 独特新颖。即饭店标志必须与众不同,个性显著,使消费者看后能产生耳目一新的感觉。

(3) 寓意深远,即饭店标志必须别出心裁,能表达深远的意义,耐人寻味,让人回味无穷。

(4) 准确相符。即饭店标志寓意要准确,品牌名称与标志要相符。

(5) 优美精致。即饭店标志要讲究整体的均衡性、对称性和协调性,使标志整体优美、强势的感觉。同时,标志要有较强的适应性,并确保标志在各种场合和用途中不至于发生扭曲和变形等失真情况。

3. 标准色设计

标准色是代表饭店品牌标志的特殊颜色,即标志色。饭店的标志色设计,应本着求精求简的原则进行筛选、组合。标志色一般为 1～2 种,不宜超过 3 种,并且应区分主色与辅色。同时,色彩还应与标志、名称、经营风格等相呼应。

4. 标准字体设计

标准字是经过特别设计的文字组合,它通过独特的间架结构、笔画浓淡,利用可读性、说明性、独特性的文字组合来表现品牌的个性。

饭店的标准字可以分为三类:一类是名称标准字,用于表现饭店的名称。这类标准字要求醒目大方,易于辨认,且能包含饭店个性。第二类是标题标准字,主要用于饭店简介、广告文案、海报招贴、专栏报道等标题。第三类是活动标准字,主要是饭店开展各类活动时所设计的标准字。

在设计标准字时,应考虑标准字与其他外显要素的配合,并能反映出饭店的精神气质,同时兼顾汉字标准与英文标准字的配合。

第二节 饭店品牌载体管理

顾客之所以愿意花更多的钱购买品牌,就是因为品牌具有超越一般产品的品牌价值。因为在顾客心目中,品牌是高品质保证的象征。所以,饭店品牌以服务品质为基础,是饭店品牌的载体。

一、服务品质认知

（一）饭店服务的基本含义

饭店服务就是凭借各种资源，根据不同场景，通过人际沟通，为顾客创造价值，并实现饭店效益的活动。

1. 服务基础

饭店服务以资源为基础，饭店管理者必须懂得有效识别与整合资源。从未来发展趋势来看，以下三种资源特别重要。

(1) 自然资源。饭店服务首先要借助自然环境、气候条件等各种自然资源，来丰富自己的服务内涵，创造自己的服务特色。

(2) 人文资源。这是饭店服务的核心资源。饭店应充分利用当地与本饭店的人文资源，不断丰富服务文化内涵，有效提升饭店服务的层次。

(3) 科技资源。在知识经济时代，饭店既可利用信息管理技术，增强饭店服务能力，提高饭店服务的准确性和快捷化；也可利用新科技，改善各种设施设备，提高设施舒适性；还可以通过新技术，提供高度个性化服务，营造出一种无所不在的人文关怀。

2. 服务场景

服务是在一定的空间进行的，不同空间存在不同服务对象而呈现不同场景，而不同场景的顾客具有不同的服务期望。一般来说，饭店服务存在三种服务场景：一是公共服务场景，即在一个服务空间中存在多个互不相识的顾客个体或群体。此时，饭店服务必须做到公平性、规范性和艺术性（给顾客以美的感受），否则就会导致顾客不满意。二是团体服务场景，即在特定服务空间中存在一个顾客群体，比如旅游团队、会议等。此时，饭店服务除做到以上三点外，还应注重服务的针对性和系统性。三是个体服务场景，即在一个服务空间中存在一个顾客（包括家庭）。此时，饭店服务除做到以上五点外，还需特别注重情感性，让顾客体会到一种特别的爱。

3. 服务方式

饭店是以人为中心的行业，饭店服务实际上是一种面对面的人际沟通，所以，要提升服务水平就必须提高人际沟通技巧。在此，读懂顾客的心态并提供相应的服务尤为重要。[①]

(1) 顾客是具有优越感的人。市场经济是消费者经济，供略大于求是市场经济的必然规律。顾客是饭店的“衣食父母”，是给饭店带来财富的“财神”。所以，在与饭店的交往中，顾客往往具有领导的某种特征，表现为居高临下、发号施令，习惯于使唤别人，从某种意义上说，顾客到饭店是来过“领导瘾”的。为此，在饭店服务中，我们必须像对待领导一样对待顾客。首先，必须表现出尊重，关注顾客，主动与顾客打招呼，主动礼让。其次，必须表现出服从、乐于被顾客“使唤”。再次，必须尽力“表演”，要用心服务，注重细节，追求完美，达到最佳的效果。最后，必须注重策略。对待顾客的无理要求或无端指责，我们同样要注意艺术，采取引导和感化的方法，让顾客自己作出更改的决策，使他感受到正确使

---

① 邹益民，陈剑. “宾客至上”的关键在于“读懂”顾客[J]. 旅游管理，2003(4).

用权力的快乐。

(2) 顾客是情绪化的“自由人”。顾客不是一种工作角色，而是一种“自由人”。对待顾客，饭店必须懂得宽容和设身处地为他着想，提供人性化的服务。首先，饭店必须充分理解顾客的需求。顾客的需求具有多样性、多变性、突发性的特点，而且不同的顾客又有不同的需求层次。这就要求饭店从业人员既要掌握顾客共性的、基本的需求，又要分析研究不同顾客的个性和特殊需求；既要注意顾客的静态需求，又要在服务过程中随时注意观察顾客的动态需求；既要把握顾客的显性需求，又要努力挖掘顾客的隐性需求。只有充分预见和准确把握顾客的需求，才有可能提供全面、周到的服务，使顾客拥有好心情。其次，饭店必须充分理解顾客情绪。由于顾客行为举止不受各种职业规范制约，他会显得特别放松而比较情绪化，当然，人性的某些弱点也相对会暴露无遗。对此，饭店应意识到顾客是需要帮助、关爱的朋友，应努力以自己的真诚和优良的服务去感化顾客，要努力去发现顾客的兴奋点，培养顾客良好的情绪，帮助顾客渡过难关，克服某些“缺陷”。最后，饭店必须充分理解顾客的误会与过错。由于文化、知识等方面的差异以及身体、情绪、利益等方面的原因，顾客对饭店规则或服务不甚理解而拒绝合作，或采取过激的行为，饭店应向顾客做出真诚、耐心的解释。对于顾客的过错，只要顾客并不是有意挑衅，或损害其他顾客的利益和饭店的形象，或侵犯员工的人权，侮辱员工的人格，饭店均应给予足够的宽容、谅解与礼让。

(3) 顾客是来寻求享受的人。无论顾客出于何种原因来饭店，但其中都有一个共同的要求，即享受。他们不管在单位和家庭如何能干，但在饭店则总会表现出生活中的“低能”。所以，饭店服务必须环环扣紧，步步到位，保证向顾客提供舒适和舒心的服务。首先，饭店必须向顾客提供标准化的服务。要做到：凡是顾客看到的必须是整洁美观的；凡是提供给顾客使用的必须是安全有效的；凡是饭店员工对待顾客必须是亲切礼貌的。其次，饭店必须向顾客提供差异化的服务。在服务时应避免千篇一律，而要针对不同顾客的多样化和多变性的需求和特点，投其所好，随机应变，提供具有个性化的服务，满足顾客的个性化需求。最后，饭店要努力为顾客提供超常化服务，即给顾客以出乎顾客意料或从未体验过的服务。一般情况下，顾客在消费前都会根据个人需求、过去的感受和饭店的宣传广告及传闻而产生一定的期望。顾客在接受服务后会形成对服务的实在感受，并与预期值加以比较，当两者相当时，表现为满意；当实在的感受值大于期望值时，产生惊喜，从而获得真正的享受。

(4) 顾客是最爱讲面子的人。爱面子，喜欢听好话，这是人类的天性之一，也是大众中普遍存在的心理现象。作为饭店的顾客，同样喜欢表现自己，显得自己很高明，而且希望被特别关注，给以特殊待遇。对此，饭店必须给顾客搭建一个“舞台”，给顾客提供充分表现自己的机会，让顾客在饭店多一份优越和自豪。首先，饭店必须给顾客营造一种高雅的环境气氛和浓厚的服务氛围，让他有一种“高贵之家”的感觉，以显示其身份和地位。其次，饭店员工必须懂得欣赏和适度恭维顾客的艺术，要善于发现顾客的闪光点，让他体会到“我最尊贵”的感觉。最后，饭店员工必须为每位顾客献上一份特别的关爱，真正体现一种真诚的人文关怀精神，营造出一种“特别的爱给特别的你”的“高尚”境界。

4. 服务目标

饭店服务的目标主要在于创造三种价值。

(1) 顾客价值。这是饭店服务价值的核心,主要体现在为顾客创造的利益。

(2) 企业价值。即在客人满意最大化的前提下,达到企业利益的最大化。为此,饭店须注意价值工程的研究。价值工程(value engineering,VE),即以最低的总成本,可靠地实现产品或服务的必要功能,从而提高产品或服务的价值。价值工程涉及价值、功能和寿命周期成本等三个基本要素。价值是指某种产品(劳务或工程)的功能与成本(或费用)的相对关系,也就是功能与成本的对比值。功能是指产品的用途和作用,即产品所担负的职能或者说是产品所具有的性能。成本指产品周期成本,即产品从研制、生产、销售、使用过程中全部耗费的成本之和。价值工程以功能分析为核心,以寻求最低寿命周期成本,实现产品的必要功能为目标。

(3) 社会价值。饭店服务必须满足人们日益增长的物质与精神的需要,努力创造卓越的服务品牌,为提高整个社会的服务水平、积极推进服务业的发展做出贡献。

(二) 服务品质构成

饭店服务品质是指饭店服务活动所能达到规定效果和满足顾客需求的特征和特性的总和。特征是指外观的性能,如饭店的建筑造型、内外部装修等;特性是指内在的性能或使用的性能。饭店服务品质主要由以下四个基本要素构成。

1. 环境品质

环境品质一般是指饭店环境的总体或环境的某些要素,对顾客在饭店的旅居生活的适宜程度。良好的环境可以给顾客带来感官上的享受和心理上的满足。饭店环境品质主要包括地理位置、市政配套、商业配套、社会治安和周围环境、空气品质等。

2. 设施品质

饭店设施是饭店存在的必要条件,也是饭店劳务活动的依托,更是饭店接待能力的反映。设施品质主要包括以下几方面。

(1) 设施数量。服务设施多少,体现了设施的完善与配套程度,既决定了饭店的等级,也决定了顾客的方便舒适程度。饭店服务设施的数量,既要根据本饭店的客源情况而定,又要达到本饭店星级标准相应的要求。

(2) 功能设计。功能设计主要体现在空间的变化和设施的布局。其科学合理与否,同样关系到顾客需求的有效满足与饭店的效益。

(3) 装修质量。装修质量不仅影响饭店的环境气氛,而且影响顾客的舒适程度。饭店装修必须注意四个基本环节:一是材料、用品和设备的选择。要注意档次和配套协调,如地面、墙面、顶面协调,材料和用品的协调等,否则反差很大,档次不一,就会影响到总体效果。二是要突出主题,即要有明显的色调和风格。一旦确立了主题色调和风格,各种艺术品、用具、材料等,都应服从这一主题。三是装修的工艺水平,要求装潢讲究,精致耐看。四是注意创造气氛,给人以一种高雅舒适和美的感受。

(4) 设备完好。设备完好程度主要体现在性能是否良好、运转是否正常、耗能是否经济。

3. 产品品质

在此,产品主要指直接满足顾客物质消费需要的实物产品,饭店提供的菜肴、酒水、客用品(如餐具、棉织品、客房消耗品等)、纪念品、商品等。产品品质是指饭店实物产品适合顾客需求的程度。

4. 服务水平

服务水平是指由饭店服务人员态度和行为所表现出来的服务状态和水准。主要包括如下内容。

(1) 服务项目,即为满足顾客的需要而规定的服务范围和数目。饭店服务项目多少,一方面反映饭店服务的档次,并直接关系到顾客的方便程度;另一方面也关系到饭店的服务成本。所以,应该做到适合与适度。

(2) 服务态度,即饭店员工在对客服务中表现出来的主观意向和心理状态,主要由员工的职业品行和工作积极性所决定。服务态度应该做到主动、热情、耐心、周到。

(3) 服务方式,即服务活动和行为的表现形式,如站立方式、递送物品的方式及斟酒、派菜的方式等。它在一定程度上反映了服务的规格。服务方式必须做到规范、优美、得体、符合礼仪。

(4) 服务时间,即在什么时候提供服务,包括营业时间(如餐厅营业时间)和某一单项服务行为提供的时机(如整理房间)。其在一定程度上反映了饭店服务的适应性和准确性。

(5) 服务效率,即饭店员工在对客服务过程中对时间概念和工作节奏的把握。饭店服务效率应该做到准确、迅速、及时。

(6) 服务技能,即饭店员工在对客服务过程中所表现出来的技巧和能力。由于饭店服务提供与顾客消费的同一性特点,员工的服务技能就直接构成服务品质的要素。服务技能必须达到准确、娴熟和优美的要求。

(三) 服务品质特性

饭店服务要满足顾客需求,必须具有以下品质特性。

1. 功能性

功能性是饭店提供的服务能够满足顾客基本需求所具备的作用和效能的特性,如客房必须具有使住店顾客睡眠休息的功能。这是饭店服务品质的最基本特性。

2. 经济性

经济性是指顾客为得到一定的服务所需要的费用是否合理。这里所说的费用是指在接受服务的全过程中所需的费用,即服务周期费用。经济性是相对于所得到的服务品质而言的,即经济性是与功能性、安全性、及时性、舒适性等密切相关的。这是关系同类产品的竞争力,即在其他品质特性相同情况下,顾客选择饭店的主要决定因素。

3. 安全性

安全性是指饭店保证服务过程中顾客的生命不受危害,健康和精神不受到伤害,货物不受到损失。安全性也包括物质和精神两方面。这是饭店服务品质的底线,绝对不可突破,否则后果很严重。

4. 时间性

时间性是指饭店服务工作在时间上能否满足顾客的需求，包含及时、准时和省时三个方面。

5. 舒适性

在此主要是指饭店的环境、设施、设备、用品等物质条件给顾客带来的一种享受。舒适性主要来自顾客的感知，即通过视觉、听觉、嗅觉、味觉与肤觉，感知客观事物，由此产生的一种生理与心理反映。这往往是顾客评价饭店等级高低的一个直观要素。

6. 愉悦性

愉悦性主要是指饭店服务过程中为满足精神需求的质量特性。被服务者期望得到一个自由、亲切、受尊重、友好、自然和谅解的气氛，有一个和谐的人际关系。这是饭店服务品质的重中之重。

二、服务品质设计

（一）注重设计依据

服务品质设计必须基础扎实，具有充分可靠的基本依据，以切合实际，有的放矢，行之有效。

1. 顾客需求

顾客需求即顾客的目标、需要、愿望以及期望。它是饭店服务品质设计的基础，也是饭店经营活动的出发点。饭店必须通过多种途径，采取各种有效方法，掌握顾客需求，并充分理解顾客的需求。

（1）顾客需求社会性。顾客的需求受到社会环境的影响与制约，比如来自东亚、中东、非洲、欧美的顾客需求有着明显的特征。顾客需求的社会性，主要体现在：一是社会发展阶段决定顾客需求的基本特征；二是社会经济发展水平决定顾客需求的基本层次；三是社会文化背景决定顾客的价值观而影响顾客的需求基本方向。

（2）顾客需求层次性。顾客需求具有层次性，从服务品质设计角度，必须注意把握三个层次：一是基本需求，主要指顾客在与饭店交易过程中必须得到满足的、共同的需求。对于顾客的基本需求，饭店主要通过标准化的服务加以满足。二是个性需求，即那些因人而异的、各不相同的需求。这一方面要求饭店着力打造服务特色，以满足目标顾客群体的共同的个性需求；另一方面要求饭店员工在能力所及的范围内，尽量为每位顾客提供个性化的服务。三是主导需求，即顾客在特定情景下需求的主要方面。在不同的时空条件下，顾客的某些需求会占据主导地位，因此一旦能够识别与满足顾客的主导需求，饭店的努力就会收到事半功倍的效果，往往会赢得顾客的持久忠诚。

（3）顾客需求差异性。在不同的地域环境中，人们的消费观念、消费偏好、消费口味是完全不同的。而顾客的生活方式、价值观念、年龄、受教育程度乃至所从事的职业特点，都会给顾客的需求带上明显的人性差异色彩。例如，针对出差顾客需求的商务饭店与针对家庭需要的度假饭店在进行服务品质设计时，必然要考虑到这两类顾客需求的差异来进行服务活动的策划与优化。

2. 质量标准

饭店服务品质设计必须以国际、国内的有关标准为依据，做到服务的标准化。目前，我国饭店服务品质设计应遵循的标准主要有三类：一是饭店等级评定标准。饭店等级评定标准是由国家旅游局制定、国家技术监督局发布的，它规定了不同等级饭店的硬软件水平的基本要求。二是 ISO 9000 族标。ISO 9000 族标是由国际标准化组织发布的一套质量管理和保证的国际标准系列。三是国家、地方及部门颁布的其他相关标准，如主题饭店标准、绿色饭店标准、消防安全标准、食品卫生标准等。

3. 饭店实际

饭店服务品质设计必须充分考虑本饭店的客观实际。一般来说，需考虑以下三个基本要素。

（1）饭店特征。这里主要是指饭店的所在区域、类型、等级、规模等有形要素。不同的饭店特征，既反映了不同的服务品质要求与顾客的不同期望，也反映了饭店所拥有不同的服务资源与客观基础。

（2）客源结构。客源结构包括年龄、性别、家庭、民族、区域等。饭店需要分析自身主要的客源特征来设计饭店服务。例如，主要是以家庭旅游者为主要客源的一家度假饭店，就须考虑家庭客源结构的特点，设计不同的房价类型与相应设施；以境外客源为主的饭店，就必须在研究这些目标顾客文化及需求的基础上加以设计。

（3）管理条件。这里主要指饭店管理目标、管理模式、企业资金实力、员工队伍素质等主客观因素。从管理角度上讲，饭店分为单体经营、集团经营，而集团经营又分为直接经营、租赁经营、管理合同、特许经营等不同方式。不同的管理经营方式具有不同管理优势、技术优势、财务优势、采购优势、市场营销优势与人才优势，从而对饭店服务品质的设计也提出不同的要求。

（二）注重基本规范

规范化是保证饭店服务品质的基础。在服务品质设计过程中，应特别注重服务品质基本规范的设计。

1. 服务品质规范

服务品质规范主要是规定服务提供所能达到的质量标准。它既是服务设计的结果，也是编制服务提供规范和评价服务品质的依据。饭店服务品质标准主要包括以下几个。一是设施设备质量标准，它不仅指设施设备本身的质量标准，更重要的是指操作标准或规范；二是实物产品质量标准，指以饮食产品为主的生产操作规程、烹饪技术期望和产品质量规格等；三是劳务质量标准，即服务标准，是服务人员为顾客提供服务时应该达到的工作标准。

品质标准设计，应注重适合与适度相结合原则。适合是指饭店的服务品质要适合各类目标顾客的要求。适度就是指根据目标客源的等级要求即付费标准，以合理的成本，为目标客源提供满意的、具有适度质量的饭店服务，以实现饭店服务长期利润最大化的目标。“适合”强调要投顾客需求类型之好，“适度”强调要投顾客需求等级之好，这两者都是在使顾客满意的基础上，为实现饭店长期利润最大化的目标服务。

与此同时，制定标准要做到定性和定量相结合，尽可能使用量化标准，对不能定量的标准则要用清晰、准确的文字来表达。

2. 服务提供规范

服务提供规范规定的是提供服务的方法和手段，反映的是服务过程的质量标准，是饭店实现服务质量规范的具体措施。服务提供规范须达到的基本要求如下。

(1)清楚地规定提供服务的过程，包括：规定必需的工作阶段；规定每个工作阶段中的活动；规定各个工作阶段(活动)的接口；规定各个工作阶段(活动)的责任。

(2) 清楚地规定每一项服务各个工作阶段(活动)的提供特性，包括顾客可经常观察到的和那些顾客不能经常观察到的但又直接影响服务业绩的特性。

(3) 规定每一项服务提供特性的验收标准。验收标准应能够评价服务提供特性的基本特征，并可采取相应的方法做可重复的评价和记录，确保服务的可追溯性要求。

(4) 明确资源的要求和配置，包括：实现服务规范所需的设备、设施；对人员的技能和配置要求；对提供产品和服务的分承包方要求。

3. 服务控制规范

服务品质控制规范主要是指规定评价和控制服务及服务提供特性的程序。质量控制规范应能有效地控制每一服务过程，以确保服务始终满足服务规范和顾客的需要。质量控制规范设计主要包括以下几方面。

(1) 关键活动的识别与控制。明确每个服务过程中对服务有重要影响的关键活动；规定对关键活动的控制方法(往往包括过程业绩的测量和控制)。

(2) 质量特性的评价与控制。明确需要重点控制的质量特性(服务特性和服务提供特性)；规定对质量特性的测量和控制方法。

(3) 明确与质量控制活动有关的责任。对所选出的特性规定评价的方法。

(4) 建立在规定界限内影响或控制特性的手段。如实现质量控制规范所需的设备、设施；对人员的技能和配置要求等。

(三) 注重体验管理

在体验经济背景下，顾客消费不仅是为满足基本生理需要，而且还希望得到精神层面的满足，希望能够给其带来全新的过程体验，甚至是改变其原有的某些习惯、观念、特性等。为此，服务品质设计必须注重顾客体验管理(customer experience management，CEM)，即以顾客为中心，通过高接触的独特服务产品，创造顾客美好体验与回忆的过程。

1. 顾客体验需求认知

所谓体验，就是以服务为舞台，以商品为道具，环绕着顾客，创造出值得顾客回忆的活动。一般来说，顾客的体验需求主要有以下四种。

(1) 娱乐需求，即顾客希望通过观看表演等活动而达到愉悦身心、放松自我目的的需求。

(2) 教育需求，即顾客希望通过饭店的活动经历，获得有益的学习体验，以及情感和思想上的体验。

(3) 逃避需求，即顾客渴望暂时摆脱自己在生活工作中扮演的种种角色，获得一份宁静、温馨的体验，寻找生活中另一个摆脱束缚和压力后的真实自我。

(4) 审美需求，即顾客希望通过饭店产品中美好的声、色、形，以获得感观的愉悦，继而通过理性的思维和丰富的想象深入领会景观的精粹，从而获得由外而内的舒畅感觉。

2. 顾客体验服务特征

饭店的服务体验须突出以下特征。

(1) 独特性。既然是体验，要令顾客印象深刻，难以忘怀。这就要求饭店在体验化的创新设计中，必须有效结合特色确定主题来突出产品的独特性，以及与市场同类产品的差异性。

(2) 情感性。体验活动是满足个人心灵与情感需要的一种活动。所以，作为体验消费，顾客在注重饭店产品质量的同时，更加注重情感的愉悦和满足，偏好那些与自我心理需求产生共鸣的饭店感性产品与活动。

(3) 高参与性。为了体验，顾客不再仅仅是被动地接受服务，而是在接受服务的同时要求更多地参与到服务的设计与活动之中。

3. 顾客体验管理步骤

美国学者贝恩特·施密特(Bernd H. Schmitt)认为，顾客体验管理框架可分为以下五个步骤。①

(1) 分析顾客体验世界。任何一个企业在为顾客创造和传递体验时都不可能兼顾所有的市场、所有的顾客。因此，对细分市场顾客特征及其需求认知是对顾客体验加以管理的先决条件。其基本要求是：第一，确定准确的目标顾客。除非你能有效地确认顾客，否则就找不准他们的有效体验。第二，分享体验世界。从顾客的立场出发，梳理出“顾客体验世界的4个层次”，即品牌体验、产品体验、品牌消费环境体验、社会文化体验。第三，从顾客和企业的所有接触点上追踪全部体验，从产品的知名度到产品的购买、使用到弃置。第四，了解所有竞争对手，看竞争对手是否能影响顾客体验。

(2) 建立顾客体验平台。体验平台是战略和实施之间最主要的连接点。体验平台包括3项策略内容：第一，体验定位，描述了品牌代表什么。它与传统的管理和营销的定位宣言是相同的，但是它以有洞察力和有用的多感官的战略内容代替了模糊的定位宣言，这些战略内容是富于品牌形象的，并且是与品牌购买者和使用者相关联的。第二，体验价值承诺，找出了以体验词汇描述的顾客希望从品牌中得到的特殊价值。第三，全面实施主题，总结了中心信息的内容和形式，而企业要在品牌体验、顾客接触、未来创新中全面使用这些信息。

(3) 设计品牌体验。品牌体验包括：第一，作为顾客品牌体验的起点，就是体验产品特点和产品美学；第二，品牌体验包括在标签设计、包装等方面吸引人的“看点和品味点”；第三，适当的体验信息和广告、网站上的形象及其他营销活动共同形成了品牌体验。

(4) 建立与顾客的接触。建立与顾客的接触并在每一接触点上整合，必须强调3个关键问题：第一，正确的组合和灵活性。为建立与顾客的接触，有必要找到最关键的地方(如关键的操作、互动、交易)。怎样迎接顾客？在接触中假设会发生什么？我们应怎样跟进？另一方面，为保持新鲜和及时的接触，灵活性也很重要。灵活使销售空间变成活的空间。灵活让顾客把销售人员看作人而不是机器。第二，正确形式和内容的组合。形式，在

---

① 贝恩特·施密特.顾客体验管理[M].北京：机械工业出版社，2004.

这种环境下，指在接触中表达宗旨和灵活性的方式；内容指随之而来的有形的东西。太多的形式（太多的开场白、虚假的友好），实质的东西较少，顾客会失去耐心，甚至有被愚弄或受骗上当的感觉。反之，顾客可能难以感觉，或者难以引起顾客注意与兴趣。第三，接触的时间。在本质上，接触和互动会随时间而延展。这就要求企业必须思考：与顾客接触怎样随时间的推移而转换方式。怎样接触才愉快？接触应该持续多长时间？什么是关键的转移点？何时是顾客离开的最理想时间？怎样让他们再回来？

(5) 致力于不断创新。企业创新必须持续，包括接待顾客的方式和提高顾客体验的事情，从产品创新到销售创新。创新向顾客显示了企业是能够连续创造新的相关体验的。创新可以吸引新顾客，然而，它们多数通过卖给现有顾客产品来建立顾客价值。

三、服务品质控制

服务品质控制，关键是服务提供过程的控制。关键在于抓好以下三个对象的管理。

1. 顾客管理

顾客管理应以“使顾客拥有好心情”为中心，并注重以下三个基本点。

(1) 注重对客交流。饭店服务活动实际上是一种人际沟通的活动。为此，饭店管理人员现场管理的首要任务就是热情问候顾客，及时征询顾客的意见，适时提供必要的服务，帮助顾客解决一些特殊的需要，使顾客有受尊重、受关照的感觉。

(2) 注重对客服务。饭店管理人员在工作过程中，必须分清主次，抓住重点，关注重点服务。一般来说：管理人员需要特别关注的重点服务顾客有：一是重要顾客，管理人员必须通过参与服务、现场指挥，保证接待的规格与水平。二是爱挑剔难以侍候的顾客，因为面对这类顾客，服务人员要么缺乏服务这些顾客的经验而导致顾客不满，要么惧怕或厌恶这些顾客而不愿接待或冷落顾客而导致顾客投诉。所以，管理人员必须关注这些顾客，并帮助指导服务人员做好各项接待工作。三是曾经对饭店投诉过的顾客，或在饭店曾遇到过不愉快的顾客。因为此时的饭店服务对顾客的情绪和饭店的印象至关重要。所以，管理人员必须提供特别用心、精心、细心的服务，以化解顾客疙瘩。四是有缺陷、身体不适、消费低廉的顾客，无论何种原因，都是需要特殊关照的，绝不能使顾客有受冷落、受怠慢之感。

(3) 注重顾客投诉。顾客投诉并不可怕，可怕的是顾客不投诉。因为顾客不投诉并不等于顾客都满意，他在饭店不说，并不意味着他在外面不说。所以，饭店管理人员应主动“寻找”顾客投诉，即要随时注意顾客的表情和情绪，主动征求顾客的意见，及时把顾客的不满情绪消灭在萌芽状态。对于顾客投诉，则应给予足够的重视并注意处理的技巧。

2. 员工管理

员工管理应以“使员工处于最佳工作状态”为中心，并抓好四个基本点：一是正确指挥，使员工能正确工作；二是有效督导，使员工高效工作；三是解决困难，使员工顺利工作；四是现场激励，使员工愉悦工作。

3. 产品管理

即有形设施与实物产品的管理，其应以“达到产品标准”为中心，并注重五个基本点，即通过自己的“五官”去感知产品质量。要求做到：凡是顾客看到的，都应该是美观的；凡是顾客闻到的，都应该是清新的；凡是顾客听到的，都应该是悦耳的；凡是顾客吃到的，都应该是可口的；凡是顾客触到的，都应该是舒适的。

四、服务品质评价

服务评价与改进过程就是实施服务过程作业的连续评价，以识别和积极寻求服务品质的改进机会。

（一）服务品质评价依据与标准

1. 评价依据

饭店服务品质评价的基本依据有二：一看是否符合饭店服务品质的等级标准；二看是否满足顾客的物质和精神的需要。从顾客角度来看，饭店服务品质不仅与服务的结果有关，而且也与服务的过程有关。所以，顾客实际经历的服务是由以下两类属性组成的：①技术性品质：指服务结果的品质，如客房、菜肴、饮料等，这些服务结果是顾客接受服务的整个经历的组成部分。②形式性品质：指服务过程的品质。服务过程与顾客的消费过程同时发生。服务过程的品质不仅与服务时机、服务方式、服务态度、服务技术有关，而且与顾客的个性特点有关。此外，顾客对形式性品质的看法也会受其他顾客消费行为的影响。

2. 评价标准

美国著名营销学家贝里等人在大量定性研究和对采集的数据进行分析处理的基础上，将服务品质的评价标准因素归纳为五个方面。

(1) 有形性(tangiblity)，指服务产品的“有形部分”，如饭店的建筑物、设施设备、用品用具、服务人员、环境氛围、宣传资料等，是表明饭店对顾客服务殷勤、关心的有形证据；研究者还认为，饭店有形性品质还涉及饭店服务场所其他顾客的行为，喧闹的顾客必然破坏饭店的环境气氛。

(2) 可靠性(reliability)，指饭店准确无误地完成所承诺的服务的能力。可靠性要求饭店必须按照品质标准，不折不扣地提供规范的服务，而且必须保持品质一致。服务品质的可靠性不仅要求饭店前台服务人员具有优良的服务意识和服务技术，而且还要求饭店后台部门支持工作必须准确无误。

(3) 响应性(responsiveness)，指饭店愿意并随时准备为顾客提供快捷、有效的服务。如当饭店出现服务问题引起顾客投诉，有良好反应能力的服务员能及时采取职业化的补救措施，不仅不会影响顾客的体验品质，而且往往还会提高顾客满意度。

(4) 保证性(assurance)，指饭店员工的知识、能力、态度等能让顾客信赖和放心。服务品质的保证性要求员工具备良好的服务能力、礼貌礼节和人际交往能力，以及真心实意的服务态度。

(5) 移情性(empathy)，指饭店能真诚地关心顾客，了解他们的实际需要并予以满足，使饭店服务个性化、富有人情味。移情性要求员工态度亲切，使顾客感到易接近，对顾客需要反应敏锐，能设身处地地为顾客着想。

（二）服务品质数据收集

1. 内部调查

饭店内部服务品质调查主要通过检查的形式进行，其具体形式包括饭店总经理的重点检查、值班经理的全面检查、各级管理者的日常检查、饭店职能部门的专项检查、员工自我检查等。从控制品质的角度来说，员工的自我检查最为重要。从数据收集的角度来说，应全方位、多层次，并借以系统分析。

2. 顾客调查

顾客调查内容包括顾客预期的服务品质、顾客经历的服务品质和顾客感知的服务品质三个方面。调查形式包括问卷调查、现场面谈、电话访谈等。由于顾客的需求和自身素质不尽相同，其服务评价自然呈现多元性、模糊性、差异性的特点，甚至出现带有偏见的评价。此外，由于在顾客样本选取、量表设计等调查技术方面的缺陷，也可能影响调查结果。因此，饭店应正确认识通过顾客调查得到的信息，建立科学、综合、持久的顾客调查体系。目前，一些饭店采用的神秘顾客调查法，应该是一种比较有效的方法。神秘顾客调查，就是接受过相关培训或指导的个人，以匿名顾客的身份，对事先设计好的包括硬件、软件和人员等方面的一系列问题，逐一进行评估或评定的一种调查方式。神秘顾客调查通过对饭店服务过程真实的体验和评价，最后通过不同方式（如填写问卷、书写报告），详细、客观地反馈其消费体验。

3. 第三方调查

第三方是指除饭店企业和顾客以外的团体组织。第三方既不代表服务提供方的饭店利益也不代表服务接收方的顾客利益，是独立于饭店服务供需双方的评价调查主体，其调查结果具有客观性特点。当然，由于调查对象、内容、方式等方面的限制，同样会有一定的局限性。

（三）服务品质分析

1. 服务质量差距模型

美国营销学家 Parasuraman、Zeithamal 和 Berry 等人（简称 PZB 组合）提出了服务质量差距模型的理论，他们认为管理过程中的五种差距会导致服务质量问题。①②

差距 1：顾客对服务的期望与管理人员对这些期望的认识之间的差距。产生此差距的主要原因有：饭店设计服务产品时没有进行充分的市场调研和需求分析；或进行市场调研和需求分析时得到的信息不准确；一线员工了解顾客的需求和愿望由于管理系统的障碍，这些信息没被及时地传递给管理层。缩小这一差距的方法是：改进市场调研，增进管理者与员工之间的交流，减少管理层次，缩短与顾客间的距离。

差距 2：管理人员对顾客期望的认识与服务质量规范之间的差距，或者说管理者没有建立一个能满足顾客期望的服务质量目标并将这些目标转换成切实可行的标准。这一差距由以下原因造成：饭店没有明确的质量目标；服务质量管理的计划性差；计划实施与管

---

① 关大进，杨琪. 服务质量 FMEA 差距模型及应用[M]. 北京：中国标准出版社，2009.

② 服务质量差距模型. 智库百科，http://wiki.mbalib.com/wiki/%E6%9C%8D%E5%8A%A1%E8%B4%A8%E9%87%8F%E5%B7%AE%E8%B7%9D%E6%A8%A1%E5%9E%8B.

理不力，使计划流于形式。缩小这一差距的方法是：树立明确的质量目标，制定严格的质量标准；管理人员与服务人员密切配合，共同制定服务质量标准以及落实措施。

差距3：服务质量规范同服务提供之间的差距。即员工未能按照饭店服务质量标准和操作规范提供服务。引起这一差距的原因大体上可以归为三类：一是服务质量标准、操作规范不切实际，可操作性差。二是饭店设备设施、技术支持系统不能达到服务规范的要求。三是管理、监督、激励系统不力。解决这一问题的方法有：根据顾客的需求和饭店硬、软件的实际情况制订服务质量标准，加强员工培训，提高员工素质，使其在技术、观念、行为上都能够了解和适应服务质量规范的要求；改善饭店的监督和激励机制。

差距4：服务提供与外部沟通之间的差距，也可称为许诺和守诺之间的差距。产生这一差距的原因有：饭店对外宣传促销活动与内部经营管理、服务质量控制脱节；对外宣传促销时不客观或过分许诺；饭店高层管理者对市场营销活动没有进行严格控制和管理。解决这一问题的方法是饭店要同时抓好外部营销与内部营销两种活动，建立内外部运转协调统一的机制；对外宣传和许诺的服务必须是顾客最需要的而且是饭店能够完全落实的服务。

差距5：顾客的期望与实际感受之间的差距。它是以上四种差距导致的必然结果，与上述四种差距的大小和方向直接相关。

2. ABC分析法

ABC分析法是意大利经济学家巴雷特分析社会人口和社会财富的占有关系时采用的方法。美国质量管理学家朱兰把这一方法运用于质量管理。运用ABC分析法，可以找出饭店存在的主要质量问题。ABC分析法以“关键的是少数，次要的是多数”这一原理为基本思想，通过对影响饭店质量诸方面的分析，以质量问题的个数和质量问题发生的频率为两个相关的标志，进行定量分析。主要可分为三个步骤。

(1) 确定关于饭店质量问题信息的收集方式，如质量调查表、顾客投诉和各部门的检查记录等。

(2) 对收集到有关质量问题的信息进行分类，如服务态度、服务效率、语言水平、清洁卫生、菜肴质量、设备设施等，然后统计出每类质量问题出现的次数并计算出每类质量问题在质量问题总体中所占的百分比。

(3) 找出主要质量问题。通过对现存的质量问题进行分类，并按问题存在的数量和发生的频率，把上述质量问题分为A、B、C三类。A类问题的特点是：项目数量少，一般是一二项，至多只能有三项，但发生的次数多，约占投诉总数的70%。B类问题的特点是项目数量一般，发生次数也相对少一点，约占投诉总数的20%～25%。C类问题的特点是项目数量多，但发生次数少，约占投诉总数的10%。分类以后，我们可先致力解决A类问题，这样做可使饭店质量有明显进步。同时，防止B类问题上升，并对C类问题加以适当注意。因为C类问题往往带有偶然性或不可控性。如失窃现象和设备被损的现象等。

3. 因果分析法

影响饭店服务质量的因素是错综复杂的，并且是多方面的。因果分析法就是对影响质量(结果)的各种因素(原因)之间关系进行整理分析，并且把原因与结果之间的关系用带管线(鱼刺图)表示出来。因果分析法的程序主要有以下步骤。

(1) 确定要分析的质量问题,即通过 ABC 分析法找出 A 类质量问题。

(2) 发动饭店全体员工共同分析,寻找 A 类质量问题产生的原因,查明这些原因形成的根源,然后找到相应的防止措施。

(3) 将找出的原因进行整理后,按结果与原因之间的关系画在图上。对分析寻找出的原因应进一步确定主要原因。确定主要原因可采用加权评分法,或者以原因为分析对象,采用 ABC 分析法。

第三节　饭店品牌传播管理

品牌传播是饭店塑造品牌的重要环节,它连接着品牌创立和品牌价值实现两个环节,起着承上启下的重大作用。

一、品牌传播解析

(一) 品牌传播的特点

品牌传播就是指品牌所有者找到自己满足消费者的优势价值所在,用恰当的方式持续地与消费者交流,促进消费者的理解、认可、信任和体验,产生再次购买的愿望,不断维护对该品牌的好感的过程。品牌传播具有如下特点。

1. 信息聚合性

作为动态的品牌传播,其信息的聚合性是由静态品牌的信息聚合性所决定的。品牌表层因素如名称、图案、色彩、包装等,其信息含量尚是有限的,但"产品特点""利益与服务的允诺""品牌认知""品牌联想"等品牌深层次的因素,却无疑聚合了丰富的信息,它们构成了品牌传播的信息源,也就决定了品牌传播本身的信息的聚合性。

2. 受众目标性

从传播角度看,品牌的传播者最关注的是目标受众,因为品牌打动受众之后,受众会产生有益于品牌的行为——不仅仅是直接带动销售,而且还引发各种各样的间接行为,如意见领袖会对品牌进行二次传播,潜在消费者将转化为知晓消费者。只有确立了明确的目标受众,传播中的受众本位意识才能得到体现,受众的需求才能得到满足,相应的品牌传播才是卓有成效的。

3. 媒介多元性

加拿大的传播学家麦克卢汉有句名言:"媒介即讯息",因为媒介技术往往决定着所传播的讯息本身。在传播技术正得到革命性变更的今天,新媒介的诞生与传统媒介的新生,则共同打造出一个传播媒介多元化的新格局。这为"品牌传播"提供了机遇,也对媒介运用的多元化整合提出了新挑战。传统的大众传播媒介对现代社会的受众来说,魅力依旧存在。而新媒体的诞生则使得品牌传播的媒介多元化更加突出。数字技术的产生更是进一步推动了传统与创新传播媒介的融合。企业自办的网络、刊播的网路广告,不仅在起着广告的功能,更在进行着内涵丰富的品牌传播。

4. 操作系统性

在传播研究者的眼光中："一个系统是一套相互作用的单元，它在一个现存的边界范围内通过对来自环境的变革压力作出反应和调整而长时间发挥作用，从而获得和维持目标状态。"在品牌传播中，其系统的构成主要是品牌的拥有者与品牌的受众，二者由特定的信息、特定的媒介、特定的传播方式、相应的传播效果、相应的传播反馈(如受众对品牌产品的消费、对品牌的评价)等信息互动环节构成。

(二) 品牌传播的途径

研究表明，饭店通过各种途径进行品牌传播可以降低顾客的认知成本。根据国外测验，两种媒介作用于人一次的效果，要比一种媒介作用于人两次的效果高30%。因此，品牌传播应从不同时间、不同空间、不同传播途径全方位进行。饭店品牌的传播途径主要有以下几个。

1. 广告传播

广告作为一种更主要的品牌传播方式，是指品牌所有者以付费方式，委托广告经营部门通过传播媒介，以策划为主题，以创意为中心，对目标受众所进行的以品牌名称、品牌标志、品牌定位、品牌个性等为主要内容的宣传手段。广告传播具有以下特点。

(1) 有偿沟通。广告最明显的特性在于有偿沟通的特性。饭店为了实现扩大品牌在消费者中的影响，以付费的方式借助于社会资源开展全方位的品牌宣传。而广告公司、广告媒介等社会资源通过传播饭店品牌来收取报酬。

(2) 公开展示。广告的目标受众是社会大众，具有不确定性与非定向性，很多人都能够接受到相同的广告信息。广告是一种高度公开的信息传播方式。这就决定了广告的信息覆盖面十分广泛，有利于品牌信息在大范围内传播。

(3) 单向传播。广告是单向的信息传播，饭店将品牌信息经过传播渠道送达目标受众，传播者与受传者只是单方面的给予与接收关系。目标受众在收到信息以后对信息的解读是否与广告发送者的预期目标一致，不能通过广告方式来得知。

(4) 媒介多样。广告传播媒介多种多样，包括电视、广播、报纸、杂志、户外广告、印刷媒体及互联网等。不同传播媒介的特点不同，选择不同的传播媒介有不同的优缺点。饭店在选择广告媒介时，需要综合权衡目标市场的媒体接触习惯、预算等因素。

2. 销售传播

销售传播是指饭店使用各种短期性的措施刺激消费者或者分销渠道成员迅速、大量购买饭店产品的行为。这种方式一方面能够促进直接消费；另一方面也是因为随着饭店品牌数量的增加，竞争对手频繁采用销售传播的方式，使得品牌拥有者更加看重销售传播这种方式，因而销售传播是饭店品牌传播的重要方式之一。销售传播主要具有以下特点。

(1) 时间上的短期性。销售促进是战术性的营销工具，它提供的短期的强刺激，能够刺激消费者的即时行动。因此，销售促进在短时间内能产生较好的销售反应。

(2) 形式多样。饭店销售促进的方式多种多样，可以是优惠券、竞赛抽奖、折扣优惠、免费赠送等。各种促销方式的优点及使用条件不同。饭店可以根据品牌特点与消费者特征灵活加以选用。

(3) 效益的非连续性。尽管销售传播在短时间内能够提升销售额度，但是很少有长期的效益和好处，尤其是对品牌形象而言，大量使用销售推广会降低品牌忠诚度，增加顾客对价格的敏感，淡化品牌的质量概念，促使企业偏重短期行为与效益。

3. 公关传播

公关传播即公共关系传播，是组织通过专项活动以及报纸、广播、电视、网络等大众传播媒介，辅之以人际传播的手段，向其内部及外部公众传递有关组织各方面信息的过程。它的目的是沟通传播者与公众之间的信息联系，使组织在公众中树立良好的形象。作为品牌传播的一种手段，其一般具有以下五个基本要素：一是公关传播者，即组织信息的采集、发布者，是代表组织行使传播职能的人。二是公关传播内容，即传播者发出的有关组织的所有信息，如企业的目标、宗旨、方针、经营思想、产品和服务质量等，或者号召公众响应一项决议，呼吁公众参与一项社会公益活动等。三是公关传播渠道，即信息流通的载体，也称媒介或工具。四是目标公众，即那些与组织有着某种利益关系的特定公众。五是公关传播效果，即目标公众对信息传播的反应，也是公关人员对传播对象的影响程度。公关传播与广告传播相比，具有以下差异。

(1) 传播目标不同。广告的主要目标是激发人们的购买欲望，对产品产生好感，"让别人买我"；公关传播的主要目标是赢得公众的信赖、好感、合作与支持，树立良好的整体形象，"让别人喜欢我"。

(2) 传播方式不同。广告为了引人注目，可以采用各种传播方式，包括新闻的、文学的及艺术的传播方式，可以采用虚构的乃至神话的夸张手法，以激起人们的兴趣，加速人们的购买欲望。但公关传播方式主要是新闻传播的手段，最重要的是靠信息的真实性、客观性及其内在的新闻价值说话。成功的公关传播在于善于选择适当的时机、采用适当的形式，通过适当的媒介，把适当的信息及时、准确地传递给目标公众。

(3) 传播周期不同。通常来说，广告传播周期是短暂的，短则十天半月，长则数月一年，一般不会太长。相对来说，公关传播周期则是长期的，其任务主要是树立整个企业的信誉和形象，急功近利的方式是很难奏效的。

(4) 所处地位不同。一般来说，广告传播在经营管理的全局中所处的地位是局部性的，其成败好坏，对全局没有决定性的影响。但公关传播却不同，它在经营管理中处于全局性的地位，贯穿于经营管理的全过程。公关传播的好坏，以及整个企业的信誉、形象，决定着整个企业的生死存亡。

(5) 评价效果不同。一般来说，广告传播的效果是直接的、可测的，其经济效果是显而易见的。对某项广告而言，其效果也往往是局部的，只影响到某个产品或某项服务的销路。而公关传播的效果则是战略性的、全局性的。成功的公关传播所取得的效益，应该是包括政治、经济、社会等各方面效益的社会整体效益。一般来说，这样的整体效益是难于通过利润的尺度来直接衡量的。

4. 人际传播

人际传播是在自我传播的基础上进行的。人际传播也称人际沟通，是人际交往的一个组成部分，它指人们传递或交换知识、意见、感情、愿望等社会行为。这里，既包括饭店内部的人际沟通，也包括饭店员工与顾客的人际沟通，还包括饭店与其他组织成员的人际沟通。

在人际传播途径中，最受关注的传播形式是口碑传播。口碑传播是指一种以口头传播为主要形式，以传播者之间的相互信任或密切关系为基础的一种信息传播方式。口碑传播具有三个重要特性：一是选择性，即人们在传播信息时会以传播者认为最主要的信息作为传播内容，可能是产品质量，也可能是价格、品牌的地位等；二是主观性，即人们所传播的信息是经过自己的思维加工而成的，它必将带有一定的主观色彩；三是高效性，由于传播者之间的关系，往往传播将对被传播者的购买行为和态度产生决定性影响。

（三）品牌传播的趋势

根据时代，品牌传播呈现以下四个基本趋势。①

1. 品牌传播体验化

饭店服务实际上是一种体验产品，要让顾客真正领略并喜欢，应注重传播的体验化。设置适宜的互动性品牌交流和沟通情景是体验化品牌传播的基本要求。互动性品牌交流和沟通就是使顾客介入个性化的品牌体验中。其特点是：使品牌传播从利益驱动的服务向可回忆的个性化的体验发展；从传统的广告、公关传播向与消费者每一个可能接触点的多渠道传播方向发展。

2. 品牌传播娱乐化

品牌传播娱乐化，即通过娱乐化元素的使用，制造出愉悦生动的消费者品牌接触经历，进而表达品牌的主张，达到与消费者沟通的目的的品牌传播活动。主要类型有三种：一是娱乐化广告传播，即通过幽默、夸张的故事情节、语言台词或代言人等娱乐元素进行幽默化创意表现的广告，使消费者在观看广告时感觉到心情愉快，有效地降低消费者对广告的抵触心理；二是娱乐化公关传播，即通过赞助商和参与媒体举办娱乐节目或娱乐性活动等公关活动来实现品牌传播；三是娱乐化促销，淡化商业功利性而让促销过程充满娱乐元素和娱乐气氛的营销活动。

3. 品牌传播联合化

品牌传播联合化，即品牌联合营销理念下的品牌传播趋势。主要有以下几种：一是不同行业品牌的联合营销；二是同一企业不同品牌的联合营销；三是制造商与经销商之间的联合；四是同行企业之间的联合营销。

4. 品牌传播事件化

在事件化品牌传播理念下，一切社会事件、企业的一切营销行为，都可能变成品牌传播的载体，成为"炒作"的对象。在这一传播理念的指导下，品牌传播的媒体购买行为应从买时间、买收视率转向买活动、买话题，比如与电视台共同策划某个活动，或者合作某个栏目等。

二、品牌传播策划

品牌传播的基本流程大体表现为：审视品牌传播主体——了解并研究目标受众——进行品牌市场定位——确立品牌表征——审视品牌文化——确定品牌传播信息——选择

① 李明合，等. 品牌传播创新与经典案例评析[M]. 北京：北京大学出版社，2001.

并组合传播媒介——实施一体化传播——品牌传播效果测定与价值评估——品牌传播的控制与调整。在此，品牌传播策划则是重中之重，而以下三个又是品牌策划的重中之重。

（一）品牌诉求提炼

品牌诉求即品牌精神和特点的凝练表达，主要表现形式是一句简单明了的广告语。品牌诉求的目的在于直击消费者心智，促使或引导消费者选择该品牌产品。

（1）准确精练。品牌诉求应有醒目、精准的主题与新奇的表现方式，以引起消费者的注意。

（2）独具神韵，即品牌诉求应具有前所未有、别出心裁或与众不同的特色、特点。为此，需特别注重诉求的独特点、产品的利益点与顾客欲求点的有机统一。

（3）拨动情感。品牌诉求要收到良好的效果，必须能拨动消费者的心弦，其关键在于能否以情感人，形成美好意境。在感性消费的今天，消费者更需要在这种“消费意境”的引导下，进入一种特定的消费氛围，获得良好的消费感觉。

（二）传播管道选择

品牌传播需要选择恰当的管道，即传播媒介与媒体。媒介是一种物质实体，是传播信息所使用的工具，如报纸、杂志、电视、广播等；媒体是指拥有、使用并经营媒介的机构，如报社、电台、电视台等。饭店应根据自身品牌特征、诉求主题及受众对象等因素，科学选择传播媒介。

1. 受众吻合

不同媒介有不同的受众，品牌传播媒介选择，首先必须了解目标顾客群体经常关注的媒介，把握其在饭店购买决策时习惯使用的信息来源，选择与目标受众高度吻合的媒介。

2. 背书效应

媒介本身就是一个品牌，在社会公众中都有自己的影响力与影响范围。如媒介的影响力强、认可度高，则其传播的信息的可信度也就越高，通过它进行品牌传播就能起到背书效应，无形之中产生出一种亮丽的光环。[①]

3. 综合考量

越强势的媒介所起的背书效果越大，购买价格也越高。饭店品牌传播媒介选择，应注意综合考量。主要应对以下五个方面进行评价。一是品牌附加值评价：媒介对品牌附加值的影响，是提升还是贬值；二是覆盖质量评价：媒介与投放品牌的目标人群、投放地域、人群特征等的契合度；三是内容质量评价：媒介的风格、主题、内容、文案、情节等水平；四是信息接受评价：受众信息接受的干扰度与接受信息的主观意愿；五是投资回报率（return on investment，ROI）评价：到达率、有效到达率、人均到达成本、投入产出比。

4. 多元互补

每一种传播媒介都有各自不同的优势、劣势及受众群体。所以，要提高品牌传播效果，应注重多种媒介的有机整合。目前，品牌传播媒介主要有三类：一是传统媒介，通过某种机械装置定期向社会公众发布信息或提供教育娱乐的交流活动的媒介，如报刊、广

---

① 杨松霖．品牌速成大师[M]．北京：中国经济出版社，2009．

播、电视、户外广告等；二是新媒介，即以数字信息技术为基础，以互动传播为特点，具有创新形态的媒体，如数字杂志、数字报纸、数字广播、手机短信、移动电视、网络、桌面视窗、数字电视、数字电影、触摸媒体、手机网络等；三是自媒介，即私人化、平民化、普泛化、自主化的传播者，以现代化、电子化的手段，向不特定的大多数或者特定的单个人传递规范性及非规范性信息的媒介，如博客、微博、微信、百度官方贴吧、论坛/BBS等网络社区等。

（三）传播创意设计

通过优秀、独特的创意与表现形式，使企业的品牌诉求引起目标受众的关注，得到认同与信赖，并占领其心智。在此，应注意以下四个基本法则。

1. 引发注意

在媒介多元、受众强势的背景下，要引起消费者注意，必须注重品牌传播的娱乐化，即通过娱乐化元素的使用，制造出愉悦生动的消费者品牌接触经历，进而表达品牌的主张，达到与消费者沟通的目的的品牌传播活动。主要类型有三种：一是娱乐化广告传播，即通过幽默、夸张的故事情节、语言台词或代言人等娱乐元素进行幽默化创意表现的广告，使消费者在观看广告时感觉到心情愉快，有效地降低消费者对广告的抵触心理；二是娱乐化公关传播，即通过赞助商和参与媒体举办娱乐节目或娱乐性活动等公关活动来实现品牌传播；三是娱乐化促销，淡化商业功利性而让促销过程充满娱乐元素和娱乐气氛的营销活动。此外，还需关注引发注意的一些基本规则：一是大的比小的显眼。比如平面广告上，大面积的留白或者大面积留黑，肯定是大面积的部分显眼。二是动的比静的吸引人。电视广告画面，动态的肯定比静态的吸引人。三是彩色比黑白醒目。从色彩角度来讲，一般彩色的应该比黑白的画面醒目，夺人眼球。四是圆的比方的显眼。从视觉上，圆的比方的显眼。

2. 强化记忆

饭店服务实际上是一种体验产品，要让顾客真正领略并喜欢，应注重品牌传播的体验化。设置适宜的互动性品牌交流和沟通情景是体验化品牌传播的基本要求。互动性品牌交流和沟通就是使顾客介入个性化的品牌体验中。其特点是：使品牌传播从利益驱动的服务向可回忆的个性化的体验发展；从传统的广告、公关传播向与消费者每一个可能接触点的多渠道传播方向发展。当然，品牌传播的多次反复，是强化记忆、增强记忆的最有效方法。

3. 植根意识

品牌传播能够让消费者震撼，感染、感化消费者的心灵世界和心理意识形态。为此，饭店应注重品牌传播事件化，尽可能弱化商业行为。

4. 培养信念

即让品牌诉求能够与消费者一起培养信念。一般要注重消费者购买心理的开发和研究，特别是消费理念、消费意识等的吻合。

三、品牌传播方式

品牌传播的主要目的在于提高品牌的知名度、满意度，赢得顾客对传播品牌的理解、喜爱与认同。为此，饭店必须采用顾客喜爱的传播方式。根据饭店的品牌特征及现在的文化环境，饭店应特别注重以下三种传播方式。

（一）事件传播方式

事件传播，即饭店通过策划、组织和利用具有新闻价值的人物或事件，吸引媒体、社会团体和消费者的兴趣与关注，以提高饭店或产品的知名度、美誉度，树立良好品牌形象，并最终促成产品销售的手段和方式。事件传播的本质就是让事件策划成为新闻。

1. 事件传播的特征

(1) 事件依托性。事件传播的核心就是事件，无论是企业自行策划事件还是借用已有的社会热点，事件传播始终围绕着一个主题，以此实现企业的传播目标，建立企业的良好形象。

(2) 第三方公正性。事件传播是通过借助第三方公正组织或权威个人，将其产品、服务、理念较真实地传递给目标市场及目标群体，提升其关注度。所以，事件传播比广告更具隐蔽性和持久性。

(3) 双重目的性。事件传播的目的表现在产品（服务）销售和形象塑造两个方面，借助一个事件进行有针对性的传播，能避开媒体多元化而形成的噪音干扰，从而提升企业品牌的注目率。

(4) 宣传成本较低。以新闻事件方式进行的宣传和销售促进，避免了其他传播方式的高额宣传费用，可以产生低投入高回报的宣传效果。

2. 事件传播原理

(1) 事件传播的原始动机——注意力的稀缺。注意力是对于某条特定信息的精神集中。当各种信息进入人体的意识范围，人们将关注其中特定的一条信息，然后决定是否采取行动。注意力对于企业来说，是一种可以转化为经济效应的资源，把握住大众的注意力，也就有了事件传播的动力。

(2) 事件传播的实现桥梁——大众媒介议程设置。大众媒介议程设置，即大众传播媒介具有一种为公众设置议事日程的功能，传媒的新闻报道和信息传达活动以赋予各种议题不同程度显著性的方式，影响着人们对周围世界的“大事”及其重要性的判断。因此，如果企业想成功地实施一次事件传播，只有凭借传媒开展的新闻传播、广告传播等大众传播活动，营造出有利于企业的社会舆论环境，才能帮助企业达到借势或造势的目的，引起大范围的公众重视。

(3) 事件传播的必要途径——整合传播资源。事件传播需要整合多种媒体发布渠道，整合多种媒体渠道传播的信息，整合多种传播工具。

3. 事件传播成功要素

(1) 目的性。事件传播须有明确的目的，要与自己饭店的特征及品牌核心价值相匹配。

(2) 重要性，即事件内容的重要程度。判断内容重要与否的标准主要看其对社会产生影响的程度。影响越大，新闻价值也越大。

(3) 接近性。越是心理上、利益上和地理上与受众接近或相关的事实，就越能引起人们的注意。

(4) 显著性。新闻中人物、地点和事件的知名度越高，新闻价值也越大。国家元首、政府要人、知名人士、历史名城、名胜古迹往往都是出新闻的地方。

(5) 趣味性。大多数受众对新奇、稀奇、古怪、独特、有人情味的东西比较感兴趣。一个事件只要具备一个要素就具备新闻价值,如同时具有的要素越多、越全,新闻价值自然越大,肯定会成为新闻媒介竞相追逐的对象。

(二) 微传播方式

微传播是以移动互联网为主要沟通平台,配合传统网络媒体和大众媒体,通过有策略、可管理、持续性的线上线下沟通,建立和转化、强化顾客关系,实现客户价值的传播策略。

1. 微博传播

微博传播是饭店以每一个听众(粉丝)为潜在传播对象,利用微型博客向网友传播企业信息、产品信息,树立良好的企业形象和产品形象的传播策略。微博传播应特别注意以下四点。

(1) 传递价值。微博应是一个给予平台。只有那些能对浏览者创造价值的微博自身才有价值,此时企业微博才可能达到期望的商业目的。

(2) 彰显个性。微博传播竞争激烈,千篇一律的传播手段将使得受众产生审美疲劳,只有那些具有个性魅力的微博账号(其实是账号后面的微博传播者)才能脱颖而出,才具有很高的黏性,可以持续积累粉丝与专注。

(3) 准确定位。微博粉丝多少是微博传播成功的关键要素,但对于企业微博来说,“粉丝”质量更重要。因为企业微博最终的商业价值,需要这些有价值的粉丝加以实现。

(4) 强化互动。“活动内容+奖品+关注(转发/评论)”的活动形式一直是微博互动的主要方式,此时更多的人是在关注奖品,对企业的实际宣传内容并不关心。其实,相较赠送奖品,微博经营者认真回复留言,用心感受粉丝的思想,更能唤起粉丝的情感认同。这就像朋友之间的交流一样,时间久了会产生一种微妙的情感连接,而非利益连接,这种联系持久而坚固。当然,适时结合一些利益作为回馈,粉丝会更加忠诚。

2. 微信传播

微信传播是指企业利用微信平台,通过向用户传递有价值的信息,最终实现企业品牌力强化或产品、服务、销量提升的一种传播策略。微信与微博具有以下差异:其具有高到达率、高曝光率、高接受率、高精准度、高便利性等优点。微博是自媒体,微信则是兼具自媒体和用户管理的双重身份;微博是一对多,微信是一对一,更具有针对性,精准度高;微博更偏向传统广告,微信则是真正的对话;微博的曝光率极低,微信的曝光率几乎是100%;微博是开放的扩散传播,而微信是私密空间内的闭环交流;微博是弱关系,微信是强关系,用户价值更高;微博是一种展示工具,微信是一种联络工具。微信传播应特别注意以下几点。

(1) 实用有效,简便易行。感知有用性是饭店微信吸引用户的前提因素,感知易用性则是饭店微信得以推广和拓展的基本保障。饭店应从微信内容的实用度、微信获取信息、产品预订、产品购买的便捷程度、开展有用的活动等方面提升用户获取信息、实施操作的效率,从而提升饭店微信用户的感知有用性。同时,应从优化界面、简化流程以及提高信息获取的流畅性等方面加强饭店微信易用性的打造。

(2) 趣味相投,互动致胜。感知趣味性和互动参与是走向体验经济时代用户最为追求的因素。饭店微信公众号在进行用户管理时,应尽量将用户的身份与类别进行细化,深入分析本企业微信用户的特征,并根据其兴趣点,进行信息的推送和活动的开展,从提升信息内容的趣味性、开展趣味活动,以及用具有亲和力、有趣的语言与用户进行交流沟通等来加强用户的感知趣味性。同时,饭店应通过对用户的评价、响应进行及时反馈,定期开展高频率的活动,让用户参与到饭店微信的互动中来,甚至通过模块设计,使用户能与饭店微信的其他用户进行交流,来加强用户的参与性、体验性和互动性,通过互动留住用户,并提升用户的满意度和忠诚度。

(3) 成本控制,安全第一。成本是用户选择微信而非其他新媒介的关键因素;安全第一,则是任何媒介都该秉承的原则。饭店应通过简化流程,对推送信息的大小进行合理化控制等方式来降低用户的时间成本、精力成本和经济成本。此外,目前越来越多的饭店微信支持用户在线预订和购买,企业应保障用户在使用过程中的个人隐私,为用户提供安全的使用和支付环境,并充分履行承诺,保障线上线下产品一致,甚至线下为用户提供超期望产品,给顾客带去惊喜。通过以上种种途径控制成本,保障安全,让顾客放心地、主动地黏上饭店微信。

3. 微电影传播

微电影是指企业为本身塑造的一种影视宣传媒介,通过微视频的模式,将企业精神、企业产品等企业最重要信息进行剧情化、视频化、专业化制作的一种视频载体。"碎片化"的信息接收方式的形成催生了微电影的诞生发展。微电影形式简单,短小精悍,恰好在"体型"上契合了受众即时消费的诉求,它既可以满足时间上的"碎片化"需要,也可以满足传播上的"碎片化"需求。饭店运用微电影传播,应特别关注以下几点。

(1) 精准制导。饭店须清楚自己的品牌和产品定位,准确地把握目标消费群体,在此基础上进行精准传播,寄商业诉求于有声有像的电影情节中,以达到吸引观众又传播企业广告诉求的双重目的。

(2) 内容至上。好的微电影作品应将企业品牌融于故事情节,与观众情感共鸣,使观众在潜移默化中接受企业品牌。

(3) 娱乐休闲。普通的企业宣传片纯粹以宣传自身为目的,容易引起受众的抵触情绪。所以,微电影应以一种娱乐休闲的方式进入网民的视野,达到让受众从中享受到轻松愉悦的感觉,使全民参与收藏、分享、讨论甚至是二次创作,进而释放微电影的影响力。

(4) 科学评估。微电影效果评估可从三个纬度来测评:一是微电影的播放量和主动传播的数量,可从播放量和微博转发数、论坛跟帖数等来考量;二是品牌知名度提升,可从百度指数、淘宝指数等工具来统计;三是订单转化率。

(三) 故事传播方式

故事传播是指通过创造与传播故事,来扩大企业与产品的影响,形成口碑并提高产品观念价值的传播活动。饭店在进行故事营销的时候需要考虑下列问题。

1. 故事来源

故事来源必须是可靠的、可信的。饭店的故事来源可以包括:饭店的发展历程;饭店各处摆放的小物品或装饰的创作情节;饭店在管理经营活动中动人的事迹或优秀的服务案例；各类顾客给予饭店的表扬信或重要人物的留影。

2. 故事主题

故事主题是吸引人的关键。饭店所选择的故事主题应该符合下列几个标准。

(1) 符合饭店所提供的服务和产品的特性。故事主题要能够准确展示饭店卓越品质，充分表达对顾客真挚的感情。

(2) 符合饭店目标市场客户的心理诉求。选择能够引起顾客共鸣，打动顾客内心，满足顾客精神享受以及提升顾客身价的故事主题。

(3) 展现饭店的个性与新颖，具有独到之处。选择饭店经典的故事，给老故事以新的注解，不断加入新故事，使饭店的故事始终富有活力，为人们所津津乐道。

3. 故事传送

有一个好的故事，还需要有一种好的方式使其广为流传。故事传播途径的选择关系着故事营销的最终效果。故事的传送需要关注以下三个方面。

(1) 谁来讲。故事的创作主题是饭店，但是故事的传播者则必须依靠第三人。具有良好社会背景与较大社会声望的名人，其作为讲故事的人往往具有更大的影响力和权威性，在故事的传播中往往会事半功倍，因此这些人是理想的故事传播者。同时，顾客也是饭店需要重视的故事传播者。

(2) 在哪讲。饭店可以有计划地使用广告、媒体、影视以及网络等途径来传播故事。日常的服务活动更是故事传播的主要途径。

(3) 怎么讲。选择具有感染力的表现形式能够使故事更加扣人心弦。讲一个有趣的故事以独特的形式表现出来常常能够不知不觉地实现企业传播品牌内涵、文化与价值的目的。

第四节　饭店品牌资产管理

饭店品牌经营是围绕饭店品牌价值展开的，而品牌价值最终体现在品牌资产上。所以，做好品牌资产评估，加强品牌资产保护，实现品牌资产价值，这是饭店品牌经营的重中之重。

一、品牌资产评估

（一）品牌资产构成要素

品牌资产也称品牌权益，是指与品牌名称和标志相联系，能够增加或减少企业所销售产品价值的一系列资产与负债。饭店品牌资产的构成要素主要有以下几个。

1. 品牌认知

品牌认知是顾客认出、识别和记忆某饭店品牌是某一饭店产品类别的能力，从而在观念中建立起饭店品牌与饭店产品类别间的联系。品牌认知是一个由浅入深的变化过程。就对品牌有所认知的程度而言，可分为三个层次：①品牌识别。它是一种有提示的需要帮助的记忆和识别，是品牌认知的最低程度。②品牌记忆。它是建立在顾客自主记忆的基础上的，是比品牌识别更高一个层次的品牌认知，是顾客很熟悉的品牌。③品牌深入人心。它是顾客最熟悉、最认同甚至最喜爱的品牌，是品牌认知的最高程度。

顾客在购买饭店产品和服务时，面对着众多的饭店品牌，他们往往选择自己最熟悉、最喜欢的品牌。因此，能被人们记住的品牌，尤其是深入人心的品牌，在顾客进行购买决策中，起着至关重要的作用。

2. 品牌质量

品牌质量即品牌体现的质量，它是顾客对于饭店品牌所标示的服务全面质量或优势的感性认识，是对饭店品牌无形的、全面的感知。由于品牌体现的质量是一种感性认识，不同顾客对同一饭店品牌既可以做出相同或相似的判断，也可能做出不同的判断，甚至完全相反的判断。但是，当一种饭店品牌体现的质量被多数顾客看好时，这个品牌就会走俏。

品牌体现的质量是形成品牌资产的重要组成部分。品牌体现的质量越高，就越有竞争优势，在顾客心目中就能获得高质量的感性认识或感觉，它是饭店长期经营成功之道，是重要的品牌资产。

3. 品牌联想

品牌联想是指人们的记忆中与饭店品牌相连的各种事物。与品牌联系的各种事物，都对品牌产生联想的想象力，从而加深品牌在顾客心中的印象。一个品牌的联想越多，其影响越大；联想越少，影响就越弱。品牌联想可以创造价值，联想的集合具有明显的资产价值。因为联想能提供顾客购买的基础，强化品牌形象，提高品牌忠诚度。

4. 品牌忠诚

品牌忠诚是顾客对饭店品牌感情深浅的程度。顾客对饭店品牌忠诚度高，是该饭店品牌的一个重要资产，甚至是饭店品牌资产的核心。作为顾客对品牌感情的量度，品牌忠诚反映出一个顾客转向另一饭店品牌的可能程度。品牌忠诚度越低，顾客转向另一品牌的可能性越大；品牌忠诚度越高，顾客转向另一品牌的可能性就越小。品牌的高忠诚度是饭店的一笔财富，它可以留住老顾客，吸引新顾客，从而扩大未来的销售和利润。

（二）品牌资产评估内容

饭店品牌资产评估的主要内容包括以下五个方面。

1. 历史成本

历史成本是已经形成的品牌资产的估价，其最直接的做法是计算饭店对该品牌的投资，如促销、开发、分销等所花去的费用。历史成本的最大问题是无法反映现实的价值，不能反映过去投资的质量和成果。它容易造成对不成功甚至失败的品牌资产价值做出不切实际的高估现象。

2. 现在成本或取代成本

现在成本指的是第三者愿意出的钱，即取代成本。它相当于重新建立一个全新品牌所需的成本。困难的是，饭店品牌很少用来进行交易，更没有专门的品牌交易市场来提供供求信息和价格行情。比较实际的做法是以这个品牌在过去几年所产生的利润来评定现在的品牌资产价值。

3. 市场价值

这是为了评估饭店品牌资产在市场上的力量。参考数据主要有市场占有率、知名度、形象或偏好度等。由于对市场定义不同，评估这些数据也有操作上的困难。

4. 未来获利潜力

这是计算饭店品牌未来收益或现金流量。通常是根据现在的收益趋势，以外插法估算出未来的收益，在扣除掉现在的价值，计算出获利潜力。但是，品牌并不是唯一影响未来收益的因素，很难把品牌因素与其他因素如管理、营销、渠道结构等因素剥离开来。

5. 额外价值

这是指某饭店品牌相对于一般品牌的额外价值。它是以某饭店品牌高于其他竞争品牌的价格，当作该饭店品牌的资产价值。

（三）品牌资产评估方法

饭店品牌资产具体的评估方法有两大类：第一类是使用客观财务数据的会计方法，其结果体现为饭店品牌的交易价值；第二类是使用顾客调查的品牌资产评价法，其结果体现品牌的内在价值。

1. 会计方法

会计方法主要有三种：成本法、市价法和收益法。

(1) 成本法。成本法主要包括历史成本法和重置成本法两种。历史成本法是依据品牌资产的购置或开发的全部原始价值估价。最直接的做法是计算对该品牌的投资，包括设计、创意、广告、促销、研究、开发、分销等。这种方法的主要问题是如何确定哪些成本需要考虑进去，例如管理时间的费用要不要算？如何算？品牌的成功归因于公司各方面的配合，我们很难计算出真正的成本。即使可以，历史成本的方法也存在一个最大的问题，它无法反映现在的价值。因为它未曾将过去投资的质量和成效考虑进去。使用这种方法，会高估失败或较不成功的品牌价值。重置成本法是按品牌的现实重新开发创造成本，减去其各项损耗价值来确定品牌价值的方法。重置成本是第三者愿意出的钱，相当于重新建立一个全新品牌所需的成本。其基本计算公式为

$$品牌评估值=品牌重置成本\times成新率$$

按来源渠道，品牌可能是自创或外购的。其重置成本的构成是不同的。饭店自创品牌由于财会制度的制约，一般没有账面价值，则只能按照现时费用的标准估算其重置的价格总额。外购品牌的重置成本一般以品牌的账面价值为依据，用物价指数调整计算，公式为

$$品牌重置成本=品牌账面原值\times(评估时物价指数/品牌购置时物价指数)$$

成新率是反映饭店品牌的现行价值与全新状态重置价值的比率。一般采用专家鉴定法和剩余经济寿命预测法。后者的公式为

$$品牌成新率=剩余使用年限/(已使用年限+剩余使用年限)\times 100\%$$

这里要注意的是，品牌原则上不受使用年限的限制，但有年限折旧因素的制约，不过它不同于技术类无形资产的年限折旧因素。前者主要是经济性贬值(外部经济环境变化)和形象性贬值(品牌形象落伍)的影响，后者主要是功能性贬值(技术落后)的影响。

(2) 市价法。这种方法是通过市场调查，选择一个或几个与评估品牌相类似的品牌作为比较对象，分析比较对象的成交价格和交易条件，进行对比调整，估算出品牌价值。参考的数据有市场占有率、知名度、形象或偏好度等。应用市场价格法，必须具备两个前

提条件：一是要有一个活跃、公正、公平的市场；二是必须有一个近期、可比的交易参照物。但在执行上存在一些困难。因为对市场定义不同，所产生的市场占有率也就不同，且品牌的获利情况和市场占有率、普及率、重置购买率等因素并没有必然的相关性。这些市场资料虽然有价值，但对品牌在财务价值的计算上却用处不大。

(3) 收益法。收益法又称收益现值法，是通过估算未来的预期收益(一般是"税后利润"指标)，并采用适宜的贴现率折算成现值，然后累加求和，得出品牌价值的一种评估方法。在对品牌未来收益的评估中，有两个相互独立的过程：第一是分离出品牌的净收益，第二是预测品牌的未来收益。收益法计算的品牌价值由两部分组成：一是品牌过去的终值(过去某一时间段上发生收益价值的总和)；二是品牌未来的现值(将来某一时间段上产生收益价值的总和)。其计算公式为这相应两部分的相加：

$$品牌价值 = \sum A_t(1+i)^{n-t} + \sum A_t(1+i)^{-t}$$

式中，A_t 为品牌的销售利润，i 为贴现率，t 为收益期。

对于收益法，有些人持怀疑态度，其不可靠性主要有三点：在预计现金流量时，虽重视了品牌竞争力因素，但没有考虑外部因素影响收益的变化，从而无法将竞争对手新开发的优秀产品考虑在内；贴现率选取的主观性；时间段选取的主观性。

2. 市场/顾客影响力评估法

市场/顾客影响力评估法是对传统会计方法的挑战。它试图克服使用财务指标的不足。因为品牌属于长期性投资，但销售量、成本分析、边际报酬、利润以及资产回报率等指标多半是短期性数据，而且都是"自给自足"的。以短期性指标评价品牌绩效，往往会给品牌投资决策造成某种伤害。

市场/顾客影响力评估法中最著名的是"品牌资产评估十要"指标系统，该评估系统兼顾了两套评估标准：基于长期发展的品牌强度指标，以及短期性的财务指标。10 个指标被分为 5 个组别，前 4 组代表顾客对品牌的认知，分别对应品牌资产构成的忠诚度、认知度、联想度、知名度等四个要素。第 5 组则是两种市场状况，代表来自市场而非顾客的信息。这个评估系统见表 5-2 所示。

表 5-2 品牌资产评估十要

忠诚度评估	1. 价差效应 2. 满意度/忠诚度
品质认知/领导性评估	3. 品质认知 4. 领导性/受欢迎度
联想性/区隔性评估	5. 价值认知 6. 品牌个性 7. 企业联想
知名度评估	8. 品牌知名度
市场状况评估	9. 市场占有率 10. 市场价格、通路覆盖率

需要注意的是，尽管市场/顾客影响力评估法克服了传统会计学方法的某些缺点，但

它自身也存在一些难点和问题。诸如，如何找到与品牌资产相关的系统数据，如何确定各个指标的权重。可以说，所有试图估计单个品牌价值的方法都充满了困难。但最起码，品牌资产评估具有两大突出贡献：一是确定了品牌确有价值的信念，强势品牌是饭店企业生存和成长的中心，值得饭店为之作长期投资；二是提供了品牌竞争力比较可靠的证据，有效地检视品牌经营的状态。

二、品牌资产保护

品牌资产保护，实质上就是对品牌所包含的知识产权进行保护。主要包括以下几项。

（一）商标权保护

商标权是商标使用人对其商标依法享有的权利。商标权包括商标的独占使用权、续展权、禁用权、转让权和使用许可权等，其中独占使用权是核心权能。商标要获得法律的保护，必须进行注册，并应坚持以下基本原则。

(1) 先期注册原则，即在饭店筹建期间或新产品生产前就申请注册。因为我国商标注册采用先申请原则，所以饭店应提前注册商标，以免落得为他人做嫁衣的后果。

(2) 宽类别注册原则，即饭店在申请注册时，不应仅在某一类或某一种商品上注册，而应同时在多类商品上注册。一方面防止竞争者使用与自己商标相同的商标生产经营其他类别的商品，以免引起顾客误会，影响饭店品牌形象；另一方面防止原注册类别过窄，以免使品牌延伸受到限制。

(3) 防御注册原则，即在同一商标申请注册除正商标以外的多个近似商标（又称“联合注册”），防止他人利用自己的商标，规避法律谋取不正当利益而损害饭店的品牌形象。

(4) 宽地域注册原则。商标专用权仅受注册国或注册地区的法律保护。所以，饭店必须根据企业发展规划，在未来可能发展的国家与地区注册商标。

当然，饭店依法取得商标权后，还要注意注册商标的时间性，在商标有效期满前进行续展；同时，要定期查阅商标公告，防范他人的侵权行为。

（二）专利权保护

专利权是政府有关部门向发明人授予的在一定期限内生产、销售或以其他方式使用发明的排他权利。作为一种无形财产，它具有专有性、地域性与时间性等特点。饭店在开发新技术、新产品的同时，要重视申请专利，保护饭店的智力成果。

（三）商业秘密保护

商业秘密是指不为公众所知悉、能为权利人带来经济利益、具有实用性并经权利人采取保密措施的技术信息和经营信息。它具有秘密性、经济性、实用性、保密性等特征。饭店应通过制度设计、合同约束等措施，保护自己的商业秘密。

（四）域名权保护

域名是互联网时代一家饭店与外部社会交流的身份证，它不但是饭店的网上名称、网上商标，也是顾客与饭店双向交流的高速路入口。保护的关键在于及早注册域名。

三、品牌资产实现

（一）创造品牌溢价

品牌溢价的关键在于提高品牌的顾客价值。顾客愿意为名牌产品支付额外费用，产品功能价值固然是基础，但起决定作用的是产品的心理价值，即信任价值、情感价值与身份价值。所以，创造理想品牌溢价的关键是创造品牌崇拜，即建立在顾客将品牌视作自己拥有的某些特权（话语权、建议权等）的基础上，对品牌的忠实有如宗教信徒般的关系，并且有意区别其他品牌的消费群体。为此，饭店应该注重以下几点。

（1）传播品牌价值观，即品牌所推崇的基本理念与独特主张。

（2）塑造神秘感，即应为品牌注入超出常规、激发想象的神奇与神秘元素，以增强顾客的内心探求欲望和对超越者奋斗过程的敬意。

（3）培育品牌故事，通过讲述顾客最期望听到的故事，增进与密切目标受众的情感交流，进而实现品牌与目标受众的心灵共鸣。

（二）实施品牌延伸

品牌延伸即饭店将某一知名品牌或某一具有市场影响力的成功品牌扩展到与原产品不尽相同的产品，并使新产品在节省促销费用的情况下顺利地进入市场。

1. 品牌延伸路径

饭店品牌延伸主要有三种路径。

（1）产业延伸，主要有两种策略：一是向上、向下或同时向上向下延伸，为材料来源、产品销路提供了很好的延伸方式。二是平行延伸，一般适应于具有相同（或相近）目标市场和销售渠道、相同储运方式、相近形象特征的产品领域。

（2）档次延伸，包括向上延伸、向下延伸和双向延伸。双向延伸就是原定位于中档产品市场的企业，一方面增加高档产品；另一方面增加低档产品。

（3）扩散法延伸。这对于刚成长起来的名牌非常有意义。主要有四层含义：一是单一品牌扩散延伸到多种产品，成为系列品牌；二是一国一地的品牌扩散到世界，成为国际品牌；三是一个品牌再扩散衍生出另一个品牌；四是名牌产品扩散延伸到企业，成为名牌企业。

2. 品牌延伸时机

在以下几种情况下，可考虑品牌延伸：一是当延伸产品和同盟产品很相似时；二是当在不同品牌间转换的消费行为不可避免时；三是当多类品牌明显是消费者所需要时。

3. 品牌延伸关键

影响品牌延伸成败的决定性因素主要有两个：一是顾客对核心品牌的认识，主要表现为顾客所能记住的品牌的主要特征，包括由品牌所能联想到的产品类别，该品牌下产品的优势、市场形象等。二是延伸产品与核心品牌之间的关联性，主要表现为支持原品牌产品的要素与支持新产品的要素的契合度或转移程度。延伸产品与核心品牌间的联系又可分为与产品特征有关的技术性、互补性、替代性以及产品特征无关的价值性四种。其中，技术性是指核心技术与资源的可转移性或迁移性；互补性是指延伸产品与原产品之间的配套补充；替代性是指延伸产品与原产品可以满足顾客的同一需求，它们之间可以相互替代;价值性是指品牌概念、表现、内涵等核心价值的一致性。

结合以上两个决定性因素,可以确定四类品牌延伸的边界。①高功能——高表现性品牌,可在技术、互补、替代、价值上延伸,较少受到限制,成功的机会也比较大。②高功能——低表现性品牌,应选择技术性、互补性、替代性这三方面延伸,而不宜向价值性延伸。③低功能——高表现性品牌,只能采用价值性延伸,此外也可以向互补性和替代性产品延伸。④低功能——低表现性品牌,从理论上讲,延伸困难很大。但如果在互补性与替代性上操作得好,也能获得成功。

(三)实施品牌资本扩张

品牌资本即把品牌应用到财务中,让品牌作为一项资本,产生财务收益。其路径主要有三条。①

(1) 品牌资产融资,即企业可以利用品牌资产实施质押贷款、吸引投资、上市融资等。品牌资产融资的关键:一是完善企业品牌资产评估,通过第三方评估品牌资产价值,计入企业的资产负债表,形成企业的权益资本;二是加强品牌资产经营管理,促进企业品牌资产的持续增值。

(2) 品牌资产投资,即利用品牌资产,参与企业的投资、合资、并购等资本经营。品牌资产投资的关键环节是:一是对品牌资产合理估值,并将其计入资产负债表和权益资本;二是在投资合作中经协商一致,将品牌资产折价入股,创造资本权益;三是要加强规划、管理和控制,避免由于品牌资产盲目扩张与管理失控造成品牌资产损害和流失。

(3) 品牌资产交易,即企业利用品牌资产实施品牌购买、品牌转让、品牌出售等。品牌资产交易的重点,一是品牌资产交易的策略要与品牌资产的建设方向和企业的发展战略、核心能力建设,以及企业的经营目标相适应;二是要选择适合品牌资产交易的时机,以降低购买成本或扩大出售收益;三是要系统规划品牌资产交易策略与管理运营策略,促进完成交易后品牌资产的有效利用与协同发展。

【思考与练习】

一、思考题

1. 如何理解成功的饭店品牌的基本特征?
2. 如何理解饭店的品牌效应?
3. 饭店品牌定位应遵循哪些基本准则?
4. 饭店品牌对于顾客来说,主要可以表现为哪几个层次?
5. 怎样提高饭店品牌传播的效果?
6. 如何有效维护饭店品牌?
7. 如何理解饭店品牌的资产构成?
8. 如何提升饭店品牌溢价?

---

① 郭伟.品牌价值管理[M].北京:中国人民大学出版社,2010.

二、练习题

1. 通过网络搜索方式，收集中外著名饭店或者饭店集团的品牌核心价值及品牌标识语，并选择有代表性的三家饭店（集团）进行分析比较和点评，并提出改进与修改意见。

2. 通过网络搜索方式，选择一家饭店或饭店集团品牌传播的视频，对此进行点评，并总结网络品牌传播方式成功的关键要素。

三、案例题

希岸酒店的品牌定位[①]

希岸酒店是铂涛酒店集团旗下的一个新酒店品牌，为了能够顺利进入市场，并确定理想效益，笔者对于品牌的目标客户定位、品牌价值主张及服务产品元素进行了定位研究。

一、目标客户的确定

根据相关研究表明：①现有经济型酒店已经不能满足消费者对品质升级的需要；②消费者有意愿和能力为提升酒店品质和服务多支付一定价格；③女性的消费需求增长迅速，市场容量巨大。由此，希岸酒店的目标客户群定位如下。

1. 主要客户群

主要客户群是指一个品牌针对的最核心的消费人群。考虑到铂涛酒店集团内部品牌细分差异化的前提条件和对女性市场的研究分析，笔者认为在现实条件下，选择以20～35岁年轻职业女性为主要客户群的市场定位，对于创立新品牌有较大的发展潜力。

2. 次要客户群

女性酒店市场是庞大的，以女性为客户群的酒店市场还是处女地，等待着有梦想的团队开发。以年轻职业女性为主要客户群的酒店，必将有一些次要客户群将紧随主要客户群形成有利的客户补充。

(1) 与闺蜜及家人出行的女性。一个为女性打造的高品质酒店，必将对女性的出行带来深远的影响。除了由于公务出差住宿该类型的酒店以外，作为女性，还会与闺蜜及家人一起出行，她们同样需要一个硬件高品质、软件贴心舒适的酒店来享受自己的私人空间。

(2) 尊重女性、追求品质的男性。女性对酒店品质方面的挑剔性天生就比男性要高，特别是在干净卫生、安全及舒适性方面。因此，以女性角度打造的酒店，必将在这些品质和基础环境要求方面高于普通酒店，女性成了高品质酒店的背书。

社会的快速发展和进步，使人群更加个性化，喜好差别也越来越明显。市场上，追求高品质住宿感受的部分男性，将成为这类以女性视角为特色打造的酒店之坚定支持者。同时，社会文明使人们更加关注女性、尊重女性，在与女性一起商务出行、旅游观光等需要住宿时，有可能会把女性的感受作为重要因素之一加以重点关注和考虑，选择一个能够从生理到心理全面关怀女性的酒店。

---

① 案例来源：刘辉《铂涛酒店集团新酒店品牌定位研究》，浙江大学MBA学位论文，指导教师邹益民。

二、希岸酒店的品牌价值主张

希岸酒店定位于主要目标客户群“年轻职业女性”的中档酒店，必须在功能性价值主张、情感性价值主张和象征性价值主张方面形成差异化，并与目标消费者形成强烈的情感共鸣。

1. 情感性价值主张

对于新酒店品牌的情感性价值主张，笔者首先通过邀请目标消费者座谈等定性研究方式，选择出四种不同的情感性价值主张，分别是：“真我·发现”“享受我的小幸感”“优雅是一种姿态，一种选择”“做最好的自己”。然后，通过调研问卷等定量研究的方式对四种价值主张喜好程度做了分析，并对消费者最喜爱的价值主张做了测试，以进一步判断可行性。调研通过“问卷星”网络问卷形式，共回收问卷332份，有效问卷310份。

从数据研究结果看，有43.9%的消费者选择“享受我的小幸感”，有39%的消费者选择“优雅是一种姿态，一种选择”，“真我·发现”占9.76%，选择“做最好的自己”只有7.32%。很明显，前两项是消费者的主流选择。但进一步对选择这两项的消费者进行研究分析，发现选择“优雅是一种姿态，一种选择”的消费者年龄层明显高于“享受我的小幸感”的年龄层，这与该品牌定位的年轻职业女性的目标消费群体的匹配产生了一定的距离。

然后，笔者及所在团队继续对消费者选择的“享受我的小幸感”进行分析，判断其所在的目标客户群对其喜爱程度。从测试结果看，消费者对这一价值主张的选择“极其喜欢”选项的占14.44%，选择“非常喜欢”选项的占38.89%，选择“喜欢”选项的占22.22%，选择“一般”选项的占23.33%，选择“不喜欢”选项的占1.11%。

2. 功能性价值主张

根据消费者对价值主张的测试，目标消费群体对“享受我的小幸感”表达出了强烈的喜爱。因此，笔者又继续对消费者进行了定性研究（座谈和访谈会等形式），在该价值主张引导下，消费者功能性需求主要表现在以下四个方面。

第一，对甜品情有独钟。《环球旅讯》有一项研究显示，女性对甜品的关注比男性高出57%。女性通过品尝甜蜜的甜品能够感受满足感，从而得到幸福感。要让目标消费者增加在酒店享受自我的幸福感，可以增配针对女性消费者需要的甜品吧。

第二，对安全的需求更强。女性消费者天生缺少安全感，所以对于新品牌酒店，需要在可以感知的安全设施、硬件产品安全性能、服务流程以及安全保障管理等方面进一步加强安全要素的改进。

第三，与女性生理相关的关注。依此功能主张，需要从女性睡眠系统、沐浴系统、生理周期关爱等方面加强投入。

第四，对于人员服务需要更加细腻。新品牌推出“让我照顾你”为理念的服务系统，增加“闺蜜中心”管理组织架构的设置，以此提高服务的细致程度。

3. 象征性价值主张

清晰定位新酒店品牌的情感性和功能性价值主张后，品牌的象征性价值主张也变得更加清晰。根据消费者座谈的结果，新品牌的象征性价值主张体现在以下三个方面。

第一，生活高品质。对于不管男性还是女性，选择“女性视角酒店”象征着追求更高的品质生活，不再满足最基本的功能，而是更追求细节和服务品质，更有“幸福感”的生活品质。

第二，高雅气质。以女性挑剔的视角打造的酒店品牌，主要以高雅、简洁的巴黎风格作为主要特性，杜绝任何的粗制滥造，更能够彰显女性特有的高贵优雅气质。

第三，高尚个人品质。对于入住新品牌酒店的男性住客而言，除体现生活高品质和优雅气质的特征外，还体现出突出男性尊重女性、以女性优先的高尚个人品质。

三、希岸酒店服务产品元素

既然酒店产品和服务对酒店品牌的作用如此关键，希岸酒店必须从客户需求和品牌的价值主张出发，来设计符合消费者内心需求的产品和服务。

旅游咨询公司 TrustYou 研究了 5 000 万份酒店点评，其结果表明：对于酒店及其服务，女性通常会注意酒店环境和员工是否友好，而男性关注更多的是酒店的专业水平和酒店维护；对于酒店设施的评估，女性关注的是休闲属性，如娱乐设施、酒吧和游泳池，男性则更多关注网络和性价比。

根据以上研究结果，笔者及团队进一步对女性顾客举行了多次小型座谈会，找到了新酒店品牌希岸酒店产品与服务的基本思路，即力求通过女性视角打造酒店空间，满足女性消费群体的特殊需求，达到女性对酒店体验的高要求；通过打造“魔鬼细节”“享受我的小幸感”的价值主张来打造产品和服务。

关于硬件产品设计，主要通过品牌价值主张出发打造的硬件产品元素，充分彰显了希岸酒店品牌从女性视角为消费者提供的贴心舒适且个性的硬件产品。具体细节设计如表 5-3所示。

表 5-3　通过价值主张打造的希岸酒店硬件产品元素

价值主张	体现价值主张元素		改善元素/基本元素
	细项	具体体现	具体体现
享受我的小幸感	门口	VI 幸感蓝法式优雅遮阳篷	限时门禁
		体现 VI 的门头	女性停车位(更宽)
	大堂	呵护自己——小幸感甜点吧 ME TIME	无登记前台(高端)
		优雅经典简洁设计，让女人一看就拥有幸福感	自助 check in(经济型)
		Tiffany 蓝配以黑白色系，法式经典沙发，VI 线条元素	带行李架的前台
		安全空间，拥有幸福感——智能门卡进入电梯及房间，前台报警	行李房
		电梯间、等候间全是瘦身镜子	行李坡
		女性跨界区——美容美甲(高端)	小商品柜、饮料柜
			前台精致零食区(并写有创意话语)
			外借物品百宝箱

续表

价值主张	体现价值主张元素		改善元素/基本元素
	细项	具体体现	具体体现
享受我的小幸感	走廊	走廊引用瘦身镜子	行李坡
		创意安静提示语	简洁的导识系统
			绿色植物
			工作车罩
	客房	“请稍等”智能系统	智能电视
		HIFI	静音、去 PM2.5 空调
		床头围	智能灯光，一触即亮，不同模型
		好朋友急救包/垫	配合设计风格艺术布置机顶盒
		开放式衣柜，可分放多种衣物、首饰、高跟鞋	有质感拖鞋
		门口可瘦身大镜	床头 USB
		床尾榻/床围布显示 VI 色	紫外线消毒
		太妃椅结合工作台	高品质布草，有质感
		工作台含化妆盒	45 度杯子、矿泉水瓶
		床头放置惊喜小甜点	卫生
		床头放置心情书签	
		临行前一晚床上放置问候留言	
		客房关爱提醒服务	
	浴室	沐足桶（按需）优雅风格——简洁时尚＋巴黎经典优雅风格	开放式浴室（玻璃）
		结合让女性有幸福感的 tiffany 蓝	厕所手机架
		有格调女性挂画	整体墙砖
		化妆镜	分放新旧衣服
		化妆品收纳格	晾衣绳
		半自动、全自动马桶（高端）	多层晾衣架方便洗澡时取
		厚实地巾	
		配布袋装的电吹风机	
		一次性马桶坐垫/自动马桶，便于随时抽换，高端客房内提供自动抽换系统	

在酒店软件服务方面，笔者与团队经过讨论认为，希岸酒店品牌应从四个方面呈现“享受我的小幸感”的价值主张。

(1) Lady First。一切以女士为先，如优先排房，女性楼层；先服务女性；女性先check in。

(2) 24小时“闺蜜中心”。希岸酒店服务员名称统一：希岸密友/希岸闺蜜；大数据分析CRM，授权希岸密友，记录客户生活、入住习惯，及时提供服务（如观察到生病，提供开水；观察到带小孩，提供玩具）。

(3) 无前台check in。淡化前台概念，使酒店服务人员形成走出前台到客人身边主动服务的意识，让客人感觉更加热情和周到。

(4) 贴心细腻魔鬼细节。提供防水垫（特殊时期使用，或带宝宝使用）、特殊生理期送红糖水、电视系统UI以女性视角排版面、暖奶器、卫生巾、盆骨枕、化妆包、头绳、等离子或多功能风筒、外借卷发直发器、音箱（内置各种音乐和婴儿音乐）、开放式衣柜、卡路里纤体营养早餐、外借预订沐足桶等。

问题讨论：

1. 希岸酒店目标客户定位是否准确？为什么？

2. 希岸酒店的品牌价值主张是否与目标客户定位相匹配？这些价值主张是否合理？为什么？哪些方面还可以完善？

3. 希岸酒店的服务元素是否与目标客户定位于品牌价值主张相匹配？有哪些方面还可以进一步提升与完善？

4. 从希岸酒店品牌定位这个案例中，你有什么体会？

第六章 饭店人本管理系统

学习目标

通过本章的学习，你应该：

1. 充分认识饭店人力资源的重要性，正确认知以人为本管理的基本理念与要求；

2. 充分理解“发展才是硬道理”这一基本命题，掌握饭店员工职业发展平台的关键环节及构建的基本思路与方法；

3. 掌握饭店员工良好工作环境营造的基本路径与举措；

4. 充分理解“心态决定命运”这一基本理念，掌握积极工作心态的基本要素及基本要求。

引例

上海波特曼丽嘉酒店以人为本管理的实践①

饭店作为服务行业的代表，赢得客户满意带来的可能就是员工对高强度和大压力工作的抱怨，但上海波特曼丽嘉酒店（以下简称丽嘉）的员工敬业度与顾客满意度均保持在95%以上。在著名的人力资源咨询公司翰威特“最佳雇主评选”中，上海波特曼丽嘉酒店（以下简称丽嘉）连续五次进入十佳。为什么丽嘉能能够取得如此成就，这其中有何秘诀？答案就是坚持以人为本的管理。丽嘉对员工承诺的第一条写着：“在丽嘉，我们的绅士和淑女是对客服务中最重要的资源。”而这一点，也正体现了丽嘉以人为本管理的精髓要义。

1. 选择“合适的员工”

要使员工成为绅士和淑女，丽嘉管理当局认为，选择“合适的员工”格外重要。他们选择的员工既要拥有从事不同岗位所需的特殊天赋，其个性与价值观也必须与丽嘉文化相符合。只有同时具备了这两个方面，员工才会真正找到归属感，才会有高敬业度和满意度。为此，在饭店行业里，丽嘉的招聘是出了名的严谨，共有六个步骤：一是HR面试；二是标准化面试；三是部门经理面试；四是直线上司面试；五是HR总监面试；六是饭店总经理面试。其中第二关——标准化面试与众不同，是对“选择对的员工”的保证。所有候选人回答的面试问题都一样，答案将会和标准答案进行比对，选取最接近的应聘者。标准答案是请咨询公司选择饭店行业内众多成功人士回答这些问题时一致性很高的答案。所

① 根据中国服务营销网《一切来自员工满意度》和深圳新闻网《波特曼丽嘉：“绅士淑女”成就最佳雇主》（作者：章凌）改写而成。

以，如果候选人的答案与这些行业精英类似，证明他具有饭店业所需要的优秀素质。

2. 加强员工的培训

要胜任本职工作，必须强化员工的有效培训。丽嘉的员工基本守则里有一条是：所有员工都必须圆满完成其工作岗位的年度培训课程。丽嘉拥有一套非常全面、完善的培训体系，保证每一个员工一年有150个小时左右的培训时间。为了保证培训效果，丽嘉会定期发出一些培训需求的咨询，根据员工的整体需要做出有关的课程安排。有些员工还会要求去外面读书，只要是与工作有关的课程，丽嘉就会替他支付继续深造的费用。同时，丽嘉还鼓励员工跨职务、跨部门参加培训，这样既增强了部门间的联系，又提升了员工的技能，为他未来的职业发展提供了更多的选择。

3. 尊重每个员工

丽嘉始终强调，每一位绅士、淑女的工作，都是为饭店每天的成功运转贡献了重要的一部分。当然，尊重员工，就必须充分肯定员工的个人价值。丽嘉从总经理到各级部门总监、主管都会经常在饭店巡视，关注每位员工的工作，充分肯定他们的成绩；平时也会注意收集自己员工的兴趣爱好，在奖励他们或在他们过生日时投其所好。除了日常的关注和奖励之外，饭店会在每个季度正式评选出五位五星奖员工和一位五星奖经理。获奖者除了获得奖金外，还被授予一座精致的奖杯，以及一枚可以每天佩带的五星徽章。随后在年末，本年度的24位获奖者中会再评选出年度五星奖，有机会到丽嘉集团在全世界管理的其他饭店中去分享经验。

4. 充分信任员工

丽嘉的信条中提到："丽嘉的服务经验除了可令宾客身心舒畅外，甚至可以满足客人内心的需求与愿望。"为了做到这一点，丽嘉非常注重培养员工，并给予他们自由发挥才干的空间。同时，丽嘉还非常信任员工，给每位员工2 000美元的授权。在这个范围之内，员工不用请示上级就可以做出力所能及的决策，碰到突发事件也可以及时给客人满意的答复。正是创造了相互信任的氛围，员工才会对工作感到满意，并把这种信任提升为对工作的积极投入，用出色的服务提高客人的忠诚度，最终给饭店带来回报。

5. 随时敞开沟通之门

影响员工心情的常常只是一些小事，如果沟通渠道不畅通，小事情得不到管理层的重视和解决，日积月累就会影响员工满意度乃至敬业度。丽嘉的沟通制度是：每天的部门例会上，员工可以向主管反映前一天工作中发生的小问题，大家一起回顾具体出错的环节在哪里；每个月大部门会议，会讨论员工满意度的情况，向部门总监提出需要改进的地方，然后各部门会不断跟进事情的进展；另外，每个月人事总监还会随机在各部门抽取10个左右的员工，一起喝下午茶。话题大到饭店硬件设施的维修，小到制服的熨烫，都会反馈到相关的部门加以解决。

丽嘉的成功案例表明：饭店是以人为中心的行业，没有满意的员工，就没有满意的顾客；而没有满意的顾客，就没有满意的效益。所以，饭店必须坚持以人为本的管理理念。其基本思想可概括为一个中心四个基本点。一个中心，即以人的价值为中心；四个基本点，即尊重人的自我，激励人的超我，开发人的能力，回馈人的贡献。为此，饭店必须构建员工职业发展的管理平台，营造快乐工作的环境氛围，培养员工自动自发的精神境界。

第一节 饭店职业发展平台

每个人都希望有一个完美的人生，而完美的人生莫过于事业有成，生活幸福；而事业有成，则必须有一个职业发展的平台。所以，饭店实施以人为本的管理，首先必须在以下三个方面，为员工职业发展目标的实现搭建理想的平台。

一、用人管理机制

用人管理机制就是饭店企业在选拔、使用、留住员工方面的管理制度与方法。饭店的用人管理机制应保证让员工能各尽所能，人尽其才，才尽其用。

（一）岗位设计

岗位是组织的细胞，是人力资源管理工作的基石。定岗及由此而来的定编、定职、定责、定薪是人力资源管理的基础性工作。岗位设计的科学性直接决定着人力资源管理工作的有效性，决定着人力资源管理工作作用的发挥。

1. 责任设计

责任是岗位存在的理由，决定了岗位的地位与价值。责任设计是岗位设计的核心内容，通过责任设计，明确规定每个岗位必须做什么，从而使每个在一定岗位上的员工明白自己的职责，做到工作不弃位。

2. 权力设计

权力是履行责任的基本保证。权力设计的基本原则是职权对等。如果只有责任没有权力，责任人在执行任务时就会力不从心、困难重重，效率和结果就会大打折扣。而如果授权不担责，则会导致“站着说话不腰疼”“瞎指挥”，执行的人就会怨声载道。一个岗位的确立，实际上就规定了这个岗位的基本目标要求，所以要根据岗位的责任目标要求，赋予其相应的权力，以保证员工能够顺利地完成任务，提高工作效率。

3. 名称设计

岗位名称表明了该岗位工作员工的工作角色，由该岗位的责任与权力决定。岗位名称的设计，一般应遵循三项原则：一是名副其实，体现工作特点和职权范围，如总经理、经理；二是名正言顺，有利于开展工作，便于对外交流，如服务经理、宾客关系主任、客户经理、销售经理等；三是名归实至，有利于调动员工的积极性，让员工觉得在企业的发展前途是一片光明，如给销售人员以销售经理、客户经理的名称，给一线服务的基层管理者以服务经理的名称等。

4. 素质设计

素质设计就是要明确该岗位的任职资格，如身体条件、学历要求、外语水平、工作经验、专业资格、基本能力等。各岗位的责任、权力不同，因而素质要求也就不尽相同。对岗位素质的要求，主要通过工作分析加以确定，找到该岗位任职资格的关键要素和核心能力，即决定能否胜任该岗位工作的关键素质。如营销人员的关键要素是心理素质，核心能力是沟通能力，其余都是次要的标准。

5. 待遇设计

待遇是员工最关心的问题。企业关心员工的投入，员工关心自己的回报。人的欲望是无穷的，对于待遇，员工似乎永远处于不满意状态，而企业作为经济组织总希望员工积极努力，多为企业创造效益。可以说，在待遇问题上，员工和企业始终处于一个博弈的局面。员工要想获得高待遇，必须证明自己的价值，光说没有用；企业要想留住优秀人才，光有文化也不行，必须有相应的物质待遇作为保障。

岗位待遇的设计，对于绝大多数饭店来说，一般可以遵照标准、特色、居中的原则。所谓标准，就是按照国家的法律与政策，设计相应的待遇标准。所谓特色，就是要根据企业的实际，设计薪酬体系构成的多样化，提高对员工的吸引力。所谓居中，就是在同行业中处于中等偏上水平，太高和太低都不利于企业长久发展。当然，对于实施市场领先地位战略的饭店，则其待遇同样应该体现领先原则。

（二）用人准则

饭店的用人之道，实际上就是知人善任之道。所谓知人就是要识别人、熟悉人，不知人就难以善任，知人正是为了善任；善任，是知人的目的和结果。

1. 用人所愿

用人所愿即根据人的意愿安排工作。一个人的工作成就，除了客观环境的制约外，从主观上来看，既取决于他自身的能力，同时也取决于他的努力程度。而个人工作的努力程度则主要取决于他对工作的兴趣和热爱。根据行为科学的理论，人只有在做他喜欢做的事情时才会有最大的主观能动性；工作适合他的个性素质，才可能最充分发挥他所具有的能力。所以，为了激发人的工作热情，更好地发挥其才能，饭店企业在条件许可的情况下，尽可能考虑被使用对象的兴趣、爱好和个人志愿，合理安排他的工作。

2. 人事相宜

人事相宜即让合适的人做合适的事。为此，饭店必须遵循“适应就是人才”这一基本准则。所谓适应，主要体现在三个层面：一是适应饭店行业的要求，即饭店职业人。饭店是高接触性服务业，饭店服务的基本方式是人际沟通，员工的精神面貌、情绪、能力直接构成饭店的服务品质。这就要求饭店从业人员具备开朗的性格和善于沟通的本领，如强烈的职业意识、积极的职业心态、良好的职业习惯、特殊的职业技能。二是适应特定企业的要求，即企业人。不同企业有不同的企业文化和管理风格，对人才也有不同的要求，在某企业如鱼得水、春风得意的人，也许换了一个企业，这个人就难以发挥同样的作用。三是适应特定岗位的职业要求，即岗位人。对从事不同岗位的员工的素质要求主要通过饭店的岗位说明书来表达，其列出了完成某项工作的人所必需具备的素质和条件。这里的核心是要找到关键要素和核心能力，即决定能否胜任该岗位工作的关键素质。

3. 适才适用

适才适用即将员工安置和调配到最适宜发挥其才智和潜能的工作岗位上，做到个人能力与岗位需要匹配，个人性格和兴趣与工作性质匹配，充分发挥人的潜能，使得事得其人，人尽其才，才尽其用。为此，饭店用人必须做到以下几点。

(1) 注重客观评价。坚持以绩效与能力为导向，建立科学的测评考核机制，正确评估员工的能力，从而为员工的任用提供科学的客观依据。

(2) 注重用人所长。“骏马能历险，犁田不如牛；坚车能载重，渡河不如舟；舍长以求短，智者难为谋；生才贵适用，慎勿多苛求。”每个人都有各自的学识、技能、专长与特点，饭店管理者应充分了解每个人的优点与缺点、长处与短处，要运用发展变化的观点，对员工各项基本要素进行全面分析，并依据各项要素的发展趋势，发现员工的潜质，使其潜能得到有效的开发。

(3) 注重用当其时。饭店管理者要善于捕捉用人的时机，根据每个人在不同的时期有不同的能力和特征，科学、及时、合理安排员工的工作岗位，使人才才华最横溢、精力最充沛的时期与其事业的巅峰时期同步，人才的成长与企业的发展同步，使人生的不同阶段都能散发出耀眼的光芒，让每个员工在工作的每个阶段都能实现自身最大价值，每个时期都能在工作中找到快乐。

4. 结构优化

结构优化即合理安排团队成员的组成。俗话说，“没有完美的个人，只有完美的团队”。因而，饭店员工配置必须注重群体整合，形成“1＋1＞2”的群体合力。

(1) 注意不同用工形式的合理组合。目前，我国饭店的用工形式主要有全日制用工、劳务派遣用工、非全日制用工这三种形式。

(2) 注意不同技术等级员工的合理搭配。既要避免大材小用、人才高消费导致的过度成本或“两虎相争”之内耗，又要避免技术水平不足导致质量效率下降。

(3) 注意不同员工性格、年龄、专业、能力等要素的匹配和合理组合，实现充分发挥个体才能和群体结构的有机组合。

（三）识人方法

清代思想家魏源说过：“不知人之短，不知人之长，不知人之长中之短，不知人之短中之长，则不可以用人。”所以，饭店要想公正用人，关键在于建立一套科学知人的方法体系。

1. 观察法

观察法即用自己的感官和辅助工具去直接观察被研究对象，比如血型、面相、行为举止等，了解其个性特征与职业、职位的匹配程度。该方法最直观，是识别过程中的第一步，但该方法可能会产生负面效果，如首因效应的误差，如果一个人最初给人留下良好的印象，往往会影响人们对他以后行为的看法，这也叫优先效应或第一印象作用。管理者对某人最初的好感，常会导致其后的提拔和重用，也会使真正具有真才实学的人被弃之不用，长期受到压抑和埋没。首因效应易使管理者凭第一印象定夺，偏重于表面，造成识人不准或用人不当之恶果。

2. 交往法

交往法即通过短时间的相处对一个员工的实际表现作出评价。这种方法与面相法相比，较为客观、深入。可是，仍然存在一些负面效应，如晕轮效应的误差，即突出的是某个人的个别特征，使得这些特征像光环一样，给管理者留下强烈的印象，影响对人才的总体印象和评价。当光环耀眼时，则“一俊遮百丑”，即使某人总体素质不行，但因为对他某一点的好感导致对其某些缺陷熟视无睹；但当光环灰暗时，则“一灰遮百俊”，产生见木不见林，以偏概全的失误。

3. 考核法

考核法即绩效考核法，是识别人才能力大小最客观、最有信度的方法。因为它是以员工的工作绩效为基本考核内容，而绩效员工工作态度与工作能力有机结合的结果。运用此方法，关键在于考核指标合理、考核过程公正、考核程序明确、考核方法正确。

4. 试用法

试用法即把员工放在拟晋升的岗位加以使用考察，通过特定实际情景下的测试，来检验员工是否具有所要担任职务的素质。这是现代企业常用的识人方法，可在一定时间的实践中对人员的胜任力作出客观的评价。当然，此法的使用，要注意防范有些员工的短期伪装，在过了试用期后，他们才表现出自身的一些缺陷。

总之，知人是一件困难的事情，要综合运用多种方法加以甄选。

（四）晋升机制

人人都希望进步，并能有所作为，有所成就。所以，晋级与晋升这是每个员工非常关注的问题。饭店应在完善人才甄选方法的基础上，建立公开、公正、公平的晋升机制，克服小圈子、重人情、重关系的弊端，给每个员工以公平的发展机会。

1. 信息公示制

饭店信息的公开化、透明化，沟通渠道的顺畅无阻，可增加员工的参与感和主人翁意识，促进员工参与饭店的日常管理，并提出自己的意见。在饭店行业内，人才选拔主要以内部招聘为主、外部招聘为辅。因此饭店内工作信息通报（工作海报）变得极其重要，它是一个职业信息交流媒介，主要是将饭店内部空缺职位的信息，在向外部社会公布之前先让内部员工了解。典型的工作信息通报包括工作说明、工作要求、报酬等级和申请程序以及要填写的表格。空缺职位的信息要公开、透明，要么张贴在公共领域，如员工餐厅；要么贴在专门的布告栏，以便感兴趣的潜质人才进行自我推荐，参与公平竞争。工作信息通报直接关系到各层次人才的发展，使他们认识到在组织中的工作是有前途的，有利于提升士气。

2. 毛遂自荐制

毛遂自荐制充分体现了“用人所愿”的准则。为了激发员工的工作热情，更好地发挥其才能，饭店应在条件许可的情况下，尽可能尊重每一个人的选择权，并且热情鼓励大家勇于“自荐”。通过“毛遂自荐”，让人才勇于自我挑战，为各类人才自我超越创造更好的条件。在人才使用过程中，要尽量满足人才在成长和目标选择方面的正当要求，努力为他们创造必要的条件，推动他们进入最佳心理状态，尽快成才。

3. 公开赛马制

赛马机制就是饭店通过创造一个公平竞争的机制，在“群马奔腾”中使“千里马”脱颖而出。赛马制可以使“马”不依赖于他人的认识，完全凭借自己的主观努力，充分施展自己的才能，进而把命运的缰绳紧紧地握在自己的手里。

(1) 建立赛马机制，公平是前提。首先是机会公平，饭店要为所有员工提供“人人都可成才”的机会，而不能以身份、学历、资历和年龄为限，人为地将一些员工排除在外；其次是规则公平，尤其是规则执行过程中的公平，要绝对避免“暗箱操作”，避免人为因素，在公平的基础上真正实现公正、公开；再次是人格公平，企业可以有分工不同、岗位不同、薪酬不同，但在人格上大家都是平等的，饭店要尊重每一个人的人格，尊重员工的意愿，不能有丝毫的歧视行为。

（2）建立赛马机制，竞岗是关键。实行竞争上岗，目的就是要盘活现有人才，起用优秀人才，实现人才在企业内部的合理流动。首先要有计划、有组织、有步骤地开放岗位，实行岗岗摆擂台、人人可参赛、上岗靠竞争、保岗靠业绩；其次要同步建立岗位业绩考评体系，坚持"管事看效果，管人凭考核"，根据客观公正的考评结果，让"能者上、庸者下"，用活人才，用好人才。

（3）建立赛马机制，共赢是目的。饭店实施赛马机制，目的在于为员工创造没有身份贵贱、年龄大小、资历长短，只有技能高低、活力强弱、贡献大小的竞争平台，从而为员工提供实现职业发展目标的机会。作为饭店员工，则要把饭店提供的岗位作为自己事业的舞台，而不能仅仅作为一份谋生手段的职业。员工只有把个人理想与企业的发展目标有机结合起来，与同事平等竞争，与企业共同成长，才会成就自己的人生。当然，员工事业上的成功，毫无疑问也会创造企业的辉煌。

4. 全面考核制

为了真正做到人才选拔的公正与公平，保证职得其人，能位相称，人尽其才，在选拔人才过程中，饭店必须注重构建全面考核机制，设计科学公正的测评体系，比如采用心理测验、知识考试、情景模拟、系统仿真和面试、绩效考评等多元化测试与考核方法，从不同维度考察拟晋升人员的综合素质。尤其是中高层管理者的选拔，应特别注意避免晕轮效应、首因效应、光环效应、成见效应等的干扰。

二、成长管理机制

员工成长管理机制是否合理，直接关系到员工对企业的忠诚度。饭店必须完善员工职业生涯管理，不仅要给员工以发展希望，而且必须给员工以发展的机会。

（一）职业生涯规划

职业生涯规划就是将员工个人发展目标与企业发展目标相结合，对决定员工个人职业生涯发展的个人因素、组织因素和社会因素等进行分析，制定有关员工一生中事业发展方面的战略设想与计划安排。

1. 职业分析与定位

（1）员工个人评估。职业生涯规划的过程是从员工对自己的能力、兴趣、职业生涯需要及其目标的评估开始的。员工个人评估的重点是分析自身条件——特别是自己的性格、兴趣、特长与需求等。饭店有关管理人员主要应给员工提供专业指导。

（2）组织评估。组织可以通过以下几种渠道来对员工的能力和潜力进行评估。一是利用招聘筛选时获得的信息进行评估，包括能力测试、兴趣爱好、受教育情况以及工作经历等。二是利用当前的工作情况，包括绩效评估结果、晋升记录或晋升提名、提薪以及参加各种培训的情况等。三是利用员工个人评估的结果。

（3）环境分析。主要是通过对组织环境、社会环境、经济环境等因素的分析与探讨，弄清环境对职业发展的作用、影响及要求，以便更好地进行职业选择与职业目标规划。

2. 职业生涯目标设定

帮助员工确定职业生涯目标，主要包括以下两方面。

(1) 职业选择。饭店应当开展必要的职业指导活动，通过对员工的分析与对组织岗位的分析，为员工选择适合的职业岗位。

(2) 职业生涯路线。重点是组织通过对生涯路线选择要素进行分析，帮助员工确定生涯路线并画出职业生涯路线图。值得注意的是，组织帮助员工设立的职业生涯目标可以是多层次、多阶段的，这样既可以使员工保持开放灵活的心境，又可以保持员工的相对稳定性，提高其工作效率。

3. 职业生涯策略制定

职业生涯策略是指为了争取实现职业目标而积极采取的各种行动和措施。一般说来，在人生的不同年龄阶段，员工的志趣、价值取向等都会有所转变。因此，饭店组织应当对不同年龄段的员工采用不同的职业管理方法。

4. 职业生涯规划修正

经过一段时间工作以后，组织还应当有意识地回顾员工的工作表现，检验员工的职业定位与职业方向是否合适，修正对员工的认识与判断，纠正最终职业目标与分阶段职业目标的偏差，增大员工实现职业目标的可能。

(二) 职业发展通路

1. 职业发展通道

饭店职业发展通道就是饭店为员工设计的自我认知、成长和晋升的管理方案。职业发展通道大体可分为以下几种：①管理发展通道，即饭店内部员工在管理岗位从初级、中级到高级不断发展和提高的通道。②技术发展通道，是指饭店员工沿着服务技能、维修、技术开发、财会等专业型的方向发展，又可分为专业技术发展通道如工程师、会计师，及操作技能发展通道如初级烹饪师、初级服务师。

2. 职业发展阶梯

职业发展阶梯主要是指饭店为内部人员设计的晋升条件、方式和政策组合。清晰的职业发展阶梯要求明确阶梯的宽度、长度和速度。

(1) 阶梯宽度，即职位需要的知识、经验、经历的程度。在管理发展通道中，较高的管理职位要求员工在多个职能部门、多种工作环境中的轮岗经验，使员工具有高度的综合能力，这属于宽职业发展阶梯；反之，在基层管理或职能管理部门，它只要求员工具备有限专业经验和能力，这属于窄职业发展阶梯。

(2) 阶梯长度，即职位等级的多少。饭店应根据组织的规模和工作的复杂程度，合理确定职业发展的阶梯长度。如在操作技能发展通道内，客房服务员，其职业发展阶梯就较短，而厨师的职业发展阶梯就会相对较长。为了有效激励各层次员工，饭店必须有意识地在每个职能领域将阶梯变长，在每个专业领域设立技术级别，并在不同部门间建立可比性。

(3) 阶梯速度，即职务晋升与晋级的时间周期。根据员工的能力和业绩的差异，职业生涯阶梯有快慢之分。饭店内正常晋升与破格晋升都要有政策可依，尤其是破格晋升。破格晋升有利于发掘有潜能的高素质员工，避免大材小用，影响员工的工作积极性。因此，根据员工类型，也可设立速度各异但始终有章可依的职业发展阶梯。

3. 职业锚及开发

职业锚就是员工在进入其工作情境后，由从工作中习得的实际工作经验所决定，与在经验中自省的动机、需要、价值观、才干相符合，达到自我满足和补偿的一种长期稳定的职业定位。职业锚强调个人能力、动机和价值观三方面的相互作用与整合，是员工个人的职业定位或者长期贡献区。当然，职业锚是动态变化的，会随着员工职业工作的进一步发展以及个人生命周期和家庭生命周期而变化。对于饭店来说，应该注意给员工分配一个富有挑战性的最初工作，帮助和指导员工寻觅职业锚，并为员工建立职业锚设置相应的通道。

每个人都有各自的动机、追求、需要和价值观，所以每个人寻求的职业锚也就会有所不同。职业锚理论的创始人、美国麻省理工学院斯隆商学院的埃德加·施恩(Edgar H. Schein)教授认为：职业锚主要有以下八种类型：

(1) 技术或功能型。这种类型的员工往往总是倾向于选择那些能够保证自己在既定的技术或功能领域中不断发展的职业。他们喜欢面对来自专业领域的挑战。他们一般不喜欢从事一般的管理工作，因为这将意味着他们放弃在技术/职能领域的成就。

(2) 管理能力型。这种类型的员工追求并致力于工作晋升，倾心于全面管理，独自负责一个部分，并将公司的成功与否看成自己的工作。

(3) 创业型。这种类型的员工希望建立或创设某种完全属于自己的产品，而且愿意去冒风险，并克服面临的障碍。发明创造是他们自我扩充的核心，也是他们工作的强大驱动力。

(4) 安全/稳定型。这种类型的员工极为重视长期的职业稳定和工作保障性。

(5) 自主/独立型。这种类型的员工追求的是独立自主的工作空间，有着较强的职业认同感，认为工作成果与自己的努力紧密相连。

(6) 服务型。这种职业型的员工一直追求他们认可的核心价值，例如，帮助他人，改善人们的安全，通过新的产品消除疾病。他们一直追寻这种机会，这意味着即使变换公司，他们也不会接受不允许他们实现这种价值的工作变换或工作提升。

(7) 挑战型。这种职业型的员工喜欢解决看上去无法解决的问题、战胜强硬的对手、克服无法克服的困难障碍等。对他们而言，参加工作或职业的原因是工作允许他们去战胜各种不可能。新奇、变化和困难是他们的终极目标。如果事情非常容易，它马上变得非常令人厌烦。

(8) 生活型。这种职业型的员工是喜欢允许他们平衡并结合个人的需要、家庭的需要和职业的需要的工作环境。他们希望将生活的各个主要方面整合为一个整体。正因为如此，他们需要一个能够提供足够的弹性让他们实现这一目标的职业环境。甚至可以牺牲他们职业的一些方面，如提升带来的职业转换，他们将成功定义得比职业成功更广泛。他们认为自己如何去生活、在哪里居住、如何处理家庭事情及在组织中的发展道路是与众不同的。

(三) 职业发展机会

职业发展机会主要是指在工作实践方面给员工以锻炼和提高能力的机遇与方式。主要形式有以下几种。

1. 职位扩展

职位扩展即通过让员工从事更多的工作环节，扩大其职责范围。总的来说，人都希望有所进步，有所发展，因此，适度扩展饭店员工的职位，让他承担更大的责任，完成更具挑战性的工作，可提高员工的满意度，而且可以使员工更了解组织的流程与其他部门的运作，促进组织不同机体之间的协调与沟通，为其日后的晋升奠定扎实的基础。

2. 项目试验制

这主要是为一些有潜质员工创造挑战性的工作机会，鼓励他们自愿担当饭店临时项目的负责人，组建合理的运作团队，创造性地完成特定任务。这既可以满足员工自我成就的需要，激发员工的进取精神，又可以使员工在实践中检验自己的实际水平，并磨炼意志，培养能力，在迎接挑战的同时也享受着挑战所带来的快乐。

3. 职位预期制

这是指饭店在拥有详尽员工动态档案的基础上，根据饭店发展趋势对人才的要求，并结合员工的兴趣、价值观、能力与潜质，形成后备人才培养计划，并按照某种预期的职位去有意识地培养该员工。如职务见习制，即饭店给予在基层岗位工作了一定时期并有培养前途的潜质人才一个见习管理职务，或对有待提拔的管理者提供见习职务，并指定有经验的管理者负责对见习者进行指导。又比如助理职务制，即让被开发的潜质人才在协助的职务台阶上经历一番工作锻炼，待他达到有关能力标准后再委以重任的一种人才管理机制。

（四）职业发展培训

职业发展培训是指饭店为实现员工职业化目标，而实施的有计划、有组织的培养和训练活动。为提高培训的有效性，须坚持以下四项原则。

1. 系统性

系统性即饭店培训须根据管理目标，按照整体性、相关性和适应性的要求进行系统安排。该原则的实施要点如下。

(1) 全员性。即所有员工必须纳入饭店的培训网，不经培训，不得上岗。

(2) 层次性。培训应根据不同目标、内容和要求，确定不同的培训责任，把企业统一培训和部门自行培训结合起来。同时，培训要自上而下，避免上下脱节，上一层次应参加下一层次员工的培训，但下一层次员工原则上不应参加上一层次的培训，除非属于培养晋升对象。

(3) 完整性。饭店培训须形成体系，要做到培训工作有目标，有思路，有措施。

2. 双赢性

双赢性即培训既要满足企业发展的需要，也要促进员工个人的职业发展，即把“要我学”和“我要学”两者有机地结合起来。

培训是一个培养技能、规则、理念或态度的系统工程，其结果有助于在雇员个性和就业要求之间达到较完美的结合。培训的目的首先是使员工在知识、技能和态度上获得改变，其次是将这种学习结果转移到工作情境中来，使工作绩效得到改进、员工价值得以实现，而最终的目标是去实现组织和个人的“双赢”。要让参加培训变为员工的自觉行动，关键需要注意四个结合：一是培训与实际工作相结合；二是培训同职业发展相结合；三是培训同员工晋升相结合；四是培训与技术晋级相结合。

3. 实用性

实用性即培训必须注重实效，做到学以致用。

（1）注重需求调查。在培训之前，饭店必须从组织要求、工作任务要求、个人要求三个方面进行细致的分析研究，以确定是否需要培训，谁需要培训，需要怎样的培训，确保培训设计的有的放矢。

（2）培训内容的针对性，即根据不同的培训对象与目标，安排不同的培训内容。

（3）培训方法的多样性，即根据不同对象和内容，选择不同培训方法。现代培训需要强调通过多种方式刺激人的视、听、说等各种感觉器官和心脑活动，使培训者提高信息接受的敏感度和积极状态。因此，饭店可以灵活运用新技术进行培训，如应用多媒体技术、计算机软件、网络等，它将有效地解决由于工作与培训时间冲突带来的问题。此外，培训还应从单纯的知识讲授型课程向互动型、讨论型、情境型、模拟型等多种形式相结合的方向发展。多样化培训方式符合在职性、成人性的特点，能调动培训对象的参与性，发挥他们的积极性、自主性和创造性，也能使学习成为一种愉快的经历。

4. 严谨性

严谨性即培训须有科学的计划并严格执行，以保证培训达到预期效果。

（1）注重培训策划。做到培训工作有计划，培训项目有方案，培训课程有大纲。

（2）注重培训组织。注意培训对象、培训师资、教材、场地等方面的组织落实，并制定必要的培训纪律，加强督导。

（3）注重培训考核。既包括对参加培训者的考核评估，也包括对培训师资的考核评估，还包括对培训组织工作的考核评估。一般可采用以下方法：①考试法，即通过考试，测试等办法，检验培训的效果；②调查法，即通过问卷调查、实际跟踪调查、座谈会等形式，了解受训者对培训的看法及检验培训的实际效果；③指标法，即通过一些与培训相关经济指标的统计分析来检验培训的效果，如差错率、整房速度、投诉率及各类投诉的比例等。

三、绩效管理机制

绩效管理就是饭店组织通过对被管理者的绩效目标设定、控制、考核与反馈，持续提高员工及团队的绩效水平，最终达到组织与员工双赢的系列管理过程。饭店的绩效管理体系可被分解为三大体系：绩效目标体系、绩效考评体系以及绩效回报体系。

（一）绩效目标体系

绩效目标是关于组织绩效的方向与程度的规定性，即饭店员工或员工的集合体在绩效期内要做什么、要达成什么结果。它是绩效期末进行考评的依据和标准，是组织与员工行动的方向与指南。饭店绩效目标自上而下可分解为公司绩效目标、部门绩效目标与岗位（个人）绩效目标。

1. 饭店绩效目标

选择哪些测评指标衡量饭店的业绩，取决于饭店的使命与目标。饭店使命从总体上描述了饭店的发展方向与业务主题，最终是通过饭店目标体现出来的。绩效目标是饭店使命与饭店目标的具体化与明确化，其功能在于反映在一定时期内经营活动的方向和所要达到的水平。为了使绩效目标更好地指导部门与员工的行动，必须确定关键绩效指标(key performance indicator，KPI)。KPI设定须以饭店战略目标为基础，明确饭店的关键业务领域，然后再确定关键业务领域的具体业绩指标。

饭店绩效目标的高度如何设定，一般可以采用标杆超越法加以确定，即通过将饭店的关键价值活动与相关行业领域的最优绩效者(或关键竞争对手)进行比较，以评价与提升自己的能力，设计有针对性的关键绩效指标及绩效改进的流程与方式。基于标杆超越的绩效目标及KPI设计，必须考虑本饭店的特色、实力与发展阶段，明确当下的差距、原因与改进重点。具体来说，包括下列步骤：①明确饭店企业内部有改进潜力的关键价值活动；②确定一家饭店，它是该项关键价值活动的行业领先者(或关键竞争对手)；③进行相关数据比较，分析绩效差距的原因；④运用从该项关键价值活动的最优绩效者学习到的知识与经验，重新设定绩效目标与业务流程，并通过内部资源与能力的重新配置，努力成为该项价值活动的业绩领先者。

2. 部门绩效目标

部门绩效目标实际上就是企业绩效目标的分解。部门绩效目标及其KPI设定必须以部门职责与流程要求为基础。为了确保饭店企业总体绩效目标的达成，各部门需要各司其职，在此基础上，要把相关的协作关系通过制度加以规定，使部门内外的关系协调走上规范化、标准化、程序化的轨道。在饭店的运作系统中，除了有部门内的运作外，还涉及多个跨部门的横向联系，每一项业务的展开与圆满完成需要很多部门的配合，于是在运作中就要求明确谁是主导部门、谁是参与部门、谁该承担什么责任、应该有什么权限等，这些内容都必须在业务流程中反映出来。这相当于在给各个部门定位，以明确的文字形式来规范部门及员工的行为与绩效目标，督促各部门各负其责，确保流程的高效运转。因此，在确定部门KPI时，除了充分反映部门职责重点外，还必须体现业务流程有效整合的要求。

3. 岗位绩效目标

岗位绩效目标就是部门绩效目标的分解。岗位绩效目标的设定需要考虑本部门的业务重点、岗位职责与流程要求。岗位绩效目标设定必须以岗位职责为中心。责任是岗位存在的理由，也是岗位在饭店业务活动中的地位与价值。岗位绩效目标确定还要兼顾内部员工素质与同行业基准水平。到了岗位层面，除了结果性指标外，行为性指标与态度性指标的重要性也必须得到体现。因此，岗位KPI设计应以岗位职责为基础，充分体现部门内部业务流程整合的要求，以及重视行为性与态度性指标的选择。

(二) 绩效考评体系

绩效考评是指在一个绩效期结束时，饭店运用系统合理的评价方法与衡量技术对员工的工作态度、工作行为与工作成果进行客观、公正评价的过程。要建立有效的绩效考评体系，就必须合理确定考评主体与考评周期，选择科学的考评方法。

1. 绩效考评主体

绩效考评主体即由谁来进行考评。为了有效考评，评估人员应该对被评估者的表现有所了解，要熟悉被考评人的工作内容与工作要求，并能够做出公正客观的评价。

（1）上级评价。上级通常掌握最为丰富的员工绩效信息，因此能客观地评估员工的绩效。绩效评价对于上级管理人员来说，既是他的基本责任，也是其权力构成不可缺少的一部分。

（2）员工自评。员工其实最为了解自身的优势与不足，因此自评对员工提升自我与改进绩效具有重要意义。当然，员工自评有可能倾向于将自己的绩效高估，与上司的考评结果常常有一定差距，因此如何看待员工自评与其他考评结果的差异是关键。管理人员可以通过这些差异，更为有效地与员工进行绩效沟通。

（3）同事评价。同事对被考评者的了解往往比较客观与真实。首先，员工在上级与同事面前的表现往往不太一样；其次，同事评价会更多地从工作配合协调的角度来看待被考评者；最后，现在越来越多的饭店采用团队作业的形式，同事评价就变得更为重要。

（4）下级评价。这种评价更多是为了考评上司的管理技能与领导风格，以及通过考核指标的控制来影响饭店管理者的领导方式。同时，下级评价使上司的工作受到一定的监督，在一定程度上可防止上司的独断专行、刚愎自用或欺下瞒上。

（5）顾客与供方评价。对于顾客与员工高度接触的饭店业来说，顾客无疑对服务效果最有发言权。很多饭店都会采用"神秘顾客"的方式对饭店进行暗访，以了解饭店的服务情况。此外，对于一些需要与供应商打交道的采购部门，他们的业务往来对象也能够提供有用的绩效信息。

2. 绩效考评周期

所谓考评周期，就是多长时间进行一次绩效评估。一般分为定期考评和不定期考评。定期考评的时间间隔分为天、周、月、季、半年、一年。不同职位考评周期差异的原因在于工作性质、工作职责、考核指标的不同。

3. 绩效考评方法

考评方法，就是根据绩效考评指标及内容进行测定与评估的方式与技术。绩效考评方法主要分为以下三类。

（1）相对考评法。即根据部门或团队内的人员相互比较做出绩效评价，强调员工与员工之间的比较。主要有：①直接排序法，即评估者对员工绩效进行从低到高的排序。②配对比较法，即将每一位员工按某项绩效要素与所有其他员工进行比较，然后排出顺序。③人物比较法，即按照标准员工的各方面表现，将其他员工与之比较。④等级分配法，即根据事物呈正态分布的规律，事先将员工的绩效划分为几个等级（如优秀、良好、中等、合格、不合格），再根据事先规定的比例将每位员工归类到各个等级中。

（2）绝对考评法。即按统一的标准尺度评价同一岗位的员工，一般包括量表法与目标管理法，前者强调员工绩效与客观标准的比较，后者强调员工绩效与预定目标的比较。主要有：①量表评等法，即先确定绩效考评的指标，并确定每个考评指标的权重，根据被评估者的表现，将一定的分值或比重分配到每一个考评指标上，最后加总得出被评估者的考评结果。②关键事件法，即将员工与绩效相关的突出事件或典型事件进行记录，然后在一定的期限内，管理者根据所记录的关键事件来评估员工的绩效。③行为评等法，即通过一张行为等级评定的表格将各种绩效加以量化，将各种等级的绩效水平用具体的工作行为加以描述。

(3) 数据考评法。即根据被考评者的现实表现和成果，经过统计分析得出考评结果的考评方法。数据考评以该团队或个人的、反映工作态度和结果的量化指标为考核指标，以日常记录的客观数据为依据，一般由财务和人力资源等职能管理部门负责实施。

（三）绩效回报体系

绩效回报体系表明的是组织对全体员工的承诺，即组织将给员工个人目标的实现提供怎样的平台。科学的绩效回报体系必须能使员工感到心有所获、劳有所得、贡有所奖。饭店的绩效回报体系必须是多层次、全方位的，概括起来，主要可分为精神回报、职务回报与物质回报。

1. 精神回报体系

精神回报是指工作的成就感、责任感、受重视程度、个人影响力和富有价值的贡献等方面的肯定与鼓励。一般而言，精神回报主要有以下四种方式。

(1) 表扬认可。就是对员工的某种行为给予肯定与赞扬。主要形式有公开表扬、背后表扬、家庭认可、张榜认可、间接认可等。表扬方式要因事、因人而异。

(2) 荣誉奖励。人人都有争取荣誉的需要。饭店应及时对有突出贡献的员工和团队赋予各种荣誉。饭店在荣誉的评定上，切忌漫天撒网、过滥过虚、流于形式，而要严格按照绩效考评结果进行评定，使荣誉名副其实，以达到最佳的精神回报效果。

(3) 经验推广。对于在本职工作或管理岗位上有着突出业绩的员工，饭店可以让其总结经验，在饭店相应的培训或交流会上介绍经验、心得，并推广实施。

(4) 先进命名。在创新为王的时代，鼓励员工进行服务创新、产品创新或制度创新是饭店获得源源不断的竞争力的必要条件。如果员工积极创新，改进了原有的操作方法，使生产效率大大提高，企业可将这种操作方法用员工的名字加以命名。

2. 职务回报体系

职务回报就是通过职务晋升、职位扩展、职位轮换等方式，帮助员工提升工作能力，拓展职业生涯，取得工作成就，实现个人价值。

(1) 职位扩展。即通过让员工从事更多的工作环节，扩大其职责范围，或是延长其工作循环周期。根据人本管理思想，人一般都希望承担更大的责任，完成更具挑战性的工作。因此，适度扩展饭店员工的职位，可以极大地提高员工的满意度，有效地防止单调工作导致的倦怠，而且可以使员工更好地了解整个组织的工作流程与其他部门的运作方式，有效地促进组织不同机体之间的协调与沟通。

(2) 职位轮换。即水平方向上岗位的多样化。职位轮换可拓宽员工的工作领域，增加工作体验，这意味着饭店愿意培养你，为日后的晋升奠定必要的基础。当然，岗位轮换，还包括对一些员工调换工作，使他们在合适的工作岗位上创造卓越价值，以体会工作的成就感。

(3) 职务晋升。即对于绩效考评优秀并有管理潜能的员工和管理有方、部门业绩突出的管理人员，给予管理职位的晋升、赋予更大的责任与权限。对于众多在饭店一线工作的服务人员和技术人员，给予一定的服务等级或技术等级晋升也是一条良好的职业通路，让他们感觉有“奔头”和“干头”。

3. 薪酬回报体系

物质回报主要通过饭店的薪酬制度反映出来。成功的薪酬制度可以吸引优秀的员工,降低员工流失率,促使员工努力工作。根据薪酬构成各部分的性质、作用和目的的不同,饭店的薪酬构成大体分为工资、奖金、津贴和福利四个部分。一般来说,饭店薪酬政策的制定,需要注意以下四项原则。

(1) 市场竞争原则。在人才竞争日益激烈的今天,饭店薪酬管理遵循市场经济的供求规律,根据人才市场的供求状况及同行业的薪酬水平,合理确定本饭店的薪酬分配体系,以增强市场的适应性与竞争力。为此,必须注重两个基本环节:一是市场人才供求情况预测,根据人才市场的稀缺程度制定不同的薪酬水平;二是薪酬调查,主要是针对有竞争关系的企业或同行业的类似企业上年度的薪酬增减状况、薪酬结构、不同职位和不同级别的职位薪酬数据、奖金和薪酬状况、长期激励措施以及未来薪酬走势分析。

(2) 内部公平原则。员工对薪酬的满意度,不仅取决于薪酬的绝对值,还取决于薪酬的相对值。从饭店内部来说,员工对薪酬的满意度主要取决于其付出和得到与其他同类员工之间的比较,当然也有不同岗位之间的比较,如总台服务与客房服务岗位之间工资等级的差异。为了体现公平合理,达到多劳多得的要求,饭店的薪酬政策必须做到:一是薪酬分配要有统一的、可以说明的规范依据;二是必须给员工创造公平竞争的条件;三是科学的工作评价,即在岗位工作的复杂性、难易度、工作所需承担的责任以及所需的知识和能力、工作态度等方面对岗位的价值进行量化评估的基础上,建立相应的工资等级;四是建立绩效考评制度,在绩效评价的基础上确定薪酬的分配;五是增强薪酬分配的民主性与透明性,避免"暗箱操作"。

(3) 合理有效原则。所谓合理,就是饭店薪酬政策必须符合《中华人民共和国劳动法》以及其他与之配套的行政法规的要求。同时,作为一个独立的经济实体,饭店必然要追求利润最大化,必须注意薪酬分配的可行性和效益性,保证薪酬总额与人力成本的增长和营业收入的增长相适应。所谓有效,就是饭店薪酬管理必须能充分调动员工的工作积极性,提高劳动生产率,促进企业的发展。为此,饭店的薪酬管理必须努力做到:要有利于增强员工的责任心和团队合作精神;要有利于促进员工刻苦钻研技术,不断提高业务水平;要有利于激发员工提高工作质量,提高企业经济效益。

(4) 及时沟通原则。组织首先应提高薪酬管理工作透明度,及时、准确地为员工提供绩效评估、薪酬分配信息,耐心、合理、充分地解释薪酬管理决策依据。其次要与员工进行薪酬设计方案的沟通,让员工明白饭店如何回报他们的工作绩效,并且向员工传达这样一个信息:高薪酬的人自有高的道理,低薪酬的人也自有不足之处。每个员工只要努力工作,相应的回报自然会接踵而来。

第二节　饭店工作环境管理

工作环境可分为硬环境与软环境。硬环境主要由物的因素创造,而软环境则主要由人的因素营造。比尔·盖茨在清华大学演讲时曾说过:"要当最佳雇主,首先要给员工提供快乐的工作环境。"的确,融洽、和谐的工作氛围可以使员工全身心、快乐地投入工作,并充分发挥潜能。因此，饭店要通过营造宽松、有序、和谐的工作环境，来充分激发员工的工作责任心、主动性与创造性。

一、工作空间管理

工作空间是员工发挥才能、实现人生价值的工作舞台。每位员工都有自我实现的愿望，均希望事业有成。所以，饭店组织必须确立“有位才能有为，有舞台才能唱戏”的观念，为员工创造宽松适度的工作空间，从而给员工职业目标提供良好的平台。

（一）自主空间

为了实现自己的职业发展目标，每个员工均希望拥有完成工作任务的相应权力。所以，饭店管理者应向下属授权，让下属拥有必要的工作自主权。授权即管理者根据工作的需要，授予下属一定的职权，使下属在其所承担的职责范围内有权处理问题、做出决定。为达到有效授权，管理者应特别注意以下三点。

1. 合理授权

(1) 明确授权目的。授权目的在于便于管理者腾出时间和精力抓大事，调动下属工作积极性，使下属高效地完成工作任务，并从中培养和发现人才。决不能通过授权来减轻自己的责任。

(2) 有效授权。管理者的授权只能是组织赋予的职位权力，主要有：①支配权，即管理决策权与对下属工作的调配权，来自组织的工作职责分工；②强制权，即通过精神、感情或物质上的威胁，使下属服从管理的力量，只适用于管理者要求下属履行其职责范围内的工作；③奖赏权，即给予下属物质与精神奖励的权利。在实际管理过程中，管理者还有背景权、专长权、鉴赏权、情感权等非职位权力。

(3) 职权对等。将权力和责任一并授予对方，保证受权者的职权与职责相一致。

2. 分类授权

分类授权即管理者向下属授权时，应当视自己的权力范围、工作难易程度、所需工作技能和工作经验以及下属的成熟程度，采取不同的授权。根据授权程度，可分为以下几种。

(1) 充分授权。这是由企业制度规定的授权形式，即将完成任务所必需的人、财、物等权力完全交给下属，并允许下级决定行动方案的一种授权。

(2) 弹性授权。管理者面对复杂的工作任务或对下属的能力无充分把握或环境条件多变时采用的授权方法。

(3) 制约授权。即管理者把某项任务的职权，分解成若干部分并分别授权，使它们之间产生相互制约的作用，可有效防止出现纰漏。

3. 适度授权

(1) 量力而行，即管理者应视自己的权力范围和下属的承受力而定，既不可超越自己的权力范围，又不能不顾及下属的能力。

(2) 逐步授权，即在授权前就要对下级进行严格考核，以全面了解下级的德才情况。

(3) 授控结合，即对受权者进行必要的督导，保证达到授权目的。授权者一旦授权，一方面要信任受权者，应放手让其大胆去处理，以发挥他的工作能动性；另一方面授权绝对不是弃权,应注意监督其行使权力的方向,检查其行使权力的结果。

(二) 个性空间

个性包括性格、气质、兴趣、爱好、价值观等。每个人都有自己的个性,在工作中也会表现出不同的工作方式和习惯,饭店管理者应尽力给员工提供相应的条件,满足员工的个性需要,给员工创造充分发挥个性的空间。实践证明,习惯于欣赏员工个性的管理者能够打造珠联璧合、配合无间的多元化风格的优秀团队。

1. 了解员工个性

人在个性的形成过程中,已经养成了相应的认识问题和解决问题的方式、方法和程序。在工作中,他们也会采用自己习惯的方式,因而这些习惯性的东西使他们在工作意愿上形成了自己的偏好和需要。因此,饭店管理者应了解自己所辖部门员工的个性特点,知悉员工的处事风格、行为习惯与兴趣爱好。在此,饭店管理者必须注重不同员工之间的差异。

(1) 关注时代差异。人是社会人,其思想与行为必然受到社会政治、经济、文化、科技环境的影响,而不同的时代,社会环境具有较大的差异。所以,在饭店管理实践中,经常会出现"代沟"这一问题。要避免这个问题,饭店管理者必须注重不同时代员工的个性差异。目前,90 后已逐渐成为饭店一线员工的主力军,我们必须正视这个员工群体的个性特征。

(2) 关注生理差异。这里主要指员工的性别差异。男性和女性因为生理上的原因,大脑结构略有差异,从而造成性格和行为上的差异。

(3) 关注性格差异。性格是指表现在人对现实的态度和相应的行为方式中比较稳定的、具有核心意义的个性心理特征。其主要体现在对自己、对别人、对事物的态度和所采取的言行上。员工的性格特征主要体现在四个方面:一是性格的态度特征,即表现个人对现实态度的倾向性特点,例如,对社会、集体、他人的态度,对劳动、工作、学习的态度以及对自己的态度等。二是性格的理智特征,即表现心理活动过程方面的个体差异的特点,例如,在感知方面,是主动观察型还是被动感知型;在思维方面是具体罗列型还是抽象概括型;在想象力方面,是丰富型还是贫乏型;等等。三是性格的情绪特征,即表现个人受情绪影响或控制情绪程度状态的特点,例如,个人受情绪感染和支配的程度,情绪受意志控制的程度,情绪反应的强弱、快慢,情绪起伏波动的程度,主导心境的性质等。四是性格的意志特征,即表现个人自觉控制自己的行为及行为努力程度方面的特征。例如,是否具有明确的行为目标,能否自觉调适和控制自身行为,在意志行动中表现出的是独立性还是依赖性,是主动性还是被动性,是否坚定、顽强、忍耐、持久等。不同的人,由于多种因素的影响,具有不同的性格特征。饭店管理者在管理过程中,必须注重员工不同的性格特征,实行针对性的个性化管理。

2. 欣赏员工个性

管理者要努力学会欣赏员工的个性,给员工创造个性充分发挥的空间。好的饭店管理者是懂得惜才、用才、留才的人,为此他们必须懂得如何理解、包容、迎合员工的个性。只有管理者先欣赏员工,员工才会反过来欣赏管理者,从而建立起"相互欣赏"的上下关系。能欣赏别人的个性,管理者就会变得乐意倾听别人、观察别人与运用别人。若管理者视员工独特的个性为缺点,并努力想方设法去纠正"缺点",其结果无异于抹杀员工个性,引起员工反感，往往徒劳无功。若管理者视员工的个性为优点，则会千方百计思考如何发挥“优势”，结果是员工乐于展现个性风采，积极奉献，部门绩效随之提升，双方皆大欢喜。不同个性的人各有优势和不足，习惯于欣赏员工个性的管理者能够打造珠联璧合、配合无间的多元化风格的团队。

3. 发挥员工个性

个性无优劣之分，但岗位与个性的不吻合却常常导致许多员工有力不愿使或有力无处使的结果。由于个性的不同，员工会有不同的偏好。在可能的情况下，饭店管理者应尽力给员工提供相应的条件，满足员工的兴趣和个性需要，适应与迎合员工的个性，这样才能让员工感到满足。看上去没有缺点和个性的员工往往处事极为圆滑，事事留有余地，但在需要其独当一面的时候，他们却瞻前顾后、犹豫不决。在饭店内部，各种个性的员工都会有，关键是能否因人而异，善待、善用员工的个性。如果管理者善于将心比心，积极认同个体的差异性，充分发挥员工的个性，饭店将因此获得新的发展契机。比如因个性差异，员工的公平感可能会不一样，这时的公平就不是提供相同的报酬或工作条件，而是要通过对员工个性的把握，提供一套更有针对性的公平措施。

（三）过错空间

在一般情况下，饭店的每一个员工都有上进心，都不愿出现差错，但人非圣贤，孰能无过，做工作总不免要犯错误。所以，作为饭店的管理者，必须正确区分员工的过错性质，保证适当的过错空间，酌情处理。

1. 低级过错

低级过错即由于有意或主观不努力而导致的过错。低级过错是由于员工自身原因或者主观意愿所造成的过失或违规行为，如由于态度不端正、疏忽大意、马马虎虎导致工作失误；又比如员工被上司批评处罚，心中很不服气，在整理客房时，故意用工作车撞坏走廊墙壁等。对于低级错误，必须严格按制度进行处罚。

2. 客观过错

客观过错即主要是由于员工身体、知识、经验和能力的不足或者是因为客观条件所致的过错。对于员工的客观过错，饭店管理者应以博大的胸怀去包容谅解，并给予精神上的帮助和技术上的支持。首先，管理者的批评教育应该是善意的，要让员工意识到犯错误并不可怕，关键是要从错误中吸取教训并改正错误。其次，要给予技术上的指导，要让员工知道并掌握正确的方法，做到吃一堑、长一智。再次，应该给予适当的弥补机会，即将功补过。最后，管理者要从员工的过错中进行反思，寻找自己工作的不足与管理的漏洞，而不要推卸责任。

3. 高级过错

高级过错即主要指那些在改革创新探索过程中的失误。对于高级过错，不仅不应该批评与处罚，而且还应该给以必要的鼓励。当然，要注意及时总结教训，以免再犯同样的错误。

二、团队秩序管理

管理学家斯蒂芬·罗宾斯认为：团队就是由两个或者两个以上的，相互作用、相互依赖的个体，为了特定目标而按照一定规则结合在一起的组织。所有员工都是在一定的团队中工作，而所有员工均希望能够有序工作，把握工作的主动性。为此，饭店管理者必须合理运用管理职能，建立正常的团队秩序，从而让员工正确、高效、愉快地工作。

（一）科学指挥

指挥就是借助指令等手段，促使下属机构和人员履行自己的职责，实现既定工作目标的领导行为。饭店管理者在下达指令时，须注意以下三个方面。

1. 正确指挥

管理者应让员工去做正确的事，并准确下达各种指令。根据对下属的制约程度，指令大体可分为以下几种。

（1）命令，即下属必须无条件服从的指令，一般适用于职责清楚、任务明确、可控性大、时间性强的工作。

（2）要求，即下属必须执行，但可商量执行条件和相关细节的指令，一般适用于情况不是十分清楚、任务相对复杂、牵涉面较广的工作。

（3）建议，即下属可执行，也可不执行，但必须反馈的指令，一般适用于不在管理者的职权范围，又觉得要下属去做的工作，或者是自己有一定想法，希望下属去思考的问题。

2. 有序指挥

管理者须遵循组织管理的等级链原则进行指挥。等级链即饭店组织从上到下形成若干管理层次，从最高层次的管理者到最低层次的管理者之间组成一条等级链，依次发布命令、指挥业务。具体要求如下。

（1）层次管理，即饭店组织必须根据管理等级形成若干管理层次，原则上不越级指挥。

（2）责权统一，即各管理层次均有明确的责任与义务，并拥有相应的权力。

（3）命令统一，即每个管理层次的指令均应与上一级组织的指令保持一致，而每一个员工原则上也只有一个上级，只听命于直属上司的领导。

（4）谁下指令谁负责，即上司必须为自己的决定负责，下属应听从上司的工作指令，但下属按上司工作指令办事出现错误，由下指令的上级负责。

3. 清晰指挥

管理者的指挥形式必须恰当，内容必须明确具体，让下属易于执行。一般来说，不同性质的指令可以采用不同的指令形式，比如口头指令、书面指令、电话指令、电子指令等。不过，不管采用何种形式，一个完整的指令一般应包含以下内容：一是谁去做，即决定指令所涉及任务的完成人员；二是做什么，即决定指令所涉及的任务；三是为何做，即说明做的原因和依据；四是何时做，即限定任务开始和完成的时间；五是标准与要求，即表明任务需要达到的目标与程度；六是检查与反馈，包括请示汇报制度、检查监督举措。

（二）科学督导

督导，顾名思义就是管理者对下属的监督与指导，它是管理者的一项重要职责。

1. 及时检查

一般来说，作为一个下属往往会主动去做自己感兴趣或者对自己有利可图的事情，同时会去做上级布置又要检查的工作。所以，要让员工按组织要求完成工作任务，饭店管理者必须养成有布置、有检查的工作习惯。

2. 正确指导

从某种意义上说，饭店管理者的领导水平就是指导水平。因为，每个员工都希望在工作中事半功倍，有所成就，而每个员工的知识、经验、能力都是有限的，所以他们都渴望得到上司的指导。为了达到指导的目的，饭店管理者应特别注意以下几点。

(1) 精通业务。即必须对自己所管辖的业务了如指掌，是这个业务领域的专家或权威，至少是自己所辖部门某个领域的佼佼者。这是饭店管理者指导工作的前提条件，否则就可能导致指鹿为马、弄巧成拙的结果。

(2) 因人而异。不同员工有不同的个性，管理者在指导时需要注意方式方法，做到投其所好，恰到好处。同时，不同员工在工作过程中有不同的短板或困惑，比如认识不足、方向不明、思路不清、方法不对、经验不够等，需要不同的指导。所以，管理者应该根据不同员工的需要，提供不同内容与方式的指导，做到对症下药，有的放矢。

(3) 恰到好处。即管理者对下属的指导应该选择恰当的时机与方法。首先，指导必须及时。管理者应该对工作任务与员工的成熟度有清晰的判断，并提前安排指导。比如，新任务或任务重、时间紧的情况下，更需要管理者的指导与帮助；同样，对于新员工或工作意愿不强的员工，以及工作经验与能力相对不足的员工，更需要提供适时指导与帮助。其次，指导必须得法。饭店管理者在指导工作时，一般应采用言传身教、身体力行的指导方法，即既要用言语来教导，又要用行动来示范。

3. 纠正错误

员工在工作过程中，由于主客观原因，难免会出现偏差和错误，如不及时纠正，就会影响员工个人绩效与进步，也会影响团队绩效与发展。所以，管理者遇到这种情况，应及时采取措施，纠正偏差与错误。在此，饭店管理者须特别注意批评的艺术。

(1) 批评要注意场合。尽可能不在公共场合批评员工，应尽可能选择适合的时机，私下与员工交流，以维护员工的自尊心。当然，对于比较普遍的问题，可在会议时进行不点名的提醒式批评，以引起大家注意，杜绝再次发生此类过错。

(2) 批评要客观理性。根据批评的时机，可分为即时批评和事后批评。采用何种批评，主要应依据过错发生的情景、性质及可能产生的影响等因素而定。但是，不论采用何种批评，均应该注意客观公正，以理服人，即以客观事实为依据，以规章制度为准绳，对事不对人，并做到摆事实、讲道理，循循善诱，和风细雨，不要把批评作为自己发泄情绪的一种途径与方法。同时，要力求点到即止，把握分寸，不要喋喋不休，雪上加霜，更不要以此抬高自己，表明你有先知先觉。

(3) 批评要鼓舞士气。批评下属的目的在于让下属认识自己的过错，发现出现问题的原因，找到改进提高的路径与方法，然后轻装上阵，创造佳绩。为此，一般情况下应采用"三明治"式的批评，即赞扬—批评—期望。也就是说，在批评别人时，先找出对方的长处或者以前做过的代表其品行、智慧、能力的事情加以赞美，说明其是一位值得信赖的员工，或者表明你对其的基本评价。然后，就其现在出现的过错提出批评，并表明这都不是你我想要的结果，促使其反省。最后，对他提出期望，相信凭借其素质，一定能克服缺点，解决问题，并能更上一层楼。

（三）科学激励

激励就是为了特定目的而去影响人的内在需要，激发人的动机，从而引导和强化人的行为的过程。

1. 激励特征

首先，激励的目的是调动员工的积极性，驱动员工行为，促进企业目标的实现。

其次，激励的起点是员工的需要，管理者要掌握员工的需要，并努力满足。

再次，激励的关键是员工的动机。动机是在需要基础上产生的，具有引发、维持与强化行为的功能。

最后，激励是一个持续的过程。这个过程包括三个阶段：要让员工愿意干；要让他能干好；干好以后继续干。

2. 激励类型

按照不同划分方式，激励可分为不同的类型。

(1) 按激励的内容，可分为物质激励和精神激励。两者的最终目的是一致的，但作用的对象不同。前者作用于人们的生理方面，是对人们物质需要的满足；后者作用于人们的心理方面，是对人们精神需要的满足。

(2) 从激励的性质划分，可分为正激励和负激励。所谓正激励，就是当一个人的行为表现为符合社会需要或组织目标时，通过表彰和奖赏来保持和巩固这种行为，以达到调动积极性的目的。所谓负激励，就是当一个人行为不符合社会需要或组织目标时，通过批评和惩罚，使之减弱或消退来抑制这种行为。

(3) 从激励的形式上划分，有内激励和外激励。所谓内激励是通过启发诱导的方式，激发人的主动精神，使他们的工作热情建立在高度自觉的基础上，充分发挥出内在的潜力。所谓外激励就是运用环境条件来制约人们的动机，以此来强化或削弱某种行为，进而提高工作意愿。内激励带有自觉性的特征，外激励则表现出某种程度的强迫性。

3. 激励机制

激励机制就是在激励中起关键性作用的一些因素，由时机、频率、程度、方向等因素组成。这是饭店员工有效激励的基本问题。

(1) 激励时机，即为取得最佳激励效果而进行激励的时间。激励时机根据时间快慢差异，可分为及时激励与延时激励；根据时间间隔是否规律，可分为规则激励与不规则激励；根据工作周期，可分为期前激励、期中激励和期末激励。

(2) 激励频率，即在一定时间内进行激励的次数。激励频率并不是越高越好。一般来说，以下四种情形激励频率应该高；反之亦然。一是工作复杂性强，比较难以完成的任务；二是任务目标不明确、较长时期才可见成果的工作；三是各方面素质较差的员工；四是工作条件和环境较差的部门。

(3) 激励程度，即激励量的大小。激励量同样必须适当，过小则难以起作用，一次激励量过大，又会给以后的激励设置障碍，因为激励是一个持续反复的过程。

(4) 激励方向，即激励的针对性，针对什么样的内容来实施激励。激励方向选择是以优先需要的发现为其前提条件。

三、人际关系管理

人的行为不可避免地要与周围的人发生各种各样的关系，而人与人之间的相互关系，不仅影响工作效率，而且直接影响到员工的幸福感。为此，饭店管理者必须注重对员工的理解、关心和爱护，创造友好温馨的人际关系。

（一）关注员工身心

从20世纪20年代开始，由美国最先发起了一种叫作“员工援助计划”（employee assistant plan，EAP）的服务措施，帮助需求者从根本上把心理健康从个体层面拓展到组织和社会的层面。这项援助计划主要为工作场所中的个人、组织提供相关的咨询和服务工作，它能够帮助管理者了解员工的心理健康状况和职业发展关心的问题，并提出一系列辅导措施来帮助员工解决这些问题。饭店作为高接触度的服务业，必然更容易出现心理问题，更需要引起高度重视。

1. 关注员工情绪

在工作过程中，饭店管理者应特别注重员工的情绪。员工的情绪波动直接关系到服务质量的优劣，不仅影响客人的体验感知，而且影响整个饭店的形象。

要有效控制员工情绪，饭店管理者必须时刻关注员工处于什么状态，是处于理性状态还是情绪状态。员工的情绪状态大体有三种，即正常状态、得意状态与痛苦状态。正常情绪状态下的员工处于理性状态，分析往往比较客观，方案往往比较成熟，执行往往比较稳妥。对于正常情绪状态的员工，关键在于必要的鼓励与支持，使他们心想事成。得意情绪状态下的员工所看到的一切都很美好，真可谓“眼光所及，都是美丽的风景；耳朵所及，都是动听的音乐”。此时的知觉往往是“过于优越的幻觉”，此时的判断往往是“过于乐观的判断”，此时的决策往往是“夜郎自大的冒进”。对于得意情绪状态的员工，既要注意保护员工的积极性，又要注意引导员工冷静思考，保持清醒的头脑。痛苦情绪状态下的员工最容易丧失理性，最易于诱发过激行为。一般来说，处于情绪低潮的员工的工作效率将会大大下降，暴躁的情绪还会引发抵触行为或攻击行为，这不仅无法保证提供应有的工作质量，甚至还会导致“服务危机”和“恶性事件”的发生。一旦员工产生了不满情绪，往往会通过一定的渠道发泄出来。因此，对于员工的不满情绪，管理者不能听之任之，或者一堵了之，应该分析问题成因，疏导不满情绪，寻找解决方案，协助员工释放情绪，使员工早日从痛苦的状态中解脱出来。

2. 关注员工压力

压力也称应激，是一种心理上被压迫的感受，是促使一个人的精神、思想以及身体状况处于紧张状态的条件。

(1) 认识员工压力来源。职业压力源即促使个体产生紧张的外部事件或环境刺激。根据已有研究，员工的职业压力来源于：①工作压力源。这是指直接与个体的工作角色相联系的压力来源。主要表现为：一是角色模糊，即角色信息不清晰。主要来自不合理的工作说明、环境变化引起的角色变化或变得不清晰等。二是角色冲突，即个体所获得的关于同一角色的信息出现矛盾。造成角色冲突的主要原因有：不同的信息发送者之间沟通不畅及其合作不佳造成员工获得的信息相互冲突；有些角色本身具有多种职能，不可避免地造成角色冲突；环境改变对组织角色的要求越来越复杂，极大地增加了角色冲突的可能性。三是角色负重，即当一个员工被要求在一定时间内完成力所不能及的任务时出现的情况。表现在质与量两个方面，量的负重是由于裁员、情境变化、工作设计不合适、目标失当、追求高产出、急功近利等造成员工任务过多；质的负重是由于择员或训练不当造成的员工能力与工作要求不相匹配，如工作复杂程度较高，要求掌握与运用多种技巧；工作要求经常给他人反馈或需要来自别人的反馈；工作要求有很高的智商与情商。②家庭压力源。家是幸福和安全的源泉，但有时也会成为压力的主要制造者。家庭破裂、子女教育等都会给员工带来压力感。③社会压力源。包括社会宏观环境（如经济环境、行业情况、就业市场等）和员工身边微观环境的影响。这主要与人的社会地位紧密相关。社会地位是一个结合体，包括经济地位，主要以收入来衡量；声望地位，主要以教育水平来衡量；职业地位，主要以职业来衡量。

(2) 合理控制压力源。员工压力很大一部分源自组织层面，组织可以通过控制压力源帮助员工进行压力管理。包括：①合理配置人力资源，尽量保证招聘的人员具有与职务要求相适应的工作能力和个性特点；②合理安排员工工作负荷，改善工作条件，为员工创造舒适的工作环境，以利于员工将压力保持在促进工作效能的水平；③将工作丰富化，避免员工因长期从事同种工作带来的枯燥感和疲惫感；④改进领导者作风，提高管理水平。

(3) 促进组织内部沟通。即通过正式和非正式沟通，增强管理者与员工间的信任与理解。管理者应通过正常途径，及时了解员工对工作的真实想法及心中的困惑，以找到问题的症结所在，帮助员工解决困难，减少工作压力，提高效率。非正式沟通虽是自发的、随意的，但员工在非正式沟通中往往更倾向于表达自己的真实想法。

(4) 注重工作压力疏导。伤心痛苦总是难免的，饭店管理者应协助或引导员工把不良情绪发泄出来，使员工早日从痛苦的状态中解脱出来。主要可通过三种方式：①宣泄，即通过某种途径把自己的压力排挤出去，如运动、痛哭、逛街购物、奋笔疾书等。②咨询，即通过语言、文字等媒介物与员工进行信息沟通，以调整员工心理或情绪的过程。通过心理咨询可以帮助员工在对待压力的看法、感觉、情绪等方面有所变化，解决其出现的心理问题，从而调整心态，能够正确面对和处理压力，保持身心健康，提高工作效率和生活质量。③引导，即管理者或他人帮助员工改变其心态和行为方式，使员工能正确对待压力。

3. 关注职业倦怠

职业倦怠症又称职业枯竭症，它是一种由工作引发的心理枯竭现象，是上班族在工作的重压之下所体验到的身心俱疲、能量被耗尽的感觉，这和肉体的疲倦劳累是不一样的，而是缘自心理的疲乏。职业倦怠最常表现出来的症状有三种：一是对工作丧失热情，情绪烦躁、易怒，对前途感到无望，对周围的人、事物漠不关心。二是工作态度消极，对服务或接触的对象越发没耐心、不柔和，如教师厌倦教书，无故体罚学生，或医护人员对工作厌倦而对病人态度恶劣等。三是对自己工作的意义和价值评价下降，常常迟到早退，甚至开始打算跳槽甚至转行。要有效解决职业倦怠问题，需要员工与组织的共同努力。

(1) 从员工自身角度，主要应从四个方面进行努力：一是需要改变认知，即要求更清楚地认识自己的能力和机会，不会因为不恰当的期望和努力失败产生职业倦怠；二是要积极面对问题，采取更积极的应对手段，而不是逃避；三是归因训练，即把问题的原因归结为个体可以控制的因素，如能力和努力等，将帮助你成为更加内控的人；四是更积极地表达自己的意见，尽最大努力去改变环境。

(2) 从组织角度，主要应该从五个方面加以影响与调整：一是注重工作再设计，让工作更加富有意义、挑战与乐趣；二是适当进行工作轮换；三是更多地接纳员工对流程和再造的意见；四是工作业绩评定时，将员工的优点、贡献、失误、缺点都放在重要位置，增强员工的成就感；五是提供建设性的反馈意见，提供跟工作相关的训练和信息。

(二) 理解员工苦衷

理解是人们共同的需要，饭店需要社会和员工的理解与认同，员工同样需要管理者和顾客的谅解与信任。作为饭店管理者，特别应该理解员工的苦衷，并采取有效措施，以尽量消除饭店工作的负面效应。

1. 工作时间特殊性

饭店一般实行每周工作五天(有些饭店还实行六天工作制)、每天八小时工作制，但由于饭店业务经营的特点，往往要突破这一界限，临时加班现象在所难免；同时节假日往往也需要加班。这就给员工安排自己的生活带来了诸多不便。如有些年轻人就因为工作时间不稳定，导致恋爱问题上的挫折，有些家庭也因此而时常产生摩擦。

为此，饭店管理者必须从工作需要和员工需求角度，实行富有人性化的工作时间与假期管理。一方面，要合理安排员工工作时间，适度增加工作时间的灵活性，逐步推行弹性时间工作制，尽可能避免加班加点，以保证员工的休息时间；另一方面，应逐步推行灵活的休假制度，根据饭店业务特征，有计划地安排员工度假旅游，从而使员工体会工作的价值和生活的快乐。

2. 工作性质特殊性

饭店工作是一种“直接伺候人”的工作，员工与顾客的关系是一种服务与被服务、支配与被支配的关系，顾客享受与员工劳动易形成强烈的心理反差。在当今饭店倡导“顾客至上”的年代，客人有权“支配”员工的劳动、挑剔员工的毛病，即使客人有过错或无礼举动，饭店员工也要忍耐、宽容。有时尽管员工尽了最大的努力去为顾客服务，可仍避免不了冲突和意外。这在整个社会的精神文明尚未达到一定高度、有些客人的素质确实不高的情况下，作为饭店的员工有着说不尽的委屈和苦衷，不公平感也往往油然而生。为此，饭店管理者必须深刻认识到，一线员工时常会面对来自顾客、组织和工作本身的多个冲突和压力。

为了使员工适应其扮演的工作角色，饭店管理者应注重以下三个基本要求。

(1) 在员工求职和入职培训时，必须让员工明白角色是一种职能，一种对处在这个地位的人的所期待的、符合规范的行为模式。服务业是一个服务于他人、使他人愉悦的行业，必然要求员工在适当的时候做出一些必要的“牺牲”。同时，还必须让员工意识到，能否在服务工作中实现自己的人生价值，关键在于自己的职业素养。

(2) 在管理中，饭店的管理者必须懂得尊重员工的人格，维护员工的尊严，保护员工的合法权益。

(3) 在工作过程中，饭店管理者必须尊重员工的工作，主要有三方面的要求：一是肯定饭店内所有岗位的重要性。对于企业来讲，每个岗位都有其内在价值，虽然有分工和等级差别，但没有贵贱之分，都是不可缺少并必须得到充分尊重。二是尊重员工的劳动。对此，饭店管理者必须合理安排员工的岗位，科学分配和指导工作，避免瞎指挥，以杜绝员工的无效劳动。三是肯定员工的工作成绩。赞美员工的良好表现，让员工为自己所做的工作感到自豪，是最经济、最神奇的激励方法，并有助于形成愉快合作的工作气氛。

3. 工作要求特殊性

作为直接面对顾客的窗口服务行业，几乎所有的饭店都制定了严格而具体的纪律和规范，要求饭店员工必须时时克制自己，不能随心所欲，即使在生活和工作中，碰到各种困难和烦恼，也要求进入岗位就进入角色，努力忘却心中的忧愁和烦恼。可谓标准高、要求严。而饭店员工绝大多数是年轻人，这些工作要求和年轻人的特点有极大的矛盾，而且也易使员工产生一种压抑感。尤其是“80后”年轻人，他们更是崇尚个性与自由。

为此，饭店在实行高效的规范化管理的同时，绝不能忽视对员工的人性化管理。一方面饭店应该注重饭店制度的人性化设计和工作的科学设计，在可能的情况下给员工以灵活的空间，让他们体会到工作的乐趣；另一方面饭店应注重员工的心理管理，科学调节员工的情绪，并丰富员工的业余生活，让他们享受生活。

（三）促进团队协作

一些实证研究表明，团队合作能提高成员的工作生活质量，增加成员的工作满意度、责任感与工作效率。要使员工快乐工作，饭店各个部门、员工之间的相互协作至关重要。为此，饭店管理者必须在工作中注重强化以下理念与行为，创造团队合作的良好氛围。

1. 要沟通不要摩擦

协作离不开沟通，沟通是人际之间或群体之间传递信息、交流信息、加强理解的过程。有效沟通的重要作用之一就是使饭店员工感到自己是饭店及饭店部门的一员，感受到饭店及所在部门的认可和关爱。只有饭店内上下之间、群体与群体之间、人与人之间沟通渠道通畅，才能很快传递和交流信息，体现民主、和谐的气氛，引导员工为饭店或组织目标服务。工作中难免会出现各种各样的矛盾。这个时候就需要团队成员进行积极而有效的沟通，应牢记“冤冤相报何时了”的古训，学会替对方着想，体验对方在特定情景下的感受，通情达理地谅解对方的行为，提出让对方心悦诚服的解决方案。同时，为保证有效的合作，饭店员工在团队合作过程中，就必须摆正位置，既要唱好主角，更要甘当配角，确立“我应该为他们做什么”的理念，主动配合，求同存异，协调合作，取长补短，努力为他人的工作创造条件，提供方便，从而形成最大的团队合力。

2. 要反省不要埋怨

归因理论认为，人们常常把自己的失败归结成外部因素如运气、同伴等，这种倾向称为自我服务偏见。其实，与其他部门或同事发生矛盾时，一味地埋怨不仅无济于事，同时还会破坏心情。碰到问题与矛盾，饭店员工首先应该扪心自问：我是否对事情理解得不够清楚，导致自己错误地执行了某些工作任务；我是否没有进行及时的沟通，进而导致我对某些方面的理解和执行出现了问题；出现了问题，我是否迅速采取了有效的补救措施。

3. 要补台不要拆台

工作是一个合作的舞台，而不是一个角斗场。要想自己的事业舞台足够的宽广，首先要让自己的胸襟宽广。在工作过程中，他人难免会出现一些失误，也可能会给自己带来一点困难。此时，饭店员工应该相互帮助，共同配合，解决困难；而不要趁机打击别人，抬高自己，更不能落井下石，借刀杀人。

第三节　饭店员工精神境界

人世间，什么力量可以使人在一无所有时，让人起死回生？唯有精神！人世间，什么力量可以让人不依赖物质财富的多少而感到幸福？还是精神！所以，要充分调动员工积极性，让员工快乐工作，关键在于员工的精神境界。而培养员工积极的心态，则是重中之重。心态是人的思维方式与相应的处事态度，是影响人的行为的一个重要因素。心态要素包括了三个层次的心理活动：认知、情感、态度。因此，只有培养员工正确的思维方式、培植员工快乐的情感，并引导员工的积极态度，才能让员工在工作中享受成就感、成长感、归属感和工作的乐趣。

一、阳光思维培养

心态要素的起点是认知，不同的认知产生不同的情感，不同的情感产生不同的态度。认知反映了人们对事物的观点和看法，对于事件的解释是引起人们情绪和行为问题的原因。所以，饭店首先应该培养员工的阳光心态，使员工养成光明思维的习惯，让员工在工作中充满欢乐。

（一）多从正面去思考

饭店是一个平台，员工可以利用这一平台发挥自己的能力，实现个人的目标，提升自己的价值。然而，饭店又是一个丛林，每天都可能出现不同的险情，“物竞天择，适者生存”的规则在这里同样适用。很多的困难和障碍往往不是源于所处的外部环境，而是产生于我们的内心，是内心深处所谓传统、经验和习惯造成了心灵的恐惧，并让恐惧捆住了个人前进的步伐。如果员工从积极的方面去理解，就会充满信心，积极进取；反之，就可能会心怀不满，耿耿于怀，意志消沉。沉溺在消极（失败）的一面中，往往会错过收获正面（成功）的可能。因此，面对困境或者挑战时，应设法让员工多给自己积极正面的心理暗示。

（二）学会多看人之长

西方谚语说：“生活就是一面镜子，你笑，它也笑；你哭，它也哭。”与人相处，有两种思维：一种是企图在每个人身上找到“圣人”的所有优点，一种是试图在所有人身上找到一个“完美”的榜样。前者是苛求，后者是豁达。如果以阳光之心去看待身边的人，多看人长，少看人短，就会经常收获他人热情的帮助，并在相互帮助的工作氛围下站得更高，走得更远。饭店员工应怀有探寻自身不足之心，培养发现他人优点之心，以人为师，以事为鉴，从中得到启发，改善自己的工作。

（三）关注现在与未来

人生无非就是三天，即昨天、今天和明天。昨天是过去，我们无法改写；今天是现在，我们正在书写；明天是未来，我们还有机会。“任何提早的担心，都是在预支忧伤，因为它很有可能不存在。”不管是昨天、今天还是明天，路都是自己走的，取决于我们自己。所以，饭店应该注意引导员工懂得尊重昨天，把握今天，创造明天。

作为饭店员工，可能由于没有工作经验，加上性格上存在这样或者那样的缺陷，考虑问题不够全面，常常会犯很多错，做很多无用功，常常会被领导批评，那都是很正常的。“年轻人犯错，上帝都会原谅。”饭店员工应该认识到：事情已经发生了，想也是白想，与其让自己难受，还不如投入到工作中，把工作做好。因为昨天已经走远，明天皆有可能。不要让今天留有任何的遗憾。

二、快乐情感培育

快乐情感就是适应环境、自我调节、积极向上、自得其乐的情绪状态。一般来说，努力做事、随缘收获、善待他人的员工，往往能收获真正的快乐。饭店应培养员工的快乐工作心态，让员工在工作中懂得自得其乐，不要自寻烦恼。

（一）学会低调造乐

以谦和心对待身边的同事与顾客，不把自己的精力和时间浪费在无谓的争长较短中。有时，要懂得隐藏自己的才华，这实际上是一个能量聚敛的过程，也是保护自己的一种手段。当拥有足够的经验和阅历时，当工作舞台搭好时，当时机成熟时，也就是释放自己激情和能力的时候。无论在哪家饭店、哪个部门，从事哪类工作，都应该要先学会做人。作为饭店员工，要摆正自己的位置，明白自己的工作角色，认清自己应尽的职责和义务，以谨慎的态度对待身边的人和事。该说则说，该做则做，友善和气，不与人争长短，保持谦卑、让步、低调的姿态。一般来说，低调做人，就会懂得配合他人，懂得服务顾客，也更可能获得他人的帮助与认同，获得个人业绩的提升，从而体会到努力工作的乐趣所在。

（二）学会知足常乐

要寻求工作中的快乐感，除了懂得低调创造快乐外，还要学会眼睛朝下看。人人都喜欢做企业的最高领导，作为在企业中站得最高的人，人们认为他能够拥有他人得不到的东西，所以他快乐！其实，如果一味地与他人攀比，永远不可能得到快乐。因为“一山更比一山高，强中更有强中手”，不知足者即使身在高位，也会因为欲壑难填，无法体验到真正的快乐。所以，如果眼睛总是往上看，总拿更有地位、权势或富有的人与己比较，就永远不会对自己的处境感到满意，也就不会体会到人生的快乐。一味地攀比只会使自己的心态日渐失衡，甚至为了满足自己的贪欲步入罪恶的深渊。所以，饭店员工应该学会如果一时无法改变自己的处境，可以把眼睛往下看，懂得往下比较，求得比上不足、比下有余的心理平衡，从而增强对自己工作与生活的满足感与快乐感。

（三）学会自得其乐

每个人都或多或少存在着不足，有的是源于先天的因素，有的是源于当前的条件限制，因此人人只能在工作中发挥有限的价值，但这不能妨碍个人享受工作中的快乐。世界科学巨匠霍金——那位在轮椅上生活了三十余年的高位瘫痪的残疾病患，曾写下这样一段话：“我的手还能活动，我的大脑还能思维，我有终生追求的理想，我有爱我和我爱着的亲人与朋友，对了，我还有一颗感恩的心……”命运之神对霍金，在常人看来是苛刻得不能再苛刻了，他口不能说，腿不能站，身不能动。可他仍感到自己很富有：一根能活动的手指，一个能思维的大脑……这些都让他感到满足，因而他的人生是充实而快乐的。美国密歇根大学的研究者在对快乐的研究中发现，生活满意与否的最好指标不是对家庭生活、友情或收入是否满意，而是对自我是否满意。① 因此，摆脱自卑、沮丧情绪的关键在于自己能否积极寻求工作中的快乐，而员工能否乐于工作的根本也就在于员工是否学会寻找工作乐趣，懂得在工作中发现与创造快乐。如果在工作中能始终保持对自己的肯定，主动地寻求快乐的事情，主动地让自己心情舒畅，那么你就是一个快乐的工作者。

三、积极态度强化

积极态度就是立足于自我努力，而不被客观环境与他人态度行为左右的行为倾向。从个人的自身因素来看，其积极的态度主要来自以下三个方面。

（一）坚定不移的信念

信念即牢固的观念，或对事物习惯性的看法。心理学家研究表明：人的行为受信念支配，信念是激发员工高效工作的最本质、最有效的推动力。拥有坚定的信念，员工就会抛开悲观的想法，以一种全新的生活态度去看待工作中遇到的种种压力；拥有坚定的信念，将激励员工在逆境中勇往直前求生机，在困难面前不断地采取行动，直至找到一系列真正行之有效的行动步骤。

1. 办法总比困难多

人生之路不可能是笔直的，成功之道更不可能一帆风顺，会经历各种困境与磨难。但是，只要精神不滑坡，办法总比困难多。克服困难的过程就是面对问题、思考问题、解决问题的过程，也是审视自我、提升自我与超越自我的过程。在困难面前，努力进取，积极行动，知难而上，就会找到攻克困难的办法。

2. 阳光总在风雨后

人的生命似波涛奔流，不遇岛屿和暗礁，难以激起美丽的浪花。俗话说：月有阴晴圆缺，人有旦夕祸福。工作与生活的不顺、挫折与磨难可能随时出现，在工作中，饭店员工难免会经历各种风雨，但只要抱着坚定的信念，磨砺心志，积极行动，追求自己真正想做的事，就能在饱受煎熬的日子里，同时收获一份恬淡、一份豁然，并最终到达成功的彼岸。

3. 是金子总会闪光

人生是否成功看似偶然，其实包含很多必然的因素，是金子总有闪光的一天，即使它暂时还被埋在土壤里。饭店员工应深刻地认识自己，信任自己，修炼自己，定能在饭店这一大舞台上展现自我，超越自我，创造辉煌。在这一过程中，饭店管理者必须深刻了解每位员工，提供员工创造价值的舞台，促使员工不断地提升自我。

（二）竭尽全力的态度

竭尽全力即立足于自己的职业或岗位，用尽全部的力量做好本职工作。为此，饭店应

① 孔建霞，李琼鑫. 主动快乐[M]. 北京：清华大学出版社，2006.

帮助员工确立正确的认识与态度。

1. 正确认知工作含义

能否竭尽全力工作，其实与工作本身无本质的联系，关键在于个人对工作意义的认知。同一工作任务与内容，不同的认知，就会出现不同的工作心境与工作态度，然后影响工作结果，进而再次影响工作的积极性。比如餐厅跑菜服务员，他(她)可以认为自己的工作是端盘子，也可以认为是餐饮对客服务的工作，当然，你也可理解为给他人创造快乐的工作。把工作仅仅当作谋生手段的人，往往是一个缺乏快乐的人，而把工作当作在帮助他人时，自我肯定、自我的成就感就找到了，此时的员工也就对工作充满了激情，那么做起工作来就会觉得时间过得很快、不易疲劳，往往能在看似无聊、乏味的工作中做出不平凡的业绩，从中获得工作的快乐。

2. 视工作为自己的事情

视工作为自己的事情，就是把工作看成自己的事业，视工作为给自己打工。从本质上看，员工和饭店之间就是一种契约关系，饭店付工资给员工，而员工以自己的工作绩效作为交换。饭店支付的工资是一个合格达标的结果，如果员工做的工作达不到这点，实际上是没有履行契约。作为饭店员工，首先应该摆正心态，认识到工作是自己换取工资应该做的，在其位就应该谋其事。同时，员工工作的好坏，也直接决定着员工的职业发展。所以，员工工作完成的优劣程度是与自身发展密切相关的事情，代表着个人的能力和品德，试想“一屋不扫何以扫天下”。

当然，一个员工如果想要进步，还要努力养成认真对待“额外的工作”或“临时的任务”的职业习惯，尤其是直接上司指派的工作，不管该工作是多么枯燥无味或具有挑战性。“存在即合理”，承认事情存在总有它的合理性，不怨天尤人，相信上司的委派一定有其合理的目的。即使该工作和自身的志趣、能力非常不符，也应将之视为自己的事情，以主人翁和胜利者的心态去做，竭尽全力认真完成，再寻找合适的机会与上司沟通，委婉告诉上司自身的要求和感受，争取得到改善。上司分配的不合心愿的工作任务，在一定程度上有助于检验自己适应环境求生存的能力，以及积蓄力量求发展的能力。越是艰难痛苦的经历，越能磨炼意志，越能增强面对未来的勇气。

3. 努力超越他人的期望

没有人能保证你成功，只有你自己；没有人能阻碍你成功，也只有你自己。竭尽全力，努力超越别人的期望，就是要求我们在工作中必须具有主动性和创造性；不仅仅以达到别人的工作要求为工作目标的底线，而是以自己的能力所能达到的最高水平为追求，努力创造惊喜。既然已经花了时间，为什么不做得更好呢？为什么不尽力呢？工作中以最高标准要求自己，能做到最好，就应做到最好。正如比尔·盖茨劝告青少年所说：事情不分大小，都应使出全部精力，做得完美无缺，否则还不如不做。

（三）百折不挠的毅力

俗话说：“坚持就是胜利。”只要方向没错，唯有坚持能够让你到达胜利的彼岸。积极的态度，必须具有坚强的毅力，即在行动中坚持决定，百折不挠地克服困难和障碍，完成既定目标方面的意志品质。

1. 注重自我激励

自我激励就是指员工具有不需要外界奖励和惩罚作为激励手段，能为设定的目标自我努力工作的一种心理特征。自我激励是员工具有坚强毅力的引擎。首先，饭店员工必须时刻牢记自己的职业使命与职业目标，充分认知自己工作的主要意义。其次，饭店员工必须学会享受过程，让自己在塑造自我的整个旅途中充满快乐，而不要等到成功的最后一刻才去感受属于自己的欢乐。最后，饭店员工必须学会欣赏、展示自己。饭店员工要相信自己，并在展示自我的过程中充分利用自己的特长，在每一次对客服务时把自己最真诚的微笑带给顾客，让微笑成为一种习惯，给身边的顾客带来温暖和喜悦，将自己的敬业精神、优质服务和饭店形象融为一体，散发出动人的光彩。

2. 积极面对逆境

环境如何变化是我们无法预料的，越是艰难的环境，越能够激发出人的潜能，继而迸发出难以想象的能力。人总是要有一点精神的。面对困难，要有战胜困难的勇气；面对问题，要有解决问题的思路；面对挑战，要有应对挑战的办法；面对逆境，只要我们用心去创造，想尽办法去克服，就能拨开乌云见晴空，就能产生"置之死地而后生"的奇迹。

3. 正确对待挫折

错误与失败是获得知识和进步的重要源头，所以我们应以积极的态度去迎接每一次挑战，正确地看待失败，积极地面对失败，重视出现的新问题，那么失败就会成为我们成长的重要财富。也许几经努力，勇于挑战自我，还是以失败告终。但在尝试的过程中，我们开拓了眼界，学会了以不同的视角看待问题，经验与知识的积累带来智慧的提升。我们的外表也许看不出任何变化，但我们已不是原来的自己，我们将逐步提升到一个新的高度。

【思考与练习】

一、思考题

1. 如何理解"以人为本"的管理理念？
2. 如何理解"适应就是人才"这一理念？
3. 饭店企业如何创造"公开、公正、公平"的用人管理机制？
4. 饭店企业如何构建员工的成长管理机制？
5. 如何建立有效的绩效管理体系？
6. 如何为员工创造宽松愉快的工作氛围？
7. 如何理解"心态决定命运"这一观点？
8. 如何培养饭店员工的积极工作心态？

二、练习题

在本地选择一家饭店进行现场调研，总结该饭店在人本管理方面的成功经验，同时寻找存在的问题，并提出相应的改进建议。

三、案例题

案例1：饭店优秀员工的流失管理①

张娜是光华饭店的一位销售经理(主管待遇)，在该饭店工作近4年，在销售经理的岗位上，干得乐此不疲。由于其外表可爱，为人热情，乐于助人，做事踏实，深得客户喜爱，故销售业绩非常突出，从进入饭店的第二年开始，年年销售业绩排名第一。同时，由于其对饭店贡献较大，连续两年被评为饭店先进工作者，多次受到饭店总经理的表扬和奖励。不过，她的文化程度只是职高，对营销策划和活动设计等知之甚少；同时她似乎缺乏管理的欲望，不太愿意得罪人，有一定的老好人倾向。营销部经理对她的工作非常满意，并在私下多次表示有适当的机会将争取给予提升。张娜则表示自己文化水平不高，恐怕难以承担更多的责任。

3个月前，营销部副经理调到饭店其他部门当经理，饭店很多人猜测张娜将接替此职，而张娜自己也觉得这次晋升的可能性很大。

根据营销部的提名，有两位副经理候选人：一位是张娜，另一位是企业营销管理专业毕业的大学生李菊。李菊在饭店工作近3年，曾做过总服务台接待员和营销部销售员，现担任营销部文员(主管待遇)。最后，饭店领导层研究时，考虑到张娜的文化程度和性格特征，提升了李菊当副经理，而对张娜则晋升了一级工资。

晋升结果公布后，张娜就产生了一些想法，认为饭店并非对其真正重视，其实只想使用而没有培养之意。不过，她对于自己的销售工作还是一如既往，尽心尽力，没有表现出因未得到晋升而出现消极行为。

两个月后的某一天，B饭店的总经理得知此事，主动找到张娜，不仅给她饭店销售部副经理职位，而且工资又高出1/4。当时，张娜考虑到现在饭店的工作环境不错，同事关系也很融洽，上班地点离家也较近，没有马上答应，只是说考虑考虑。两天后，营销部因为超额完成销售指标举行部门聚会，在杯觥交错之时，她借着酒劲说，如果有一天她离开饭店，大家会不会想她。部门经理当时以为是一句戏言，没有引起注意，事后也没有与她交流。一个星期以后，那家饭店的总经理再次找到张娜，希望她加盟，于是张娜向饭店提交了辞职报告。

针对这一情况，饭店领导层召开了一个紧急会议，研究如何处理张娜的辞职问题。会上，出现了两种意见：一种意见是，如果张娜离职去那个饭店，那么将会导致部分客户的流失，考虑到张娜的业务能力以及所掌握的客户资源，建议给她部门副经理这一职位，以留住她。另一种意见认为，张娜的离职，可能会有客户流失的风险，但假如这个时候给她副经理职位，会产生一些负面影响，况且客户关系维系的关键还是靠饭店的服务品质和市场体系。所以，反对给张娜副经理的职位。最后，会议没有形成统一意见。

问题讨论：

1. 你认为应该提拔谁？为什么？

---

① 本案例由邹益民根据自己的管理咨询实践撰写，仅供课堂教学之用。未经允许，本案例的所有部分都不能以任何方式与手段擅自复制或传播。案例中的企业、人名等，作了虚拟处理，如有雷同，纯属巧合。

2. 假如你是该饭店总经理，对于张娜的辞职请求该如何处理？

3. 该饭店在人力资源管理中存在哪些问题？应怎样改进？

案例 2：服务员面对挑剔顾客的不同行为①

兴隆饭店为了构建竞争优势，提升企业的竞争力，委托浙江大学的邹教授做一个“饭店人力资源管理系统提升方案”的课题。为此，邹教授来到该饭店进行调研。

第二天中午 1 点左右，邹教授来到零点餐厅——牡丹厅，当时餐厅已没有就餐客人，只有三位服务员站在一边。而此时，餐厅门口进来一位客人，见没有服务员引领(迎宾服务员大概有事离开，未在门口迎宾)，他就走向靠窗口的一张小桌。三位服务员都看见了这位客人，但大家你推我让，谁也没有主动上前迎接，正在他们互相推诿之际，从备餐间出来的一位服务员，看见有客人进来就餐就主动上前服务。看到三位服务员闲着也没事，邹教授把他们暂时叫到工作间，问她们为什么看到客人来就餐不主动上前服务，这时，其中一个服务员说：“邹教授，不瞒您说，这个客人很‘难弄’，喜欢挑剔，为他服务弄不好要被投诉的，吃力还不讨好呢！”邹教授又问：“那刚才主动上前为这位客人服务的员工叫什么名字？她不知道这位客人喜欢挑剔吗？”一位服务员说：“她叫李丹，她也知道这位客人难弄的。”“那她为什么还主动上前为他服务呢？”邹教授问。“她和我们不一样，不知道什么原因，不管什么客人，到她那里都乖乖的了，不仅不投诉，而且还经常表扬她呢。”邹教授又问：“她学历比你们高吗？”一服务员答：“一样的，都是高中生。”“那是不是她进饭店的时间比你们早？”邹教授又问。“不是的，我们都是同一批招进来的。”一服务员又答。到此，邹教授心中已有了答案，为了证实自己的想法，邹教授约李丹作一交流。下班后，李丹如约来到了员工活动室，邹教授与李丹的交谈简单寒暄后就直奔主题：

邹：你不知道今天这位客人“难弄”而且喜欢挑剔吗？

李：知道的。

邹：大家认为为“难弄”而且喜欢挑剔的客人服务是倒霉、晦气，你不觉得是这样吗？

李：我不这么认为，为挑剔的客人服务是学习与表现的机会。

邹：这怎么理解？

李：只要你热心和虚心，这类客人一般会告诉你很多你不知道的东西；如果你用心去服务，其实这类客人也是很通情达理的。能让这类客人满意，这不也是证明了你的能力吗？

听了李丹的一番话，邹教授无比感慨，同样的一件事，看法不同，结果也就不同。当然，他也为自己发现了一个人才感到兴奋。

问题讨论：

1. 为什么三位员工与李丹面对挑剔客人会采取不同的行为？

2. 从这个案例中，你得到了什么启示？

---

① 本案例由邹益民根据自己的工作经历撰写，仅供课堂教学之用。未经允许，本案例的所有部分都不能以任何方式与手段擅自复制或传播。案例中的企业、人名等，作了虚拟处理，如有雷同，纯属巧合。

第七章 饭店危机管理机制

学习目标

通过本章的学习，你应该：

1. 充分认识危机的普遍性与危机管理的重要性；
2. 充分认知饭店危机管理的对象、过程及基本特征；
3. 全面掌握饭店危机防范的基本环节及基本要求；
4. 正确把握饭店危机处理的原则与技巧；
5. 基本掌握饭店主要危机事件的处理步骤与方法。

引例

赏心悦目度假村的形象危机①

赏心悦目度假村是一家按四星级标准建设的、以度假为主题、融膳宿娱乐为一体的度假型旅游饭店，拥有客房近300间，并配备了网球场、健身房、室内外游泳池、棋牌室、夜总会、垂钓苑、赛车场等康乐设施。该饭店位于城市郊区，交通便利，周边拥有多个风景区。度假村内环境幽雅，幽径小桥、亭台楼阁，令人恍若置身于江南名园。在筹建期间，饭店制订了系统的管理方案，构建了完善的管理制度体系，对员工进行了全面、系统的培训，并在正式对外营业前，进行了为期半个月的内部试运行。

开业伊始，饭店就以先进的消费理念及与众不同的环境优势、服务设施与良好的服务吸引了华东地区及全国各地的游客光临，一度在当地掀起了一股度假热潮，饭店也因此取得了骄人的经营业绩。开业三个月，客房出租率均在85%以上，周末更是一房难求，平均房价处于同类饭店前茅。各种媒体也纷纷对度假村的成功经营给予了不同方式的报道。

随着度假村知名度的不断提高，既为饭店打开了市场，也带来了一定的风险。同时，也引起了个别人的嫉妒和一些职能部门的关注。在个别人的作用下，当地公安部门在某个星期六的夜晚，对饭店采取了突击全面检查，而且通知当地一家电视台全程跟拍。检查结果发现了3个房间有赌博行为，5个房间存在男女混宿的情况(系家庭与亲朋好友)，2个房间存在嫖娼情况。当地电视台第二天就作了全面报道，当地的几家报纸也报道了相关消息，其中一家晚报更是以"藏污纳垢之地"为主题，发表了言辞激烈的评论文章。顿

① 本案例由邹益民根据自己的管理咨询实践撰写，仅供课堂教学之用。未经允许，本案例的所有部分都不能以任何方式与手段擅自复制或传播。案例中的企业名称等，作了虚拟处理，如有雷同，纯属巧合。

时，当地市民对这家饭店议论纷纷，负面影响可想而知。

面对突如其来的打击，度假村领导层立即采取了以下措施：一是与公安部门沟通，并提交了情况说明及整改措施；二是在饭店内部，通报有关情况，要求各部门做好正常的经营管理工作；三是与各个新闻媒体沟通，并真诚接待前来采访的新闻记者；四是寻找当地政府，主动说明有关情况，既检讨饭店的不足，表示进一步完善管理又希望政府给予必要的协调支持。经过多方努力，这一风波很快得到了平息。之后，饭店正好利用教师节，策划了一个难忘恩师的公益活动，省委宣传部部长全程出席了这一活动。各大媒体纷纷报道了这一活动，度假村的良好形象得到了进一步的展现。

俗话说，天有不测风云，人有旦夕祸福。在市场竞争日趋激烈的今天，诸多因素导致危机无时无刻不在威胁着企业的生存和发展。赏心悦目度假村形象危机的案例表明，饭店作为一个高接触性与高敏感性的公众服务企业，在其发展过程中很难避免各种危机，关键在于如何正确面对，并正确处置。也就是说，饭店虽然无法杜绝危机的发生，但可通过构建科学完善的危机管理系统，最大限度地防范危机，或最大限度地减少由危机带来的损失。所以，充分认识危机，加强危机防范，正确处理危机，就成为饭店经营管理的重要课题。

第一节　饭店危机管理认知

一、危机管理对象

危机管理对象，顾名思义是危机。要有效做好饭店危机管理，首先必须正确认识饭店危机的含义及基本特征。

（一）饭店危机的含义

对于危机，目前学术界尚无统一定义。笔者认为，所谓饭店危机，就是由客观或主观因素所引发的意外事件，对饭店管理目标实现构成威胁的紧急和危险状态。该定义主要包含以下三个基本含义。

第一，饭店危机是由于某一事件引起的，它既可以是外部因素，比如国家某一政策的改变或者全球金融危机导致经济严重滑坡等因素导致饭店市场危机，也可以是内部因素，比如饭店虚假宣传、违规经营等事件导致饭店的形象危机。

第二，饭店危机是一种突发性的意外事件引起的，往往出乎意料，令人措手不及。

第三，饭店危机是对组织目标实现构成重大威胁的一种紧急与危险的状态。

（二）饭店危机的特征

基于以上含义，饭店危机一般具有以下特征。

1. 突发性

危机一般都有一个潜伏期，在这一时期，组织表面上一切正常，其实已隐藏着危机的因子，开始时往往不易被发现和重视。有时尽管有一定的危机征兆，但可能不十分明显，难以识别与判断。尤其在移动互联网时代，每个人都成了舆情信息的主体，可以随时随地通过不同方式，对饭店的某些问题发出各种信息，而引发饭店的危机。所以，危机事件一般是在饭店毫无准备的情况下突然发生的，而且危机爆发的实际规模、具体态势和影响深度，往往是始料未及的。这就容易给饭店带来混乱和惊慌，使人措手不及。

这一特征告诉我们，饭店必须坚持防患于未然的原则，建立危机预警系统，以便尽早发现危机信号，把危机消灭在萌芽状态。

2. 扩散性

进入移动互联网时代后，信息传播渠道的多样化、时效的高速化、范围的全球化，饭店一旦出现危机，就随即公开并迅速扩散，成为各种媒体热炒的素材，成为公众聚集的中心，而且危机的信息传播比危机本身发展要快得多。此外，各类媒体作为危机的利益相关者，他们不仅仅关注危机本身的发展，更关注企业对危机的处理态度和所采取的行动。而社会公众有关危机的信息来源都是源于各种形式的媒体，所以媒体对危机报道的内容和对危机报道的态度将直接影响着公众对危机的看法和态度。有些企业在危机爆发后，由于不善于与媒体沟通，导致危机不断升级，成为媒体捕捉的最佳新闻素材和报道线索。有时它会牵动社会各界，乃至在世界上引起轰动。

这一特征告诉我们，饭店在出现危机时，必须体现真诚沟通原则，实事求是，并注意媒体的力量。

3. 紧迫性

对饭店来说，危机一旦爆发，其危机情景就像大火借了东风一样，迅速蔓延扩大，其破坏性的能量也会被迅速释放，可能产生“多米诺”效应，真可谓刻不容缓。如果企业不能及时控制，危机将进一步升级，甚至可能会急剧恶化，使企业遭受更大损失。

这一特征告诉我们，饭店在处理危机时，必须坚持快速反应原则，当机立断，迅速决策，并采取行动。

4. 两重性

普林斯顿大学的诺曼·奥古斯丁教授认为，每一次危机本身既包含导致失败的根源，也孕育着成功的种子。不论什么性质和规模的危机，都必然不同程度地给企业造成破坏，造成混乱和恐慌，而且危机往往具有连带效应，引发一系列的冲击，从而扩大事态。所以，危机的出现，往往威胁到企业目标的实现，有的甚至危及企业的生存与发展。但是，危机是“危”与“机”的结合，危机同样具有积极的意义，而且危机事件是可以变化的。一方面，危机事件能使企业发现自身的不足，从而能对症下药，克服自身弱点，改善管理；另一方面，危机中的饭店往往是公众关注的焦点，如果积极应对，处理得当，不仅可以把负面影响控制在最小范围，甚至可以转化为“正面宣传”，迅速提高饭店的知名度和美誉度；再一方面，吃一堑长一智，通过危机事件，可以锻炼我们的队伍，提升我们的危机防范与应对能力，同时举一反三，防微杜渐，增强“免疫”能力，促进整体管理水平的提高。

这一特征告诉我们，平庸的企业在危机中死亡，优秀的企业在危机中发展，杰出的企业在危机中超越。饭店如果直面危机，积极应对，因势利导，就有可能化解矛盾，转危为机，把坏事变成好事。

（三）饭店危机的类型

饭店所面临的危机极为广泛，从不同的角度可以分为不同种类的危机。

1. 按危机产生诱因划分

按照危机产生的诱因，危机可以分为以下三类。

(1) 外生型危机，即由于外部经营环境变化而引发饭店出现了紧急与危险状态。比如2003年的“非典”引发中国饭店经营出现严重困境，2008年全球金融危机导致饭店需求市场的急剧下降引发的饭店市场危机等。该类危机绝大多数是全行业的危机，当然也有个别饭店的危机，比如旁边的商家发生火灾蔓延至饭店，引发“城门失火殃及池鱼”的灾难性危机。这类危机是饭店本身难以控制，属于不可抗拒的危机。只是不同饭店抗危机能力存在差异，有些饭店可能就此一蹶不振，甚至破产；有些饭店则由此脱颖而出，实现了超越发展。

(2) 内生型危机，即由于饭店自身出现的问题而引发的危机。比如，饭店服务品质问题引起的形象危机，饭店虚假广告、不诚信经营等行为引发的信誉危机，饭店人才短缺引发的管理危机等。这类危机具有一定的可控性，即饭店可以通过完善的管理加以防范。

(3) 内外生型危机，即危机的产生由饭店内外部多方面因素共同作用所致。比如2013年开始的中国部分高档饭店的危机，就是由多方面原因造成的。从外部环境来说，原因主要有：一是中国共产党与政府的新举措，导致公务消费、会议市场的严重萎缩；二是中国经济新常态下的经济下行，导致饭店需求市场明显下滑；三是中国高星级饭店的非正常发展，导致高星级饭店市场供过于求。而从内部因素来说，原因同样有三：一是这些饭店所在地区的经济发展水平并未达到建设高星级饭店的水准，明显属于高度超前；二是这些饭店投资不合理，功能设置不科学，投入产出明显不成正比；三是饭店定位不合理，过于依赖公务市场或者会议市场。该类危机产生根源一般具有普遍性，危机的波及面巨大，故必然引起公众群体的重视和反应；同时，该类危机的持续时间较长，危机改善难度较大，甚至会产生破产、倒闭等严重后果。

2. 按危机波及范围划分

根据危机波及范围，可以分为以下三类。

(1) 系统危机，即由于市场、环境、制度、法律等整体系统发生变化，导致某个行业或领域出现的危机。比如，《劳动合同法》的实施导致人工成本的明显上涨，给以劳动密集型的饭店产业带来了极大的挑战，致使中国绝大部分饭店陷入了亏损的困境。系统危机主要有如下特征：系统危机波及面广，受影响者多，由于是整个系统的变化所致，所以处于系统内部的各企业均会被牵涉在内；系统危机的可控性弱，一般单靠企业自身力量难以迅速改变；系统危机可能出现两极分化的现象：一部分企业可能困难重重，奄奄一息；而一部分企业则可能破茧而出，实现质的飞跃。

(2) 局部危机，即由于某些饭店的不良行为导致局部领域陷入某种危机。比如2012年某个集团经济型饭店发生的毛巾当抹布事件，不仅影响这个饭店集团的声誉与发展，而且波及整个经济型饭店业态，成为经济型饭店行业的危机。局部危机的基本特征是：发生问题的饭店具有一定代表性；饭店发生的问题具有普遍性，容易引起负面联想；受影响饭店对危机的可控性与预见性较弱。

(3)企业危机，即由于企业本身条件发生恶化或者经营管理失误而导致的危机。企业危机只波及危机出现企业，会使竞争对手企业处于有利位置。企业危机一般来说可以通过改善经营管理水平和实施危机管理的事前控制来避免。

3. 按危机具体表现划分

根据危机具体表现来分，可以分为市场危机、人员危机、形象危机、财务危机、法律危机等。

(1) 市场危机，即因为饭店需求市场严重不足导致饭店出现经营严重滑坡的危险状态。饭店需求市场不足，既可能是由于饭店经营环境因素变化导致整个饭店需求市场的萧条，也可能是饭店本身营销决策失误或营销不力导致的需求市场相对不足。

(2) 人员危机，即因为饭店从业人员因素而影响饭店正常经营的不利状态。比如，主要管理者的突然离职导致饭店出现混乱现象，饭店员工数量严重短缺导致饭店接待能力严重不足，饭店员工高流失率导致影响正常业务运营及人心不稳等。

(3) 形象危机，即饭店因为自身服务与管理方面的某些严重不足，导致饭店形象不佳的紧急状态。比如：饭店由于服务质量问题被大众媒体曝光，饭店出现严重安全事故被职能部门处罚等。

(4) 财务危机，即饭店资金或者现金流出现问题，导致饭店正常经营出现严重困难的状态。比如：饭店经营入不敷出、亏损严重，银行贷款到期无力偿还，饭店资不抵债等。

(5) 法律危机，即饭店由于存在违法活动而面临的法律制裁。比如承担民事赔偿责任、违约责任、侵权责任等。饭店违法事件必然造成该饭店的经济损失，甚至停业整顿，直至破产倒闭。

二、危机管理过程

危机管理就是饭店对意外突发事件引起的、严重影响管理目标实现的紧急危险状态所进行的一系列决策、计划、组织、指挥、协调、控制等活动。危机管理的基本目标是：避免危机，减少危机，降低损失，转危为安，转危为机。其管理过程从纵向来看，主要包括事前、事中与事后三个阶段，相对应的分别是危机防范、危机处理与危机善后三个基本环节。

(一) 危机防范

危机防范即饭店为避免与减少危机发生的可能性而采取的事前预防与预警措施。其主要包括以下三个环节。

1. 增强危机意识

思想决定行为，增强危机意识是做好饭店危机防范工作的首要环节。只有饭店每个员工都具有强烈的危机意识，才有可能最大限度地避免危机，并在危机发生后从危机中顺利走出，且在危机中找到机会，迅速恢复经营，不断发展壮大。

2. 完善管理体系

危机的发生与爆发，固然有一定的客观原因，但主观原因必然是主要的。所以，要有效防范危机，首先是饭店应根据经营的性质，识别整个经营过程中可能存在的危机，并从潜在的事件及其潜在的后果追根溯源，排查出其滋生的土壤，进而收集、整理所有可能的风险并充分征求各方面意见，形成系统全面的风险列表，从而对这些可能导致危机的原因进行限制，并针对性地练习内功，增强免疫力，以达到避免危机的目的。

当然，要避免危机，关键还在于构建并不断完善饭店自身的经营管理体系，比如目标管理体系、管理理念体系、营销管理体系、组织管理体系、业务运营体系、绩效回报体系等。饭店经营管理体系的构建，必须做到实事求是，因地制宜，内外协调，上下呼应、层层衔接，环环扣紧，步步到位。经营管理体系的完善，既要遵循规律，科学谨慎决策，保持体系相对稳定，又要对内外变化保持敏感，快速反应，保证体系与时俱进。

3. 实施危机预警

危机预警就是饭店通过对引发危机的驱动因素或者潜在征兆进行监测、评估和判断，从而为自己提供危机预测与危机警示。饭店在经营过程中不会是风平浪静的，危机防范就需要建立预警机制，把危机事件潜在的巨大风险在最短时间内消除于萌芽状态，不让它广泛扩散而影响饭店经营。许多危机在爆发之前都会出现某些征兆，危机管理关注的不仅是危机爆发后各种危害的处理，而且要建立危机警戒线。饭店在危机到来之前，把一些可以避免的危机消灭在萌芽之中，对于另一些不可避免的危机通过预警系统能够及时得到解决。这样，饭店才能从容不迫地应对危机带来的挑战，把企业的损失减少到最低程度。

（二）危机处理

危机处理就是在危机爆发之后，饭店采取积极行动、有效沟通等方式，来控制危机的扩散，遏制危机的蔓延与恶化，从而使企业损失降低至最小程度，并实现在危机中取得进步与发展。一般而言，饭店危机处理包括以下五个基本步骤。①

1. 建立危机处理机构

危机爆发后，饭店应按照危机种类对应的危机管理预案要求，迅速成立危机处理小组，专门负责危机的应对工作。并明确危机处理小组成员的个人职责、权限和联络渠道等。

2. 表明危机处理态度

危机处理小组应尽快对公众表明饭店对危机处理的认真积极态度，以减少相关利益人的恐惧和忧虑。饭店应当表明，即使危机发生的原因、危害性高低和影响范围等都不明晰，但本企业一定会本着负责、诚恳的态度着手危机调查和采取措施，尽快给公众满意的答复，并对受害人表示同情和慰问。为了避免日后的危机处理工作陷入被动，在事态的走向还不明朗时，饭店对外的表态应注重表明诚恳的态度，尽量避免拘泥于细节。

3. 着手危机调查与评估

公开表明企业危机处理态度的同时，危机管理小组须迅速展开危机调查工作，以了解危机的事实真相。全面细致的危机调查和危机评估是制订有效危机处理方案的基础。调查的重点包括：了解危机发生的详细经过；了解危机的受害者及受害情况；查明导致危机爆发的原因等。危机调查后，要对危机对企业和相关利益人造成的损失大小、危机蔓延的概率、危机对企业未来发展的影响、公众媒体对危机的态度等进行评估。

4. 制订危机处理方案

若已经制定过对应类型的危机管理预案，饭店应结合危机调查与危机评估的成果，按

---

① 刘刚. 危机管理[M]. 北京：中国人民大学出版社，2013.

照危机管理预案的要求，制订出具体的危机处理方案。若遇到尚未制定危机管理预案的危机，危机处理小组应根据危机调查与评估的结果，尽快制订危机处理方案。危机处理方案的主要内容包括：确定危机处理的目标和原则；选择危机处理的策略；制定对受害者的赔偿措施；明确危机沟通的对象、方式、策略；明确危机的恢复策略；确保危机处理所必需的人、财、物资源。

5. 实施危机处理方案

根据危机处理方案的具体要求和时间安排，危机处理机构成员分头实施危机处理方案。如果危机没有被媒体公开，危机处理的重心应当是控制事件的负面影响。这时，饭店须在合理合法的条件下，尽快同受害者沟通协商、达成协议，以较小的利益损失换取危机的迅速解决，以免事态扩大，给企业名誉带来更多损失。

如果危机已为公众所知并引发较大范围的影响，危机处理的重心应当放在转变公众态度上。为此，饭店须在妥善处理好危机事件本身的前提下，强化与公众的沟通，尤其应做好媒体公关工作，使媒体清晰地认识到事实原委，促使媒体以更加公正、客观的态度评述危机，以维护企业形象。

（三）危机善后

危机的善后工作主要是对危机管理工作进行全面的总结评价，消除危机处理后遗留问题和影响，从根本上进行全面整改。危机善后管理的目的在于修复饭店危机损失，恢复饭店正常状态与秩序，寻找并抓住危机给企业带来的机会，实现新的发展。

1. 总结评价

总结评价就是饭店在危机基本得到缓解后，对危机事件与危机管理方面进行全面的分析评价，既要对危机事件本身产生原因，危机处理的步骤、策略、效果等方面进行梳理评价，也要对饭店危机预防、危机预警、危机处置机制等管理方面进行反思，发现饭店危机管理方面存在的不足，以便今后完善提高。饭店危机总结一般可分为三个步骤。

(1) 调查。对饭店危机发生的原因、相关预防工作与处理的全部措施进行系统的调查。

(2) 评价。对饭店危机管理工作进行全面的评价，包括对预警系统的组织和工作内容、危机应变计划、危机决策和危机处理等各方面的评价，要详尽地列出危机管理工作中存在的各种问题。

(3) 整改。在危机总结过程中，饭店管理者应注意一些平时没有察觉或未加关注，而在危机爆发后才逐渐显露出来的问题。同时，要对危机所涉及的各种问题进行综合归类，分别提出整改措施，并责成有关部门逐项落实。

2. 内部整改

内部整改，这主要体现在饭店人、财、物方面的调整与完善，使饭店经营管理工作从紧急状态恢复到正常状态，在此，尤以人的因素为重，特别是人的心理状态。

3. 外部恢复

外部恢复主要是指饭店与外界关系与形象的修复与重塑。对于饭店来说，需特别注重以下三个方面。

(1) 关系修复。在危机过程中，难免会与某些主体发生一些冲突与矛盾，影响彼此关系。所以，饭店必须在善后过程中，有针对性地采取一些行动，增进相互之间的理解与信任，以构建和谐的外部关系。

(2) 形象塑造。这主要指饭店公众形象的修复。任何危机事件，只要公众认为饭店负有责任，那么饭店的公众形象就会受到伤害。为此，不仅在处理危机时要尽可能减少、消除负面影响，更要在危机恢复期通过策划公关活动凸显自己饭店的使命、社会责任及优质服务与科学管理体系，重塑饭店公众形象。

(3) 市场重生。危机事件必然影响消费者对企业的认知，进而影响饭店的市场份额。市场重生就是要通过市场创新、产品创新、销售创新等，给顾客更加独特与愉悦的美好消费体验，从而提高饭店的市场认可度。

三、危机管理特征

作为一种独特的管理活动形式，危机管理具有以下基本特征。

(一) 预控性

表面上看，饭店的危机是突发的，是由于某种特别事件造成的。其实，造成危机的许多因素早已潜伏在日常的经营管理中，只是由于饭店管理者缺乏忧患意识。所以，危机是可以预防的，危机管理具有预控性特征，即危机管理重点应在危机爆发前采取措施，防范危机，以免后续耗费更多的财物。理想的危机管理并不是体现在危机爆发后的处理工作，而是防患于未然。

危机的预防不仅仅表现在制订危机管理计划和计划演练等方面，而且还表现在日常的管理中渗透危机防范意识，通过建立危机预警系统及时监测危机诱因，评估相关因素，并采取措施加以防控。

(二) 全面性

饭店危机有时虽然是由某一点上的直接缺陷而引发，但往往是由饭店系统管理的不足而致；同时，危机涉及面广，影响大，并涉及多方利益。这就使得饭店危机管理具有全面性特征。

(1) 全员性管理，即危机管理具有全员参与性质。这体现在危机预控上，需要全体员工立足做好本职工作，加强部门、岗位之间的合作，树立危机意识，掌握危机发现与识别等知识，以形成饭店从上到下的危机防范管理体系；而体现在危机处理上，则需要每一位员工根据饭店危机处理预案，第一时间到达各自岗位，各司其职，以主人翁的精神做好各自的工作，为危机的及时解决贡献自己的力量。

(2) 全过程管理，即危机管理包括危机预防、危机预警、危机处理、危机恢复等环节，须对其实施全过程管理，形成系统的危机防范、决策与控制体系。

(3) 全方位管理，即危机管理涉及饭店管理的方方面面。危机发生的原因是多方面的，危机的表现是多方面的，危机涉及的利益主体是多方面的，危机管理的手段也是多方面的。

(三) 系统性

危机管理不仅是全面的管理，而且是系统的管理。即要做好饭店危机管理，就必须确立系统管理思想，站在全局的高度，整合多方的力量，有效防范与处置解决危机。

首先，信息全面。危机管理决策在很大程度上依赖于其所能获得的信息是否充分。任何偏颇的信息都可能导致危机管理出现小题大做或者大题小做的问题。同时危机管理计划能否被正确执行也取决于饭店内部是否有一个充分的信息沟通渠道。如果信息传达渠道不畅通，执行部门很可能会曲解上面的意图，进而作出与危机战略背道而驰的行为。

其次，目标统一。危机管理的目标不仅仅是"使公司逃离危机"，而是"能在危机中取得进步"。在此目标下，危机预防需要饭店各个部门围绕此目标，形成一套完善的危机防范系统；在危机处理时，同样需要饭店各个部门据此目标协调沟通，依靠全体成员的齐心协力，共渡难关，并要注意权衡各方的利益冲突，做好相关利益群体之间的协调，力争达到共赢的局面。

再次，责权明晰。即在饭店内部建立起一个职责清晰、权责明确的危机管理组织体系，确保危机管理工作有人抓，有人管，有人做，同时避免推卸责任、逃避责任的情况。

最后，步调一致。在危机处理过程中，饭店内部需做好协调，一致对外。在饭店各层级间，应做好危机管理指令和信息的上传下达，避免出现不同工作人员态度不一、观点不一的现象。

（四）灵活性

危机通常具有高度的不确定性，同时危机处理具有紧迫性，要求饭店迅速作出决策，采取相应的应对措施，否则危机的影响范围将会扩大，影响程度加剧。危机复杂多变的特点，就使危机管理具有灵活性的特征，即要求饭店危机管理必须因时制宜，随机应变，灵活处置。

第一，果断决策。饭店日常管理的决策信息较为全面和准确，而危机管理则不然。潜伏期的危机信号往往较为隐蔽，不易察觉，若无危机预警机制，危机预防工作会缺乏针对性。危机发生后，从事发现场到决策的信息传输也可能不畅，造成信息传输的不及时、不准确，管理者无法在短期内掌握危机进展的信息，同时，企业可能缺乏充足的人力和物力资源，却又必须做出危机处理反应。这迫使危机管理负责人不得不追求满意标准，而非最优标准的目标。因此，在不降低决策合理性的条件下，决策者应适当简化决策程序，在较大程度上依靠以直觉、洞察力、经验等为基础的判断，果断做出决策。

第三，灵活处置。随着危机事态的发展，危机管理工作也呈现出动态性。在危机的不同阶段，危机管理工作的管理目标往往不同，方法手段也不断调整。即使处于同一阶段，不同危机的管理措施也不尽相同，管理者需要根据实际情况，灵活应对，动态调整。

第三，创新思维。对于饭店来说，危机往往是过去尚未发生过或鲜有发生的，同时，"幸福的家庭总是相似的，不幸的家庭却各有各的不同"。所以，危机管理尽管可以充分借鉴成功的经验，但最终还是需要饭店根据自身危机的实际情况去找到最佳的解决办法。为此，危机管理决策者必须打破常规的思维方式，充分利用大脑的创新思维空间，借助新技术、新信息，进行大胆创新，在危机处理与善后工作中，标新立异，独辟蹊径，以摆脱困境，开创新局面。

第二节 饭店危机防范机制

危机产生的原因是多种多样的，不排除偶然的原因，但多数危机的产生有一个变化的过程。如果饭店具有防范意识，建立完善的危机防范机制，就完全有可能避免危机的发生或使危机造成的损害和影响减少到最小程度。

一、危机管理教育

要防范危机的发生，就必须树立全方位防御的预警意识，提高全体员工防范、发现、处置危机的能力。

（一）危机意识培训

危机意识是饭店危机预警的起点，饭店全体员工都应该居安思危，将危机预防作为日常工作的一部分。强化员工危机意识要从饭店创办之日、员工进店之日起就着手进行，并长期坚持不懈。

(1) 生于忧患，死于安乐。表面上看，饭店的危机是突发的，是由于某种特别事件造成的。其实，造成危机的许多因素早已潜伏在日常的经营管理中，只是由于饭店管理者缺乏忧患意识，麻痹大意，放松警惕，不对危机进行有效的防范，最终导致危机的发生。

(2) 逆水行舟，不进则退。现代社会瞬息万变，市场竞争日趋激烈。饭店经营犹如逆水行舟，绝对不能安于现状，必须与时俱进，否则就会被淘汰出局。

(3) 千里之堤，溃于蚁穴。事情的发展是一个由小到大的过程，当存在微小的安全隐患时，如果不给予足够的重视和正确及时处理，就会留下无穷的后患。所以，在实际工作中要防微杜渐，从小事做起，避免事故或灾难的发生。

(4) 巅峰之日，危险之时。饭店经营最好的时候，实际上也是最危险的时候。因为此时员工的神经最为麻木，反应也最为迟钝。很难感到外界的变化，对顾客的某些需求往往也无动于衷。

(5) 人无远虑，必有近忧。一个饭店若没有长远的考虑，就一定会出现眼前的忧患。饭店经营必须立足当前，放眼未来。既要对今日的事物深思熟虑，也要深谋远虑，做到未雨绸缪。

（二）危机管理知识培训

为尽早发现、识别、化解危机，饭店必须加强对员工危机管理知识的培训。

1. 常规性危机培训

这类培训主要体现在饭店日常培训项目之中，比如员工手册、入职培训、定期的员工例会学习等。主要目的在于增强员工的危机防范意识、危机管理责任与化解危机的信心，即要通过培训，使全体员工清晰地认识到：只要居安思危、防微杜渐，警钟长鸣，危机是可以防范的；危机的预防有赖于全体员工的共同努力，每个部门、每个环节和每个人的行为都将直接关系到危机发生的可能性；即使发生危机，只要全体员工众志成城，齐心协力，同样可以化险为夷。

2. 针对性危机培训

针对性危机培训即针对某类危机事件而进行的培训。比如，突发治安事件的防范与应对，顾客投诉的防范与处理，火灾的防范与处置，危机发生时如何有效应对媒体等。通过专项培训，提高相关人员应对特定危机事件的应变与处置能力。

（三）危机模拟演习

饭店应根据危机应变处置计划进行专项的模拟演习，以提高危机处置相关人员的快速反应与有效应对能力。

1. 模拟演习目的

危机模拟演习不能流于形式，为训练而训练，而必须符合实战要求。危机模拟演习的目的在于：通过模拟演习，使相关人员清晰各自职责、位置与任务，在真的危机来临时，做到轻车熟路；通过危机情景体验，提高员工的心理素质；通过危机的模拟处置，熟悉危机处理流程，掌握危机处理技巧，积累危机处理经验。

2. 模拟演习内容

危机模拟演习内容众多，饭店应根据自身实际情况，选择易发、重大的专门项目，进行模拟演习，比如消费模拟演习、治安突发事件模拟演习、公众危机事件模拟演习等。但是，不论何种内容的演习，均应制订完善的演习方案。在此，以消防演习为例进行说明。

(1) 消防演习目的。检验员工及义务消防应急组织应对火灾的能力，考核日常消防教育、训练的技能和成效，提高员工灭火、疏散、自救能力和管理者火场组织、协调、指挥能力，使员工在演习中受到锻炼和教育，进一步增强消防安全意识，使预防为主、防消结合的的方针在饭店得到更好的贯彻落实。

(2) 消防演练内容。初期火灾的扑救、控制、火场协调指挥、物资转移演练；火场人员疏散引导和伤员救护演练；火场警戒及配合消防中队演练；灭火器材现场灭火演练；火灾事故处理教育及演习。

(3) 特定场景设计。即对某个演习项目设置具体的情景及演习的基本要点，要达到接近实际效果。

(4) 演习的组织指挥分工及参演人员。即按照危机管理预案的要求，明确消防演习项目的具体分工与各自的职责任务。

(5) 演习起始时间。

(6) 演习的注意事项。

3. 模拟演习方式

模拟演习的方式同样多种多样，既可以现场实战模拟演习，也可以桌面演习（程序演习），还可以案例情景模拟训练。具体采用何种方式，要依据演习项目特点、要求、内容等而定。

二、危机预警系统[①]

危机预警系统是指饭店通过开展监测预警对象、设定预警范围、分析研究预警信息等

---

① 夏洪胜，张世贤. 企业危机管理[M]. 北京：经济管理出版社，2014.

一系列预警活动，从而及时识别出隐藏的危机因素，发出警报，实现预警功能的系统。危机预警系统中包含以下三个子系统。

（一）危机观察系统

危机观察系统的工作主要是密切关注危机的驱动因素并收集各种相关信息以提供有效的数据给危机评估系统。该系统的工作主要有以下四部分。

1. 分析风险

危机观察系统要在危机发生前时刻注意外界的“风吹草动”，初步诊断问题的原因，判断其严重程度。对于可能带来较大损失的危机，应马上通过危机应对人员，提醒全员做好充分的准备，做好预防措施；对于中等程度的危机，则需灵活处理；还有些风险的危害性则相对较小，在饭店可以承受的范围之内。饭店进行危机预警时，并不是所有的风险都要发出警报，而是主要针对那些会给饭店带来严重后果的风险，这类风险就是饭店危机观察系统的监测对象。

2. 选择预警指标

不同的监测对象具有不同的特性，因此，饭店还需根据不同的监测对象选择不同的预警指标，以确定在什么情况下向企业发出警报。有效的预警指标应按照以下原则进行确定。

（1）科学性。指标的选择、计算方法、信息收集、涵盖范围等都必须有科学依据，能够真实地反映饭店的运作情况。

（2）系统性。指标体系要全面涵盖危机预警系统的各个方面，必须依照系统的特性，如集合性、目的性、相关性、层次性、整体性等来将各项预警指标进行组合，使它们能够相互联系、相互补充。

（3）可操作性。在设计预警指标时，不仅要求概念明确、定义清楚，具有代表性，还要考虑到数据收集的便利性以及测量的成本问题，以增强预警系统的可操作性。

3. 确定预警标准

确定预警指标后，饭店还应确定预警标准，即设定预警指标一些参数的上限或下限，如果超过这一标准，那么预警系统就应当发出警报。预警标准的确定主要是建立在企业的历史数据和以往的平均水平上。预警标准的确立对于危机报警系统的工作具有非常重要的意义。

4. 收集信息

收集信息是危机观察系统的一项非常重要的工作。一方面，饭店要对内部运作中所涉及的监测对象的相关信息进行密切关注和重点收集，如业务经营信息、财务信息等；另一方面，还要关注收集对饭店的生存和发展能产生重要影响的外部信息和数据，比如政治环境、经济环境、社会文化环境、教育环境、科学技术发展、市场需求和行业趋势等因素的相关消息。通过收集信息，饭店能全面开展对各个监测对象的监控工作，更好地实现预警工作。

（二）危机评估系统

危机评估系统是在对危机观察系统收集到的相关信息进行有效整理和分析的基础

上，对饭店是否会产生危机、如果产生危机其危害程度有多大等问题做出合理有效的估计。

1. 分析信息

从危机观察系统中获得的大量信息和数据，需要在危机评估系统中进行整理和分析，才能发挥其支持决策的功能。在整理和分析时，要对大量的信息、数据进行分类使之更为清晰；同时信息在传播的过程中会存在失真现象，因此须对信息真实性进行甄别。

2. 潜在危机的评估

在对相关信息进行整理之后，需要对危机发生的可能性及危害程度进行评估。其目的主要有以下几个。

（1）确认危机调查结果的可信度。

（2）判断危机继续扩散或恶化的概率以及危害程度。

（3）判断此次的潜在危机可能给饭店带来的隐患。

（4）预估利益相关者在危机中和危机后可能对饭店做出的反应。

（5）评估危机对人们的心理、市场竞争格局、行业发展趋势等可能产生的影响，从而辅助饭店做下一步的战略决策。

（6）对饭店的预警工作进行评判和总结，为以后提供参考。

（三）危机报警系统

危机报警系统就是在危机来临、发展及危害的过程中，根据危机评估的结果，向饭店组织内外部各利益相关者及时发出警报，以引起各方的注意，从而采取预控措施，尽力将危机影响的程度降低。

危机报警系统的主要工作是判断潜在危机的各项指标和因素是否突破了预警标准的范围，根据判断结果决定是否发出警报、发出何种程度的危机信号和应该采取什么样的方式发出预警。此外，危机报警系统还要进一步指引饭店如何防范危机、对危机采取何种措施。

三、危机管理方案

凡事预则立，不预则废。饭店危机尽管难以避免，且往往突如其来，但是，如果事先加强计划管理，预先制订好危机管理应对方案，则可以避免手忙脚乱、仓促应对的现象，把危机的损失与影响降到最低程度。

（一）危机管理机构

成立危机管理小组，是顺利处理危机，协调各方面关系的组织保障。危机管理小组的成员应由饭店高层管理者挂帅，小组成员应尽可能选择熟知企业和本行业内外部环境，有较高素养与专业素质的管理人员和专业人士参加。他们应具有富于创新、善于沟通、严谨细致、处乱不惊、富有亲和力等素质，以便于总揽全局，迅速作出决策。危机管理小组要根据危机发生的可能性，制订出防范和处理危机的计划，包括主导计划和不同管理层次部门的行动计划两部分内容。危机处理计划可以使饭店各级管理人员做到心中有数，一旦发生危机，可以根据计划从容决策和行动，掌握主动权，对危机迅速做出反应。

（二）危机防范策略

对饭店中潜在的各种危机，饭店事先可以采取不同策略加以防范与控制。[①]

1. 排除策略

排除策略即饭店在正确阅读国家、地方政府的各种法规、政策与行业的各种规则的基础上，提前排除各种风险，以避免危机的发生。

(1) 远离风险。任何项目、任何管理均有风险，但风险程度不一。为了尽可能降低危机爆发的可能性，饭店应坚持依法经营、合规经营原则，尽可能避免选择存在高风险的项目，比如一些所谓"打擦边球"的娱乐项目。

(2) 规避风险。即通过有计划地设定与变更来消除风险或风险发生的条件，保护目标免受风险的影响。为此，饭店必须强化科学决策体系，避免盲目决策、仓促决策，尽可能减少决策错误，以规避各种比较明显的危机风险。比如，在饭店建设时，加强可行性研究，对于可能出现的风险加以分析评估，并提出相应的规避与应对措施，以降低风险成为危机的可能性。又比如饭店采取独立品牌策略，一旦某个品牌出现潜在危机时，饭店就可让其与其他品牌撇清关系，避免其他品牌受到连累产生震荡。

(3) 防范风险。即实施零缺陷管理，提高管理工作标准，寻找潜在危机诱因，有针对性地制定和采取措施，消除各种诱因，以降低危机爆发的可能性。

2. 转移策略

很多情况下，饭店面临的风险是无法避免的，甚至难以通过弱化策略来降低风险，这时饭店就可以采用转移策略，将可能产生的风险在合法的范围内转移给其他企业或组织，通过分散风险的形式来避免危机或降低发生危机的可能性与危机的损失。转移策略的方法主要包括以下三种。

(1) 保险。饭店可以通过对某些可能产生危机的产品、服务或生产过程等进行投保，从而将风险转移。但通过保险来转移的风险必须具备三个要素：一是该风险不是由饭店故意行为导致的；二是该风险具有偶然性，发生的概率与损失程度无法确定；三是该风险发生时给饭店带来的损失非常严重。在这样的情况下，饭店就可以通过投保来降低危机的损害程度。

(2) 外包。对于一些可能会影响到组织效率、给饭店运作带来较大风险的业务，饭店可以通过外包的方式，将风险分散给外部其他更加专业的企业。这样既有助于饭店维护自身的核心竞争力、整合资源以提高效率，同时也有助于饭店降低引发危机的某些风险因素。

(3) 免责协议。即对于风险较大的一些项目，饭店事先与消费者或者合作者签订类似免责协定，以避免与降低饭店的损失。

3. 缓解策略

缓解策略就是指在危机诱因不能被排除的情形下，以各种方法尽量将危机诱因控制在一定的范围内，以降低危机的可能性，从而降低危机带来的损失。

---

① 夏洪胜，张世贤. 企业危机管理[M]. 北京：经济管理出版社，2014.

(1) 降低。即当饭店的各项工作不能完全有效地避免危机爆发时,饭店通过一些积极的安全措施,将引发危机的潜在因素或危机控制在一定范围内,从而降低危机风险,减少危害程度。比如饭店为了防止财务风险,就可以采取严谨的信用政策,提高应收款门槛的方式,来降低产生风险的可能性。又比如饭店采取制定科学严谨的饭店服务预订政策及签订合同的方式,来降低顾客违约而带来饭店经济损失的可能性。

(2) 削弱。即为抵抗潜在危机爆发时的冲击力,饭店提前采取一些措施,以削弱潜在危机的强度,比如消灭危机的部分诱因,提前降低营销或者管理对象的期望值等。

(3) 限制。即饭店对容易受到潜在危机影响的某项业务进行适当分离,比如夜总会、桑拿等项目,当意识到潜在危机时,饭店尽早将其限制在一定的范围内,以减少饭店的危机损失,防止潜在危机蔓延到其他运营良好的业务。

(三) 危机管理预案

危机管理预案就是万一发生危机时,饭店如何应对的基本程序与基本策略。饭店危机管理是一个系统工程,牵涉到方方面面,且又需要在极短时间内完成。如果事前没有周全的计划、能够立即付诸实施的制度和流程、能够立即投入角色并展开工作的人员,可以预见,在危机发生时反应迟缓、内外部混乱都将无法避免。所以,饭店应根据可能发生的不同类型危机制定一整套危机管理预案,以便危机爆发时能立即做出有计划的针对性反应。

危机管理预案既是危机处理的行动纲领,也是危机发生时的处理程序。危机管理预案应该囊括饭店多方面危机的应对预案,并规定相应的应对措施。比如各级人员的分工、职责、工作程序,什么样的问题由谁来处理,谁有权处理什么事,处理问题的要点和原则是什么,由谁发出饭店的紧急状态令,对外发布信息的原则是什么,现场和善后处理的指挥、协调、对外关系处理等工作的原则是什么等。

第三节 饭店危机处理方略

对于饭店来说,危机是一种不利的,也不希望看到的状况,但却又难以避免。而危机处理,犹如"刀尖上跳舞",险象环生,一招不慎,满盘皆输。所以,饭店必须正视危机,并有效处理。

一、危机处理准则

为了做到思想统一、步调一致,饭店首先必须确立处理危机的基本准则。

(一) 速度第一

当危机已经发生,关键在于掌握主动权——信息发布的主动权、舆论引导的主动权、事件处理的主动权。而掌握主动权的重中之重,就是快速反应。网络时代,危机事件的传播具有以下特点:网络曝光——网民关注——传统媒体报道——网络转载——网民议论放大——更多媒体关注——更多社会关注——事件升级,掀起高潮。这种令人恐怖的裂变效应,往往令企业措手不及。俗话说:"好事不出门,坏事行千里。"负面信息一经发布，就会被不断谈论、转载，甚至被丑化，就像没有回收的垃圾一样，散发着臭味。当累计达到一定量之后，则覆水难收。而初始阶段，可靠的消息往往不多，社会上充斥着谣言和猜测。如果饭店不能在第一时间与社会公众沟通，无疑会使饭店危机的不良影响迅速扩散。

因此，面对危机，饭店必须当机立断，快速反应，果决行动，要在第一时间查出原因，找准危机的根源，并尽快将真相公之于众，从而迅速控制事态；否则会扩大突发危机的范围，甚至可能失去对全局的控制。危机发生后，能否首先控制住事态，使其不扩大、不升级、不蔓延，是处理危机的关键。为确保快速反应，饭店须做到“事急集权”，即在危机乍现之时，便赋予危机事件管理者充分的权力，对危机实行“集权管理”。凡涉及危机管理的一切工作，危机管理小组拥有决策的权力，所有人员均听从管理小组的指挥。

（二）公众第一

由于社会公众是饭店的重要利益相关者之一，饭店产生的危机对公众会产生很多影响，而公众对于饭店的印象将直接关系到企业的市场、销售、业绩等方面。当饭店产生危机后，公众除了与企业有利益抗争之外，还会存在着强烈的情感抗争，如对企业的诚信、社会责任承担等有所质疑。此时，饭店的一举一动将是外界评判企业如何处理这次危机的主要根据，媒体、公众及政府都密切注视饭店发出的声音。对于饭店在处理危机方面的立场及行为，舆论赞成与否往往都会立刻见于各类媒体。如果饭店不注意危机对公众情感造成的影响，则很容易使公众的情绪进一步激化。

因此，在危机处理过程中，饭店必须站在公众立场思考问题，本着对公众负责的态度，注重与公众的情感沟通，采取恰当的沟通手段，强化饭店与公众的情感关系。事实上，不少饭店危机的爆发，正是由于饭店企业过多考虑自身利益，忽视或轻视了公众利益，结果，危机反而更严重地威胁到企业自身利益。在危机管理工作中，饭店关注的重点不应是短期利益，而是长远的发展利益，只有饭店企业将关注重心放在其他各方利益相关者身上，饭店企业的长远发展利益才能顺理成章地得以实现。一旦危机爆发，饭店企业危机处理人员若能以公众利益代言人的身份出现，将公众利益置于自身利益之上，才有可能获得顾客、媒体舆论和政府方面的充分理解和认可，从而为整个危机的化解奠定良好的基础。

（三）态度第一

前中国国家足球队教练米卢有一句经典的话“态度决定一切”，被大家经常提及。在危机发生后，面对公众，真诚的态度尤为重要。

（1）诚意。在危机发生后的第一时间，饭店的高层应向公众说明情况，并致以歉意，从而体现企业勇于承担责任、对消费者负责的企业文化，赢得消费者的同情和理解。

（2）诚恳。一切以公众的利益为重，不回避问题和错误，及时与媒体和公众沟通，说明危机处理的进展情况，重拾社会公众的信任和尊重。

（3）诚实。诚实是危机处理最关键也最有效的解决办法。我们会原谅一个人的错误，但不会原谅一个人说谎。

（四）行动第一

俗话说：耳听为虚，眼见为实。说千道万，不如一个实际的行动。发生危机后，社会公众既要听你怎么说，更要看你怎么做。所以，饭店在处理危机中，必须采取切实有效的行动来解决问题。

首先，道歉认错。即针对饭存在问题给公众造成的伤害，向各方致歉，诚恳表明自己的过失，检讨自己的错误。道歉，表明饭店有改正悔过之意，是饭店采取积极行动的第一步。

其次，立即整改。即针对存在问题，作出相应中止与改变决定，并积极采取相应行动，如停止销售、收回产品，纠正不当行为，处理相关责任人，改变某些策略与做法等。

最后，合理补偿。饭店出现危机时，特别是出现重大责任事故，导致社会公众利益受损时，饭店必须承担起责任，给予公众一定的精神补偿和物质补偿。补偿措施要体现公平公正、及时到位。

二、危机处理技巧

危机处理准则是危机处理之道，但危机是复杂多变的，要真正实现转危为安、转危为机的目标，必须采取正确的方法，讲究处理技巧。

（一）争分夺秒

在危机发生后，饭店应第一时间做出反应，以掌握主动。

1. 弄清事实

当危机发生后，饭店必须根据危机管理预案，立即进行调查研究，查明真相，确认危机。必须注重以下两个基本环节。

（1）危机信息收集。主要有：一是危机的起源与原因；二是危机的现状与表现；三是危机对饭店自身及利益相关者产生的影响；四是社会公众的反映，尤其是大众媒体的动向。收集的信息要尽可能客观、真实、全面、及时。

（2）危机事件评估。对于收集到的信息，应由饭店危机管理小组进行分析评估，并对危机情况在以下四个方面做出基本判断：一是危机事件性质，即是外部性危机还是内生性危机，是真实性危机还是误会性危机；二是危机事件的严重性，即危机事件给企业造成的影响或后果；三是危机事件的紧迫性，即需要处理的时间紧急程度；四是危机事件的发展趋势，即危机态势变化的可能性。

2. 统一口径

在危机发生时，在事实还没有完全弄清楚之前，不要轻易对事件做出评论，更不要道听途说，信口开河。而在弄清事实以后，饭店应就危机事件达成共识，就如何向新闻媒体公布事项统一认识和统一口径，并由专门部门和专门人员对外发布，其他部门和人员不得对外发布有关危机情况与评论，以免口径不一，造成不必要的疑虑与误解。

3. 发布信息

饭店发言人应在最短时间内披露准确可信的信息，发表坦诚的声明，承诺将迅速对危机进行处理，并及时对外通报，以有效引导舆论，尽可能掌握舆论的主动权，避免媒体的无端炒作。在此，发言人的言论，要注意做到“三要”“三不要”，即“要守信用、要有礼貌、要有人情味”；“不要说谎、不要居高临下、不要说套话”。

（二）有效沟通

为了保证有效沟通，饭店在危机发生时，应遵循以下沟通原则，以保证信息传递的有效性。

1. 主动沟通

主动沟通即危机发生后，饭店应主动与社会公众进行沟通，说明事实真相，让社会公众了解危机的信息，认知饭店对待危机的态度，消除疑虑与不安，理解饭店一时的过失，并欣赏饭店的管理风格。

2. 多元沟通

多元沟通即沟通渠道的多元化，以便使社会公众能及时、方便地了解饭店危机管理的真实情况。在处理危机过程中，饭店一般可考虑采用以下四种沟通渠道。[①]

（1）大众媒体。具体包括召开新闻发布会、向媒体提供新闻稿、接受记者采访等。

（2）专门接待人员。其职责是接待各方面来访的公众，包括媒体、政府部门、受害者及其家属、供应商、经销商等。

（3）热线电话。危机爆发后，饭店应立即开通并对外公布专门的热线电话，以备公众的投诉和咨询。热线电话能否发挥良好的作用，取决于热线电话接听人员的素质。为此，饭店应对他们进行有针对性的培训，并就最常见的问题准备规范的答案。

（4）自媒体。饭店可以通过自己的网站、微信等自媒体澄清危机的有关事实，发布危机处理的最新进展，并就公众关注的各种问题予以明确的答复。在危机处理期间，自媒体上的有关内容要注意及时更新。

3. 重点沟通

重点沟通即与危机处理相关的重点对象的沟通。在危机处理过程中，需要沟通的对象众多，饭店应注意轻重缓急，抓住重点。一般来说，以下三个主体是解决饭店危机的关键对象。

（1）受害者。这个主体往往是危机扩散的源头，饭店与其沟通的结果，不仅影响受害者本身对饭店的看法，而且影响到饭店的公众形象。总的来说，与受害者的沟通应坚持三个基本准则：一是承担责任；二是履行承诺；三是超越期望。

（2）政府部门。政府是最有影响力的权力机构，政府对饭店肯定与否常常会带动整个社会舆论，政府的肯定和赞赏常常会使饭店拥有理想的舆论环境；反之亦然。所以，在饭店发生重大危机时，饭店必须主动保持与政府的有效沟通。一般来说，饭店与政府部门（包括行业组织）必须做到以下三点：一是主动上报；二是随时汇报；三是事后呈报。

（3）公众媒体。媒体是指拥有、使用并经营媒介的机构，如报社、电台、电视台、网站等。危机发生后，饭店要主动帮助新闻媒体做出正确的报道，切不可采取隐瞒、搪塞、对抗的态度。当记者发表了不符合事实真相的报道后，应尽快与该媒体沟通，向该媒体提供与

① 刘刚.危机管理[M].北京：中国人民大学出版社，2013.

事实有关的资料，要求给予真实公平报道。在此过程中，应避免与媒体出现公开冲突，产生对抗。若个别媒体无中生有、别有用心，经积极沟通后仍不停止行动，对饭店造成重大伤害，则可通过法律手段保护自身的合法权益。

（三）控制事态

危机处理实质性的第一要务是迅速控制危机事态，并朝着有利于饭店的方向发展。为此，饭店在危机处理时，必须特别注重以下三点。

1. 承担责任

危机发生后，社会公众一般会关心两方面的问题：一方面是利益的问题，利益是公众关注的焦点；另一方面是感情问题，公众很在意饭店是否在意自己的感受。因此，饭店应充分体现出组织在危机应对中的社会责任感，注重社会公众的情感，站在受害者的立场上表示同情和安慰，并通过新闻媒介向公众致歉，解决深层次的心理、情感关系问题，从而赢得公众的理解和信任，为妥善处理危机创造良好的氛围和环境。

实际上，危机发生后，社会公众往往在心目中已经有了一杆秤，对饭店有了心理上的预期，即饭店应该怎样处理，我才会感到满意。因此饭店绝对不能选择对抗。即使受害者在事故发生中有一定责任，饭店也不应首先追究其责任，否则会各执己见，加深矛盾，引起公众的反感，不利于问题的解决。

2. 积极补救

由于危机瞬息万变，在危机决策时效性要求和信息匮乏条件下，任何模糊的决策都会产生严重的后果。所以，必须最大限度地利用资源，迅速做出决策，系统部署，制订切实有效的行动方案并付诸实施。

3. 借用外力

当危机来临，应充分依靠政府、专业权威机构、行业协会等部门和单位，借助他们的公信力和影响力，向公众传递真实信息。

（四）转危为机

饭店不仅要灵活处理和应对危机，而且应该将危机事件转变成提升企业形象的契机。

1. 塑造形象

危机发生时，往往是媒体与公众高度关注之时，这对饭店来说其实是一种不可多得的外部传播资源。饭店应该利用此机会，充分展示饭店优秀的企业文化，努力凸显饭店卓越的服务品质与高水准的管理，以塑造良好的企业形象。在信息传播的过程中，一定要体现企业负责任的态度，并用人文主义关怀的情怀，使危机的受害者或其家属得到最大的关怀和安慰，从而塑造饭店的正面形象。

2. 策划活动

危机发生后一段时间内，媒体和公众的目光被高度吸引。饭店应设法找准新闻点，制造公关事件，转移公众的目光，并迅速提升饭店形象。

3. 寻找商机

危机给饭店制造了另外一种环境，饭店管理者要善于利用危机，探索经营的新路子，开拓经营的新项目，引发新的服务产品，以抓住和创造新的商机。

三、危机处理实务

饭店危机多种多样，在此仅举四类危机的处理思路与方法加以说明。

（一）环境恶化危机

环境恶化危机主要是指饭店所处的政治、法律、经济、文化、自然等外部环境的变化给饭店经营造成极为不利的处境，比如金融危机引发经济衰退而导致的饭店经营危机。饭店业是一个综合性的产业，其业务活动受到多种因素的制约。同时，饭店需求又是一种派生需求，其对外部条件具有很强的依赖性。所以，对于环境变化非常敏感，某一环境条件的不利变化，均可能引发全面或者局部项目的经营危机。比如，20 世纪 90 年代初，中国开始引进保龄球，媒体对保龄球运动也是赞誉有加，称之为绅士运动。中国许多饭店引进保龄球项目，一些城市还专门建设了规模较大的保龄球馆，刚开始时价格在 50 元上下一局，后来基本上在 30 元左右，生意非常火爆。但是，1999 年，保龄球市场风云突变，开始出现了突然萎缩的现象。原因是美国学者保罗·福赛尔一本名为《格调》的畅销书（论述社会等级和生活品位的著作，有关资料表明，该书在当年中国畅销书的排行榜上排名第一），使得中国的消费者改变了对保龄球的看法。在《格调》一书中，保罗·福赛尔写道："上层阶级有游艇，贫民阶层有什么？保龄球！如果你希望保住自己的上层地位，切记永远、永远不要打保龄球。一旦沾上，你的中上层地位立刻就会降低。"①一些媒体也开始转调，把它贬为平民运动。结果，从 1999 年开始，中国的保龄球市场迅速从成长期跌落至衰退期，很多保龄球馆 5 元一局都很少有人光顾。最后，许多饭店只好取消了这一项目，改为其他经营设施。对于环境恶化的饭店危机，饭店一般很难控制，主要是根据不同影响程度，作出积极应对。

1. 正确识别危机

对于环境恶化导致的饭店经营危机的识别，主要包括以下几项：充分了解引发危机的根源；深入分析引起环境恶化的主要原因；正确评估对饭店经营影响的范围与程度；科学研判影响饭店经营时间的长度。

2. 转变经营方式

环境变化必然要求饭店经营方式发生变化。比如由经济危机引发的饭店经营危机，一般直接表现为消费市场的严重萎缩，特别是高端消费的大幅下降。对于饭店经营的直接影响就是人均消费水平、客房价格与出租率、餐饮收入及毛利率等均出现不同程度的下降。此时，饭店为了生存，就必须作出相应的经营调整，既有经营项目、服务产品、销售方式、价格水准等方面的调整，也有目标市场、客源结构等方面的调整，以适应新的经营环境。在此，特别要注意开发新的市场，并根据新市场的特点与要求，调整业务运转系统与管理控制系统。

3. 加强横向合作

当危机来临时，抱团取暖，加强联合，共渡难关，就显得非常必要。

---

① 保罗·福赛尔. 格调[M]. 北京：中国社会科学出版社，1998.

(1) 业务合作。加强饭店之间的业务合作,建立互惠互利的互帮互助机制,联合营销,共同做大"蛋糕",比如大型宴会和会展,在单个饭店的客房、餐厅、会议接待等难以满足需求时,提高资源互补利用率,形成抱团发展的优势。

(2) 平台共享。即共同创造合作平台,共享资源,优势互补,实现规模经济效应。比如:成立饭店营销、采供、技术等专业联盟,实现强强联合、强弱联合,以促进共赢发展,不断提升饭店企业经济效益。

(3) 跨界合作。即与非饭店企业合作,实现新的发展。饭店企业既可考虑与相关企业共同研发新的饭店产品,合作经营饭店项目,也可考虑与其他企业合作共享会员资源,共同构建新的营销网络,形成新的盈利模式。

4. 优化内部管理

增收节支,这是饭店取得经济效益的基本途径。当提高收入困难时,就需要进一步降低成本。而降低成本的基本方法,则是优化管理。主要可通过科学化、精细化、科技化等管理手段,建立合理成本的结构,有效控制营销、人工、原料、能源成本等,从而提高饭店的经营毛利率。

5. 寻求外部支持

环境恶化危机到来时,也是寻求外部理解、支持的最佳时机。寻求支持对象主要有如下几种。

(1) 政府部门。外部环境恶化导致饭店经营困难之时,是争取有利于饭店经营政策支持的最佳时机。寻求政府部门的理解支持,饭店必须注意站在政府的角度去思考问题,做到有理有据,有的放矢。既要让政府看到饭店行业的困境,需要帮助支持,也要让政府部门看到饭店行业的希望,值得给予支持。

(2) 各种媒体。寻求公众媒体的支持,关键在于赢得媒体的理解,希望媒体在刺激市场需求、引导消费行为、创造良好的经营环境方面,给予帮助与支持。

(3) 利益群体。环境恶化对饭店经营造成的不利影响,势必会波及饭店的各方利益相关者,比如饭店经营方式改变,饭店应收、应付款规定调整,饭店预订政策、采购策略变化等。为了保持长期友好合作关系,此时需要利益相关者的理解与支持,以帮助饭店渡过难关。

(二) 顾客投诉处理

顾客投诉,一般情况下不会形成危机,但如果处理不当,则有可能引发危机。

1. 注重差异

顾客投诉的原因、内容千差万别,顾客心理、饭店服务缺陷等存在差异性。同时,由于顾客投诉处理会占用饭店服务资源,而不同顾客的价值对饭店效益的贡献不尽相同。因此,饭店应针对具体情况,对投诉实行差异管理。

(1) 顾客心理差异。从顾客心理来看投诉,可以将投诉分为三类:一是挑剔型顾客的意见投诉;二是理智型顾客的索赔投诉;三是宣泄型顾客的抱怨投诉。所以,饭店在受理并处理投诉过程中,必须关注顾客的心理差异,掌握顾客的投诉动机,采用不同的处理策略。

(2) 服务缺陷差异。饭店的服务系统是一个复杂的、综合的系统,服务缺陷的产生会涉及众多的服务环节和影响因素,顾客投诉的内容也因此不尽相同。饭店应在仔细甄别投诉内容差异的基础上，针对具体情况，采用不同的处理对策。

(3) 顾客价值差异。任何一个饭店的资源和能力是有限的，要想完全满足所有投诉顾客的需求既不现实，也不经济。因此，饭店应在保证公平的基础上，重点保证高价值顾客的投诉万无一失。

2. 有理有节

顾客在投诉时，往往带有强烈的情绪化倾向和明显的利益诉求目的，饭店在处理投诉时，应当奉行有理有节原则。这一原则的具体要求是顾客至上，客观公正，避免越权。

(1) 顾客至上。顾客至上要求饭店投诉处理人员注意自身的态度、语言，举止要有礼貌。投诉处理本身也是饭店服务项目之一，饭店投诉处理人员应对顾客投诉持欢迎态度。即使顾客存在错误，也应适时地表达同情、歉意、积极处理和感谢的态度。

(2) 客观公正。饭店相关人员在处理投诉时，往往身兼两种角色。首先是饭店的代表，同时也是顾客的代表。这样，投诉处理人员既代表饭店的利益，同时也代表顾客的利益去调查事件的真相。这自然要求投诉处理人员处在客观公正的立场上处理投诉。

(3) 避免越权。对超过权限或解决不了的投诉问题，饭店投诉处理人员要及时与上级联系以得到指令，不能无把握、无根据地代表饭店承担责任和过度道歉，以免妨碍事务的进一步处理。同时，任何处理意见都应先取得顾客的同意，否则不要采取盲目行动。

3. 讲究技巧

一般来说，处理顾客投诉，应注意以下几个基本要点。

(1) 选择合适地点。要根据投诉问题的大小、复杂程度与顾客的情绪，选择不同的处理地点。如果投诉问题简单、顾客情绪稳定，则可选择现场处理；反之应请顾客到较为僻静的地方，以免影响其他顾客的消费，造成不良影响。

(2) 耐心倾听，弄清事实。不管什么样的顾客向你投诉，都应用心倾听顾客的陈述，以判断事情的原委与顾客投诉的目的。必要时，应认真地做好记录，以表示对顾客的尊重和对顾客投诉的重视。倾听过程中，不要随便打断顾客的讲话，即使顾客的投诉有误解或错误，也不要急于解释。

(3) 表示同情和歉意，感谢顾客的批评指教。无论顾客投诉什么样的问题，接受投诉的人都应当表现出对顾客问题的关心，态度要冷静、诚恳，讲话要亲切、柔和。对于需要补偿但事实不清楚的投诉，可以对顾客投诉的事情表示同情或者遗憾，但不要轻易承认错误，以免产生不必要的被动。同时，在了解投诉事实的过程中，不要让当事者与顾客当面对质，以免激发矛盾。

(4) 根据投诉事实与动机，提出解决方案。顾客投诉主要有三种动机：一是求发泄；二是求尊重；三是求补偿。总的来说，如果饭店确有责任，饭店应给予顾客补偿。补偿的办法应该由处理投诉的饭店经理人根据事实与饭店的制度提出，最好能提出 2～3 种方案，让顾客选择，以便让顾客感到自己掌握着决策权。注意一般不要请顾客先提出解决办法，这会给处理带来被动。

(5) 检查落实，记录存档。处理顾客投诉并要取得良好效果，其最主要的一环便是落实、监督、检查已经采取的纠正措施。可能的话，与顾客联系，询问顾客对投诉处理的满意度。最后，把投诉处理的全过程写成报告，存档备用。

（三）安全事件危机

安全事件危机主要指因为饭店在消防、治安、卫生防疫等方面的管理缺陷给顾客、员工的人身造成伤害、财产造成损失及饭店的财产造成严重损失的情景。比如饭店火灾、顾客死亡、食物中毒等。

1. 火灾事件处理

由于饭店业务的复杂性与多变性，即使饭店消防工作防范很严，也可能会出现各种火警，甚至出现火灾。所以，饭店必须建立相应的管理机制，有效处置各类火警。

（1）火警处理。饭店火警的报警一般分为两级。一级报警，指在饭店发生火警时，只在消防中心报警，其他场所听不到铃声，这样不至于造成整个饭店的紧张气氛。二级报警，是指在消防中心确认店内已发生了火灾的情况下，才向全饭店报警。饭店某个部位一旦发生火灾，除非火势很小并有绝对把握一下子扑灭，否则必须首先报警。是否向公安消防队报警，应由饭店主管消防的领导根据火灾的大小做出决定。

（2）火灾疏散。饭店发生火灾，一旦失去控制，要尽快把饭店的人员和重要财产及文件资料撤离到安全的地方。通知疏散的命令一般通过连续不断的警铃、饭店紧急广播系统或背景音乐的广播系统。疏散通知应当事先用汉语、英语及其他语言视不同情况录制好。在紧急疏散时，各部门的服务员要通知并组织顾客疏散，不得乘坐电梯，并做好检查工作。为了使顾客能在紧急情况下安全撤离，饭店应当在客房内提供消防相关资料，告诉顾客防火安全知识和火灾逃生办法。

（3）火灾扑救。饭店出现火灾，向消防队报警后，一方面要由专人负责与消防队的联络并配合他们的工作；另一方面应该组织力量，迅速扑救。灭火的基本方法主要有：冷却灭火，即将燃烧物的温度降到燃点以下，使燃烧停止下来。窒息灭火，指采取隔绝空气或减少空气中的含氧量，使燃烧物得不到足够的氧气而停止燃烧。隔离灭火，指把正在燃烧的物质同未燃烧的物质隔开，使燃烧不能蔓延而停止。抑制灭火，指用有抑制作用的化学灭火剂喷射到燃烧物上，并参与燃烧物的化学反应，与燃烧反应中产生的游离基结合形成稳定的不燃烧的分子结构，而使燃烧停止。

（4）善后处理。火灾以后，一方面，饭店要做好受害者的安抚工作，切实解决实际问题，尽最大努力减少受害者的痛苦、损失与担忧；另一方面，饭店应积极配合消防管理等部门的调查，查明火灾原因，总结教训。在此基础上，整理火灾事件报告存档，并制订整改与完善管理的方案，积极付诸实施。

2. 意外事件处理

饭店意外事件是指发生在饭店内造成人身伤亡或物质损失的意外变故或灾祸。主要包括：破坏性事件，如放火、爆炸等；重大刑事犯罪活动，如抢劫、凶杀等；扰乱公共场所秩序的治安事件，如流氓斗殴等。

（1）掌握事件情况。饭店员工一旦发现上述事件或者事件苗头，应立即报告饭店安全（保安）部或者相应职能管理部门。安全（保安）部接到报告后，须第一时间赶到现场，并迅速采取有效措施，阻止或控制事态发展，同时了解事件情况，向上级报告。

（2）报警。如属于需要公安机关介入的事件，必须及时报警，并保护好现场，控制好现场秩序。公安机关人员到达后，根据要求，做好相应配合调查、侦破工作。

(3) 组织抢救。在控制事态发展的基础上,应组织实施抢救等事宜。同时,把当事人带到合适的地点,并根据事件性质及相应责任,做好调解或处理。

(4) 媒体接待。应指定专门人员,负责接待。要根据事件性质、现场状况等情况,采取不同的接待方案,应对媒体采访。

(5) 善后处理。安抚受害者,恢复饭店正常经营秩序,撰写相关报告,制订相应整改方案。如果已在社会上造成不良影响,应采取积极行动,重塑形象。

3. 食物中毒事件处理

食物中毒是指饭店顾客所进食物被细菌或细菌毒素污染,或食物含有毒素而引起的急性中毒性疾病。导致食物中毒的原因固然是多方面的,但大都是因为饭店管理不善所造成的。饭店食物中毒事件如不能及时有效处理,就有可能造成严重的形象危机。

(1) 应急处理与救治。如发现顾客同时出现食物中毒症状,应立即报告本部门经理。部门经理在接到顾客可能食物中毒的报告后,如饭店有医务室,应立即通知医生前往诊断。初步确定为食物中毒后,应立即通知饭店有关领导。医务室应立即对中毒顾客进行紧急救护,并将中毒顾客送医院治疗。

(2) 封存现场及食物。餐饮部要对顾客所用的所有食品取样备检,以确定中毒原因,并通知当地卫生防疫部门。同时,餐饮部要对可疑食品及有关餐具进行控制,以备查证和防止其他人员中毒。

(3) 配合调查与采访。由餐饮部负责,保安部协助,对中毒事件进行调查,查明中毒原因、人数、身份等。当地卫生防疫部门到达后,要协助调查。同时,饭店应由专人负责接待各类媒体的采访,力求媒体能客观、公正、适度地报道事件的真相,并尽可能缩小事件的影响。

(4) 做好善后处理。首先,做好受害者及有关人员的安抚工作,避免事态扩大。其次,承担相应责任。造成食物中毒的原因不同,饭店所承担的法律责任也不同。一般可分为以下三种情况:一是由于饭店过失而造成的食物中毒,饭店应负全部法律责任。二是由于饭店外部原因而造成的食物中毒,饭店应先向顾客赔偿损害,然后再向那些单位追偿损失。三是由于顾客本身原因造成的食物中毒,饭店不承担法律责任。再次,通过积极沟通与实际行动,控制并消除负面影响,并伺机策划开展公共活动,塑造饭店正面形象。最后,总结经验教训,举一反三,完善内部管理,以杜绝该类事件的发生。

(四) 人力资源危机

人力资源危机一般属于管理失控状态下的危机,主要有四种类型:企业文化危机、企业员工忠诚度危机、人力资源过剩危机、人力资源短缺危机。在当前情况下,中国饭店主要是人力资源短缺的危机,即由于人力资源的不足而导致饭店经营陷入困境的紧急状态。

1. 人力资源短缺类型

总体上来说,中国绝大多数饭店均存在人力资源短缺现象,只不过短缺类型、程度不同而异。中国饭店人力资源短缺,主要有以下三种。

(1) 人力资源素质性短缺。主要表现在人力资源的类型素质提高没有同步于企业发展的需要,无论在知识、技能和经验上,还是在职业精神和职业道德上,相对于饭店发展要求而言,总是滞后的,员工行为常常违背或达不到饭店服务与管理的要求,无形中造成工作中的许多错误和矛盾。

(2)人力资源数量短缺。即人才频繁流失所造成的危机，尤其是饭店核心员工离职，其岗位没有合适的人选，给饭店带来的危机也是比较严重的，它既包括了饭店内人才出现青黄不接的局面，也包括了随着大众旅游迅猛发展及人民消费观念转变的趋势下，淡旺季对饭店员工需求所带来的压力。

(3) 人力资源结构性短缺。这种短缺，既表现为人才结构性短缺，比如饭店策划人才、宴会服务师、电子商务人才等方面的短缺，也表现为周期性短缺，即淡季人员过剩，而旺季人员严重短缺，使得在职员工疲于奔命，甚至影响饭店的正常营业。

2. 人力资源短缺原因

中国饭店企业产生饭店人力资源短缺的原因是多方面的，最主要的原因有以下四个。

(1) 从业环境不够理想。由于封建主义思想的影响，在国人的头脑里，服务工作低人一等的观念，可谓由来已久，根深蒂固，这就导致饭店从业人员的社会地位低下，全社会对饭店从业人员缺乏应有的尊重，认为是“店小二”或“供他人使唤的角色”，部分地区的人们甚至认为“有福之人人侍候，无福之人侍候人”，在很多地区，认为饭店行业是吃青春饭的行业，是伺候人的行业，是不稳定的行业，不是长久之计的行业。同时，国民素质的相对不足，也是导致饭店从业人员工作环境不够理想的主要因素，比如一些地区的传统陋习与一些顾客的不文明行为，对饭店员工的情绪与行为产生不良影响，从而影响员工对于职业的选择。

(2) 服务价值未能体现。在中国的历史上，服务业一直处于从属地位，未能受到足够的重视。同时，由于较长时期的短缺经济，重有形产品、轻无形服务的传统价值观念和管理习性在中国可谓根深蒂固。所以，在中国，饭店服务价值往往是被低估而贬值，并未真正与其投入和创造的使用价值成正比，这就不能不导致饭店业整体效益低下。

(3) 饭店工作要求特殊。饭店工作作为高接触性的服务工作，具有规矩多、要求高、强度大等特征，对于从事饭店服务工作的饭店人，既需要比较大的体力与精神投入，而且往往还需要牺牲一定的自由支配时间与个人的喜好，甚至个人的某种自尊。这必然给从事饭店工作的员工，造成较大的工作压力。

(4) 员工薪酬处于低线。与高强度的工作投入相比，饭店员工的薪酬回报则在中国的行业排序中处于中下水平。从饭店员工离职的主要原因中，薪酬水平与工作投入不成正比，始终排在前二位。

3. 人力资源短缺危机应对办法

对于绝大多数饭店来说，一般的人力资源短缺并不会形成严重的危机。造成危机的原因主要有四：一是主要核心人才的离职给饭店造成连锁反应与混乱局面；二是员工的高流失率或员工的集体离职造成大面积的人员短缺；三是某一群体员工集体罢工造成正常营业出现困境；四是饭店在人才市场缺乏竞争力导致找不到员工出现严重缺编情况。对于这类危机，饭店一般应采取以下措施。

(1) 如果情况比较严重，饭店应立即成立危机应急处理小组，全权负责处理危机工作。

(2) 以充分信任与无比真诚的姿态，做好在职的员工沟通工作，尽可能赢得在职员工的理解与支持。

(3) 以积极真诚的态度,做好相关当事人的调解协商工作,尽可能大事化小,小事化了,控制事态进一步扩大。

(4) 如果危机事件已经在外界扩散,要迅速启动外部沟通机制,按照危机处理预案,积极有效地与外部机构与媒体进行沟通。

(5) 采取非常规方法,第一时间解决人员短缺问题,维护饭店正常运营。必要时适当关闭部分不影响顾客消费的饭店设施,如一部分客房、餐厅等。

【思考与练习】

一、思考题

1. 怎样理解饭店危机的基本特征?
2. 怎样理解饭店危机管理的基本目标?
3. 饭店员工应确立哪些危机意识?怎样增强员工的危机意识?
4. 怎样做好外部环境变化引发饭店危机的预警工作?
5. 怎样理解饭店危机的防范策略?
6. 怎样做好饭店危机管理的沟通工作?
7. 在网络背景下,饭店危机管理面临哪些机遇与挑战?

二、练习题

通过网络搜索,整理2012年发生的中国经济型饭店"毛巾当抹布"引发的经济型饭店形象危机事件的相关资料,分析这一事件产生的原因,评价涉事饭店的处理方略,并提出经济型饭店行业与其他饭店企业的应对策略。

三、案例题

案例1:燕子的道歉信①

日本一家依山而建的高级饭店,生意一向很好,可是,有一年春天,一个意想不到的局面突然出现了:一群春归的燕子来到这里,在房前檐下飞来飞去,还东一滩西一滩地留下许多粪便,严重地污染了这里的环境。尽管服务员们全力以赴地擦洗,但仍无济于事。怎么办?如果旅客们怪罪,那肯定会严重影响饭店的声誉。聪明的老板想了个绝绍,连夜打印了许多封"燕子父母"的致歉信,并将这些信悄悄放在了每间客房的写字台上,信中用燕子的语气写道:"尊敬的旅客,我们是一群从南方归来的燕子,由于热爱这里美丽的景色,未经主人同意就住了下来。我们本想与你一起分享这美妙的春光,不料我们的孩子太小,太不懂事,在房间里、走廊里随便撒污,弄脏了你身边的环境,真对不起!这些小不点儿们实在太淘气了。敬礼!你忠实的新朋友——燕子。"果然,当人们看到这封短信时,不仅全然理解了饭店的苦衷,还格外爱上了这样一群淘气的小精灵。

---

① 李道平.公共关系学[M].北京:经济科学出版社,2011.

问题讨论：

通过该案例，你得到了什么启示？

案例 2：财贸饭店的危机[①]

财贸饭店是一家按四星级标准建造的商务饭店，开业后 1 个月，饭店经营就陷入了严重的困境。主要问题如下。

(1) 为了提高经济效益，桑拿中心、演艺吧及 KTV 以较高的租金外包经营，但没有相应的监管措施。结果，开业第 6 天，公安、文化管理部门突击到饭店检查，发现桑拿中心有严重的违规行为，演艺吧有脱衣舞等色情表演节目。为此，该饭店受到公安、文化管理部门的严肃处理，电视、报纸均作了相关报道。

(2) 开业第 12 天，餐厅服务员在明知某顾客酒醉的情况下，为了多拿奖金又给顾客上了一瓶人头马 XO，导致顾客饮酒严重过量，撞破餐厅玻璃受伤，此事引发了一场小小的官司。当地影响较大的《城市晚报》又对此作了详细的连续报道。

(3) 第 15 天，餐饮部为了扩大影响，提高营业收入，推出了野味美食节，其中有少量的国家明令规定禁止的保护动物。为此，又受到了有关部门的查处，并在媒体中再次曝光。

由于声誉不佳，饭店生意一落千丈，客房利用率只有 20%左右，有一天居然只出租了 15 间房间，餐饮的营业收入也一天不如一天。

问题讨论：

1. 财贸饭店为什么会陷入严重危机？

2. 根据该饭店现在这种情况，你认为应该采取怎样的对策？

---

① 该案例由邹益民根据管理调研撰写，饭店名称作了虚拟处理，如有雷同，纯属巧合。

第八章

饭店管理绩效评价

学习目标

通过本章的学习，你应该：

1. 正确认识饭店三种效益之间的关系及重要性；
2. 正确理解饭店社会形象评价的基本要素及要求；
3. 全面掌握饭店经济效益评价的基本方法与基本指标；
4. 理解并掌握饭店员工满意评价的基本思路与方法。

引例

何谓成功的饭店①

一天，在浙江大学的课堂上，一位教授正在给 MBA 的学员讲授人力资源管理课程。当学员们了解到 90 年代这位教授曾经在学校任教的同时，分别兼任过三家饭店副总经理、常务副总经理、总经理时，顿时来了兴趣。其中有一位学员询问老师："您在学校任教与在饭店担任总经理，您感到有什么不同吗？"这位老师说："角色不同，使命、职责、工作内容、方法与思维方式等都不相同，比如在学校当老师，我满脑子想的是怎样'传道、授业、解惑'，当一个好老师；而我一到饭店，满脑子想的是怎样赚钱，把这个饭店打造成为成功的企业。"这位学员接着又问："那您心目中的成功企业是怎样的？"这位老师又说："成功企业的界定可以有不同的角度，不过我心中的成功企业有三个基本标志，即企业形象良好、经济效益卓著、员工感觉美好。"接着，他又进一步阐述了这三个标志的具体含义、相应指标及总经理的基本使命。最后，这位老师有点自豪地说："到目前为止，自己管理过的企业应该还算成功，在业界也算创造了一些小小的奇迹，比如自己进入一家饭店前，该饭店当年亏损 390 多万元，而经过我与全体员工一年的努力，到年底实现利润 360 多万元，而且成为当地行业管理部门推崇的管理典范。"这位老师的话音刚落，就博得了学员们热烈的掌声，同时大家更加期待这位有点不一样的老师会给他们带来怎样的成功管理的道、法、术。

的确，作为饭店管理者应该把创造成功的饭店作为自己的使命。案例表明，成功饭店的基本标志是社会形象良好，经济效益卓著，员工感觉美好，而这也是评价饭店管理是否

---

① 该案例由邹益民根据自己的工作经历撰写，仅供课堂教学之用。未经允许，本案例的所有部分都不能以任何方式与手段擅自复制或传播。

有效的基本标准。饭店作为经济组织，固然需要追求经济效益，但不能忘记自己的社会责任。饭店要获得持续发展，必须实现经济效益、社会效益和环境效益的有机统一。其中经济效益是基础和根本，离开经济效益，饭店企业作为非公共产品的经济组织就失去了存在的意义。社会效益与环境效益是饭店发展的前提和源泉。而所有这一切，均离不开员工的满意。

第一节　饭店社会形象评价

成功饭店的基本标志之一就是社会形象良好。饭店社会形象好坏，主要取决于饭店承担企业责任的程度与饭店公共关系的能力。

一、公众形象评价

公众形象，这里是指在政府、媒体与社会大众心目中的形象。

（一）法律责任

法律责任是指企业作为具备独立法人资格的主体在法律上所承担的民事或刑事责任。饭店作为法人，必须全面、及时、准确地了解国家的政策与法规，并在经营管理活动中予以遵守。

(1) 饭店必须依法办理各种登记，依法设立经营项目，依法开展经营活动，坚决杜绝各种违反国家法规的经营行为。比如《中华人民共和国反不正当竞争法》《中华人民共和国消费者权益保护法》《中华人民共和国消防法》《中华人民共和国食品卫生法》《中华人民共和国商标法》《中华人民共和国知识产权局保护法》等。

(2) 饭店必须根据国家有关法规，履行相应的法律责任。比如，根据《公司法》的规定，企业必须承担以下责任：清算责任，依法纳税的责任，确保公司注册资金资本维持不变的责任，股东依公司章程约定足额缴纳出资的责任，对债权债务依法承担无限或有限的责任；依法签订《劳动合同》及为员工购买养老保险的责任。

(3) 如果因为某种原因，饭店违反有关法规，必须承担相应法律责任，并接受相应的处罚。

（二）经济责任

经济责任即体现在社会经济分工中，饭店作为一个经济组织应尽的义务。主要表现在以下几方面。

1. 提供优质饭店产品

饭店作为社会的生活性服务业，担负着为社会提供住宿、饮食等服务产品的任务。饭店必须不断研究社会对于饭店服务的需求，设计与提供符合社会发展要求的饭店产品，为满足人们日益增长的提高生活品质要求及商务活动需求做出应有的贡献。

2. 创造劳动就业机会

饭店作为社会经济组织，同时担负着解决社会公民劳动就业的重任。饭店应该致力于企业的发展与管理的提升，不断创造劳动就业机会。

3. 实现员工职业目标

饭店作为经济组织，对员工负有实现其职业生涯发展目标的义务。首先，饭店应该为员工创造比较广阔的职业发展前景与空间；其次，饭店应该为员工提供实现职业生涯发展目标的机会，并提升他们的专业能力；最后，饭店必须不断增加员工的收入，为提高员工的生活品质奠定必要的基础。

（三）道义责任

饭店作为社会组织的一分子，负有自觉遵守社会伦理准则和道德规范的义务。饭店的道义责任有内部与外部两个层面。

1. 善待企业内部顾客

员工是饭店的宝贵财富，是企业效益的创造者，饭店应该像对待顾客一样对待员工。首先，饭店必须消除各种安全隐患，保障员工生命安全。其次，必须关注员工身体健康，合理安排员工的工作时间，保证员工有足够的休息时间。再次，必须关注员工的各种必要的生活设施，如员工餐厅、员工更衣室、员工宿舍、员工活动室等。最后，必须努力改善员工的工作环境，优化工作流程与劳动工具，尽可能降低员工的身心消耗。

2. 关注社会弱势群体

弱势群体指在社会生产生活中由于群体的力量、权力相对较弱，因而在分配、获取社会财富时较少和较难的一种社会群体。关心弱势群体，不只是政府的责任，也是全社会的责任，更是社会强势群体的责任。饭店一方面可以在经济上给予必要的帮助；另一方面更要在精神上对弱势群体给予尊重与鼓励，并尽可能给他们提供工作的机会。当然，饭店首先应特别关注自己企业内部的弱势群体。

3. 参与社会救灾活动

俗话说："天有不测风云，人有旦夕祸福。"由于社会的许多不可知性，出现各种社会灾难在所难免。当社会某些地区、某些群体遭遇自身难以克服的困难或面对难以度过的某种灾难时，全社会就会伸出友谊之手，给予无私的帮助。此时，作为社会成员的饭店，当然也是义不容辞，必须尽自己所能，积极参与这类活动，有钱出钱，有力出力。

二、行业形象评价

行业形象主要指在行业管理部门与同行心目中的形象。饭店行业形象好坏，主要取决于饭店对于行业健康发展的贡献。

（一）行业规范推动者

为了维护行业的正常秩序，所有行业均会在国家与地方法规的基础上形成一定的行业规范，或者形成一些约定俗成的规矩，比如，中国旅游饭店业协会 2002 年制定发布、2009 年修订《中国旅游饭店行业规范》就属于此类。饭店企业作为饭店行业中的一份子，必须加强自我约束，自觉遵守，努力成为行业规范实施的推动者。从现实来看，饭店行业规范的推动与执行，主要体现在以下三个方面。

（1）维护行业形象。这主要体现在饭店依法经营，诚信经营，保证服务品质，强化饭店对客人的承诺，维护客人和饭店的合法权益等方面。比如，不搞虚假宣传，不搞以次充好,不搞店大欺客,不搞漫天要价等。

(2) 遵守市场秩序。这主要体现在饭店的公平竞争、规范经营等方面。比如不搞歪门邪道,不搞恶性竞争,不采用不正当手段,挖其他饭店的客户与员工等。

(3) 服从行业管理。这主要体现在饭店服从行业组织领导、接受监督等方面。比如,按要求申报各种数据、材料,接受行业组织及行业管理部门的检查,参与行业组织及行业管理部门组织的活动等。同时,饭店应积极组织举办或者承办各类饭店管理研讨会和论坛,并主动争取话语权,发表自己的管理主张与思想,以扩大在行业中的影响,提高在行业中的地位。

(二) 行业方向引领者

饭店的行业形象来自对行业正确方向的引导与坚持。饭店除了在商业模式、管理机制等方面要积极探索创新外,还需在可持续发展与饭店业变革中走在前列。在当前的历史时期,倡导绿色消费,创建绿色饭店尤为重要。因为当今人类正面临着生态环境恶化与资源日趋短缺的严峻挑战。绿色消费是一种以"绿色、自然、和谐、健康"为宗旨的,有益于人类健康和社会环境的一种消费方式。绿色饭店则是安全、健康、环保、节约的饭店。可以说创建绿色饭店已成为历史赋予中国饭店企业的又一重要使命。

1. 创造绿色环境

绿色环境,这里是指饭店室内外空间的空气、噪声等要素达到国家的相关标准,使顾客有一种舒适的感觉。

(1) 绿色设计。根据国家的《绿色饭店标准》,绿色设计主要体现在以下几方面:一是环境设计。要求选址远离高辐射、高污染地区;设计中充分体现当地自然、人文和谐和对生物多样性的保护;不造成当地生态环境的破坏。二是建筑设计。要求设计中体现节能省地,无建筑空间浪费;有隔热、降噪、保温材料的设计与运用;有自然采光的设计与运用;采用环保、安全、健康的建筑材料和装修。三是流程设计。要求有积极利用地热能、太阳能、风能、水能等可再生能源和替代能源的设计;有能源、资源循环利用设计;有在服务、产品形成过程中清洁生产的设计。

(2) 环境保护。根据《绿色饭店标准》,饭店应做到:遵守国家或地方污染物排放标准,减少污染物排放浓度和排放总量;采用先进环保技术和设备;选择使用环境标志产品;采取措施减少固体废弃物的排放量,固体废弃物实施分类收集,储运不对周围环境产生危害;危险性废弃物及特定的回收物料交给有资质机构处理、处置;采用天然杀虫方法,减少化学药剂的使用。

(3) 清洁能源。即指不排放污染物的能源,包括可再生能源与非再生能源。可再生清洁能源是指消耗后可得到恢复补充,不产生或极少产生污染物的能源。如太阳能、风能、生物能、水能、地热能、氢能等。可再生能源不存在能源耗竭的可能,因此日益受到许多国家的重视,尤其是能源短缺国家。饭店必须依据因地制宜、注重效益之原则,尽可能选择这些能源。非再生清洁能源是指在生产及消费过程中尽可能减少对生态环境的污染,包括使用低污染的化石能源(如天然气等)和利用清洁能源技术处理过的化石能源,如洁净煤、洁净油等。

2. 提供绿色客房

绿色客房，应从客房生态化的要求出发，从其设计到建成甚至投入使用的全过程应符合生态要求。

(1) 采用绿色材料。除饭店本身的选址应尽可能地避开生态脆弱地带外，客房的涂料、填料、密封胶、覆盖物(如大理石/地毯)及家具都应采用无污染的绿色材料，客房装修和家具尽量使用无毒无污染的合成加工材料，这样既可减少对自然资源的占用，又符合生态要求。客房卫生间内选用的大理石放射素释放量要符合国家标准；客房地毯的化纤成分、染料颜色不应对人体健康有害等。

(2) 提供绿色服务。客房内提供的各种用品，必须符合国家绿色饭店标准，如棉织品、清洁用品、饮用水等。同时，客房的通风系统，门、窗、墙壁隔音效果、温度与湿度等达到国家绿色饭店标准之要求，如相对湿度夏季(空调)达到40%～80%，冬季达到30%～60%。此外，饭店客房的清洁服务、消毒等环节，必须真正做到安全、清洁与卫生。

(3) 设置无烟客房或无烟楼层。无烟客房即在这个客房内不得吸烟，也不提供烟灰缸和火柴等抽烟用具，客房内所有空间与物品均没有烟味。无烟楼层即在饭店某一楼层所有空间与客房均不得抽烟，所有房间均为无烟客房。所有无烟客房或无烟楼层，均须张贴相应标识。对于无烟客房或无烟楼层，一般在净化空气、更换棉织品、清洗地毯及物理除味等方面有更高或更加严格的要求。

3. 经营绿色餐饮

绿色餐饮即在生态化理念指导下，通过科学合理的生产方法，为顾客提供安全、健康的餐饮产品。为此，饭店必须做到以下三个方面。

(1) 创造绿色环境。在人们对公共卫生和健康越来越关注的时代，创造一个整洁、安静、雅致的消费环境也会成为绿色餐饮的标志。餐厅的装饰采用环保无污染材料，色彩明快协调，空气清新，温度宜人，工作人员着装整洁大方。

(2) 生产绿色食品。主要是指品质与属性无公害、无污染、安全、优质，可绝对放心食用的食品。为此，饭店须做到：一要保证食品原料的安全与环保。采购的货物必须来自合法和安全的货源，严禁采购野生动物作为吸引顾客的卖点。二要提供安全的食品，餐厅慎用生海(河)鲜食品如泥螺、咸蟹等，尤其是在大型宴会场合，凡直接入口的生食品，均须有严格的生食品加工程序，以保证食品质量。三要推出健康食品，即以“少油、少盐、少糖与原汁、原味、原香”为原则的食品，并注意食品的营养的合理结构。

(3) 提供绿色服务。基本要求是：首先，禁止使用一次性发泡餐具。其次，当顾客点菜时，服务员要本着“经济实惠、合理配置、减少浪费”的原则推荐食品，并尽可能介绍绿色、健康食品；顾客用餐后应主动提供“打包”服务。最后，采用共餐方式，应提供公勺、公筷，有条件的餐厅应推行分餐制，服务员与食品直接接触须戴上一次性手套。

4. 实施节能降耗

根据可持续发展战略，绿色饭店的经营和发展应当既满足当代人的需要，又要为子孙后代留有发展的空间。也就是说，绿色饭店为社会提供的产品必须满足充分利用资源、保护生态环境之要求。为此，饭店必须坚持以下四项基本原则。

(1) 减量化。即饭店在不影响产品及服务质量的前提下，通过简化、减少等方法，尽量用较少的原料和能源投入，以减少浪费和废弃物的产生，从而提高资源效益。比如采取产品体积小型化、重量轻型化、包装简易化等方法。

(2) 替代化。即为节约资源、减少污染，饭店使用无污染的物品或再生物品，作为某些物品的替代。比如饭店使用无污染物品或无化肥或化学杀虫剂的棉花或亚麻制成的床单、毛巾来替代含化纤量高的混棉制品；洗衣房使用无磷低泡洗衣粉替代高磷高泡洗衣粉等。

(3) 再使用。即在确保不降低饭店的设施和服务标准的前提下，物品要尽可能地变一次性使用为多次使用或调剂使用，不要轻易丢弃，减少一次性用品的使用范围和用量。如顾客洗涤衣物，应将拟送的客衣用布洗衣袋（或竹编洗衣篮）输送，替代以往送洗客衣服务过程中对一次性塑料洗衣袋的耗用（即塑料洗衣袋对生态环境的污染）；又如饭店废水可直接用于浇灌绿化植物园区；又如积极鼓励下榻顾客反复使用客房卫生间内的毛巾、浴巾等，并在卫生间内置放“绿色环保告示牌”以提示顾客共同为生态环境做出贡献。

(4) 再循环。即在饭店物品完成其使用功能之后，将其回收重新变成可以利用的资源。如客房棉品报废以后，仍然可以成为饭店公共卫生区域(PA)/员工制服房/布草房的清洁用品或其他物品（如饭店后勤生活区的工作用品）。另外，应尽量选择和使用可回收利用的原料和中间产品，并将废物分类收集，以便进行无害化处理。饭店应设立专门回收容器（如酒瓶、铝罐、报纸等），置放在饭店内适当位置，并标有醒目的“绿色环保”标记。

（三）管理典范创造者

饭店的行业形象来自管理典范的创造。要想在行业中出类拔萃，至少在以下三个方面有所创造，有所建树。

1. 饭店产品专业化

作为饭店管理的典范，首先必须做到饭店产品专业化。主要体现在以下三个方面。

(1) 功能布局专业化。饭店应根据顾客需求和经营管理的需要，合理规划功能分区，划分公共空间，布局客房、餐饮、会议、娱乐等各区域及内部空间，从而使饭店的功能布局既能满足顾客对私密性、安全性、便捷性、体验性的要求，又能提升经营管理的效率和效益。

(2) 环境氛围专业化。在合理完善的功能配置和空间布局之上，饭店应着力打造赏心悦目的环境氛围，为顾客提供宜商宜居的居停空间。在此基础上，需通过装饰布置、小品演绎、经典故事集萃等方式，渲染中国优秀文化，让顾客体会到饭店的独具匠心。

(3) 饭店服务专业化。饭店应结合国际行业规范和国家星级饭店标准，制定服务规范体系，指导服务人员为顾客提供一致、优质、高效的服务。与此同时，饭店应加强客史档案管理，为顾客提供极致的个性化服务。为此，饭店应着重加强对一线服务人员应变能力的培训，以提高应对突发情况和顾客特殊要求的反应速度和服务效率。

2. 饭店营销专业化

饭店营销体系涉及三个层面，即先进的营销理念、科学的营销战略和卓越的营销策略的协调统一。作为成功的饭店，必须在了解市场、适应市场、占领市场、创造市场这四个营销活动的基本环节中形成具有自己特色的、科学的体系，并创造成功的经典案例。

3. 饭店管理专业化

专业化的服务与营销，必然需要管理的专业化。饭店须运用科学的管理方法与现代化管理手段，优化内部运行管理，不断学习与运用现代饭店管理的新理念、新方法，形成科学的管理体系，并创造经典的管理思想与管理实践，为饭店同行提供成功的管理经验。

三、市场形象评价

市场形象即饭店产品生产与销售活动在消费者心目中的形象，主要取决于饭店产品满足消费者的程度。所以，市场形象评价，实际上是对顾客满意度的评价。

（一）顾客满意认知

1. 顾客满意的特征

目前，顾客满意概念使用最广的是 Richard Oliver 提出的期望不一致理论，即满意是感知绩效和期望值之间比较的结果。① 国际标准化组织在 2000 版的 ISO 9000 质量管理标准体系中将顾客满意定义为：顾客对其要求已被满足的程度的感受。由此可见，顾客满意与否，取决于顾客接受产品或服务的感知同顾客在接受之前的期望相比较后的体验。顾客满意具有以下几个基本特性。

(1) 主观性。顾客的满意程度是建立在其对产品和服务的使用体验上，感受的对象是客观的，而结论却是主观的。它与顾客自身条件如知识、经验、收入状况、生活习惯、价值观念等有关。

(2) 层次性。心理学家马斯洛指出人的需要有五个层次，处于不同需求层次的人对产品和服务的评价标准不同，因而不同地区、不同阶层的人或同一个人在不同条件下对某个产品或某项服务的评价可能不尽相同。

(3) 相对性。顾客对产品的技术指标和成本等经济指标通常不熟悉，他们习惯于把购买的产品和同类型的其他产品，或和以往的消费经验相比较，由此得到的满意或不满意具有相对性。

(4) 阶段性。任何产品都有生命周期，顾客对产品的满意程度来自过去的使用体验，是在过去的多次购买和服务中逐渐形成的，因而呈现出阶段性。

2. 顾客满意形成过程

对于顾客满意的形成过程，学术界并无统一定论。目前，得到最为广泛认同的观点是通过顾客购买前的期望与顾客购买和使用过程中的感知比较来解释顾客满意形成过程。通常情况下，顾客购买前的期望与顾客购买和使用过程中的感知比较会出现三种情况，如图 8-1 所示。

(1) 感知低于期望，则顾客会感到不满意，甚至会产生抱怨或投诉；如果对顾客的抱怨采取积极措施妥善解决，就有可能使顾客的不满意转化为满意，直到成为忠诚的顾客。

(2) 感知接近期望，则顾客就感到满意。

(3) 感知远高于期望，顾客就会感到很满意，产生忠诚。

---

① Oliver R L. A cognitive model of the antecedents and consequences of satisfaction decisions[M]. Journal of Marketing Research, 1980.

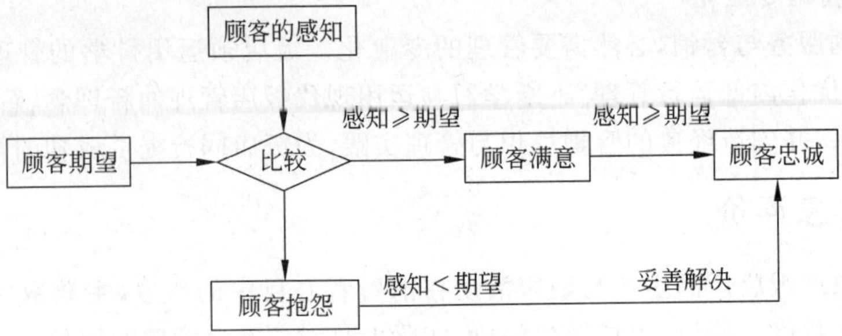

图 8-1　顾客期望与顾客感知比较后的感受

由此可见,顾客满意也可以看作顾客事后可感知的结果与事前的期望之间作比较后的一种差异函数。

3. 顾客满意的级度[①]

顾客满意度反映的是顾客的一种心理状态,它来源于顾客对企业的某种产品服务消费所产生的感受与自己的期望所进行的对比。也就是说“满意”并不是一个绝对概念,而是一个相对概念。顾客满意度作为一种心理状态和自我体验,需要根据顾客在消费相应的产品或服务之后所产生的满足状态划分为不同等次,即顾客满意级度。心理学家认为情感体验可以按梯级理论划分为若干层次,相应可以把顾客满意程度分成七个级度或五个级度。管理专家根据心理学的梯级理论对七梯级给出了如下参考指标。

(1) 很不满意,即顾客在消费了某种商品或服务之后感到愤慨、恼羞成怒难以容忍,不仅企图找机会投诉,而且还会利用一切机会进行反宣传以发泄心中的不快。

(2) 不满意,即顾客在购买或消费某种商品或服务后所产生的气氛、烦恼状态。在这种状态下,顾客尚可勉强忍受,希望通过一定方式进行弥补,在适当的时候,也会进行反宣传,提醒自己的亲朋不要去购买同样的商品或服务。

(3) 不太满意,即顾客在购买或消费某种商品或服务后所产生的抱怨、遗憾状态。在这种状态下,顾客虽心存不满,但想到现实就这个样子,别要求过高了,于是认了。

(4) 一般,即顾客在消费某种商品或服务过程中所形成的没有明显情绪的状态。也就是对此既说不上好,也说不上差,还算过得去。

(5) 较满意,即顾客在消费某种商品或服务时所形成的好感、肯定和赞许状态。在这种状态下,顾客内心还算满意,但按更高要求还差之甚远,而与一些更差的情况相比,又令人安慰。

(6) 满意,即顾客在消费了某种商品或服务时产生的称心、赞扬和愉快状态。在这种状态下,顾客不仅对自己的选择予以肯定,还会乐于向亲朋推荐,自己的期望与现实基本相符,找不出大的遗憾所在。

(7) 很满意,即顾客在消费某种商品或服务之后形成的激动、满足、感谢状态。在这种状态下,顾客的期望不仅完全达到,没有任何遗憾,而且可能还大大超出了自己的期望。这时顾客不仅为自己的选择而自豪,还会利用一切机会向亲朋宣传、介绍推荐,希望他人

---

① 转引自百度网的百度百科。

都来消费之。

（二）顾客满意测量

1. 顾客满意测量模型①

为了准确、清晰地描述这种因果关系，计算顾客满意程度，学者们构建了一些顾客满意测量模型。目前，比较有代表性的测量模型有美国顾客满意指数模型、欧洲顾客满意指数模型和中国顾客满意指数模型。

（1）美国顾客满意指数模型。美国顾客满意指数模型是由美国密歇根大学商学院国家质量研究中心费耐尔（Fornell）博士等人在SCSB模型的基础上创建的，其结构如图8-2所示。

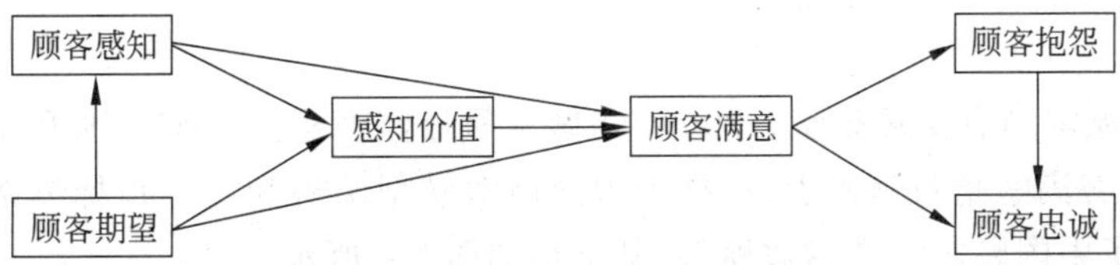

图8-2 美国顾客满意指数基本模型

美国顾客满意指数模型将顾客满意置于一个相互影响、相互关联的因果互动系统中。该模型是由6个结构变量（即顾客对质量的感知、顾客期望、顾客对价值的感知、顾客满意、顾客抱怨和顾客忠诚）构成的因果关系模型，其数量关系通过多个方程的计量经济学模型进行估计。结构变量的选取以顾客行为理论为基础，每个结构变量又包含一个或多个观测变量。其中，顾客满意是最终所求的目标变量；顾客期望、顾客对质量的感知和顾客对价值的感知是顾客满意的原因变量；而顾客抱怨和顾客忠诚是顾客满意的结果变量。美国顾客满意指数模型中的箭头表示的是结构变量的因果关系，这些因果关系反映出了变量间直接或间接影响关系的方向。顾客满意是由顾客对服务质量的期望、对质量的感知以及对价值的感知共同决定的；如果顾客对产品/服务质量不满意，则会产生抱怨；顾客的忠诚取决于顾客满意程度和事后抱怨的处理。美国顾客满意指数模型科学地利用了顾客的消费认知过程，能客观、综合地反映顾客满意程度，且模型所得结果可以进行不同行业之间的比较。

（2）欧洲顾客满意指数模型。它是由欧洲质量组织和欧洲质量管理基金会等机构共同资助完成的。欧洲顾客满意指数模型结构如图8-3所示。

欧洲顾客满意指数模型共有7个结构变量，其中形象、顾客期望、产品质量感知、服务质量感知和感知价值是顾客满意的原因变量，顾客忠诚是顾客满意的结果变量。欧洲顾客满意指数模型继承了美国顾客满意指数模型的基本架构和一些核心概念，但又对其进行了修正，主要表现为：去掉了美国顾客满意指数模型中顾客抱怨变量（因为许多国家的顾客投诉系统已经比较完备），增加了形象变量（是指顾客记忆中和组织有关的联想，这些联想会影响人们的期望值以及满意的差别），同时将质量感知分为产品质量感知和服务质

① 邓绩，蒋曙东. 顾客满意的测量分析与改进[M]. 北京：中国标准出版社，2009.

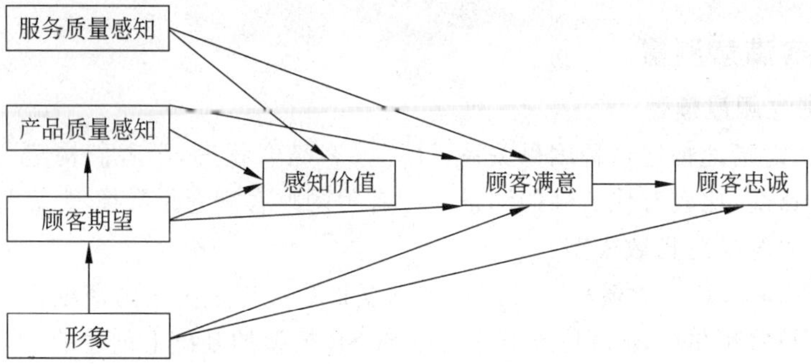

图 8-3 欧洲顾客满意指数基本模型

量感知。

(3) 中国顾客满意指数模型。2000 年，国家质量监督检验检疫总局和清华大学在学习借鉴美国顾客满意指数基础上，根据中国国情对模型结构和测量指标体系进行了必要的改造，提出了中国顾客满意指数模型，其结构如图 8-4 所示。

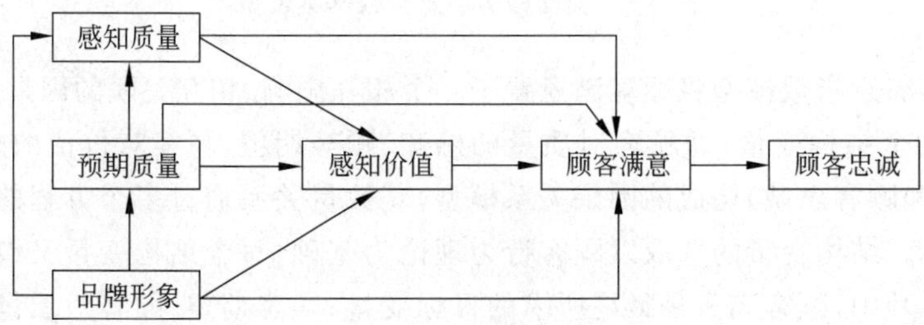

图 8-4 中国顾客满意指数基本模型

中国顾客满意指数模型包含了 6 个结构变量：感知质量、预期质量、品牌形象、感知价值、顾客满意和顾客忠诚。其中，品牌形象、预期质量、感知质量和感知价值是顾客满意的原因变量，而顾客忠诚是顾客满意的结果变量。中国顾客满意指数模型是在学习借鉴美国顾客满意指数模型的基础上，根据中国国情对模型结构和测量指标体系进行必要的改造后而建立起来的具有中国特色的测量方法，该模型目前已经被应用于我国一些地区和某些行业的顾客满意指数测评工作中。

2. 顾客满意度调查技术[①]

随着社会经济的不断发展，顾客满意度调查技术从最初的服务落实度调查，到感知质量调查，到满意度指数模型调查，不断与多种研究技术和理念相结合，发展出满足不同需求的满意度调研技术。根据满意度调研关注点和解决问题的不同，到目前为止，满意度调研技术已经发展到第 10 代。

(1) 服务落实度调查。1965 年，美国学者 Cardozo 首次将“顾客满意”概念引入商业领域，服务质量研究在西方国家逐渐兴起，企事业单位认识到服务质量的重要性，开始接

① 转引自百度网的百度百科。

受和应用服务质量方面的市场调查。满意度调研作为服务质量的测评工具，最初关注的是对服务过程的调查，检查工作人员是否按照服务规范操作，所以也被称为"服务落实度调查"。服务落实度调查通过服务规范的落实检查，将调查数据作为通报或考核的依据，从而传递服务压力，督促员工落实服务标准，规范员工行为，培养员工良好的服务习惯。

(2) 感知质量调查。1985 年开始，学者们发现消费者对质量的理解与企业对质量的理解不同，服务质量分为"客观质量"和"感知质量"，客观质量是生产导向，感知质量是顾客导向，两者存在明显差异，客观质量好的服务，感知质量不一定好。感知质量是消费者感受到的服务质量，受消费者背景和偏好的影响，在事实上影响消费者决策行为。在这样的背景下，顾客导向型的满意度调查开始普及，因为是把消费者的感知质量评价作为服务质量的评价标准，所以这时的满意度调查也被称为"感知质量调查"。与服务落实度调查的不同之处是"服务过程"不同，感知质量调查不是向客户询问确认工作人员做了什么，而是直接询问服务感受或满意程度，关注的是客户"感受到的服务质量"和最终的"服务效果"。感知质量满意度因为是对服务效果的评价，所以与服务落实度调查只能评价前端部门不同，不与客户直接接触的后端部门也能被评价，构成完整的前后端服务评价系统。感知质量满意度指标体系根据客户与企事业单位接触的服务流程、环节、触点，按照逻辑包含关系，分为一、二、三级指标，逐一对应、关联到各相关责任部门。

(3) 满意度指数模型调查。1988 年，美国学者 Fornell 将结构方程和满意度形成心理路径相结合，提出了新的满意度模型，成为世界各国制定国家满意度指数模型的基础，瑞典最先应用推出 SCSB，之后不断发展为 ACSI、ECSI。满意度指数模型认为影响客户满意的因素，除了感知质量，还包括品牌形象、客户预期、价值感知等。服务质量不等于满意度，满意度指数模型认为除了"感知质量(即服务质量)"外，"品牌形象""用户预期""价值感知"都是影响客户满意度的因素，并且在 4 个满意度影响因素之间存在路径和因果关系，形成一个结构方程。

(4) 满意度＋不满意度调查。通过感知质量满意度或满意度指数模型调查，管理者清楚了单位的服务水平和客户不满意的方面，在此基础上，管理者自然会非常想了解客户为什么不满意。2004 年前后，不满意度调查的概念一经推出，马上得到了众多企事业单位的认同和应用。不满意度调查深化了对"不满意客户"的访问，具体深入了解客户不满意的方面和原因，管理者能场景式感知客户的不满和抱怨。

(5) 满意度＋短板改进。不满意度调查是从客户角度搜集意见，短板改进是要从企业内部寻找原因。客户的不满总是来源于企业行为，短板改进要把导致客户不满的企业行为找出来，分析原因，从而有针对性地改进。短板改进根据六西格玛理念进行短板管理，利用 GAP 模型分析，找出导致短板的企业内部原因，据此提出有针对性的、可操作性的改进意见和改进方法；并关联责任部门，跟踪衡量改进效果，考核督促问题改进。

(6) 满意度＋KANO 分析。该模型是由东京理工大学教授狩野纪昭(Noriaki Kano)和他的同事 Fumio Takahashi 于 1979 年推出，迅速得到全球性的传播和认同。Kano 分析通过把各服务要素分为三类，明确三类要素的意义及目前所处位置，优化资源配置的策略，确定资源投入的边界，解决管理者上述的问题，实现更精细的资源优化配置，让投入的资源产生最大的效益。在管理者做下一年度的预算决策时，哪些方面需要加大资源投入、哪些方面维持即可、哪些方面要缩减投入等这样的问题，可以从 Kano 分析得到一个量化的资源投入参考依据。

（7）满意度＋U&A。服务管理最初的重点是服务的标准化，但标准化的服务，有些人满意，有些人不满意，在服务标准化达到一定水平后，企事业单位自然就有了差异化服务的需求，以满足不同客户群体的需求，比如 VIP 服务、大客户服务等纷纷出现。分析不同背景、不同消费行为和态度客户对同一项服务感知的差异性，找出导致差异的关键影响因素，这是实施差异化服务的基础。2006 年，在各行业差异化服务需求的背景下，满意度＋U&A 的调研产品得到了市场的高度认同。其实在之前的满意度调研中，都会或多或少加入 U&A 问题，但当时调研需求的重点不在于此，所以没有被深入分析和应用。在差异化服务需求的推动下，U&A 研究与满意度调研紧密联系，并发展了相关的技术，其中方差分析、卡方分析被充分使用。

（8）满意度＋卓越服务。根据长期的数据跟踪发现，在竞争市场中，非常满意人群的忠诚度是一般满意人群的 4～6 倍。因此，把一般满意人群提升到非常满意，在此类市场中具有非常积极的意义，其价值要明显高于把不满意人群提升到一般满意。让客户非常满意，意味着高水准、超出一般水平的服务，所以称为卓越服务。卓越服务研究的重点是“高满意群体”，因为把客户从不满意提升到一般满意，与从一般满意提升到非常满意，其服务提升的关键影响因素往往是不一样的，所以需要进行针对性分析。

（9）满意度＋用户体验。满意度通常是一个防御性管理工具，即不要因为服务的缘故让客户流失掉。用户体验是将其升级为一个进攻性工具，即管理者通过营造深刻的用户体验，留住客户，并让客户散播好的口碑，吸引新客户。用户体验强调塑造和传播口碑，注重服务细节和服务创新，提供令人印象深刻的，而且容易描述和传播的体验。用户体验研究在研究方法上注重测试类方法的运用，如在电子商务网站用户体验研究中就包括了“吸引力测试”“可用性测试”等。

（10）满意度＋服务管理。随着客户满意观念的进一步普及和重视，现在许多企事业单位设立专职人员，成立了专门的服务管理部门。如何系统有效地管理服务呢？在这个阶段，就可以满意度调研为核心，把其作为有效的服务管理工具，建立系统的服务管理体系。通过满意度调研，管理者可建立 VOC 系统、服务改进系统、服务绩效评估系统，轻松有效地倾听客户心声，了解服务现状，发现服务短板，评价服务绩效，推进服务提升。

3. 顾客满意数据收集

顾客满意度的评价必须借助必要的数据。顾客满意数据收集，除了选择合适的调查模型外，需特别关注以下四个基本问题。

（1）实施主体。顾客满意度调查，既可以由饭店自己实施，比如日常的顾客意见书、顾客访问、神秘顾客调查、定期的顾客问卷调查等，也可以委托第三方的专业机构实施。

（2）样本选择。顾客满意度调查一般利用抽样方法加以确定，即从所有对饭店产品有过消费经历的顾客群体总量中，按照一定的方式选择或抽取一部分顾客作为调查对象的方法。顾客满意度调查的抽样，首先，应根据调查目的，确定需要调查的顾客数量，即目标样本量；其次，明确目标样本的抽样对象；再次，确定目标样本量的精度要求；最后，选择抽样方法，如简单随机抽样、等距抽样、分层抽样、整群抽样、多阶抽样等。

(3) 调查方法。即通过何种方式收集数据。主要有问卷调查法、访谈调查法、神秘顾客调查法等。

(4) 测评指标。在建立顾客满意指标体系时，必须遵循下列四大原则：一是测评指标是顾客认可的。要准确把握顾客的需求，选择顾客认为最关键的测评指标。二是测评指标必须能够控制。顾客满意度测评会使顾客产生新的期望，促使饭店采取改进措施。但如果饭店在某一领域无条件或无能力采取行动加以改进，则应暂不采用这方面的测评指标。三是测评指标必须是可测量的。顾客满意度测评的结果是一个量化的值，因此设定的测评指标必须是可以进行统计、计算和分析的。四是测评指标体系是可对比的。设定测评指标时要考虑到竞争者的特性及与竞争者的比较。

(三) 顾客满意分析

顾客满意度测评的最终目的，除了掌握自身饭店顾客满意度水平外，更重要的是寻求影响顾客满意度的因素，并针对这些因素进行改进，以提高顾客满意度。面对海量的测评数据与信息，应该使用统计软件，运用成熟的统计技术从中寻找影响顾客满意度的有关因素，并分析、评价其影响程度。问卷的统计与分析是调查的重点，也是调研工作的难点。顾客满意度分析，除了常规的分析外，还必须注重以下分析。

1. 识别关键指标

判别分析是一种常用的统计方法。它是根据观察或测量到若干变量值，判断研究对象如何分类的方法。在饭店的顾客满意度测评中，判别分析可以用于寻找对顾客作出非满意或满意评价影响较大的指标，并可以验证分析结果的可靠性。在众多的服务环节中，一定有一些因素在顾客作出“满意”或“非满意”评价之间起着更为关键的作用。我们把这类指标称为关键指标。如果能够通过顾客众多零散的评价从几十项指标中识别出对于顾客作出“满意”或“非满意”评价具有关键影响的几个指标，从这些指标着手，集中管理资源改进相关因素，对于提高饭店的管理效率和顾客满意度都有非常大的实践意义。

不同的饭店可能会有不同的关键指标，因为每一家饭店的主要顾客群可能对这一家饭店的服务产品有着不同的价值取向。用双因素理论可以解释这个现象。总的来说，高档饭店的顾客更关注无形服务的质量，而经济型饭店的顾客可能更关注饭店“物有所值”的程度。但是，这些根据经验的判断都需要经过进一步的验证和分析，使饭店对客服务更精细、更高效。

2. 识别顾客评价重点

同类型的顾客往往具有一些共同的消费特征和偏好，这些特征和偏好反映在对饭店服务质量的评价中就是一致性。在此，饭店可以借助 Kano 模型进行分析。Kano 把产品和服务的质量特性分为三类，并据此建立了顾客满意与质量的关系模型。①

(1) 当然质量，即产品和服务应该具备的质量，顾客认为这是产品和服务所必须提供的。这类特性如果实现的程度很充分，不会增加顾客的满意程度。但如果没有或不足，顾客就会注意到，并会感到失望，从而导致顾客的不满。

---

① Kano N, Seraku N, Takahashi F, Tsuji S. Attractive quality and must-be quality[J]. The Journal of Japaneses Society for Quality Control, 1984, 14(2).

(2) 辅助质量，即顾客对产品和服务有具体要求的质量特性。这类质量特性的实现程度与顾客的满意程度同步增加。这类质量特性容易度量，是竞争分析的基础。

(3) 迷人质量，即超越顾客辅助的质量特性，它能激起顾客的购买欲望，使顾客感到完全满意。

三类质量的实现程度与顾客满意程度的关系如图 8-5 所示。

Kano 模型说明：影响顾客满意程度的质量属性不是等同的。对顾客而言，有些属性比另外的属性更为重要，有些属性以不同的方式比另外的属性重要。

3. 寻找薄弱环节

饭店可以借助二维象限图分析，对顾客满意度的薄弱环节进行最直观的分析。象限图分析，就是以事物(如事件、工作、项目等)的两个重要属性作为分析的依据，进行分类分析，找出解决问题的办法的一种分析方法。其基本程序是：将事物的一个重要属性 a 作为 x 轴，将事物的另一个重要属性 b 作为 y 轴，组成一个坐标轴，再在坐标轴上进行刻度划分，用直线画成“田”字形，形成了二维四象限的分析方块，如图 8-6 所示。

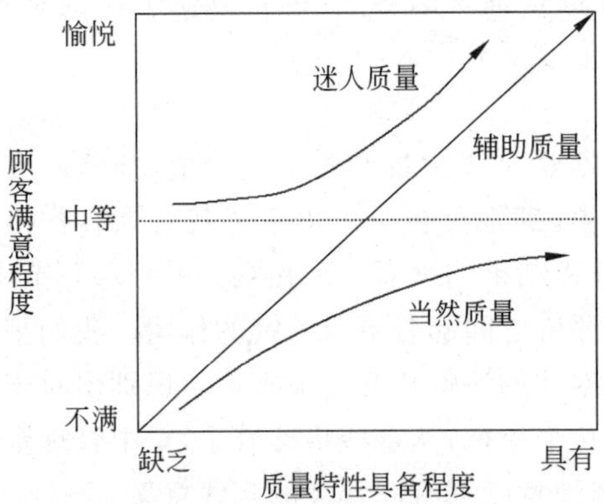

图 8-5 Kano 顾客满意模型

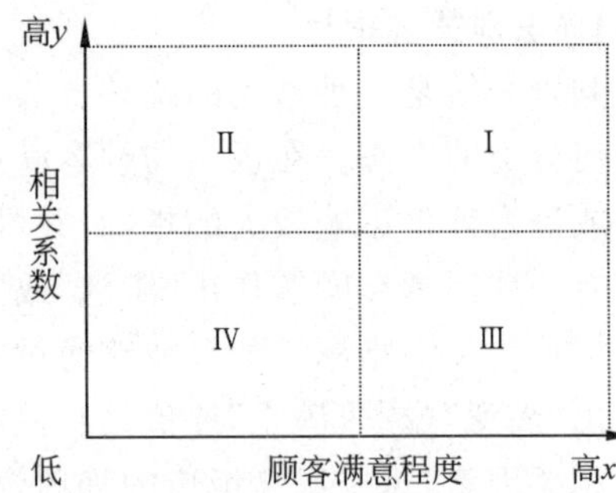

图 8-6 薄弱环节的象限图分析

当测评指标处于第一象限时，相关系数高，满意度也高，说明这类测评指标是对顾客评价影响比较大的，同时也是顾客评价比较高的指标，是饭店的竞争优势，需要继续保持；当测评指标位于第二象限时，相关系数高，满意度低，说明这类测评指标的影响大而顾客评价低，是饭店服务中的薄弱环节，是需要重点改进的关键指标；测评指标位于第三、四象限时，相关系数低，说明这类测评指标在现阶段对顾客的影响比较小，但是不能认为它们是无关紧要的指标。因为当某项服务一直长期稳定地保持高满意度时，顾客在评价总体满意度时会不自觉地忽略掉它，但一旦这项服务质量不好，顾客马上觉得不能忍受，反映在统计指标上就是这项指标与顾客满意度之间的相关性会大大增加。

第二节　饭店经济效益评价

经济效益体现了资本投入与产出的对比关系，即投资回报率。饭店要取得良好的经济效益，必须广开财源，当家理财，抓好财务预算与收入、存货、成本控制等环节外，必须加强财务分析这个基本环节，即对饭店预算的执行、经营状况及其未来发展趋势、饭店盈利能力、偿债能力等诸方面进行研究分析，以及时发现问题与解决问题。

一、比较分析运用

比较分析又称对比分析，是财务分析的基本方法，也是实际工作中运用最为广泛、最简便的一种方法。它是通过对同名指标相互间所进行的对比来确定指标间的差距。一般常用的对比主要有以下几种。

（一）计划对比分析

以计划为标准，将报告期实际数与同期的计划数相比。通过这种对比，可以使饭店了解计划的完成情况、进度，发现实际结果是否符合期望或理想的标准，以便及时采取必要的措施，解决计划执行过程中存在的问题，保证计划的实现。但是，计划往往带有一定的主观性，计划标准也很难制订得恰到好处，可能会偏高或偏低，也可能会因客观情况的变化而失去公正衡量的意义。因此，在以计划作衡量标准时要客观如实地制订计划标准并及时予以修正。

（二）历史对比分析

以历史为标准，将报告期实际数与去年同期或本饭店历史最好水平相比，即纵向的对比。与本企业历史比较，其优点是具有高度的可比性，可以帮助饭店了解企业在某些方面是否已有了改进，了解企业经营活动的规律，发现企业经营的纵向变化发展。但是，历史标准只能说明过去，特别是在客观环境或企业已有重大变化的情况下，这种对比就不够合理公正。因此，比较时应注意对历史数据作一些必要的调整。

（三）同行对比分析

以同行业为标准，将报告期实际数与本地同行业的平均水平、先进水平相比，或是与国内外同行业的水平相比，即横向对比。通过这种对比，可以使饭店了解本企业在同行业中所处的水平，以及与先进水平的差距，促使企业改善经营管理。

二、影响因素把握

把握影响因素，就是在运用比较法找出了差异的基础上，就影响经济指标的各个因素的影响程度进行分析。其具体运用时做法如下。

1. 列举因素

根据所要分析的经济指标列举出构成这一指标的各种因素。这些因素应与所要分析的指标紧密相关，客观上存在必然的联系。

2. 排列因素

按照各个因素相互之间的依存关系对因素加以排列。不按照相互依存关系排列因素，只会导致得出错误的结论。

3. 分别测定各因素对指标的影响

按照一定的顺序，依次将影响指标的各个因素的实际数代入排列的算式，并计算其结果，再将逐次替换计算出的结果与前面的结果相比较，以测算出各个变动因素对指标的影响程度。

4. 综合汇总各个因素对指标总的影响

例如，分析某指标 N。根据构成该指标的各个因素相互间的依存关系将它们排列，得到该指标的比较期数额为 $N_1 = a \cdot b \cdot c$，三个因素的报告期实际数则分别为 a_1、b_1、c_1。按照上述做法计算：

$$N_1 = a \cdot b \cdot c$$
$$N_2 = a_1 \cdot b \cdot c$$
$$N_3 = a_1 \cdot b_1 \cdot c$$
$$N_4 = a_1 \cdot b_1 \cdot c_1$$

如果三个因素中只有因素 a 在报告期未发生变化，即 $a_1 = a$，$N_2 = N_1$，而因素 b、c 有了变化，那么通过分析就可得出：

$$X = N_3 - N_2$$
$$Y = N_4 - N_3$$
$$Z = N_4 - N_1$$

其中：差异 X 由因素 b 的变化引起，差异 Y 由因素 c 的变化引起，因素 b、c 的变化，综合引起了该指标报告期与比较期的差异 Z。

除上述两种常用的方法之外，饭店财务分析也可采用结构分析、趋势分析等其他方法来进行。

三、会计报表分析

会计报表是饭店在会计日常核算的基础上，运用一定的方法和标准，对企业的会计资料进行整理、分类、计算和汇总，以总括反映企业一定时期财务状况和经营成果的书面文件。根据《企业会计制度》，饭店企业基本会计报表由资产负债表、利润表和现金流量表三张主表及其相关附表组成。

（一）资产负债表

资产负债表是反映企业某一时点资金状况的会计报表，它依据"资产＝负债＋所有者权益"这一会计等式，依照一定的分类标准和次序，将企业一定日期的资产、负债和所有者权益各项目适当排列，按照一定的要求编制而成，以反映企业一定日期（月末、年末）全部资产、负债和所有者权益的总体规模和结构。该报表着重说明了在某一特定时间，企业拥有哪些资源，同时按照对这些资源的求偿权和利益权，区分债权人和净资产所有者权益人，分别表示其所有的权利。分析资产负债表，应着重分析企业资金风险的大小、负债的多少和资金占用状况等。最具代表性的是以下指标：流动比率、速动比率、资产负债率和负债权益比率等。

（二）利润表

利润表是反映饭店在一定会计期间经营成果的报表，它提供有关饭店经营成果方面的信息，主要反映以下几方面的内容：①构成主营业务利润的各项要素。从主营业务收入出发，减去为取得主营业务收入而发生的主营业务成本、主营业务税金及附加后得出主营业务利润。②构成营业利润的各项要素。营业利润在主营业务利润的基础上，加其他业务利润，减去营业费用、管理费用、财务费用后得出。③构成利润总额（或亏损总额）的各项要素。利润总额（或亏损总额）在营业利润的基础上，加（减）投资收益（损失）、补贴收入、营业外收入，减营业外支出后得出。④构成净利润（或净亏损）的各项要素。净利润（或净亏损）在利润总额（或亏损总额）的基础上，减去本期计入损益的所得税费用后得出。

分析利润表，主要应分析饭店的盈利情况，应特别着重分析所有者权益的盈利能力，以反映所有者投资的盈利水平。

此外，若将利润表和资产负债表两者的信息相结合，就可以为财务分析提供更多的基本资料，为饭店判断企业未来的发展趋势及进行经营决策而服务。

（三）现金流量表

现金流量表是在资产负债表和利润表已经反映了饭店财务状况和经营成果信息的基础上，进一步提供企业财务状况变动信息，它为会计报表使用者提供企业一定会计期间内现金和现金等价物流入和流出的信息，以便于报表使用者了解和评价企业获取现金和现金等价物的能力，并据此预测企业未来现金流量。

在现金流量表中，现金是指企业库存现金以及可以随时用于支付的存款，包括现金、可以随时用于支付的银行存款和其他货币资金；现金等价物是指企业持有的期限短、流动性强、易于转换为已知金额现金、价值变动风险很小的投资；现金流量是指企业现金和现金等价物的流入和流出。

现金流量表将企业现金流量分为经营活动产生的现金流量、投资活动产生的现金流量和筹资活动产生的现金流量三类。

经营活动是指企业投资活动和筹资活动以外的所有交易和事项。经营活动产生的现金流入项目主要有：销售商品，提供劳务收到的现金，收到的税费返还，收到的其他与经营活动有关的现金；经营活动产生的现金流出项目主要有：购买商品、接受劳务支付的现金，支付给职工以及为职工支付的现金，支付的各项税费，支付的其他与经营活动有关的现金。经营活动产生的现金流量是整个现金流量表分析利用的重点，是满足企业现金需要最主要的来源。

投资活动是指企业长期资产的购建和不包括在现金等价物范围内的投资及其处置活动。投资活动产生的现金流入项目主要有：收回投资所收到的现金，取得投资收益所收到的现金，处置固定资产、无形资产和其他长期资产所收回的现金净额，收到的其他与投资活动有关的现金；投资活动产生的现金流出项目主要有：购建固定资产、无形资产和其他长期资产所支付的现金，投资所支付的现金，支付的其他与投资活动有关的现金。通过对投资活动产生的现金流量的分析，可以了解企业经营规模的变化，判断未来经营活动现金流量的变动趋势。

筹资活动是指导致企业资本及债务规模和构成发生变化的活动，筹资活动产生的现金流入项目主要有：吸收投资所收到的现金，借款所收到的现金，收到的其他与筹资活动有关的现金；筹资活动产生的现金流出项目主要有：偿还债务所支付的现金，分配股利、利润或偿付利息所支付的现金，支付的其他与筹资活动有关的现金。通过对筹资活动产生的现金流量的分析，可以了解企业从外部获取资金的信息，了解企业有关资本结构、股利支付、债务偿还等信息。

总之，现金流量表在评价企业支付能力、偿债能力和周转能力，预测企业未来现金流量，以及分析企业收益质量和影响现金净流量的因素等诸多方面，都有着极其重要的作用。

对会计报表的分析，饭店可采用比较分析的方法，编制比较会计报表，将两个会计期间的报表数字排列在一起，计算出两期之间的增减变动差额和增长(减少)率：

$$某项指标本期比上期增长(减少)额=指标本期数额-指标上期数额$$

$$某项指标增长(减少)率=\frac{指标本期比上期增长(减少)额}{指标上期数额}\times100\%$$

通过对两期指标差异的分析，对饭店的经营状况和经营成果进行评价。

四、财务指标监控

饭店财务分析需依据会计报表计算有关指标。考核和评价饭店财务状况和经营成果的财务分析指标很多，以下就有关的主要指标加以介绍。

(一) 流动偿债比率指标

这类指标可反映饭店偿还短期债务的能力。其基本指标是流动比率和速动比率。

(1) 流动比率。它用于衡量企业流动资产在短期债务到期以前可以变为现金用于偿还流动负债的能力。其计算公式为

$$流动比率=\frac{流动资产}{流动负债}\times100\%$$

流动比率高，说明企业偿债能力强。一般认为企业流动比率以200%左右为最佳。如果该比率过低，企业在偿付流动负债时就可能会遇到困难。就债权人角度而言，流动比率越高越好；但就企业本身而言，比率过高，就可能表明企业流动资产大量闲置或存货结构存在问题，以致流动资产无法得到充分的利用。

由于各行业经营性质不同，营业周期各异，该比率的评价标准也应有所差别。就饭店企业而言，流动比率为150%～200%，均可说明企业的短期偿债能力正常。

(2) 速动比率。它用于衡量企业流动资产中可以立即用于偿付流动负债的能力。其计算公式为

$$速动比率=\frac{速动资产}{流动负债}\times100\%$$

$$速动资产=流动资产-存货$$

速动比率高，说明企业具有较强的清算能力。就债权人而言，速动比率越高越好，但比率越高，速动资产利用就越不充分，闲置越多。一般认为速动比率在100%或稍超一点为宜。但具体分析时，还应考虑其他因素。因为该比率的分析虽然排除了存货，但速动资产中的应收账款也可能存在账龄过长、尚有未确认的坏账等问题，从而影响速动比率的可靠性。

(二) 长期偿债比率指标

这类指标反映饭店长期财务状况，即长期偿债能力。

（1）资产负债率。它用于衡量企业利用债权人提供资金进行经营活动的能力。其计算公式为

$$资产负债率=\frac{负债总额}{资产净值总额}\times100\%$$

资产负债率低，说明总资产中借入的资产少，企业偿债能力强，债权人得到保障的程度高，债权人和企业双方风险都比较小。对债权人而言，希望资产负债率越低越好。而对企业所有者而言，如果资产报酬率高于负债的利率，就会希望资产负债率高一些，以举债经营获取更多的收益。不过，资产负债率过高，财务风险就会明显加大。一般情况下，资产负债率较高，说明企业要承担较大的风险，也反映了经营者有较强的进取心；反之，则说明企业较为保守，对前途信心不足。当然该负债比率受到企业盈利的稳定性、营业额增长率、行业竞争程度、负债期限等诸多因素的影响，因而分析时应注意综合考虑。若资产负债率大于100%，则表明企业已资不抵债，面临破产。

（2）负债权益比率。这是指负债总额对所有者权益总额的比率。即

$$负债权益比率=\frac{负债总额}{所有者权益总额}\times100\%$$

负债权益比率用以反映企业财务结构的强弱及债权人资本受到所有者权益保障的程度。该比率越高，企业的长期偿债能力越弱，债权人承担的风险就越大。但对饭店经营者而言，若资产报酬率高于负债利率，就愿意保持一定的负债权益比率，以尽可能多地获利。

（三）营运能力指标

这类指标主要反映饭店经营管理水平的高低。主要有以下几个。

（1）应收账款周转率。它用于反映企业应收账款的流动程度。其计算公式为

$$应收账款周转率=\frac{赊销收入净额}{应收账款平均余额}\times100\%$$

其中：

$$赊销收入净额=营业收入-现销收入$$

$$应收账款平均余额=(期初应收账款+期末应收账款)\div2$$

通过应收账款周转率，饭店可进一步计算平均收款期指标，即

$$应收账款平均收款期=\frac{365}{应收账款周转率}$$

应收账款周转率越高，平均收款期越短，则表明饭店应收账款回收的工作越是有效。

（2）存货周转率。它用于衡量企业的存货是否过量。其计算公式为

$$存货周转率=\frac{营业成本}{存货平均余额}\times100\%$$

其中：

$$存货平均余额=(期初存货+期末存货)\div2$$

存货周转率表示了企业存货的周转速度。一般而言，存货周转率越高，说明企业存货从投入资金到被销售收回的时间越短，经营管理效率就越高。资金回收速度越快，在营业利润率相同的情况下，企业就能获取更高的利润。如果存货周转率低，则说明企业可能存货积压，或不适销对路，导致经营管理效率低下。但如果存货周转率过高，也应注意防止

采购供应脱节影响正常经营等现象的发生。

（四）盈利能力指标

饭店经营就是要以较少的耗费获取较大的收益，盈利能力的强弱，盈利的多少，今后的发展趋势，是衡量企业生存价值和管理水平的综合指标。

(1) 资本金利润率。它用于衡量投资者投入企业资本金的获利能力。其计算公式为

$$资本金利润率=\frac{利润总额}{资本金总额}\times 100\%$$

一般来说，资本金利润率越高，投入资本获利越多，说明经营状况越好。

(2) 营业利润率。它用于衡量企业的盈利水平。其计算公式为

$$营业利润率=\frac{利润总额}{营业收入净额}\times 100\%$$

营业利润率反映了实现的利润在营业收入中所占的比重。该比率越高，说明企业盈利能力越强。但在对不同规模的饭店进行盈利能力比较时，则还应结合考虑不同饭店在投资收益率上的差异。

(3) 成本利润率。它反映了企业成本费用与利润的关系。其计算公式为

$$成本利润率=\frac{利润总额}{成本费用总额}\times 100\%$$

该指标通过所得与所费的比率，直接反映出企业盈利能力的强弱、综合管理水平的高低。

(4) 总资产报酬率。这是利润总额与利息支出之和再与平均资产总额的比率。其计算公式为

$$总资产报酬率=\frac{利润总额+利息支出}{平均资产总额}\times 100\%$$

其中：

$$平均资产总额=(期初资产总额+期末资产总额)\div 2$$

总资产报酬率反映了企业运用全部资产获利的能力。该比率越高，说明企业运用资产的效率越高，盈利能力越强。

(5) 所有者权益收益率。这是投资收益率的另一种表现形式，它是利润总额与所有者权益的比率。其计算公式为

$$所有者权益收益率=\frac{利润总额}{所有者权益平均余额}\times 100\%$$

其中：

$$所有者权益平均余额=(所有者权益期初余额+所有者权益期末余额)\div 2$$

在实际工作中，所有者更关心的是交纳所得税后得到的净收益，在所有者权益期末余额中则包含了从本期利润中提取的盈余公积和未分配利润。因此，对上述指标加以修正，就可得到所有者权益净收益率。其计算公式为

$$所有者权益净收益率=\frac{净利润}{\frac{实收资本}{平均余额}+\frac{资本公积}{平均余额}+\frac{盈余公积}{期初余额}+\frac{未分配利润}{期初余额}}\times 100\%$$

所有者权益收益率和所有者权益净收益率直接反映了饭店管理部门使用所有者资金的效率，这两项比率越高，说明企业盈利能力越强。

(6) 资本保值增值率。这是期末所有者权益总额与期初所有者权益总额的比率。其计算公式为

$$资本保值增值率=\frac{期末所有者权益总额}{期初所有者权益总额}\times 100\%$$

资本保值增值率主要反映投资者投入企业的资本完整性和保全性。资本保值增值率等于100%，为资本保值；资本保值增值率大于100%，为资本增值。

上述四类财务指标，均采用了比率分析的方法，即对两个相互之间有内在联系的数字进行比较分析。但应注意，分析时不应只考察单个指标，财务分析指标是一个体系，各个指标都从不同的角度揭示了某一方面的财务信息，为避免产生误解，应进行全面系统的分析，并结合纵向、横向的排列对比，以得出全面正确的结论。

第三节　饭店员工满意评价

良好的社会形象与经济效益，取决于员工的满意。因为企业是由员工组成的，员工的满意度直接决定他们的工作积极性水平，从而影响部门绩效和企业战略的达成。所以，饭店管理绩效评价，必须注重员工满意的评价。

一、员工满意认知

（一）员工满意的含义

员工满意是指一个员工通过对企业所感知的效果与他的期望值相比较后所形成的感觉状态，是员工对其需要已被满足程度的感受，是员工的一种主观的价值判断。也就是说，员工满意是由个人所看重的东西与现实所提供的实际东西之间的差距的程度决定的，它取决于个人在价值观上的差异和个人对实际变量的感觉。当实现了某个目标或需求得到了满足，人们就会产生满意的感觉。满意感有正向与负向之分，也有强度和程度的差别。所以，满意是一个相对的概念：超出期望值满意；达到期望值基本满意；低于期望值不满意。

美国的心理学家弗雷德里克·赫兹伯格(Frederick Herzberg)研究认为，“满意”的对立面是“没有满意”，“不满意”的对立面是“没有不满意”。他认为，导致工作满意的因素和导致工作不满意的因素是不相关的和截然不同的，可以把它们分为激励因素和保健因素，管理者努力消除带来工作不满意的因素，可能会带来平静，但不一定会导致满意。赫兹伯格对影响员工满意度的12个因素进行了调查，结果发现，导致员工极端不满意的因素由强至弱为：公司政策和行政管理、监督、与主管的关系、工作条件、薪金、同事关系、个人生活、与下属的关系、地位、安全保障；导致员工极端满意的因素由强至弱为：成就、认可、工作本身、责任、晋升、成长。而且，赫兹伯格把影响员工满意度的因素分为保健因素和激励因素，保健因素更多地被归于导致员工不满意的因素，而激励因素则更多地被归于导致员工满意的因素。

（二）影响员工满意的因素[①]

1. 工作环境

(1) 工作空间质量：对工作场所的物理条件、企业所处地区环境的满意程度。

(2) 工作作息制度：合理的上、下班时间、加班制度等。

(3) 工作配备齐全度：工作必需的条件、设备及其他资源是否配备齐全、够用。

(4) 福利待遇满意度：对薪资、福利、医疗和保险、假期、休假的满意程度。

2. 工作群体

(1) 合作和谐度：上级的信任、支持、指导，同事的相互了解和理解，以及下属领会意图、完成任务情况，得到尊重。

(2) 信息开放度：信息渠道畅通，信息的传播准确高效等。

3. 工作内容

(1) 兴趣相关度：工作内容与性格、兴趣相吻合，符合个人职业发展目标，是否能最大限度地发挥个人的能力，从自己的工作中获得快乐。

(2) 工作强度：对工作强度的要求和容忍度，因人而异。一方面是否能满足个人工作的需要，一方面是否超出了个人能承受的负荷量。

4. 企业背景

(1) 企业了解度：对企业的历史、企业文化、战略政策的理解和认同程度。

(2) 组织参与感：意见和建议得到重视，参加决策，企业发展与个人发展得到统一，有成就感和归属感等。

(3) 企业前景：对企业发展前景看好，充满信心。

5. 个人观念

这里主要是指容易引起员工不合理的不满意的个人观念。其中包括以下几点。

(1) 理想主义和完美主义：对企业各方面情况的理想化期望和完美主义要求，易走极端，一旦遇到困难变得愤世嫉俗，产生不合理不满。

(2) 消极心态：将人际关系方面的问题和对工作中的困难挫折全部归因于客观原因或他人(外归因)，难于沟通，人际关系不和谐，产生不合理不满。

(3) 狭隘主义：过于重视个人利益，一旦与个人利益有冲突，易产生不满情绪，或是目光短浅，自以为是。

（三）员工满意度评价

员工满意度是指员工接受饭店的实际感受与其期望值比较的程度，即员工满意度＝实际感受/期望值。员工满意度是企业的幸福指数，是饭店管理的“晴雨表”。

饭店应通过采用员工满意度评价技术，对员工满意状况进行分析评价，并提出实施改进措施。员工满意度评价对饭店管理而言，非常重要，其功能主要体现在以下四个方面。

(1)“地震预测仪”——员工满意度评价作为预防和监控的手段，可以帮助饭店诊断

---

① 转引自百度网的百度百科。

企业潜在的危机问题，并能及时捕捉员工思想动态和心理需求，从而采取有针对性的应对措施。

(2) “企业温度计”——通过满意度指数的测量与评价，可以帮助饭店找出员工对企业管理中满意或不满意的合理和不合理因素，从而有的放矢地制定和调整管理制度。

(3) “体质检验单”——通过员工满意度调查评价，可以帮助饭店全面系统客观地评估组织变化和企业政策对员工的影响和企业经营管理现状和水平，为提升企业综合竞争力提供有效的数据。

(4) “CT 检测仪”——员工满意度评价作为企业业绩扫描仪，提供饭店管理绩效方面的数据，监控企业管理成效，掌握企业发展动态。

二、员工满意调查

如何获得员工满意度指数？基本路径就是定期或不定期地对饭店员工进行满意度调查。

（一）满意度调查方式

1. 问卷调查法

问卷调查法也称问卷法，它是调查者运用统一设计的问卷向被选取的调查对象了解情况或征询意见的调查方法。问卷调查根据载体的不同，可分为纸质问卷调查和网络问卷调查。纸质问卷调查就是传统的问卷调查，即通过人工分发、回收纸质问卷。这种形式的问卷存在一些缺点，分析与统计结果比较麻烦，成本比较高。而另一种网络问卷调查，就是饭店通过微信与内部网络平台，发放、回收问卷。这种方式的优点是成本相对低廉，缺点是答卷质量无法保证。

问卷调查法的最大优点：一是能突破时空限制，在广阔范围内，对众多调查对象同时进行调查；二是便于对调查结果进行定量研究；三是匿名性，便于了解被调查者的真实感受与想法；四是节省人力、时间和经费。

问卷调查法的不足之处：一是缺乏弹性，很难作深入的定性调查；二是问卷回答质量相对较差；三是回复率和有效率低，对无回答者的研究比较困难。

2. 访谈调查法

访谈调查法就是与被调查对象面对面直接交谈的方式，根据被询问者的答复搜集客观的、不带偏见的事实材料，揭示对某一问题的潜在动机、态度和情感的一种方式。访谈可以采用逐一采访询问，即个别访谈，也可以开小型座谈会，进行团体访谈。

访谈法的优点：可以对员工满意度有比较真实的评价，对于满意与不满意的原因进行剖析，便于饭店有针对性地进行改进。

访谈法的不足之处：一是比较费精力、费时间；二是会使被访者感觉到缺乏隐秘性而产生顾虑，尤其对一些敏感的问题，往往会使被访者回避或不作真实的回答；三是受访谈员影响大，收集到的信息可能扭曲和失真；四是对访谈结果的处理和分析比较复杂，由于标准化程度低，就难以作定量分析。一般适用于探索性调查。

（二）满意度测量工具[①]

目前，企业采纳的“员工满意度调查”测量工具主要有以下几种。

1. 工作描述指数法

工作描述指数法(index of job satisfaction)由 Brayfield & Rothe(1951)编制而成。主要衡量工作者一般的工作满足，亦即综合满意度(overall job satisfaction)。这是最有名的员工满意度调查，它对薪酬、晋升、管理、工作本身和公司群体都有各自的满意等级，可用在各种形式的组织中。

2. 工作满意度指数量表

工作满意度指数量表(overall job satisfaction)由 Brayfield & Rothe 编制而成。主要衡量工作者一般的工作满足，亦即综合满意度。

3. 明尼苏达满意度调查量表

明尼苏达满意度调查量表(Minnesota satisfaction questionnaire，MSQ)，由 Weiss、Dawis、England&Lofquist(1967)编制而成。量表分为短式(short-form)及长式(long-form)两种。短式包括 20 个题目，可测量工作者的内在满意度、外在满意度及一般满意度；长式问卷则有 120 个题目，可测量工作者对 20 个工作构面的满意度及一般满意度。20 个大项中每个项下有 5 个小项。这 20 个大项是：个人能力的发挥；成就感；能动性；公司培训和自我发展；权力；公司政策及实施；报酬；部门和同事的团队精神；创造力；独立性；道德标准；公司对员工的奖惩；本人责任；员工工作安全；员工所享受的社会服务；员工社会地位；员工关系管理和沟通交流等。因此中调网采取此套衡量工具，多半采用短式问卷。

4. 彼得需求满意调查表

彼得需求满意调查表，提问集中在管理工作的具体问题，每个问题都有两句，如“你在当前的管理位置上个人成长和发展的机会如何？理想的状况应如何？而实际状况又如何？”等，比较适用于管理人员的调查。

5. 工作说明量表

工作说明量表(job descriptive index，JDI)由 Smith、Kendall & Hullin(1969)编制而成。可衡量工作者对工作本身、薪资、升迁、上司和同事五个构面的满意度，而这五个构面满足分数的总和，即代表整体工作满意度的分数。JDI 的特点是不需要受测者说出内心感受，只就不同构面(题数不一定相同)找出不同的描述词，由其选择即可，因此，对于教育程度较低的受测者也可以容易地回答。

由于本量表在美国做过反复的研究，发现施测效果良好，受到许多学者的推崇。国内学者采用 JDI 量表者甚多，根据中调网的统计，约有 80%以上的研究者采用此量表作为工作满意度的衡量工具，所获得的效果亦受到非常满意的评价。

6. SRA 员工调查表

“SRA 员工调查表”(SRA employee inventory)又称 SRA 态度量表(SRA attitude

---

① 转引自百度网的百度百科。

survey)，由芝加哥科学研究会 Chicago：Science Research Association(1973)编制而成。包括 44 个题目，可测量工作者对 14 个工作构面的满意度。

7. 工作诊断调查表

工作诊断调查表(job diagnostic survey，JDS)由 Hackman & Oldham(1975)编制而成，可测量工作者一般满意度、内在工作动机和特殊满意度(包括工作安全感、待遇、社会关系、督导及成长等构面)。此外，还可同时测量工作者的特性及个人成长需求强度。

8. 工作满足量表

工作满足量表(job satisfaction inventory)由 Hackman & Lawler 编制而成，可测量受测者对自尊自重、成长与发展、受重视程度、主管态度、独立思考与行动、工作保障、工作待遇、工作贡献、制定工作目标与方式、友谊关系、升迁机会、顾客态度及工作权力 13 项衡量满意度的因素。

9. 洛克、阿莫德和菲德曼量表

洛克提出的员工满意度构成的 10 个因素：工作本身、报酬、提升、认可、工作条件、福利、自我、管理者、同事和组织外成员。阿莫德和菲德曼提出，工作满意度的结构因素包括工作本身、上司、经济报酬、升迁、工作环境和工作团体。

（三）满意度调查问卷

饭店员工满意度调查最常用的方法是问卷调查法，而问卷调查结果是否准确，很大程度上取决于调查问卷的设计。根据不同的调查目的与对象，饭店可以设计不同的调查问卷。调查问卷的设计需要以大量初步的调查和分析工作为基础，不能想当然，只有这样的调查才具有针对性和重点。员工满意度调查问卷设计，应特别注意以下两点。

1. 问卷结构

一份完整的调查问卷，一般包括四个部分：前言、主体、背景及结语。前言或者说是导语部分，主要说明这次问卷调查的目的、意义、简单的内容介绍、关于匿名的保证以及对回答者的要求，一般是要求回答者如实回答问题，最后要对回答者的配合予以感谢，并且要有调查者的机构或组织的名称调查时间。主体部分是调查问卷的重点，即调查的主要内容。背景资料即关于个人的性别、年龄、婚姻状况、收入等问题。结语就是对被调查者的配合再次给予感谢。

2. 问题设计

问题是顾客调查问卷的核心与主体。设计调查问题时至少要把握以下六个要点。

(1) 问题要简短。即要让被调查者一看就明白，一眼就看完。

(2) 问题要清楚。即所提的问题十分清楚，尽量通俗，让被调查者明白调查者问的是什么。

(3) 问题要肯定。即问句要用肯定句式，不要用否定句式。

(4) 问题数量要适中。调查问卷涉及的内容不必要面面俱到。一方面，内容越详细意味着题量越大，要占用员工大量的时间，难以避免员工的应付心理，答题质量自然受到影响；另一方面，调查活动只是帮助找到饭店存在问题的方向，想仅仅依靠问卷调查就发现饭店的具体问题是不现实的，具体问题的发掘和产生原因还需要进行访谈、座谈等方式加以分析研究。一般来说，调查项目尽量控制在 6～7 个维度，以不超过 80 个封闭问题为限。整个问卷最好能在30分钟左右答完。

(5) 提问顺序安排合理。通常情况下，把简单的、一般性的、容易回答的问题放在前面，将专业性的、敏感的问题放在后面。

(6) 以封闭式提问为主。也就是在每个问题后面给出若干个选择答案，被调查者只能在这些被选答案中选择自己的答案，以便统计分析。另外，可以适当加入2～3个开放式问题，以弥补封闭式问题的不足，给员工一个表达意见的机会，收集到更为全面和准确的信息。

三、员工满意分析

(一) 描述性统计分析

调查结果分析，一般首先要对数据进行描述性统计分析，即对调查样本个体特征、变量数据结果等进行统计性描述。主要包括以下几方面。

(1) 频数分析。频数分析是针对每一组中观测点的个数，而不是考虑其实际取值。通过频数分析能够了解变量取值的情况，对于把握数据的分布特征非常有用。当某变量的自然取值是局限在有限的几个数值中，则频数分析就是统计该变量在各个取值点的个数分布情况；如果某变量的取值是在某范围内的离散值，则需要将其取值区域划分为几个取值区间，频数分析就是统计该变量在各个取值区间观测点个数的分布情况。

(2) 集中趋势分析。数据的集中趋势分析是用来反映数据的一般水平，常用的指标有平均值、中位数和众数等。平均值是衡量数据的中心位置的重要指标，反映了一些数据必然性的特点，包括算术平均值、加权算术平均值、调和平均值和几何平均值。中位数是另外一种反映数据的中心位置的指标，其确定方法是将所有数据以由小到大的顺序排列，位于中央的数据值就是中位数。众数是指在数据中发生频率最高的数据值。如果各个数据之间的差异程度较小，用平均值就有较好的代表性；而如果数据之间的差异程度较大，特别是有个别的极端值的情况，用中位数或众数有较好的代表性。

(3) 离散程度分析。数据的离散程度分析主要是用来反映数据之间的差异程度，常用的指标有方差和标准差。方差是标准差的平方，根据不同的数据类型有不同的计算方法。

(4) 变量分布。在统计分析中，通常要假设样本的分布属于正态分布，因此需要用偏度和峰度两个指标来检查样本是否符合正态分布。偏度衡量的是样本分布的偏斜方向和程度；而峰度衡量的是样本分布曲线的尖峰程度。一般情况下，如果样本的偏度接近于0，而峰度接近于3，就可以判断总体的分布接近于正态分布。

(5) 绘制统计图。用图形的形式来表达数据，比用文字表达更清晰、更简明。在SPSS软件中，可以很容易地绘制各个变量的统计图形，包括条形图、饼图和折线图等。

(二) 调查结果初步分析

问卷调查收集统计后，饭店应对员工满意度调查结果进行初步分析。主要包含以下五个部分。

(1) 总的维度小结。这一部分是对所有测量维度进行统计，每个维度的得分是代表该维度的所有问题的平均得分。量表的选项是：非常满意、满意、比较满意、不满意、非常不满意。每个问题的得分就是选择同意的人数占总人数的百分比，简称赞成率。根据每个维度的赞成率和往年满意度调查的结果，再加上饭店的实际情况，确定一绝对标准，如60%赞成率的，被定为优势项目，低于40%的，被定为劣势项目。

(2) 得分最高的和最低的3个维度。由每个维度的得分，排出分数最高与最低的3个维度。这样，就可以一目了然地告诉饭店哪些是这一年干得最好的，深受员工欢迎，哪些是非常欠缺的地方，需要引起重视。

(3) 每个部门的横比与纵比。这是比较每个部门的往年满意度状况与在饭店中的相对位置。与每个部门的往年满意度状况进行纵比，可以发现这个部门的领导与员工自身的进步与不足。与饭店中的其他部门进行横比，能够了解这一年本部门在整个企业中的发展地位。可以说，这两种比较对每个部门是会产生一定压力的，但也会促进各部门的不断提高。

(4) 行业比较。对员工满意度的研究不能只停留在企业内部进行，还要将本企业员工满意度与社会平均水平、行业平均水平或是竞争对手企业员工满意度相比。只有进行比较，才能帮助企业在整个行业中找到它的位置，才会有一个更高的视野来缩小与其他优势企业的差距。

(5) 员工不同满意类型的分析。对此进行分析可以深入了解员工满意或不满意的原因、员工满意的实际状况。

（三）IPA分析法

为了解员工满意度状况，并找到饭店员工满意度需要改善的因素，饭店可以采用IPA (importance-performance analysis)分析法，也即重要性—表现性分析法。该方法最初由Martilla & James提出，他们举例说明如何通过确定产品和服务的重要性和绩效表现的分值建立二维矩阵，使企业明确为提高顾客满意度和忠诚度需要做的工作。[①]

根据Martilla & James提出的IPA分析方法，IPA的操作步骤如下：第一步，根据员工满意度影响因素的重要性和绩效表现的均值范围画出IP图，横向表示绩效表现(P)，纵向表示重要性(I)；第二步，求出重要性和绩效表现的中值，以中值的交叉点作为原点确立横纵坐标和四个象限，横轴为绩效表现轴，纵轴为重要性轴；第三步，根据每个影响因素的重要性和绩效表现均值，逐一标出其在四个象限中的相应位置；第四步，对每个象限的因素进行解释。四个象限表示的内容如图8-7所示。

重点改善 （高重要性、低绩效）	继续努力 （高重要性、高绩效）
低优先事项 （低重要性、低绩效）	顺其自然 （低重要性、高绩效）

图8-7　IPA分析图

① Martilla J A, James J C. Importance-performance analysis[M]. Journal of Marketing, 1977, 41.

对四个象限的观测变量做如下解释：第Ⅰ象限为高/高区域，解释为重点突出，成效显著，相应的对策为继续努力；第Ⅱ象限为低/高区域，解释为重要性不高，但成效显著，相应的对策为不要刻意追求或强化，顺其自然即可；第Ⅲ象限为低/低区域，解释为表现不好，但重要性低，建议列入低优先事项；第Ⅳ象限为高/低区域，解释为重要性高，但表现差，建议聚焦此象限，重点改进该象限的各项工作。

管理实例

饭店一线员工工作满意度调查实例

笔者的研究团队曾在2014年与最佳东方合作，对中国饭店一线员工的工作满意度进行了调查与分析。

1. 调查问卷

考虑到促进饭店从主观上进行改善的角度，该项调查仅从员工培训管理、员工工作环境、员工回报体系三个方面进行了调查研究。据此，设计了调查问卷(见附录)。

2. 调查实施

(1) 实施时间。调查开始时间：2013年12月24日，调查结束时间：2014年2月23日。

(2) 问卷调查形式：在线调研(主要方式为邀约填写)。

方式一(邀约填写)：在线上发布问卷后，最佳东方专项服务人员和市场人员对全国各地各饭店或饭店集团进行问卷填写的邀约。由单个饭店的一线员工或集团旗下各饭店的一线员工参与线上的问卷填写。

方式二：对问卷进行线上网络推广(如广告、微信、微博、软文等)，由饭店一线员工自行参与填写。

(3) 问卷回收情况。回收问卷数量：4 535份；有效问卷数量：3 516份；无效问卷数量：1 019份；问卷有效率：77.53%。

3. 调研结果分析

调研结果分析采用IPA分析法，得到以下结果。

(1) 员工培训管理。统计结果如表8-1所示。

表8-1 饭店一线员工对培训管理要素的重要程度与实际感受评价

要　　素	重要程度评价		实际感受评价	
	均值	标准差	均值	标准差
1. 饭店每年进行员工培训需求调查	4.528	0.786	3.476	1.093
2. 饭店告知我有关员工的全年培训计划	4.341	0.869	3.411	1.141
3. 饭店清楚告知我每次培训的目的	4.468	0.761	3.687	1.057
4. 饭店培训内容针对员工的实际需求设计	4.450	0.825	3.433	1.132

续表

要素	重要程度评价		实际感受评价	
	均值	标准差	均值	标准差
5. 饭店有我可以自主选择的培训项目与内容	4.181	0.986	3.118	1.242
6. 饭店一般提前通知我培训的时间安排	4.504	0.722	3.907	1.042
7. 饭店工作培训不占用我的休息时间	4.260	0.987	3.284	1.274
8. 饭店有提升文化修养或生活品质方面的培训	4.293	0.900	3.249	1.235
9. 饭店设有员工网络学习培训的平台	4.169	1.235	3.171	1.123
10. 饭店有专门固定的员工培训教室	4.432	1.016	3.898	1.284
11. 培训教室有比较完善的培训设施	4.321	0.860	3.476	1.189
12. 员工有外出学习考察的机会	4.304	0.983	2.927	1.324
13. 总经理层有针对员工实际问题的培训	4.229	0.965	3.076	1.242
14. 管理层有针对员工个人的一对一指导培训	4.212	0.954	3.145	1.209
15. 培训老师有较高的培训技巧	4.432	0.838	3.366	1.157
16. 培训形式与方法具有趣味性	4.358	0.836	3.358	1.111
17. 饭店有顾客服务体验式的培训	4.287	0.896	3.212	1.198
18. 员工培训有严格的考核	4.283	0.856	3.451	1.086
19. 饭店对我的培训考核具有可行性	4.292	0.854	3.419	1.070
20. 培训考核结果对员工的晋升有影响	4.268	0.899	3.333	1.142
21. 培训考核结果对员工的薪酬有影响	4.146	0.987	3.201	1.155
22. 培训提升了我的知识水平	4.445	0.775	3.625	1.074
23. 培训改善了我的工作态度	4.379	0.810	3.621	1.071
24. 培训提高了我的工作能力	4.452	0.787	3.668	1.060
25. 培训提升了我的工作绩效	4.382	0.824	3.619	1.071

数据显示，员工对 25 项员工培训管理要素的重要程度评价均值和实际感受评价均值分别为 4.336 6 和 3.405 2，因此重要性轴（I 轴）和实际表现轴（P 轴）的垂直相交点就相应地定位在了 $I=4.336\ 6$ 和 $P=3.405\ 2$ 这一点。以该交叉点为坐标原点，构建坐标系，将坐标空间划分为 4 个象限，得到了饭店一线员工培训管理要素重要性——实际绩效的 IPA 矩阵，如图 8-8 所示。

（2）工作环境管理。本研究将饭店一线员工工作环境要素细分为 28 个要素，主要指工作的软环境，也即管理人员的管理方式。统计结果如表 8-2 所示。

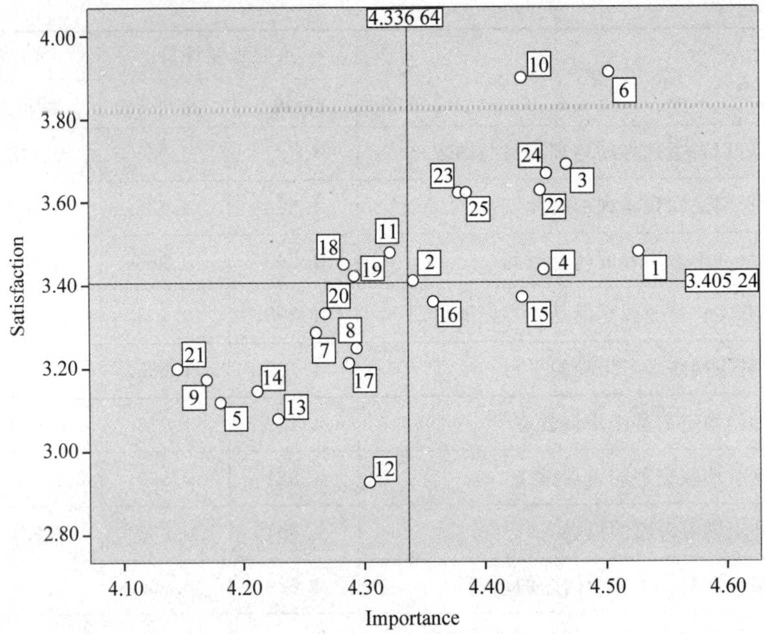

图 8-8 饭店一线员工培训管理要素 IPA 方格图

表 8-2 饭店一线员工对工作环境管理要素的重要程度与实际感受评价

要 素	重要程度评价		实际感受评价	
	均值	标准差	均值	标准差
1. 我在一定范围内有根据意愿选择岗位(工作)机会	4.288	0.880	3.353	1.135
2. 我在工作中有发挥能力的机会	4.442	0.764	3.588	1.044
3. 上司能尊重我的个性	4.284	0.862	3.458	1.111
4. 上司能发现我的特长并正确使用	4.425	0.799	3.466	1.141
5. 我在工作过程中有一定的主动权	4.382	0.792	3.556	1.070
6. 在工作中,我可以尝试用自己的方法处理事情	4.309	0.823	3.558	1.052
7. 对于我的过错,上司能耐心倾听我的解释	4.371	0.846	3.469	1.148
8. 对于我因客观原因造成的过错,上司能给予理解与帮助	4.404	0.804	3.570	1.107
9. 对于我的过错,上司能给予我将功补过的机会	4.380	0.820	3.606	1.090
10. 对于我的创新过错,上司能给予指导与帮助	4.428	0.784	3.574	1.112
11. 饭店制定的工作时间合理有效	4.426	0.813	3.477	1.144
12. 饭店要求我加班的时间合理有效	4.344	0.901	3.297	1.211
13. 上司的工作指令正确有效	4.428	0.803	3.495	1.057

续表

要　　素	重要程度评价		实际感受评价	
	均值	标准差	均值	标准差
14. 上司分配我的任务合情合理	4.358	0.820	3.528	1.045
15. 上司布置我的工作明确易执行	4.349	0.833	3.562	1.018
16. 上司能及时发现我工作中的问题	4.399	0.784	3.601	1.044
17. 上司能经常指导、支持我的工作	4.399	0.824	3.557	1.109
18. 上司对我的工作要求前后一致	4.404	0.807	3.505	1.108
19. 上司能及时发现并认可我的进步	4.428	0.797	3.539	1.108
20. 上司对我的奖惩客观公正	4.433	0.808	3.515	1.130
21. 上司对我的管理不以自己的情绪来决定	4.453	0.813	3.474	1.175
22. 上司能够理解我的苦衷	4.319	0.861	3.462	1.108
23. 上司尊重我的人格与尊严	4.505	0.773	3.747	1.081
24. 上司关注我的情绪	4.279	0.877	3.519	1.085
25. 上司会与我单独进行交流	4.376	0.819	3.655	1.085
26. 我们的团队内充满人文关怀	4.452	0.789	3.597	1.139
27. 同事之间互相协作支持	4.546	0.722	3.761	1.050
28. 部门之间相互合作支持	4.515	0.760	3.516	1.114

数据显示，员工对28项工作环境要素的重要程度评价均值和实际感受评价均值分别为4.397 4和3.535 9，因此重要性轴（I轴）和实际表现轴（P轴）的垂直相交点就相应地定位在了$I=4.397\ 4$和$P=3.535\ 9$这一点。以该交叉点为坐标原点，构建坐标系，将坐标空间划分为4个象限，得到了饭店一线员工工作环境管理要素重要性——实际绩效的IPA矩阵（图示略）。调查数据表明，我国饭店工作环境管理要素的实际表现达不到一线员工心中要求。从另一方面看，工作环境管理要素在我国饭店一线员工心目中的重要程度（总平均值4.397 4）要高于工作回报管理要素（总平均值4.366 2）与培训管理要素（总平均值4.336 6）。同时，饭店员工感受到的工作环境管理要素实际表现情况（总平均值3.535 9）也要好于培训管理要素（总平均值3.405 2）和工作回报管理要素（总平均值3.331 9）。在这28项要素中，重要程度和实际感受得分最高的都是要素27（同事之间互相协作支持）；实际感受得分最低的是要素12（饭店要求我加班的时间合理有效）；而重要程度得分最低的是要素24（上司关注我的情绪）。

（3）工作回报。本研究将饭店一线员工工作回报管理要素细分为29个指标，特别说明，这里的回报不仅仅表现为薪资上的回报，还包括福利水平与精神激励等。统计结果如表8-3所示。

表 8-3　饭店一线员工对工作回报管理要素的重要程度与实际感受评价

要　素	重要程度评价		实际感受评价	
	均值	标准差	均值	标准差
1. 薪酬分配制度的制定征求了员工意见	4.260	1.004	2.825	1.233
2. 薪酬分配制度体现多劳多得的原则	4.323	0.946	2.992	1.216
3. 薪酬分配制度注重对员工细微优良行为的奖励	4.351	0.899	3.114	1.191
4. 员工的薪酬水平考虑物价上涨因素	4.375	0.959	2.796	1.254
5. 一线员工间的薪酬水平差距合理	4.334	0.929	3.062	1.185
6. 员工个人薪酬与团队绩效有联系	4.309	0.913	3.151	1.153
7. 我得到的薪酬体现了我的学历	3.963	1.119	3.004	1.156
8. 我得到的薪酬体现了我在该饭店的工作年限	4.162	1.007	3.121	1.162
9. 我得到的薪酬体现了我的技术等级	4.300	0.911	3.149	1.141
10. 饭店给我的加班工资是合理的	4.392	0.918	3.080	1.307
11. 我的加班得到了相应的补休	4.463	0.832	3.517	1.241
12. 饭店对我的薪酬分配考核合理	4.370	0.869	3.231	1.143
13. 饭店有员工宿舍	4.558	0.729	3.821	1.105
14. 员工宿舍环境整洁	4.516	0.759	3.622	1.150
15. 员工宿舍安装了空调	4.470	0.815	3.823	1.204
16. 员工宿舍有网络接口	4.415	0.907	3.373	1.353
17. 员工餐厅环境整洁	4.530	0.753	3.742	1.082
18. 员工餐厅温度适宜	4.439	0.795	3.668	1.084
19. 员工餐厅菜肴品种满足我的基本需求	4.368	0.863	3.337	1.163
20. 员工餐厅菜肴符合我的口味	4.285	0.902	3.257	1.150
21. 饭店按国家规定安排了我的休假	4.544	0.755	3.729	1.165
22. 饭店设有专门的员工活动室	4.340	0.907	3.296	1.246
23. 饭店组织员工生日活动	4.386	0.818	3.638	1.180
24. 饭店在中国重要传统节日发放慰问品	4.343	0.915	3.218	1.270
25. 饭店有比较丰富的业余文化活动	4.287	0.909	3.135	1.209
26. 饭店对员工的优秀行为给予及时表扬	4.473	0.776	3.570	1.096
27. 饭店定期评比先进员工,并授予荣誉称号	4.463	0.780	3.654	1.109
28. 饭店注重员工取得的荣誉与他的家人分享	4.233	0.932	3.191	1.168
29. 饭店及时宣传推广员工的先进事迹与经验	4.368	0.818	3.509	1.100

数据显示，员工对 29 项工作回报管理要素的重要程度评价均值和实际感受评价均值分别为 4.366 2 和 3.331 9，因此重要性轴（I 轴）和实际表现轴（P 轴）的垂直相交点就相应地定位在了 $I=4.366\ 2$ 和 $P=3.331\ 9$ 这一点。以该交叉点为坐标原点，构建坐标系，将坐标空间划分为 4 个象限，得到了饭店一线员工工作回报管理要素重要性——实际绩效的 IPA 矩阵（图示省略）。

最后，依据调查结果，笔者分析了原因，并提出了相应的管理对策。

【思考与练习】

一、思考题

1. 如何理解成功饭店的基本标志？如何理解社会形象、经济效益、员工满意这三者之间的关系？
2. 如何理解饭店应承担的社会责任？
3. 饭店怎样才能赢得社会公众的高度认可？
4. 饭店怎样才能塑造良好的行业形象？
5. 饭店怎样建立顾客满意度指标评价体系？
6. 饭店应对顾客满意度进行哪些方面的分析？
7. 在评价经济效益时，饭店应采用哪些对比分析方法？
8. 饭店财务分析指标有哪些类型？
9. 饭店员工满意度主要受到哪些因素的影响？
10. 饭店应从哪些方面来评价员工满意度？

二、练习题

设计一份员工满意度调查问卷（选择一个专题，比如工作环境或者工作回报），选择本地区一家饭店进行调查，并形成专项分析报告。

三、案例题①

正光公司是一家经营管理中档小型饭店的民营饭店管理集团，创建于 2005 年。到 2014 年 12 月，已拥有直营饭店 5 家，特许经营饭店 3 家，在中国众多的饭店集团中属于“小老弟”。该饭店集团的董事长兼总裁张正力认为，做企业应该量力而行，踏踏实实，本本分分，不要盲目冒进，滑头滑脑，贪图虚名。所以，从 2005 年做第一家饭店开始，企业就本着稳步前进、低调务实的原则，开展经营管理活动。在张正力的这一思想指导下，企业除了履行依法经营、依法纳税的社会责任外，对于其他的社会公益活动基本不参与，但非常注意企业内员工的困难，专门设立了企业员工的救助基金，只要有员工及家庭出现重大困难，均会给予不同程度的帮助。但是，他规定对于员工的救助，均不能宣传报道，以免给困难员工造成不必要的精神压力。对于饭店行业活动，他同样基本上不参与，既没有加入

---

① 该案例由邹益民根据管理调研撰写，仅供课堂教学之用。未经允许，本案例的所有部分都不能以任何方式与手段擅自复制或传播。案例中饭店名称、人物作了虚拟处理，如有雷同，纯属巧合。

饭店协会组织，也不参加某些媒体或民间团体组织的评选活动。所以，该饭店集团很少有公开的正面新闻报道，但也没有负面新闻。该饭店集团所属饭店均实行ISO 9001质量管理体系，对于特许经营的饭店，同样要求执行该管理体系，但他们从不进行认证。所以，总体上来说，质量比较稳定，顾客满意度相对较高。但是，在市场上的影响力则不及同类饭店集团。

该饭店集团在2005—2010年间，发展速度处于平稳状态，基本上保持每年1～2家的发展速度，经济效益比较理想，员工队伍比较稳定。但是，在2011年以后，基本处于停止状态，仅仅发展了一家。主要原因是中档饭店市场同类饭店集团发展迅速，而且一家比一家实力强大，包括国际饭店集团也纷纷进入这一市场的争夺。集团发展缓慢及中档饭店市场竞争的加剧，既影响了企业的经济效益，也影响了员工的收入及成长空间，从2013年开始，员工流失率持续上升。

面对这种局面，张正力越来越感到发展与管理的压力，开始感到力不从心。2015年1月，他作出了不再兼任总裁的决定，并从其他饭店集团引进了一位职业经理人李毅力担任总裁。他要求李毅力能够采取切实有效的措施，用两年时间，解决集团的扩张速度与员工流失等问题。

问题讨论：

1. 你对张正力的理念与做法如何评价？
2. 你认为该饭店集团存在的主要问题是什么？
3. 假如你是李毅力，你将采取哪些措施来解决该集团的问题？

附录

"饭店一线员工工作满意度"调查问卷

尊敬的女士/先生：

您好！十分感谢您在百忙之中抽出时间参与本问卷调查！

本问卷旨在研究饭店一线员工的工作满意度，所获数据仅作学术研究之用，不会用于任何商业用途。请根据您的真实感受填写。

感谢您的支持与合作！祝您工作顺利！

浙江大学饭店管理研究所

最佳东方网

2013 年 12 月

第一部分　饭店一线员工培训满意度问卷

本部分是对员工培训的描述，请根据您的情况做出选择，在相应的数字上打"√"。

非常不重要	比较不重要	一般	比较重要	非常重要	维度	编号	问项	非常不满意	比较不满意	一般	比较满意	非常满意
1	2	3	4	5	培训需求与计划	1	培训前有员工培训需求调查	1	2	3	4	5
1	2	3	4	5		2	培训内容针对员工的实际需求设计	1	2	3	4	5
1	2	3	4	5		3	我清楚知道每次培训的目的	1	2	3	4	5
1	2	3	4	5		4	我明确饭店的全年培训计划	1	2	3	4	5
1	2	3	4	5		5	我可以自主选择培训项目与内容	1	2	3	4	5
1	2	3	4	5		6	我提前得到关于培训时间安排的通知	1	2	3	4	5
1	2	3	4	5		7	培训没有占用我的休息时间	1	2	3	4	5
1	2	3	4	5	培训内容与方式	8	有提升文化修养或生活品质的培训	1	2	3	4	5
1	2	3	4	5		9	有员工网络学习培训的平台	1	2	3	4	5
1	2	3	4	5		10	有专门固定的员工培训教室	1	2	3	4	5
1	2	3	4	5		11	有比较完善的员工培训设施	1	2	3	4	5
1	2	3	4	5		12	员工有外出学习考察的机会	1	2	3	4	5
1	2	3	4	5		13	总经理层有针对员工实际问题的培训	1	2	3	4	5
1	2	3	4	5		14	管理层有针对员工个人的一对一的指导培训	1	2	3	4	5
1	2	3	4	5		15	培训老师有较高的培训技巧	1	2	3	4	5
1	2	3	4	5		16	培训形式与方法具有趣味性	1	2	3	4	5
1	2	3	4	5		17	我获得了顾客服务体验式的培训	1	2	3	4	5

续表

非常不重要	比较不重要	一般	比较重要	非常重要	维度	编号	问项	非常不满意	比较不满意	一般	比较满意	非常满意
1	2	3	4	5	培训考核与结果	18	员工培训有严格的考核	1	2	3	4	5
1	2	3	4	5		19	培训考核具有科学性与可行性	1	2	3	4	5
1	2	3	4	5		20	培训考核结果与员工的晋升相结合	1	2	3	4	5
1	2	3	4	5		21	培训考核结果与员工的薪酬相关联	1	2	3	4	5
1	2	3	4	5		22	培训提升了我的知识水平	1	2	3	4	5
1	2	3	4	5		23	培训改善了我的工作态度	1	2	3	4	5
1	2	3	4	5		24	培训提高了我的工作能力	1	2	3	4	5
1	2	3	4	5		25	培训提升了我的工作成效	1	2	3	4	5

第二部分　饭店一线员工工作环境满意度问卷

本部分是对员工工作环境的描述，请根据您的情况做出选择，在相应的数字上打“√”。

非常不重要	比较不重要	一般	比较重要	非常重要	维度	编号	问项	非常不满意	比较不满意	一般	比较满意	非常满意
1	2	3	4	5	工作空间	1	在一定范围内我有根据意愿选择岗位（工作）机会	1	2	3	4	5
1	2	3	4	5		2	我在工作中有发挥能力的机会	1	2	3	4	5
1	2	3	4	5		3	上司能尊重我的个性	1	2	3	4	5
1	2	3	4	5		4	上司能发现我的特长并正确使用	1	2	3	4	5
1	2	3	4	5		5	我在工作过程中有一定的主动权	1	2	3	4	5
1	2	3	4	5		6	在工作中，我可以尝试用自己的方法来处理事情	1	2	3	4	5
1	2	3	4	5		7	对于我的过错，上司能耐心倾听我的解释	1	2	3	4	5
1	2	3	4	5		8	我对现在的上班时间安排满意	1	2	3	4	5
1	2	3	4	5		9	对于我的过错，上司能给予我将功补过的机会	1	2	3	4	5
1	2	3	4	5		10	对于我因客观原因造成的过错，上司能给予理解帮助	1	2	3	4	5
1	2	3	4	5		11	对于我的创新过错，上司能给予鼓励、指导与帮助	1	2	3	4	5
1	2	3	4	5		12	加班时间得到合理的安排	1	2	3	4	5

续表

非常不重要	比较不重要	一般	比较重要	非常重要	维度	编号	问项	非常不满意	比较不满意	一般	比较满意	非常满意
1	2	3	4	5	管理秩序	13	上司的工作指令正确有效	1	2	3	4	5
1	2	3	4	5		14	上司分配我的任务合情合理	1	2	3	4	5
1	2	3	4	5		15	上司布置我的工作明确易执行	1	2	3	4	5
1	2	3	4	5		16	上司能及时发现我工作中的问题	1	2	3	4	5
1	2	3	4	5		17	上司能经常指导支持我的工作	1	2	3	4	5
1	2	3	4	5		18	上司对我的工作要求前后一致	1	2	3	4	5
1	2	3	4	5		19	上司能及时发现并认可我的进步	1	2	3	4	5
1	2	3	4	5		20	上司对我的奖惩客观公正	1	2	3	4	5
1	2	3	4	5		21	上司对我的管理不以自己的情绪来决定	1	2	3	4	5
1	2	3	4	5	人际关系	22	上司能够理解我的苦衷	1	2	3	4	5
1	2	3	4	5		23	上司尊重我的人格与尊严	1	2	3	4	5
1	2	3	4	5		24	上司关注我的情绪	1	2	3	4	5
1	2	3	4	5		25	上司会与我单独进行交流	1	2	3	4	5
1	2	3	4	5		26	我们的团队内充满人文关怀	1	2	3	4	5
1	2	3	4	5		27	部门同事之间互相协作支持	1	2	3	4	5
1	2	3	4	5		28	部门之间相互合作	1	2	3	4	5

第三部分　饭店一线员工薪酬管理满意度问卷

本部分是对员工薪酬管理的描述，请根据您的情况做出选择，在相应的数字上打“√”。

非常不重要	比较不重要	一般	比较重要	非常重要	维度	编号	问项	非常不满意	比较不满意	一般	比较满意	非常满意
1	2	3	4	5	薪酬分配制度	1	薪酬分配制度的制定征求了员工意见	1	2	3	4	5
1	2	3	4	5		2	薪酬分配制度体现多劳多得的原则	1	2	3	4	5
1	2	3	4	5		3	我清楚薪酬分配制度的基本导向	1	2	3	4	5
1	2	3	4	5		4	薪酬分配制度能激发我的学习积极性	1	2	3	4	5
1	2	3	4	5		5	薪酬分配制度能激发我提高工作质量	1	2	3	4	5
1	2	3	4	5		6	薪酬分配制度能激发我对企业的忠诚度	1	2	3	4	5

续表

非常不重要	比较不重要	一般	比较重要	非常重要	维度	编号	问项	非常不满意	比较不满意	一般	比较满意	非常满意
1	2	3	4	5	薪酬水平与结构	7	员工的薪酬水平考虑物价上涨因素	1	2	3	4	5
1	2	3	4	5		8	一线员工间的薪酬水平差距合理	1	2	3	4	5
1	2	3	4	5		9	一线员工与基层管理者之间的薪酬水平差距比较合理	1	2	3	4	5
1	2	3	4	5		10	饭店提高了工龄工资水平	1	2	3	4	5
1	2	3	4	5		11	员工薪酬结构以固定薪酬为主，浮动薪酬（奖金）为辅	1	2	3	4	5
1	2	3	4	5		12	饭店注重对员工细微优良行为的奖励	1	2	3	4	5
1	2	3	4	5		13	我得到的加班工资是合理的	1	2	3	4	5
1	2	3	4	5		14	我的薪酬构成各部分之间的比例是合理的	1	2	3	4	5
1	2	3	4	5	薪酬决定因素	15	我得到的薪酬反映了我对团队的贡献	1	2	3	4	5
1	2	3	4	5		16	我得到的薪酬反映了我的工作成果	1	2	3	4	5
1	2	3	4	5		17	我得到的薪酬反映了我的岗位职责	1	2	3	4	5
1	2	3	4	5		18	我得到的薪酬反映了我的工作行为	1	2	3	4	5
1	2	3	4	5		19	我得到的薪酬反映了我的工作态度	1	2	3	4	5

第四部分　背景资料调查

本部分是关于员工背景资料的一些内容，请根据您的实际情况做出选择，在相应的数字上打“√”。

1. 性别：①男性；②女性
2. 年龄：①20 岁以下；②21～25 岁；③26～35 岁；④36～45 岁；⑤46 岁及以上
3. 在本饭店连续工作的时间：①3 个月以内；②6 个月以内；③1 年；④2 年；⑤3 年以上
4. 所在的部门：①前厅部；②客房部；③餐饮部；④销售部；⑤康乐部；⑥保安部；⑦其他
5. 月收入：①1 500 元以下；②1 501～2 000 元；③2 001～2 500 元；④2 501～3 500 元；⑤3 501～5 000元；⑥5 001 元以上
6. 学历：①初中及以下；②高中、中技及职高；③中专及大专；④本科及以上
7. 饭店性质：①国有；②民营；③外资；④合资；⑤其他
8. 婚姻状况：①已婚；②未婚
9. 饭店等级：①二星及以下；②三星；③四星；④五星；⑤其他

续表

10. 饭店类型：①商务饭店；②度假饭店；③会议饭店
11. 饭店形态：①单体饭店；②国内饭店集团连锁；③国际饭店集团连锁
12. 饭店管理模式：①自主管理(含租赁管理)；②委托管理；③特许经营
13. 婚姻状况：①已婚有小孩；②已婚无小孩；③未婚
14. 员工户籍所在地：________省 ________市 ________区(县)
15. 饭店所在区域：________省 ________市 ________区(县)

再次感谢您的参与和帮助!

参考文献

[1] ANSOFF I H. Corporate Strategy: an analytic approach to business policy for growth and expansion[M]. New York: McGraw Hill, 1965.

[2] Are limited service hotels becoming extinct.

[3] Jones Lang LaSalle Hotels. U. S. Select Service Hotel Investor Survey, issue 101, December 2006.

[4] KANO N,SERAKU N,TAKAHASHI F,TSUJI S. Attractive quality and must-be quality[J]. The Journal of Japaneses Society for Quality Control, 1984,14(2).

[5] KANTER R M. Change is everyone's job: management the extended enterprise in a globally connected world[J]. Organization Dynamics, 1999,28(1).

[6] Kenneth E. MacKenzie. If you build it, they will come: How to finance hotel construction. Banker & Tradesman, 2007,3.

[7] limited-service hotels take on upscale ambience.

[8] MARTILLA J A, JAMES J C. Importance-performance analysis[J]. Journal of Marketing, 1977, 41.

[9] Philip. Kotler. Marking Management, Prentice-Hall, Inc. 1997.

[10] OLIVER R L. A cognitive model of the antecedents and consequences of satisfaction decisions. Journal of Marketing Research, 1980.

[11] Terah Shelton. limited, not limiting, 2007,5.

[12] 艾·里斯,杰克·劳特劳.定位[M].谢伟山,苑爱东,译.北京:机械工业出版社,2013.

[13] 艾·里斯,杰克·特劳特.广告攻心战略——品牌定位[M].北京:中国友谊出版公司,1994.

[14] 保罗·福赛尔.格调[M].北京:中国社会科学出版社,1998.

[15] 陈炳亮.不同学派的企业边界理论评析与研究展望[J].社会科学,2011 年第 10 期.

[16] 崔松.集团公司管控体系设计实务手册[M].北京:中国经济出版社,2014.

[17] 大悟.酒店产业链开发实证研究——四川青城山鹤翔山庄八大文化品牌产品评析[J].饭店世界,2005 第 2 期.

[18] 邓绩,蒋曙东.顾客满意的测量分析与改进[M].北京:中国标准出版社,2009.

[19] 冯学东,林祝君.里兹-卡尔顿[M].北京:对外经济贸易大学出版社,2007.

[20] 关大进,杨琪.服务质量 FMEA 差距模型及应用[M].北京:中国标准出版社,2009.

[21] 杰克·特劳特,史蒂夫·里夫金.新定位[M].北京:中国财政经济出版社,2013.

[22] 杰克·特劳特.精灵的智慧[M].北京:电子工业出版社,2003.

[23] 李道平.公共关系学[M].北京:经济科学出版社,2011.

[24] 李鹏.规模经济的制度分析[D].厦门:厦门大学博士学位论文,2003.

[25] 李维华.特许经营学[M].北京:中国发展出版社,2009.

[26] 李振勇.成功商业模式设计指南[M].中国水利水电出版社,2009.

[27] 刘凤军.品牌运行论[M].北京:经济科学出版社,2000.

[28] 刘刚.危机管理[M].北京:中国人民大学出版社,2013.

[29] 林军.从不竞争[M].北京:中国出版集团股份有限公司,2010.

[30] 路长全.品牌背后的伟大两极[M].北京:机械工业出版社,2009.

[31] 迈克尔·波特.竞争战略.陈小悦,译.北京:华夏出版社,1997.

[32] 乔为国.商业模式创新[M].上海：上海远东出版社,2009.
[33] 芮明杰.管理学[M].上海：上海人民出版社,1999.
[34] 鲁凯麟.中外饭店业分级体系比较研究[N].中国旅游报,2012-03-14.
[35] 孙惟微.赌客信条——你不可不知的行为经济学[M].北京：电子工业出版社,2010.
[36] 魏江.企业战略管理——理念、方法与案例[M].杭州：浙江大学出版社,2003.
[37] 魏炜,朱武祥.发现商业模式[M].北京：机械工业出版社,2011.
[38] 王丽华,孙铤哲.饭店管理合同[M].北京：旅游教育出版社,2009.
[39] 王凤彬,赵民杰.企业集团管控体系[M].北京：经济管理出版社,2012.
[40] 吴辉.集团企业管理控制系统研究[M].北京：经济科学出版社,2011.
[41] 夏洪胜,张世贤.企业危机管理[M].北京：经济管理出版社,2014.
[42] 约翰·菲利普·琼斯.广告与品牌策划[M].北京：机械工业出版社,1999.
[43] 杨松霖.找位 TONS 法则.全球品牌网,2007-12-18.
[44] 邹益民,等.企业持续发展的基本法则[M].北京：旅游教育出版社,2008.
[45] 邹益民,陈剑.宾客至上的关键在于读懂客人[J].旅游管理,2003(4).
[46] 邹益民,彭雪蓉.主题酒店产品顾客体验关键要素的探索性研究[J].旅游管理,2008(6).
[47] 张曙临.论品牌权力与品牌价值[J].消费经济,1999(6).
[48] 最爱四川旅游网(51743.cn).鹤翔山庄：中国道家文化第一庄.

教学支持说明

扫描二维码在线填写
更快捷获取教学支持

尊敬的老师：

您好！为方便教学，我们为采用本书作为教材的老师提供教学辅助资源。鉴于部分资源仅提供给授课教师使用，请您填写如下信息，发电子邮件给我们，或直接手机扫描上方二维码在线填写提交给我们，我们将会及时提供给您教学资源或使用说明。

（本表电子版下载地址：http://www.tup.com.cn/subpress/3/jsfk.doc）

课程信息

书　　名			
作　　者		书号（ISBN）	
开设课程1		开设课程2	
学生类型	□本科　□研究生　□MBA/EMBA　□在职培训		
本书作为	□主要教材　□参考教材	学生人数	
对本教材建议			
有何出版计划			

您的信息

学　　校			
学　　院		系/专业	
姓　　名		职称/职务	
电　　话		电子邮件	
通信地址			

清华大学出版社客户服务：

E-mail: tupfuwu@163.com　　网址：http://www.tup.com.cn/
电话：010-62770175-4506/4903　　传真：010-62775511
地址：北京市海淀区双清路学研大厦 B 座 506 室　　邮编：100084